JOSEF KRAUS

Der deutsche Untertan

»Untertanentreue ist ein so schönes Gefühl!
Und es ist ein so wahrhaft deutsches Gefühl!«

(Heinrich Heine, »Harzreise« 1824/26)

»Tief wurzelt der Knecht im Deutschen.«

(Kurt Tucholsky unter dem Pseudonym
Ignaz Wrobel in der »Weltbühne« vom 14.4.1925)

»Faulheit und Feigheit sind die Ursachen, warum ein so großer Teil der Menschen unmündig bleibt. Es ist so bequem, unmündig zu sein.«

(Immanuel Kant, »Beantwortung der Frage:
Was ist Aufklärung?« von 1784)

JOSEF KRAUS

Der deutsche Untertan

Vom Denken entwöhnt

LMV

MIX
Papier aus verantwortungsvollen Quellen
FSC® C014889

Umschlaggestaltung: Sabine Schröder
Umschlagmotiv: iStock
Satz: Satzwerk Huber, Germering
Druck und Binden: Friedrich Pustet GmbH & Co. KG, Regensburg
Printed in Germany
ISBN: 978-3-7844-3701-9
www.langenmueller.de

Inhalt

Vorwort zur Ausgabe 2023: Ruhe – immer noch des deutschen Michels erste Bürgerpflicht?

Seit Juli 2021, der Erstauflage dieses Buches, der unmittelbar drei weitere Auflagen folgten, sind mehr als zwei Jahre weitreichender Veränderungen innerhalb und außerhalb Deutschlands vergangen. Verlag und Autor haben sich deshalb entschlossen, das Buch mit einem aktualisierenden Vorwort, ansonsten unverändert, herauszugeben. Unverändert deshalb, weil die „Untertanen"-Analysen des Jahres 2021 weiterhin gelten. Eine der Kernaussagen war: Der deutsche Michel lässt das Umkrempeln seines Landes schafsgeduldig über sich ergehen.

Was man im Sommer 2021 befürchten musste, hat sich mehr als bewahrheitet: Deutschland steigt (politisch und medial inszeniert) weiter ab: als Wirtschaftsnation, als Wissenschafts- und Bildungsnation, als Kulturnation, als (vormalige) Nation der großen Dichter, Denker, Erfinder, Naturwissenschaftler, Pädagogen, Ingenieure, Mediziner, als verlässlicher und zugleich selbstbewusster Partner in Europa, in der Nato und in der Welt.

Was großspurig als zukunftweisende Transformation Deutschlands daherkommt, ist nichts anderes als Deindustrialisierung, Deformation, Dekonstruktion, Destruktion. Steht ein Morgenthauplan 2.0 an? In der Folge wandern immer mehr junge, qualifizierte Deutsche aus, immer mehr deutsche Firmen inkl. Automobilindustrie investieren im Ausland. Krankenhäuser sind hoch verschuldet und müssen geschlossen werden. Die Infrastruktur (Straßen, Brücken, Bahnstrecken, Schulgebäude) ist marode. In der vormaligen „Apotheke der Welt" fehlen Medikamente. Der Wohnungsbau stagniert, von den jährlich versprochenen 400 000 neuen Wohnungen wurde nicht einmal die Hälfte realisiert.

Zu Deutschland 2023 gehört auch, dass Putin die Ukraine ab 21. Februar 2022 gegen alles Völker- und Kriegsrecht terrorisiert und man in Deutschland gemäß Hufeisentheorie von ganz rechts und von ganz links einmütig von diplomatischen Lösungen träumt; dass der Bundeswehr im Verteidigungsfall Munition gerade eben für drei Tage reicht; dass die Bundeswehr mit 100 Milliarden „Sondervermögen“ (Sonderschulden) aufgepeppt werden soll, diese Summe wegen Zinslasten und Inflation aber bald nur noch 70 bis 80 Milliarden wert ist und dass wohl die Hälfte dieser Summe nicht der deutschen Rüstungsindustrie zugutekommt.

Ein Land voller Paradoxien

Das real existierende Deutschland ist zu einem Land voller Paradoxien geworden. Die Staatsverschuldung steigt ins Unermessliche, im Jahr 2022 betrug der Schuldenstand 2,368 Billionen Euro, das ist 2 368 000-mal 1 Million und damit fast zwei Drittel des Jahres-Bruttoinlandsprodukts (BIP) von 3,876 Billionen im Jahr 2022. Parallel dazu zerbröseln die sozialen Sicherungssysteme. Man jammert über einen Fachkräftemangel, der angeblich die Zuwanderung von bis zu einer Million Menschen pro Jahr erfordere. Zugleich diskutiert man ernsthaft die Einführung einer Viertagewoche und merkt gar nicht, dass man damit bis zu 20 Prozent Arbeitskraft vernichtet.

Der Einsatz für Ehe, Familie und Kinder verkommt zum Lippenbekenntnis, zumal gleichzeitig die Streichung der Witwenrente und des Ehegattensplittings diskutiert wird. Millionen und Abermillionen fließen in die weite Welt hinaus, nicht selten in korrupte Systeme. Aber wenn im Ahrtal und im benachbarten Erfttal in der Nacht vom 14./15. Juli 2021 in einer Flut 189 Menschen umkommen und samt Infrastruktur Hunderte von Häusern und Betrieben kaputtgehen, dann dauert die rein materielle Aufarbeitung wohl ein Jahrzehnt. Das Land Rheinland-Pfalz beispielsweise nimmt für 2023 ganze 11 Millionen für die Beseitigung von Schäden in die Hand, während die Hansestadt Hamburg allein im März 2023 für 6500 Flüchtlinge insgesamt 14 Millionen Euro für Hotelunterbringung zu schultern hatte.

Deutschlands angeblich entscheidender Beitrag zur Verwirklichung von „One-World"-Visionen inkl. Rettung des Weltklimas und Bewältigung weltweiter Migrationsströme ist angesagt. Finanziert aus dem Geldbeutel und den Konten des deutschen Michels. Aber es ist nichts anderes als Selbstaufgabe, immer häufiger orchestriert von UNO, WHO und Co. nichts anderes als Unterwerfung unter die Visionen eines globalen Milliardärssozialismus, dem es – ausgestattet mit Stiftungs-Milliarden, ja -Billionen – als „woker" Kapitalismus um die Etablierung eines Überstaates und die Preisgabe nationaler Souveränitäten geht.

All dies gelingt, weil die (noch national) Regierenden mit Verdummung qua sog. Bildung und Alt-Medien sowie mit Angstmachen (etwa einer nie evaluierten rigorosen Corona- und „Klima"-Politik) hochwirksame Regierungs- und „Erziehungs"-Mittel einsetzen. Konkret: Corona und der angeblich großteils „anthropogen" bedingte Klimawandel werden instrumentalisiert, um, mit Blick auf „nur eine Welt, die wir haben", Verbote über Verbote, Zwänge über Zwänge zu etablieren.

Und die Folge? Der Staat sieht sich nicht mehr als originärer Garant, sondern als argwöhnischer Begrenzer von Freiheiten bis ins Totale (Totalitäre?). „Cancel Culture" ist angesagt. Schier alltäglich. Ein Heilbronner Konditor, der Faschingskrapfen mit „indigenen" Köpfen ziert, wird im Februar 2023 von einer kommunalen Stelle ermahnt. Winnetou muss wegen Verbots von „Cultural Appropriation" nun definitiv sterben; eine Tanzgruppe von Rentnerinnen, die bei der Bundesgartenschau im April 2023 mit Sombreros auftritt, ist ebenfalls wegen „Cultural Appropriation" unerwünscht.

Nun hat der deutsche Michel Ende 2021 ein solches System nolens volens bestätigt und mit der „Ampel" mit knapper Mehrheit eine Gouvernanten-Regierung gewählt. „Gouvernante" in dem Sinne, wie man sich diesen früheren, durchaus ehrenwerten Beruf im negativen Klischee vorstellt: spießig, besserwisserisch, belehrend, endlos tadelnd, verbietend, immer nur das – vermeintlich – Beste wollend.

Die „Ampel": Alle Lichter stehen auf Geisterfahrt

Nun gut, man war von 16 Jahren Merkel einiges gewöhnt: Griechenland-/Euro-Rettung, Abschaltung der Atomkraftwerke, Abhängigkeit von russischem Gas, Kür von ungeeigneten Bundespräsidenten, Grenzöffnung, Eingriff in die Wahl des Thüringer Ministerpräsidenten, usw. Siehe das Merkel-Kapitel in diesem Buch. Die „Ampel" hat Merkels Politik fortgeführt sowie ideologisch und personell getoppt. „Ampel" samt „Ampel"-Apparat selbst ist ein aufgeblähter Verein, mit einem SPD-Kanzler an der Spitze, der getönt hatte: „Wer Führung bestellt, bekommt sie." Aber wahrscheinlich kann er sich an diesen Satz wie an so manch anderes (siehe „Warburg", „Cum-Ex") nicht erinnern.

Ansonsten lässt er seinen Ressort-Ideologen ihre Spielwiesen. Das Raumschiff namens Kanzleramt soll übrigens für 800 Millionen Euro erweitert werden, angeleiert noch vor 2021. Dazu kommen 16 Bundesminister: 7-mal SPD, 5-mal Grüne, 4-mal FDP; nicht mitgerechnet sind 7 Staatsminister, 37 Parlamentarische und 34 beamtete Staatssekretäre, 43 „Beauftragte". Obendrauf bzw. darunter 5300 neue Stellen, davon 168 in B3-Besoldung aufwärts. Man hat ja Gefolgsleute zu versorgen.

Mit den eigenen moralisierenden Ansprüchen ist es nicht weit her. In puncto Transparenz und CO2-Neutralität wollte man Vorbild sein. Aber getreu dem lateinischen Spruch „Quod licet iovi, non licet bovi" („Was dem Göttervater Jupiter erlaubt ist, ist dem Rindvieh noch lange nicht erlaubt") schert man sich nicht um die eigenen Sprüche. Scheinheilige mit Heiligenscheinen eben! Nur zwei Beispiele von zahllosen: In ein und derselben Woche reisen Juli 2023 zwei Bundesminister (Habeck und Heil) getrennt (!) in zwei Jets der Luftwaffe (A350 und Global) nach Indien. Kosten, wenn dies Charterflüge wären: 750 000 Euro. Oder: Derselbe Habeck, nach wie vor Lichtgestalt für die Öffentlich-Rechtlichen, kriegt kein Gesetz ordentlich hin, doch sein Ministerium besetzt er mit Lobbyisten, die obendrein untereinander verwandtschaftlich verbunden sind.

Dann sind aber doch zwei Ministerinnen abhandengekommen: eine Familienministerin Anne Spiegel (Grüne; wegen ihres Versagens als Landesumweltministerin bei der Ahrtal-Flutkatastrophe) und eine Verteidigungsministerin Christine Lambrecht (SPD; wegen tagtäglich demonstrierter Überforderung). Geblieben sind als Kanzler-Vize ein (Vettern-)Wirtschaftsminister Robert Habeck (Grüne), die Talkshow-Immobilie Karl Lauterbach (SPD); eine auf dem linken Auge blinde, von Katar bis Berlin gerne in Regenbogenfarben auftretende Laisser-faire-Migrations- und Asylministerin Nancy Faeser (SPD); ein Vegan-Minister Cem Özdemir (Grüne); dazu inklusive Finanzminister ein paar Minister aus der (vormals?) liberalen FDP und andere relativ namenlose Flugbereitschaftsberechtigte mehr.

Halt, ein grünes Mitglied des Ampel-Kabinetts sticht weltweit heraus – repräsentativ für die Ex-Bildungsnation und für die Yellow Press: Ex-Kanzlerkandidatin und Chefdiplomatin Annalena Baerbock. Was sie an sprachlichen, historischen und politischen Salti hinlegt, optisch unterstützt von einer monatlich 7500 Euro teuren Star-Visagistin, ist Legion. Diplomaten, also distinguierte Leute, würden sich niemals Blondinenwitze erzählen. Jetzt aber erzählen sie sich Baerbockwitze.

Assistiert wird diese Polit-„Elite“ etwa von einer Antidiskriminierungsbeauftragten Ferda Ataman, Ziehkind von Ex-CDU-Kanzlerkandidat Laschet, die keine Probleme hat, wenn Deutsche als „Kartoffel“ bezeichnet werden; von einem grünen Staatssekretär und „Queer-Beauftragten" Lehmann, der meint: „Kein Arzt kann von außen feststellen, welches Geschlecht ein Mensch hat"; von einer vormals führenden Greenpeace-Aktivistin und USA-Bürgerin namens Jennifer Morgan, die ratzfatz „Deutsche" wird, um zur Staatssekretärin im Außenministerium aufsteigen zu können.

Das Parlament, eigentlich Repräsentant des Volkssouveräns, macht sich selbst sukzessive überflüssig. Zum Beispiel beruft es im Juli 2023 einen 160-köpfigen „Bürgerrat" (zunächst für Ernährung). Übrigens: Das kommt einer Sowjetisierung der Republik gleich, siehe das russische Wort „sowjet" (= Rat). Wieder ein Beispiel dafür, dass Gewaltenteilung nicht mehr funktioniert, weil sich alle fünf „Gewalten" gegenseitig protegieren: Legislative, Exekutive, Judikative, Medien, NGOs – dazu nun noch mehr „Räte".

Verliebt in die Apokalypse: Klima, Klima über alles!

Das Klima, respektive der in der Erdgeschichte gewiss nicht erste Klimawandel, ist die neue Religion, ja die neue Staats- und Medienräson, sozusagen der/die/das neue Allmächtige. Wer das anders sieht, gilt als Klimaleugner, demnächst wohl als Wärmepumpenverweigerer, der in der ach so einmaligen Hitze des Sommers 2023 wie in der Hölle schmoren soll. Klima, Klima über alles! Es ist schuld an der Flutkatastrophe im Juli 2021 im Ahrtal, am angeblichen Austrocknen des Gardasees, an der „Partystimmung" im Sommer 2022 in der Innenstadt Stuttgarts, an den Multikulti-Keilereien in Schwimmbädern in Berlin, Essen, Düsseldorf usw.

Des deutschen Michels heroischer Kampf gegen den Klimawandel ist zugleich endlich mal wieder etwas, an dem die Welt genesen kann. Angeblich! Denn Deutschland bläst einen CO2-Anteil von schrecklichen 1,8 Prozent in die Luft (China übrigens 31 Prozent, die USA 13 Prozent). Das heißt bei einem CO2-Anteil an der Luft von 0,04 Prozent: Würde in Deutschland urplötzlich alles menschliche und tierische Leben ersterben, dann würde dies den CO2-Anteil an der Luft um 0,00008 Prozent auf dann 0,03992 senken.

Derweil schaltet Deutschland im April 2023 auch die letzten drei, hochfunktionsfähigen und CO2-neutralen Atomkraftwerke ab und importiert Kohle aus Kolumbien. Weltweit werden währenddessen 53 neue AKW gebaut. Aber die deutschen Medien „wissen“ zum 12. Jahrestag der Fukushima-Katastrophe von 2011, dass dort 11 000 Menschen durch den Reaktorunfall zu Tode kamen. Nein – ein (in Ziffern: 1) Mensch kam durch Verstrahlung zu Tode, die anderen ertranken oder wurden von den Fluten zerschmettert. Derweil reaktiviert Japan seine AKW.

Naturschutz oder gar Erhalt von Kulturlandschaften sind indes „out“: Wälder, Wiesen, Insekten, Greifvögel werden der Energiewende geopfert, in Naturschutzgebieten etwa vor Rügen sollen Gas-Terminals gebaut werden. Aus Kolumbien holt man Hunderttausende Tonnen Kohle, um sie – CO2-neutral? – zu verfeuern. Man importiert Atomstrom aus Frankreich und Tschechien. E-Autos und Wärmepumpen sind angesagt und werden subventioniert, die Nachfrage aber nach E-Autos und Wärmepumpen stagniert nach einem ersten „Hype“. Die eines Tages fällige Entsorgung der Windräder, der Solarpanels und der E-Auto-Akkus wird den nächsten Generationen überlassen. Aber die „Letzte Generation“ der „Klimakleber“ und gelegentlichen Bali-Flieger wird politisch, medial und gerichtlich gepampert; sie darf keineswegs als kriminell gelten. Währenddessen profiliert sich ein niedersächsischer „grüner“ Umweltminister namens Christian Meyer mit der Forderung eines Anbauverbots von Erdbeeren und Tomaten: wegen angeblichen Wassermangels aufgrund des Klimawandels.

Alles „Gender“ und „Trans“ – oder was?

Die „Gender“- und „Trans“-Ideologie ist zur anderen quasireligiösen neuen Staats-, Medien- und Gesellschaftsräson geworden:

Die Genderisten spielen sich als Schöpfer eines neuen Menschen auf. Der neue Gender-/Trans-Mensch wird kreiert, seine Sprache dieser Homunculus-Kreation unterworfen. Ein „Selbstbestimmungsgesetz" soll alles richten, demzufolge man jährlich Geschlechts- und Namenseintrag im Standesamt ändern kann, demzufolge es bei Androhung von 10 000 Euro Strafe verboten ist, eine Transperson mit ihrem früheren Vornamen („deadnaming") anzusprechen, und mit dem auch Kriminelle ihre Identität durchaus verschleiern können.

Dazu dann Schreibweisen wie „Bürger*/_:Innen": Das Volk, dem die Sprache ja eigentlich gehört, sieht all diesen pseudo-avantgardistischen Humbug mit Anteilen von bis zu 80 Prozent sehr skeptisch oder lehnt ihn komplett ab, selbst der Rechtschreibrat hält nichts von Sternchen und Co. Sachsens CDU-geführte Landesregierung untersagt diese Sprachverhunzung für Verwaltung und Schulen, aber ARD und ZDF halten am schriftlichen (und phonetisch Logopädie erfordernden) Genderstern fest. Baden-Württembergs Kultusministerin stellt den Schulen die Verwendung der Gendersprache frei, die Landtage in Mainz und Stuttgart lehnen auch mit den Stimmen der CDU ein Verbot der Gendersprache in Verwaltung und Schule ab. „Mutter" wird im ARD-Hauptstadtstudio zur „entbindenden Person", ohne dass die Urheberinnen dieses Sprachschrotts von ihren Aufgaben entbunden werden.

Zugleich säumen, angeführt von Politikern fast jeder Couleur, Hundertausende die Christopher-Street-Day-Demos. Die Stadt Stuttgart installiert in Männertoiletten des Rathauses und der Bürgerbüros Automaten für Tampons und Monatsbinden. In Detmold kann man bei der Anmeldung eines Bello/Hasso zur Hundesteuer neben „männlich" und „weiblich" auch „divers" angeben. „LGBTQIA+"-Aktivisten und -Comedians sowie Dragqueens treten in Kindergärten und Schulen auf.

Die Biologin Marie Vollbrecht möchte Anfang Juli 2022 an der Humboldt-Universität Berlin im Rahmen der „Langen Nacht der

Wissenschaft" einen Vortrag über „Zweigeschlechtlichkeit" halten; der Vortrag wird quasi als queer-feindlich abgesagt und erst viel später nachgeholt. Die Professuren für Gender – und hinter anderen Namen versteckt – schießen wie Pilze aus dem Boden. Es sind mindestens 250; Professuren für Pharmazie gibt es weniger. Die „Elite" der Balltreter scheitert Ende 2022 in Katar wie schon bei der WM 2018 bereits mit der Vorrunde, macht aber – auf der Tribüne assistiert von der Bundesinnenministerin – auf „Regenbogen"-Moral. Die Kirchen rollen der Queer-Lobby den roten Teppich aus; ein evangelischer Pfarrer predigt zum Abschluss des Evangelischen Kirchentages 2023: „Gott ist queer". Man fragt sich spontan, was eigentlich noch der Unterschied ist zwischen „grünen" Parteitagen und Kirchentagen.

Deutschland – ein mehrfach gespaltenes Land

In den Jahren 2022 und 2023 kommen mehr „Zuwanderer" ins Land als 2015/2016. Das Land zerfasert in Parallelgesellschaften, Parallelkulturen, Parallelsprachen. Das Volk wurde nie gefragt, ob es das will. Derweil braucht man für die Schlichtung der Keilereien zwischen migrantischen Clans offenbar islamische „Friedensrichter". Es vergeht auch kaum ein Tag, an dem es nicht Messerattacken, Messermorde und Gruppenvergewaltigungen gibt. Deutschlands Außengrenzen sind offen wie Scheunentore, aber beim Besuch mancher Schwimmbäder muss man sich ausweisen. Frauen dürfen jetzt in vielen Bädern „oben ohne" gehen, wenn sie denn Belästigungen riskieren wollen.

Ein muslimischer Gastautor hält in einer großen süddeutschen Zeitung das öffentliche Schlecken von Eis für unzumutbar, weil leicht erregbare Zuwanderer dies mit Fellatio (Fachbegriff: „Blowjob") assoziieren könnten. Die Lust der Deutschen auf Waldspaziergang gilt als rassistisch, weil PoCs (people of color) Wald nicht kennen und Angst davor haben. In Berlin-Wedding müssen

110 Senioren das Altenpflegeheim einer evangelischen Kirchenstiftung verlassen, um Platz zu schaffen für „Geflüchtete", die sich für den Träger offenbar besser „rechnen". In immer mehr deutschen Städten ertönt der Muezzin-Ruf, aber es wird darüber diskutiert, ob Gipfelkreuze noch zeitgemäß seien. Zu den bestehenden 2800 Moscheen werden weitere 200 gebaut, oft finanziert aus der Türkei, Katar und Saudi-Arabien. „1001 Unterwerfung" haben wir es im Buch schon genannt. Wird es bald noch mehr?

Gespalten ist das Land hinsichtlich seiner politischen Ausrichtung. Einer Front von betont „woken" Parteien und Wählern steht – hinter der berühmten „Brandmauer" kaum noch kaschierbar – eine Millionenschar an realen oder potenziellen Wählern der AfD, an ostentativen oder auch bequemen Nichtwählern und an Migranten ins Innere, ins Private gegenüber. Spalter sind am Werk. Staatliche, halbstaatliche, kommunale und mediale Tribunal-Meldestellen fördern diese Spaltung. Nur ein Beispiel: Die bereits in der Merkel-Zeit mit Millionen Euro Steuergeldern gepamperte „Amadeu-Antonio-Stiftung" (AAS) richtete im Auftrag des „grün" geführten Familienministeriums ein Denunziationsportal als angeblich „innovatives Instrument im Kampf gegen Frauenfeindlichkeit" ein. Man weiß, dass die AAS bis 2022 von einer Anetta Kahane, Stasi-Deckname „Viktoria", geleitet worden war. Gelernt ist eben gelernt. Werden wir jetzt die Deutsche Denunzianten-Republik (DDR 2.0)?

Meinungsmanipulation versus Meinungsfreiheit

Die öffentlich-rechtliche, weltweit teuerste Monokultur von neun ARD-Anstalten plus ZDF plus DLF mit ihren insgesamt 21 Fernseh- und 74 Hörfunk-Programmen macht sich im Verein mit gewissen Traditionsblättern aus München und Hamburg zu Transmissionsriemen der Regierenden. „Greenwashing" bzw. „Reeducation" 2.0/3.0/4.0 sind angesagt. Aber wären es nur die „Öffentlich-Rechtlichen“! Auch Facebook, Youtube und Co. schränken brav regierungstreu die Reichweite von vermeintlich „Rechten“ ein. Die alltägliche öffentlich-rechtliche Gehirnwäsche spült den Betreibern per anno 8,4 zwangsweise eingetriebene Milliarden (genannt „Demokratieabgabe“, treffender Demagogieabgabe?) in die Kasse, das sind täglich 23 Millionen Euro. Mit dieser gigantischen Summe wird – siehe RBB – eine Vetternbonzokratie mit üppigsten Gehältern und Pensionen betrieben. Vom „Haltungsjournalismus“ ganz zu schweigen.

Aber das scheint den Mediengewaltigen nicht zu reichen. Statt der monatlichen Zwangszahlung von 18,36 Euro je Zahler arbeitet man auf 25 Euro hin. Zugleich ist „Rent a Journalist“ angesagt: Die Bundesregierung gab seit 2017 2,3 Millionen aus, um 200 Journalisten, mehrheitlich aus dem ÖRR, für „Moderations“-Aufgaben anzuheuern. Die „öffentlich-rechtlichen“ Quassel-Talkshows sind zugleich hinsichtlich parteipolitischer Provenienz der Gäste keinerlei Abbild des Wahlvolks mehr. Und eine vermeintliche ZDF-Satire-Sendung eines Jan Böhmermann mit Hang zur Gosse verkommt zur Denunziationsplattform, ohne dass dies den ZDF-Intendanten Himmler, den ZDF-Verwaltungsrat oder den ZDF-Fernsehrat stört. Scheinheilig macht man dann auf „Follow the Science“ (im Singular!), präsentiert klimabewegte „Wetterfrösche“, einen Arzt-Comedian mit stets umgehängtem Stethoskop, einen professoralen Kosmos-Alleserklärer und andere mehr. Unterlegt – und zusätzlich finanziert – wird das Ganze mit Werbung im „Regenbogen“-Modus und selbst bei teuersten PKW-Modellen mit PoC-„Models“.

Bildungsnation im freien Fall

Der Begriff „Bildungsnation“ ist heutzutage nur noch mit dem Attribut „vormalige“ vertretbar, weil sich diese Nation im freien Fall befindet: in Schule, Hochschule, beruflicher Bildung, Forschung. Man schwadroniert über Fachkräftemangel und vergisst dabei, dass der qua Absenkung der Bildungsansprüche zu erheblichen Teilen hausgemacht ist und vor allem in den luftigen Höhen der Politik und der Mainstream-Medien zu finden ist. Die Noten werden immer besser, eine Eins vor der Note des Abiturzeugnisses ist fast schon Standard. Akademisierung ist bloße Pseudoakademisierung. Abitur kann man heute „machen", etwa 2023 in Niedersachsen, indem man – am besten affirmativ – den ZEIT-Text der deutschen Klima-Ikone Neubauer in einer schriftlichen Abiturprüfung „interpretiert".

Zugleich wird der hochrenommierte Historiker Egon Flaig im Juli 2023 von der Universität Erlangen ausgeladen, weil er als „rechts" gilt, vermutlich weil er in seiner „Weltgeschichte der Sklaverei" nachgewiesen hatte, dass der größte und am längsten währende Sklavenhandel von Arabern ausging und ausgeht. Ansonsten gilt in Sachen Bildung: Was nicht alle können, darf keiner können. Dieses Prinzip reicht bis hinein in die „neuen" Bundesjugendspiele. Dort wird Leistung zukünftig von der Grundschule an nicht mehr in Sekunden oder Zentimetern gemessen. Denn es könnte ja Frustrierte geben, und das wäre anti-inklusiv.

Wo sind die Bürgerlichen?

Und die CDU, die Partei der Ex-Kanzlerin? Zusammen mit der CSU fuhr sie bei der Bundestagswahl 2021 das miserabelste Ergebnis seit Bestehen der Republik ein: 24,1 Prozent. Oder noch härter gerechnet: 18,9 Prozent gaben der CDU in 15 Bundesländern ihre Stimme, der Söder-CSU auf den Bund berechnet 5,2 Prozent, allein auf Bayern bezogen 31,7 Prozent. 24,1 Prozent insgesamt – das sind – wegen der vielen Nichtwähler – 18,5 Prozent der Wahlberechtigten. Es war dies eine Klatsche für die Ex-Kanzlerin und „ihren" Kanzlerkandidaten Armin Laschet. Gleichwohl stellen die Merkelianer in der CDU nach wie vor einen Machtfaktor dar.

Neu-Parteichef Friedrich Merz weiß die Partei nicht komplett hinter sich. Zugleich holt sich die CDU samt CSU eine blutige Nase an der von ihr selbst errichteten „Brandmauer“ gegen die AfD und damit gegen Hunderttausende dorthin abgewanderte CDU-Wähler. Derweil wird Merkel schier hagiografisch mit höchsten Orden der Republik sowie der Länder NRW und Bayern behängt.

Die Wahlen der Jahre 2021 und 2022 waren jedenfalls keine erfolgreichen Wahlen für die (vormals) Bürgerlichen. Im Bundestag mussten CDU/CSU Ende 2021 in die Opposition, in Mecklenburg-Vorpommern erging es der CDU zum gleichen Zeitpunkt ebenso. 2022 flogen die Christdemokraten außerdem aus den Landesregierungen im Saarland und in Niedersachsen. Dass die CDU in Schleswig-Holstein und in NRW jeweils eine grün-grüne (pardon: schwarz-grüne) Koalition anzuführen meint? Naja! Und dass es 17 Monate nach dem ersten chaotischen Wahldurchgang vom September 2021 mit der Wiederholungswahl im Februar 2023 im Land Berlin mal wieder zu einem „Regierenden“ von der CDU reichte, sagt auch nichts. Die Berliner Stadtpolitik bleibt, wie sie bereits unter Rot-Grün-Rot war: betont „woke“, symptomatisch ablesbar an der Einrichtung von je einem Queer-Beauftragten in allen zwölf Berliner Stadtbezirken.

Apropos Wahlen: Sollte man nicht von „sogenannten“ Wahlen sprechen, zumindest in Berlin? Dort fand am 26. September 2021, dem Tag der Bundestagswahl, zugleich die Wahl zum Abgeordnetenhaus statt. Besser: Sie sollte stattfinden. Denn 73 Wahl-lokale waren zeitweilig geschlossen; es gab zu wenig Wahlurnen; in manchen Wahllokalen wurde über 19 Uhr hinaus gewählt; in 100 Wahllokalen gab es zu wenig Stimmzettel. Vielfach wurde falsch ausgezählt, andernorts waren Stimmzettel verschwunden. Berlin, doof, aber sexy? Der Verfassungsgerichtshof Berlins ordnete in der Folge eine Wiederholung der Wahl an. Diese fand am 12. Februar 2023 statt. Die CDU siegte, der rot-grün-dunkelrote Senat wurde von einem schwarz-roten ersetzt. Geändert hat sich nichts.

Dass die Bundestagswahl in Berlin ebenso chaotisch ablief, ist klar. Aber es errangen drei Linkspartei-Kandidaten ein Direktmandat, so dass ihre Partei trotz eines bundesweiten Ergebnisses von nur 4,9 Prozent in den Bundestag einzog. Gegen diesen Teil der Wahl in Berlin gibt es rund 1700 Beschwerden in Karlsruhe. Wie werden die Damen und Herren in roter Robe im Herbst 2023 urteilen? Wetten, dass …

Liberalismus in Deutschland ist „out"

Und die anderen „Bürgerlichen"? Die FDP, die dem Namen nach „Liberalen"? Zur Jahreswende 2017/18 hatten sich die „Freien Demokraten" im Bund einer „Jamaika"-Koalition (schwarz-gelb-grün) verweigert. Die Begründung war: „Lieber nicht regieren als schlecht regieren!" Damals wäre man zweitstärkste Regierungsfraktion gewesen. Nun, da man drittstärkste Regierungsfraktion ist, gilt: „Lieber schlecht regieren, als auf Ministersessel verzichten!" Die Quittung folgte: Die FDP flog aus den Landtagen in Berlin, in Niedersachsen und im Saarland. Die „Gelben" stellen (Stand: Sommer 2023) nur noch 85 Abgeordnete in 11 Landesparlamenten. Auf Bundesebene dümpelt man im Juli 2023 bei der „Sonntagsfrage" um 7 Prozent vor sich hin.

Zum Vergleich: Die Grünen haben 328 Abgeordnete in 15 Landesparlamenten. Ist die pseudoliberale Verbotspartei der Grünen jetzt die neue „bürgerliche" Partei? Sie tut so, denn sie schöpft ihr Wählerpotenzial vor allem aus der gutsituierten, vormals „liberalen" Schicht – lokalisierbar in gentrifizierten Gegenden. Also aus einer Schicht, die es sich monetär leisten kann, „grün" zu sein. Folge: Grün regiert (Stand: Sommer 2023) wie die SPD in 11 der 16 deutschen Länder mit. Die C-Parteien können das nur in 9 deutschen Ländern. Die FDP sitzt in 2 (Rheinland-Pfalz, Sachsen-Anhalt), die Links-Partei in 3 Landesregierungen (Thüringen, Mecklenburg-Vorpommern, Bremen).

Der Liberalismus und die Liberalität eines Friedrich August von Hayek, das Denken eines Ludwig Erhard haben in Deutschland offenbar keine Chance mehr. Gleichheit und Gleichmacherei rangieren vor Freiheit, Entmündigung und „komfortable Stallfütterung der domestizierten Massen" (Wilhelm Röpke) rangieren vor Eigenverantwortung. Eine wahrlich liberale Partei, die glaubhaft gegen solche Paradigmenwechsel angeht, gibt es nicht mehr.

Jetzt die Gretchen-, respektive Michel-Frage

Am 26. September 2021 also hat der deutsche Michel gewählt. Und zwar mit in der Summe 52,0 Prozent der Wähler (= 39,8 Prozent der Wahlberechtigten) eine „Ampel". Deren Ziel ist ein anderes Land mit einem neuen Bild von Familie und Geschlechtlichkeit, von Rechtsstaatlichkeit und Meinungsfreiheit, von Nation und Staatsangehörigkeit, von Leistungsprinzip und Eigenverantwortung, von Gewaltenteilung und Subsidiarität.

All dies müsste den deutschen Michel auf die Palme bringen. Aber er bleibt brav am Boden und duckt sich weg. Dabei wurde der deutsche Untertan seit Bestehen der Republik noch nie so miserabel regiert wie ab 8. Dezember 2021. Nun schaut der deutsche Michel, wenn er nicht eingefleischter Sozialist, gut situierter Grünling oder Pseudoliberaler ist und sich nicht mit der geplanten Freigabe von Cannabis darüber hinwegtrösten will, dumm aus der Wäsche. Den eigenen Unmut in Meinungsumfragen zu artikulieren reicht nicht. Nein, der deutsche Michel schluckt nach wie vor viel zu viel. Nicht einmal das öffentlich-rechtliche „Unsere tägliche Gehirnwäsche gib uns heute!" bringt er zu Fall, indem er den „Beitragsservice" für die Öffentlich-Rechtlichen trickreich lahmlegt.

Mehr als 50 Jahre nach „68" haben die Bürgerlichen noch nicht begriffen, wie erfolgreich der Kulturmarxismus seinen Marsch durch die Institutionen und Definitionen fortsetzt und die ideologische Hegemonie errungen hat. Die Bürgerlichen haben nichts dagegengesetzt. Ob der deutsche Michel das so wollte? Nun, „den“ deutschen Michel gibt es zwar nicht. Aber zu erheblichen Teilen ist er ziemlich unpolitisch, oder aber er hat alle Hoffnung aufgegeben. Das lässt sich allein daran ablesen, dass bei der Bundestagswahl vom 26. September 2021 14,4 Millionen Wahlberechtigte (entsprechend 23,4 Prozent der Wahlberechtigten) und bei der NRW-Landtagswahl vom 15. Mai 2022 6,8 Millionen Wahlberechtigte (entsprechend 44,5 Prozent der Wahlberechtigten) nicht wählten. Noch geringer als die Wahlbeteiligung dürfte der Anteil der De-facto-Wähler sein, die vor ihrer Stimmabgabe die Programme der Parteien gelesen haben. Hätte wenigstens ein Teil der in der Summe 52 bzw. 39,8 Prozent, die die „Ampel“ ins Kabinett hievten, dies getan, wäre Deutschland einiges erspart geblieben, denn man konnte anhand der SPD- und „Grünen“-Programme sowie aus Teilen des FDP-Programms erkennen, wohin die Reise Deutschlands geht.

Der deutsche Untertan soll nun also sein: bindungslos, genderfluid, bevormundet, zur Denunziation bereit, denkfaul, bekennend antifaschistisch, antirassistisch, antikolonialistisch, antiweiß, ewig ob seines Deutschseins schuldkomplexbeladen, vegan, klimaneutral und wegen CO2 fortpflanzungsunwillig. Ist Ruhe da die erste Bürgerpflicht? Nein, der deutsche Michel muss sich endlich auf seinen Namenspatron, den Erzengel Michael, den Drachenbezwinger, besinnen. Als intellektueller Stachel – auch für CDU/CSU. Diese Union, solange es sie noch gibt, sollte ihre „Merkel“-Prägungen hinter sich lassen, sich markant als die große Oppositionspartei präsentieren und endlich den „grün-marxistisch-woken“ Kulturkampf kontern.

Ein literarisch-philosophisch-politisch-psychologisches Vorwort

Werden die Deutschen drei Jahrzehnte nach der einzigen erfolgreichen Revolution, die sie zustande brachten, nämlich der von 1989/1990, wieder zu einem Volk von Untertanen? Möchten sie dies gar? Der Verdacht liegt nahe, denn viele scheinen vergessen zu haben, dass die Befehlsempfänger des Volkes die Regierenden sind und nicht umgekehrt. Die Menschen dieses Landes sind freie Bürger, denen man nicht nach Lust und Laune qua Exekutive und medialem Einhämmern Freiheiten gewähren oder entziehen sowie Gebote oder Verbote verpassen kann. Nein, damit erodieren das Grundgesetz, die parlamentarische Demokratie, die Gewaltenteilung und der Rechtsstaat.

Wir sind mittendrin in dieser Erosion und mittendrin in einer (Selbst-)Delegitimierung des Staates. Zugleich sollen wir den Kakao austrinken, durch den man uns zuvor volkspädagogisch gezogen hat und den wir als Steuer- und Zwangsgebührenzahler auch noch am Laufen halten. Eine »Von Feigheit paralysierte Kleptokratie« nennt Peter Sloterdijk Deutschland.[1] Damit meint er eine »Staats-Kleptokratie«, die den Bürgern qua semisozialistischem Steuersystem das Geld aus der Tasche zieht und damit ein paralysierendes System der Unterwürfigkeit fördert. Das Ergebnis sei eine wie in einem Desinfektionsbad durchsterilisierte und homogenisierte Öffentlichkeit. Ja, kleptoman ist dieses System, es klaut den Bürgern aber nicht nur das Geld aus der Tasche, sondern mittlerweile auch *peu a peu* Freiheiten. Gegen all dies als Staatsbürger anzugehen ist eine Frage der Selbstachtung. Und es ist eine Frage der Selbstreflexion eines ganzen Volkes.

Bei der Reflexion über »Untertanengeist« und »Denken«, über Obrigkeitsgläubigkeit und Mündigkeit kommt man an Heinrich Manns »Diederich Heßling« und an Immanuel Kant nicht vorbei. Um beider Gedankengut geht es in diesem Buch. Heinrich Mann trug den Namen, ja das Prinzip »Untertan« bei, Immanuel Kant die Aufforderung zum skeptisch-kritischen Denken. Aber das vorliegende Buch soll weder eine literaturanalytische Betrachtung des Mann'schen Romans noch eine Interpretation des aufklärerischen Werkes von Kant sein. Dennoch sollen beide wenigstens zu Beginn ihre Würdigung erfahren.

Heinrich Mann: »Der Untertan«

Heinrich Mann (1871 – 1950), der ältere Bruder von Thomas Mann, hatte mit den Arbeiten am »Untertan« 1906 begonnen, 1914 beendete er die Arbeit daran. Diese großartige Karikatur des deutschen Untertanen hat zu tun mit seinem Essay »Geist und Tat« von 1910/11. Dort hatte er geschrieben: »Der Faust- und Autoritätsmensch muss der Feind sein. Ein Intellektueller, der sich an die Herrenkaste heranmacht, begeht Verrat am Geist.« 1911 hatte sich Mann zudem mit seinem Essay »Der Reichstag« mit dem Stereotyp des Parlamentariers und des gut situierten Bürgers auseinandergesetzt. Der »Bürger« war für Mann der »widerwärtig interessante Typus des imperialistischen Untertanen, des Chauvinisten ohne Mitverantwortung, des in der Masse verschwindenden Machtanbeters, des Autoritätsgläubigen wider besseres Wissen und politischen Selbstkasteiers«.

Als Motto hatte Heinrich Mann für seinen »Untertan« vorgesehen, aber nicht verwirklicht: »Dies Volk ist hoffnungslos.« Nicht veröffentlicht wurde auch der ursprünglich geplante Untertitel »Geschichte der öffentlichen Seele unter Wilhelm II.« Wie schon im »Professor Unrat« (1904) spießt Heinrich Mann erneut als »Grundlagen des Staates« auf: »eine einflussreiche Kirche, ein handfester Säbel, strikter Gehorsam und starre Sitten«.

Was erfahren wir über den »Untertan«, die groteske Hauptfigur Diederich Heßling (ursprünglich: Hänfling)? Er wächst in Berlin auf und erfährt als Heranwachsender Demütigungen durch Stärkere. Die Kompensation dieser Demütigungen prägen seine Karriere: demütig-subaltern nach oben, tretend nach unten. Als Student schließt er sich der nationalkonservativen Korporation Neuteutonia an. Um den Militärdienst drückt er sich durch Vorspiegelung eines Fußleidens. Er heiratet reich und wird in der preußischen Provinzstadt Netzing Mehrheitsaktionär einer Papierfabrik.

Bald entwickelt er sich zum Stammtischpolterer. Militärs und Adligen gegenüber kuscht er, die eigene Familie und seine Angestellten unterdrückt er. Gegen Proletarier ereifert er sich. Als Opportunist, Intrigant, Denunziant und subalterner Gefolgsmann des Regierungspräsidenten von Wulckow bringt er es zum Stadtrat und zum Ordensträger. Dieser Orden wird ihm überreicht bei der Einweihung eines Ehrenmals für Wilhelm I. In seiner Festrede zur Einweihung des Denkmals charakterisiert Heßling das »deutsche Wesen« als »Verehrung der Macht, der von Gott geweihten Macht, gegen die man nichts machen kann«. Durch Duckmäusertum und seine eiserne Kaisertreue bringt er es zum funktionierenden Rädchen im Obrigkeitsstaat.

Heßlings Identifikation mit dem Kaiser hatte bereits beim Studenten Diederich eingesetzt, als er den Kaiser im Jahr 1892 am Brandenburger Tor erlebte: »Diederich konnte ihm ins Gesicht sehen, in den steinernen Ernst und das Blitzen … Ein Rausch, höher und herrlicher als der, den das Bier vermittelt, hob ihn auf die Fußspitzen … Er schwenkte den Hut hoch über allen Köpfen, in einer Sphäre der begeisterten Raserei … Auf dem Pferd dort, unter dem Tor der siegreichen Einmarsche … ritt die Macht! Die Macht, die über uns hingeht und deren Hufe wir küssen! … Gegen die wir nichts können, weil wir alle sie leben! Die wir im Blut haben, weil wir die Unterwerfung darin haben!« Die Szene endet peinlich für Diederich, als er den Kaiser zu Fuß begleiten will: Er gleitet aus und setzt sich »mit Wucht in einen Tümpel, die Beine in der Luft, umspritzt von Schmutzwasser. Da lachte der Kaiser.«[2] Der Kaiser – den Heßling ehrfurchtsvoll die »persönlichste Persönlichkeit« genannt hatte!

Immanuel Kant

Der große Königsberger (1724 – 1804) hat drei »Kritiken« hinterlassen: »Kritik der reinen Vernunft«, (1781), »Kritik der praktischen Vernunft«, (1788) und »Kritik der Urteilskraft«, (1790). Wir halten hier nur fest, dass Kant mit diesen Schriften einem erkenntnistheoretischen Kritizismus, Empirismus und Skeptizismus das Wort redet und sich gegen eine Metaphysik wendet, die sich als Wissenschaft gibt.

Beschränken wir uns auf Kants im Original zwölfseitigen Essay »Beantwortung der Frage: Was ist Aufklärung?« von 1784 und geben die zwei weltberühmten Eingangspassagen wieder. »A u f k l ä r u n g ist der Ausgang des Menschen aus seiner selbstverschuldeten Unmündigkeit. Unmündigkeit ist das Unvermögen, sich seines Verstandes ohne Leitung eines anderen zu bedienen. Selbstverschuldet ist diese Unmündigkeit, wenn die Ursache derselben nicht am Mangel des Verstandes, sondern der Entschließung und des Mutes liegt, sich seiner ohne Leitung eines andern zu bedienen. Sapere aude! Habe Mut, dich deines eigenen Verstandes zu bedienen! ist also der Wahlspruch der Aufklärung.«

Und: »Faulheit und Feigheit sind die Ursachen, warum ein so großer Teil der Menschen, nachdem sie die Natur längst von fremder Leitung frei gesprochen (*naturaliter majorennes*), dennoch gerne zeitlebens unmündig bleiben; und warum es anderen so leicht wird, sich zu deren Vormündern aufzuwerfen. Es ist so bequem, unmündig zu sein. Habe ich ein Buch, das für mich Verstand hat, einen Seelsorger, der für mich Gewissen hat, einen Arzt, der für mich die Diät beurtheilt, u. s. w., so brauche ich mich ja nicht selbst zu bemühen. Ich habe nicht nötig zu denken, wenn ich nur bezahlen kann; andere werden das verdrießliche Geschäft schon für mich übernehmen. Daß der bei weitem größte Theil der Menschen (darunter das ganze schöne Geschlecht) den Schritt zur Mündigkeit, außer dem daß er beschwerlich ist, auch für sehr gefährlich halte: dafür sorgen schon jene Vormünder, die die Oberaufsicht über sie gütigst auf sich genommen haben. Nachdem sie ihr Hausvieh zuerst dumm gemacht haben und sorgfältig verhüteten, daß diese ruhigen Geschöpfe ja keinen Schritt außer dem Gängelwagen, darin sie sie einsperreten, wagen durften; so zeigen sie ihnen nachher die Gefahr, die ihnen drohet, wenn sie es versuchen allein zu gehen.«

Insgesamt 14-mal kommt auf den zwölf Seiten der Begriff »unmündig«/«Unmündigkeit« vor. Unter anderem ist oft sehr bildhaft die Rede von der »zur Natur gewordenen Unmündigkeit« des Menschen, von den »Fußschellen einer immerwährenden Unmündigkeit« und vom »Joch der Unmündigkeit«.

Mut machen zum Widerspruch

Und der deutsche Michel heute? Er hat sich politisch korrekt akklimatisiert, er merkt nicht mehr, dass die Umstände immer seltsamer, ja bedrohlicher werden. Das Alarmsystem funktioniert nicht mehr. Es geht ihm wie dem »boiled frog«,[3] dem Frosch, der das mehr und mehr erhitzte Wasser, in dem er hockt, nicht mehr registriert, bis er gegart ist.

Der deutsche Michel verhält sich genauso, er macht zu großen Teilen alles mit, was ihm verpasst wird und womit man ihn umpampert: die permanente Preisgabe nationaler Souveränität; die schleichende Umwandlung der Demokratie in eine Demokratur; der (Selbst-)Hass gegen alles Deutsche, gepaart mit deutschem Sündenstolz; der Weg in eine EU-Schulden- und Transferunion; der Schein-Heiligenschein der Parteien Grüne/Bündnis 90 und Die Linke; die schleichende Umwandlung des Bundestages und der Landtage in Akklamations-Volkskammern; die Abwertung aller Lebenserfahrung als eine Gesinnung »alter weißer Männer«; die Pathologisierung Andersdenkender (als islamo-/xeno/-afro-/homo-/transphob); die Diskreditierung aller Positionen einen Millimeter rechts von Merkel als »rrrächts«; das Anbiedern der Politik an pubertäres Gehabe; der fortschreitende Verlust des antitotalitären Grundkonsenses; die staatliche Alimentierung von Antifa-Kräften; Toleranz gegenüber Intoleranz; Parallel-Gesellschaften; die Duldung massenhaften Asylmissbrauchs; die fortschreitende Islamisierung der Republik durch deren geduldete Schariaisierung; die Schändung christlicher Symbole; das Beschweigen von Straftaten und die Bagatellisierung von Gewalttaten von »Flüchtlingen« als Einzelfälle psychisch Auffälliger; die Laisser-faire-Rechtsprechung; die Sorgen jüdischer Mitbürger um Hab und Gut, Leib und Leben; der Verfall der Bundeswehr; die 100 000-fache Tötung ungeborenen Lebens; das Hofieren von 0,2-Prozent-Minderheiten; der Verfall des Bildungswesens; die permanente Herrschaft des Unrechts (Grenzöffnung, Schulschwänzerei); der Öko-/CO_2-/Klima-Populismus; die Zerstörung von Kulturlandschaften durch Windräder; der Verzicht auf die weltweit sichersten Atomkraftwerke; die Zerstörung wichtiger Industriezweige (zum Beispiel Automobilindustrie); die explodierenden Energiepreise; die Enteignung des Ersparten durch eine Nullzinspolitik; die Besetzung politischer und medialer Spitzenämter mit Nieten; die zwangsgebührenfinanzierte Indoktrination; die klammheimliche Zensur in den neuen Medien …

Darum geht es in diesem Buch: um kritisches Wahrnehmen versus Eingelulltsein, um Mündigkeit versus Unmündigkeit. Und um drängende Fragen: Ist der Deutsche dabei, mit neuen (oder alten) Ismen und Ideologien, mit neuen Zivil- und Ersatzreligionen in eine subaltern prä-aufklärerische Epoche zurückzufallen? Hin zu neuen Autoritarismen, zu neuen totalitären

Fantasiereichen? Befinden wir uns inmitten eines neuen illiberalen Zeitalters, in dem Debatten mit flachen Plattitüden (etymologisch: Wortfladen) wie »Zivilgesellschaft«, mit naiven Vorstellungen von Humanitarismus und Moralismus, mit unreflektiert praktizierten Ritualen wie »Zeichen setzen«, »Gesicht zeigen«, »Aufstand der Anständigen« eine vermeintliche, sehr selektive Wachsamkeit prägen?

Man will und soll »woke«, empathisch, sensibel, engagiert, authentisch sein und schreitet doch nur dahin auf vorgegebenen Wegen des Denkens sowie gewisser Haltungen und Gesinnungen, die »in« sind. Aber man hält sich in dieser Zeit des um sich greifenden postheroischen Konformismus für einen Helden, wenn man das »Nie wieder!« oder das »Wehret den Anfängen!« fehlerfrei buchstabieren kann.

Selbst Teile der Geisteswissenschaften wandeln auf diesen Pfaden; sie wurden – in den Worten von Norbert Bolz – zu »Treibhäusern der Weltfremdheit«[4] – bewohnt von »Gefälligkeitswissenschaftlern«[5], die sich als Claqueure des Angesagten gefallen. Ja, wenn sie doch nur das wären. Oft sind sie zu Apportierwissenschaften geworden, die – um im Bild zu bleiben – jedes Stöckchen, das ihnen der Mainstream hinwirft, artig hechelnd apportieren. Eine Kontaktschuld nach rechts wollen sie schon gar nicht eingehen, deshalb praktizieren sie eifrigst die Unkultur der »Cancel Culture« und des »No-Platforming« gegen jedermann, der auch nur einen Millimeter rechts neben einer mittlerweile links gestrickten CDU/CSU steht.

Mit Mündigkeit, Aufgeklärtheit und Kritikfähigkeit im Kant'schen Sinne hat so etwas wenig zu tun, eher mit »Heerdenmoral« (Nietzsche) und ideologischer »Knechtschaft« (von Hayek). Oder mit Orwell'schem »MiniWahr« (zweideutige Abkürzung für »Ministerium für Wahrheit«). Gleichwohl wird ständig vom »mündigen« Bürger schwadroniert. Aber die Verwendung des Begriffs Mündigkeit ist missbräuchlich, ja eine »Lügenvokabel, die immer gebraucht wird, wenn es darum geht, die Bevormundung der Wähler zu bemänteln.« Die Regierenden seien nämlich der Überzeugung, der Bundesbürger sei »ein zu Unvernunft und Lasterhaftigkeit neigendes Wesen, das vor sich selbst von einer väterlichen Obrigkeit beschützt werden muss«. Diese Sätze hat mit Johannes Gross 1989 ein Publizist geschrieben, wie wir ihn heute schmerzlich vermissen.[6] Wie recht er hatte: Nicht einmal einen Bundespräsidenten dürfen wir selber wählen.

Wer eigentlich ist der Souverän?

Hat das Volk einfach nur die Regierung und die Meinungsbildner, die es verdient? Nein, es darf nicht sein, was Kurt Tucholsky meinte: »Eine Regierung ist nicht der Ausdruck des Volkswillens, sondern der Ausdruck dessen, was ein Volk erträgt.« Und es ist gottlob nicht möglich, was Bertolt Brecht den Regierenden empfahl: »Das Volk hat das Vertrauen der Regierung verscherzt. Wäre es da nicht doch einfacher, die Regierung löste das Volk auf und wählte ein anderes?« Auf dass sich nicht am Ende die Spaltungen, die dieses Land ohnehin horizontal bis hinein in Familien, Kollegien und Freundeskreis prägen, noch mehr auch als vertikale Spaltungen zwischen »denen da oben« und »denen da unten« darstellen.

Es geht um eine Abkehr des Souveräns von herrschenden politischen und medialen Autoritäten mithilfe eigenen Nachdenkens – des Nach-Denkens, nicht des vielfach geadelten, visionären Vordenkens! Das vorliegende Buch möchte einen Beitrag dazu leisten. Es möchte den Blick in die Entstehungsgeschichte von Ideologien richten und auf diese Weise Ideologiekritik und Skeptizismus vermitteln. Und es möchte Mut zum mündigen Widerspruch machen im Sinne Kurt Tucholskys: »Nichts ist schwerer und nichts erfordert mehr Charakter, als sich im offenen Gegensatz zu seiner Zeit zu befinden und laut zu sagen: Nein!«

Teil I:
Der brave Deutsche

1. Die Deutschen – untertan oder einfach nur unausgegoren?

Was war zuerst: Der Untertan oder der Obrigkeitsstaat? Es ist wie die Frage »Huhn oder Ei?«. Aber egal: Vor allem ein braves Volk hat die Obrigkeit, die es verdient, und eine solche Obrigkeit hat denn auch das Volk, das sie braucht. Etienne La Boétie (1530 – 1563) hatte die Frage »Was war zuerst?« in seinem Aufsatz über den Gehorsam (»Discours de la servitude volontaire«) schon sehr früh beantwortet: Die Tyrannei beruhe nicht auf Gewalt, sondern auf Unterwerfung. Hitler hatte darauf bauen können: In »Mein Kampf« lässt er sich 1925 über die »große stupide Hammelherde unseres schafsgeduldigen Volkes« aus.

Und die Deutschen? Bestätigten sie diese Diagnose erst 1933? Gehen wir gut 400 Jahre zurück. Der »teutsche Michel« ist Inbegriff des deutschen Charakters. 1541 taucht er erstmals in Sebastian Francks »Sprichwörtern« auf. Er gilt als gutmütig, unbeholfen, einfältig, linkisch. Viele Jahre später konnte man von links des Rheins Napoleon und Madame de Staël vernehmen. Napoleon (1769 – 1821) soll gesagt haben: »Es gibt kein gutmütigeres, aber auch kein leichtgläubigeres Volk als das deutsche. Keine Lüge kann grob genug ersonnen werden, die Deutschen glauben sie.« Nicht gerade zur Freude Napoleons hatte seine Landsmännin Madame Germaine de Staël in ihrer Schrift »De l'Allemagne« (»Über Deutschland«) 1813 geschrieben, Deutschland habe zwar keinen geistigen Mittelpunkt. Indes würden die Deutschen »die größte Gedankenkühnheit mit dem untertänigsten Charakter vereinen« – Faust und Untertan verbindend. Madame idealisierte die Deutschen zum »Volk der Dichter und Denker« – als offenherzig, treu, gutmütig, empfindsam, enthusiastisch, allerdings auch als schwerfällig, an Gehorsam gewöhnt und ohne nationales Selbstbewusstsein.

Greifen wir die beiden markantesten Diagnostiker des Deutschseins auf: Heinrich Heine und Friedrich Nietzsche. Heinrich Heine schrieb: »Untertanentreue ist ein so schönes Gefühl! Und es ist ein so wahrhaft deutsches Gefühl!« (»Die Harzreise« 1824/1826). »Der Deutsche gleicht dem Sklaven, der seinem Herrn gehorcht ohne Fessel, ohne Peitsche, durch das bloße Wort, ja durch einen Blick. Die Knechtschaft ist in ihm selbst, in seiner Seele; schlimmer als die materielle Sklaverei ist die spiritualisierte. Man muss die Deutschen von innen befreien, von außen hilft nichts.« (»Gedanken und Einfälle«, posthum 1869).

Noch polemischer geißelt Friedrich Nietzsche den Untertanengeist. Wenn er immer wieder von einer »Sklavenmoral« einer »Heerde« schreibt, so hat er die Deutschen im Blick: »Sich unterwerfen, folgen, öffentlich oder in der Verborgenheit – das ist deutsche Tugend ... Ein Deutscher ist großer Dinge fähig, aber es ist unwahrscheinlich, dass er sie tut: denn er gehorcht, wo er kann ...« (»Morgenröthe«, 207). Nietzsche verwendet für den Untertanen außerdem die Figur des Esels, der ständig »I-A« (JA) sage (»Zarathustra IV«).

Wenn von Nietzsche als Diagnostiker des obrigkeitshörigen Deutschtums die Rede ist, kann der Nietzsche-Kenner Thomas Mann nicht weit weg sein. In seiner Radioansprache »Rede an die Deutschen« zu Weihnachten 1940 sagte er: »Euer Gehorsam ist grenzenlos, und er wird von Tag zu Tag unverzeihlicher.« Dabei war Thomas Mann in frühen Jahren durchaus ein Vertreter des obrigkeitsstaatlichen Denkens, vor allem in seinen »Betrachtungen eines Unpolitischen«, entstanden 1915 bis 1918. Später rückte er davon ab. 1945 hielt er in seiner Rede »Deutschland und die Deutschen« in der Library of Congress in Washington den Deutschen erneut den Spiegel vor: Deren »weltscheuer deutscher Romantismus« sei die Ursache der »hysterischen Barbarei« des Nationalsozialismus gewesen. Bei Luther hätten sich als »riesenhafte Inkarnation deutschen Wesens ... Zartsinn, Tiefsinn des Herzens, unweltliche Versponnenheit« zu einer »antipolitischen Devotheit«, einem »militanten Knechtsinn« und zu »paulinischer Autoritätsgläubigkeit« zusammengefunden.

Und nicht-deutsche Stimmen? Churchill (1874 – 1965) soll über die Deutschen (»die Hunnen«) gesagt haben: »Man hat die Deutschen entweder an der Gurgel oder zu Füßen.« Der britische Historiker Gordon A. Craig fand es immer »eigenartig, dass ein für seinen unbändigen Individualismus in Religion und Philosophie bekanntes Volk die Unterwerfung unter die politische Macht zu einer solchen Tugend erhoben hatte.«[7] Und Craig fügt hinzu: »Die Bereitschaft der Deutschen, auch das unverschämteste Verhalten zu dulden, wenn es sich um einen Uniformträger oder eine sonstige Dienstperson handelte, hat westliche Besucher immer wieder überrascht.«

Das belegt auch der Hauptmann von Köpenick, der – in Uniform verkleidet – eine ganze Stadtverwaltung strammstehen ließ. »Nach oben buckeln und nach unten treten« war angesagt. Carl Zuckmayer veranschaulichte 1930 in seinem Theaterstück »Der Hauptmann von Köpenick« dieses Bild des Zweiradfahrens. Das Stück kritisiert die Obrigkeitshörigkeit und den Respekt vor Uniformen – Haltungen, die es ermöglichten, dass der Schuster und vormalige »Zuchthäusler« Friedrich Wilhelm Voigt als »Hauptmann« das Rathaus der »Stadt Cöpenick« erobern, den Bürgermeister verhaften und die Stadtkasse rauben konnte.

Der brave Deutsche: Lenin wird dazu folgende Aussage zugeschrieben: »Revolution in Deutschland? Das wird nie etwas, wenn diese Deutschen einen Bahnhof stürmen wollen, kaufen die sich noch eine Bahnsteigkarte!« 1918 erzählte man sich, »dass in Berlin revolutionäre Kommunisten es nicht wagten, quer über die Parkanlage zu laufen, sondern gehorsam die gewundenen Wege innehielten, deren Betreten nicht verboten war, und dass sie deshalb von der Polizei ergriffen werden konnten.«[8]

Bis hin zu den Taufnamen, die er seinen Kindern gab, war der Deutsche untertänig. Nach dem Motto *Nomen est omen* wurden Vornamen zum politischen Indikator. In Bayern waren die Königsnamen Ludwig und Maximilian sehr beliebt, im katholisch geprägten Münsterland die preußischen Namen Friedrich und Wilhelm, in der NS-Zeit germanische und nordische Namen wie Brunhilde oder Gernot. Solche Namensgebungen endeten freilich abrupt nach 1945.[9]

Der deutsche Untertan dürfte jedenfalls eine besondere Marke von Untertan sein. Sprachlich hat er sich bereits vor mehr als tausend Jahren abgebildet: althochdeutsch als *untart*ān (von *untartuon* = unterwerfen), mittelhochdeutsch als *untert*ān (von *undertuon* = unterwerfen). Der Untertanenhabitus also als typisch deutscher Habitus? Das zeigt sich auch an den schier unendlich vielen Synonymen, mit denen man Untertanengeist charakterisieren kann.

Hier eine Auswahl: *abhängig, angepasst, anhänglich, anlehnungsbedürftig, artig, bevormundet, botmäßig, brav, demütig, devot, dienstbar, dienstwillig, domestiziert, ergeben, erzogen, folgsam, fügsam, gefügig, gehorsam, geknechtet, geneigt, gesittet, gezähmt, hörig, hasenpfötig, hündisch, lenkbar, lieb, konform, kriecherisch, Lakai, Mitläufer, nachgiebig, servil, sklavisch, subaltern, schleimig, stallhasig, subordiniert, unmündig, unselbstständig, unterjocht, untertänig, unterwürfig, verfallen, versklavt, willfährig, willig, wohlerzogen, wohlgeraten, zahm.* Es ist auch noch gar nicht so lange her, dass Briefe mit der Grußformel endeten: »*Ihr untertänigster …*«

Diese besondere, auch sprachlich variantenreiche Ausprägung des Untertanengeistes hängt wahrscheinlich auch mit der Kleinstaaterei Deutschlands zusammen: Diese bedeutete ja zugleich eine Vervielfachung von staatlicher Autorität[10], womit nach dem Prinzip *cuius regio eius religio* sogar die Konfession der Untertanen vorgegeben war.

Untertanengeist und Obrigkeitshörigkeit bis hin zu sklavischer Loyalität und Selbstzerstörung haben ansonsten mit einer positiven Tugend zu tun: mit Treue. Als *triuwe* erfahren wir sie bei den Nibelungen. Von daher die »Nibelungentreue«. Dabei spielte das 1755 wiederentdeckte Nibelungenlied eine Rolle. Reichskanzler Bernhard von Bülow hat den Begriff im Jahr 1909 geprägt bzw. reaktiviert. Vorausgegangen war 1908 die Annexion der bis dahin zum Osmanischen Reich gehörenden Gebiete von Bosnien und Herzegowina durch Österreich-Ungarn. Bülow sagt schließlich am 29. März 1909 vor dem Reichstag: »... Die Nibelungentreue wollen wir aus unserem Verhältnis zu Österreich-Ungarn nicht ausschalten«. Kaiser Wilhelm II. benutzte den Begriff, als Deutschland 1914 an der Seite Österreichs in den Ersten Weltkrieg zog.

Deutsches Untertanenbewusstsein nach 1945 korreliert zudem wohl auch mit der Tatsache, dass Deutschland bis 1990 kein souveräner Staat war. Von der SBZ bzw. der DDR ganz abgesehen, beanspruchten die Westmächte bei der Erarbeitung des Grundgesetzes von 1949 Vorbehaltsrechte. Ein letztes Mal machten die ehemaligen Alliierten von ihren Rechten Gebrauch, als sie unter Berufung auf das noch gültige Besatzungsstatut die Verhandlungen zur »Wiedervereinigung« führten, während die Bundesrepublik hier nur einen Beobachterstatus hatte.[11]

Kann der Deutsche Revolte?

Mit Beginn des 16. Jahrhunderts taucht in Deutschland die Faust-Figur auf. Vorbild könnte ein realer Johann oder Georg Faust gewesen sein. Etwa um 1536/1539 soll er in Staufen im Breisgau gestorben sein. Die Faust-Figur erfährt ab dem 16. Jahrhundert als Volkssage und bis hinein ins 20. Jahrhundert zahlreiche Adaptationen. Goethe mit seinem »Urfaust« (ca. 1772) und mit seinen beiden »Faust«-Teilen (1808/1832) war dabei nicht der

Einzige. Heinrich Heine tat es 1846 mit »Der Doktor Faust. Ein Tanzpoem«, Thomas Mann 1947 mit seinem Roman »Dr. Faustus«. Gemeinsam sind allen Faust-Figuren folgende Eigenschaften: rastlos suchend, getrieben, nie zufrieden, machtbesessen, zerrissen, vermessen, frevelhaft, himmelstürmerisch, unersättlich, verblendet, rebellisch, schöpferisch um jeden Preis, blasphemisch. Man sagt, dieses Faustische sei typisch deutsch. Aber ist es das wirklich in jeder Hinsicht? Rastlos suchend und zerrissen ja! Aber rebellisch?

Die Französische Revolution von 1789 hatte die Deutschen allerdings ziemlich kaltgelassen. Wenn der eine oder andere große Kopf (Wilhelm von Humboldt, Goethe, Schiller oder Kant) davon angetan war, dann verschwand die Bewunderung angesichts der fortschreitenden Grausamkeiten der Jakobiner rasch. Dennoch hatte die deutsche Literatur Revolutionsdramen parat: Goethes »Götz von Berlichingen« (1774), »Egmont« (1787/1789), »Faust I« (1808); Schillers »Die Räuber« (Widmung »In Tirannos«, 1782), »Don Carlos« (1787) und »Wilhelm Tell« (1804).

Vergessen seien auch nicht »Turnvater« Friedrich Ludwig Jahn (1810 mit dem Buch »Deutsches Volkstum«) und Ernst Moritz Arndt (1813: »Lieder für Teutsche«, darunter das Gedicht »Was ist des Deutschen Vaterland?«). Erinnern wir ferner an einen Mann, der nur 23 Jahre alt wurde und nach dem der renommierteste deutsche Literaturpreis benannt ist: Georg Büchner (1814 – 1837). Im Frühjahr 1834 veröffentlicht er mit einer Auflage von 1 200 Stück unter dem harmlosen Titel »Der Hessische Landbote« eine achtseitige Flugschrift. Darin finden sich die Sätze: »Friede den Hütten! Krieg den Palästen!« Der erhoffte Umsturz freilich bleibt aus. 1835 dann schreibt Büchner heimlich das Revolutionsdrama »Dantons Tod«. Die Revolution von 1848 erlebt Büchner nicht, am 19. Februar 1837 stirbt er im Alter von 23 Jahren an Typhus.

Der 1811 mit Suizid endende Heinrich von Kleist hatte sich wegen Napoleons Deutschlandpolitik besonders patriotisch-martialisch gegeben. Zunächst mit seinem Drama »Die Hermannsschlacht« von 1808 (uraufgeführt 1839), das dem Arminius-Mythos huldigte. Dann mit seinen 16 Kapiteln im »Katechismus der Deutschen« (1809). Schließlich hatte Kleist die patriotische Zeitschrift *Germania* geplant, 1809 nach der Niederlage Österreichs bei Wagram bei Wien vom Juni 1809 gegen Napoleon das Vorhaben aber aufgegeben. Geblieben ist das Gedicht »Germania an ihre Kinder« (geschrieben in Kleists Todesjahr 1811), in dem es unter anderem heißt: »Stehst du auf, Germania? Ist der Tag der Rache da? … Zu den Waffen! … Mit dem Spieße, mit dem Stab strömt ins Tal der Schlacht hinab! Dämmt den Rhein mit ihren Leichen!« Ideeller Wegbereiter der national-liberalen Bewegung war auch Johann Gottlieb Fichte (1762 – 1814). In seinem Zyklus »Reden an die deutsche Nation«, bestehend aus 14 Sonntagsreden vom 13. Dezember 1807 bis zum 20. März 1808, wollte Fichte nach der Niederwerfung Preußens durch Napoleon im Frieden von Tilsit (1807) mit einer »Nationalerziehung« eine Epoche freier Menschen einleiten.

1814/15 wurde mit dem Wiener Kongress der Deutsche Bund als Metternich'sches System gegründet. Es war der Inbegriff der Einschränkung bürgerlicher Freiheiten (Presse-, Meinungs-, Versammlungsfreiheit). Am 18. Oktober 1817 trafen sich 500 Studenten und Professoren auf der Wartburg. Sie votierten für einen deutschen Nationalstaat und gegen die Restauration im Deutschen Bund. Mit den »Karlsbader Beschlüssen« von 1819 wurde das politisch freie Leben indes erstickt. Die Bürgerschaft zog sich ins Privatleben zurück. Es begann für die Jahre 1815 bis 1848 die Epoche des Biedermeier.

Die Restauration zwischen 1830 und 1848 provozierte unter dem Namen »Vormärz« (gemeint ist der März 1848) und mit den Farben »schwarz-rot-gold« aber immerhin durchaus revolutionäre Bewegungen. Die Pariser Julirevolution von 1830 schwappte nach Deutschland herüber. Vom 27. Mai bis 1. Juni 1832 versammelten sich 20 000 Demonstranten auf dem Hambacher Schlossberg und forderten ein geeintes Deutschland und Volkssouveränität. Die Versammlungen waren ein Protest der pfälzischen Bevölkerung gegen Repressionsmaßnahmen der bayerischen Verwaltung (die Rheinpfalz war von 1815 bis 1946 staatsrechtlich bayerisch). Ohne diese Bewegungen ist die Zusammenkunft des Parlaments in der Frankfurter Paulskirche von 1848 mit dem allerdings 1849 gescheiterten Ziel der Einheit Deutschlands nicht denkbar.

Diese Beispiele zeigen: Ideell könnten die Deutschen eigentlich Liberalismus. Phasenweise! Und eher auf dem Papier! Die Aufklärung mit einem Immanuel Kant sowie die Klassik mit Wieland, Herder, Goethe, Schiller, ferner mit Wilhelm von Humboldt, waren Epochen liberalen Denkens. Es dominieren dennoch die deutschen Diktaturen, ein Liberalenfresser Bismarck, ein »Fürstenknecht« Luther, auf den sich die *terra oboedientiae* (das gehorsame Land) gründet, usw.

Und wenn es dann doch deutsche Reformen und Revolutionen gibt, dann kommen sie zumeist von oben. Das gilt ab 1807/1808 für die Reformen eines Freiherrn vom und zum Stein, eines Fürsten von Hardenberg und eines Wilhelm von Humboldt in Preußen; es gilt für die Reformen eines Maximilian von Montgelas in Bayern; und es gilt für die Reichsgründung von 1871 – auch sie war eine Revolution von oben.

Die einzige vom Volk ausgehende und erfolgreiche deutsche Revolution dürfte die »friedliche« Revolution von 1989/90 sein. Sie war freilich in hohem Maße typisch deutsch diszipliniert. Als vergebens dürfte diese Revolution zumal vormaligen DDR-Bürgerrechtlern erscheinen, die im real existierenden Deutschland heutzutage ein Déjà vu-Erlebnis nach dem anderen haben. Michael Klonovsky bringt es auf den Punkt: »Ich komme aus der

Zukunft, ich komme aus der DDR.«[12] DDR 2.0 eben? Oder wie einem *Twitter*-Fund zu entnehmen ist: »Wenn die DDR wiederkehrt, wird sie nicht sagen, ich bin die DDR, sondern das bunte, weltoffene Deutschland.«

Die Deutschen: Phasen und Traumata

Deutsche Nationwerdung und deutsche Charakterbildung stellen sich zyklisch und zyklothym (instabil in Antrieb und Stimmung) dar. Zyklisch, weil diese Entwicklung von nationalistischem Pol zu nationalallergischem Pol, von Selbstvergötzung zu Selbstverteufelung hin- und herchangierte. Zyklothym, weil sich in dieser Entwicklung »himmelhoch jauchzend, zu Tode betrübt« oder vielmehr im Sinne eines manisch-depressiven Irreseins megalomanisch (größenwahnsinnig) euphorische und depressive (autoaggressive) Phasen abwechselten. Dieter Borchmeyer hat es auf den Punkt gebracht: »Es ist durchaus konsequent, wenn der deutsche Michel auf vielen Karikaturen (übrigens schon vor 1848) die Schlafmütze schließlich gegen die preußische Pickelhaube vertauscht.«[13] Das Ganze durchaus auch im Wechsel: Mal lässt er schlaftrunken alles über sich ergehen, ein andermal bläst er sich schier martialisch auf, und die Welt soll an seinem moralisierenden Wesen genesen, um sogleich wieder lethargisch in ein romantisierendes Wachkoma zu verfallen.

Haben die Deutschen überhaupt ein kollektives Unbewusstes, haben sie Mythen, Narrative, quasi-religiöse Großerzählungen und Rituale über Generationen hinweg?

Herfried Münkler meint, Deutschland sei im Vergleich mit anderen Nationen eine »weithin mythenfreie Zone« – widmet sich aber 2009 in einem Buch zugleich deutschen Mythen wie Arminius, Barbarossa, Canossa oder Nibelungen und Martin Luther, der in unserem Zusammenhang eine besondere Betrachtung verdient.[14]

Luther: Reformer oder Fürstenknecht?

Gewiss: Luther (1483 – 1546) hat sich um die Deutschen manche Verdienste erworben. Er hat sich um die deutsche Sprache (siehe seine Bibelübersetzung) verdient gemacht, und er war Vorreiter dafür, dass später große Teile deutscher Philosophie, Musik und Literatur aus evangelischen Pfarrhäusern hervorgingen.

Luther stieß zudem die deutsche Nationwerdung an. Denn er griff die »Gravamina der deutschen Nation« (erstmals 1456) auf – eine Sammlung von Beschwerden aus dem deutschen Sprachraum »wider den päpstlichen Hof«, die sich bis zum Reichstag von Worms von 1521 auf 102 aufsummiert hatten. Luther hatte die »Gravamina« 1520 in seiner Schrift »An den christlichen Adel deutscher Nation« aufgegriffen. Alexander Demandt sieht hier ein wesentliches Motiv Luthers. »Luther erklärte, er habe den Arminius, den er Hermann nannte, ›von Herzen lieb‹ und sah in ihm einen Vorkämpfer gegen Roms Ansprüche auf Deutschland.«[15]

In Luther war freilich ein mehrfacher deutscher Dualismus angelegt: *Furor teutonicus* versus Servilität; Ungestüm versus Unterwürfigkeit; faustischer Drang versus spießbürgerliches Behagen.[16] Ein Spalter war er ebenso mit seinem Antisemitismus. Luthers nachhaltige Wirkung hat auch weniger mit seinen 96 Thesen, die er am 31. Oktober 1517 an der Schlosskirche in Wittenberg anschlug, als mit seinen drei Schriften des Jahres 1520 zu tun: »Präludium zur Babylonischen Gefangenschaft der Kirche«, »Von der Freiheit des Christenmenschen« und, am brisantesten, »An den christlichen Adel deutscher Nation von des Christlichen Standes Besserung«. Luther wies darin die »katholische« Vorstellung zurück, dass die geistliche Gewalt über der weltlichen stehe. Aufgabe des Priesters sei es, das Evangelium zu verbreiten, Aufgabe der weltlichen Obrigkeit sei es, das »Schwert zu gebrauchen«

Eine Fortführung erfuhr diese Schrift im Jahr 1523 durch das Traktat »Von weltlicher Obrigkeit, wie weit man ihr Gehorsam schuldig sei«. Luther geht hier von zwei Reichen (»Regimenten«) aus, nämlich der geistlichen und der weltlichen Regierweise. Seine Ausgangspunkte sind das Evangelium: »Gebet dem Kaiser, was des Kaisers ist, und Gott, was Gottes ist«, Mt 22, 21, und der Römerbrief, 13: »Jedermann sei der Obrigkeit untertan. Denn es ist keine Obrigkeit ohne von Gott; wo aber Obrigkeit ist, die ist von Gott verordnet.«

Die Obrigkeit ist für Luther Gottes Dienerin, sie habe die Macht von Gott verliehen bekommen und man sei ihr Gehorsam schuldig. Überschreite die Obrigkeit ihre Rechte, so sei dagegen Einspruch zu erheben und an das Gewissen der Regierenden zu appellieren. Das berechtige aber nicht zu Gehorsamsverweigerung oder zu aktivem Widerstand. Stattdessen mahnte Luther zum Gebet für die Obrigkeit.

Wenig ruhmreich: Luthers Agieren im Bauernkrieg

Man muss kein Nostalgiker einer DDR-Geschichtspolitik sein, die Luthers vormaligen Amtsbruder Thomas Müntzer (* um 1489 – 1525) zu einem Kämpfer für das Proletariat verklärte. Thomas Müntzer galt in der DDR als frühbürgerlicher Revolutionär und als Nationalheld. Man ehrte Müntzer mit Statuen, auf Briefmarken, mit Gedenktagen, 1956 mit einem Film, ferner mit dem 1 722 Quadratmeter großen Bauernkriegspanorama, das zwischen 1976 und 1987 in Frankenhausen am Kyffhäuser entstand. Und man muss auch kein Anhänger der Marxisten Friedrich Engels (»Der deutsche Bauernkrieg«, 1850) und Ernst Bloch (»Thomas Müntzer als Theologe der Revolution«, 1921) sein, die beide Müntzer zum Propheten einer neuen Zeit beförderten.

Andererseits waren die Lebensumstände der Bauern im 16. Jahrhundert menschenunwürdig. Wiewohl sie rund 80 Prozent der Bevölkerung ausmachten, waren sie rechtlos. Leibeigenschaft, Frondienste und Abgabenlasten erdrückten sie. Ab dem Winter 1524/25 erhoben sie sich in Südwestdeutschland; die Unruhen weiteten sich nach Schwaben, Franken, in das Elsass und den Rheingau aus und erfassten Alpenländer, dann Thüringen und Sachsen. Ende Februar 1525 entstanden in Memmingen »Zwölf Artikel« als Forderungen: mehr Rechte der Bauern gegen ihre Herren, Ablehnung der Leibeigenschaft, bäuerliche Nutzung der Allmende Wald, Wiese, Ackerland. Man wähnte Luther auf seiner Seite.

Luther aber blieb Seit' an Seit' mit der Obrigkeit. Bereits 1523 hatte er einen Aufruhr als schlimmste aller Sünden gebrandmarkt. Weil er sein Reformationswerk gefährdet sah, ergriff Luther Partei für die Obrigkeit und forderte, gegen die »mörderischen und räuberischen Rotten der Bauern« radikal vorzugehen. Es brachte Luther den Ruf eines »Fürstenknechts« ein. Im Jahr 1525 verfasste Luther drei zornige Schriften gegen die Bauern. Die Bauern würden mit ihren Aufständen gegen natürliches und göttliches Recht verstoßen, er bezeichnete sie als »räuberische und mörderische Rotten«. In seiner Schrift »Sendbrief von dem harten Büchlein wider die Bauern« wandte er sich gegen jede Milde für die Bauern.

Luthers Zorn fiel auch Thomas Müntzer zum Opfer. Müntzers Pläne, Thüringer Bauernhaufen zu vereinigen, scheiterten, die Schlachten endeten in einem Blutbad. Von 70 000 Toten aufseiten der Bauern ist die Rede. Müntzer selbst wurde am 27. Mai 1525 nach der Schlacht bei Frankenhausen gefangen genommen, gefoltert, öffentlich geköpft und sein Leichnam aufgespießt.

Egon Friedell attestierte Luther eine »völlige Blindheit für historische Zusammenhänge«. Und er urteilte weiter: »Das Schlimmste an dem ganzen Handel aber war, dass Luther in seinem verblüffend brutalen und unvernünftigen Vorgehen zu einem guten Teil durch Opportunismus bestimmt war.«[17] Es war

Max Weber, der das Luthertum 1904/1905 mit seiner Vorstellung von einem Obrigkeitsstaat als göttliche Einrichtung für den Untertanengeist und die Obrigkeitshörigkeit der Deutschen verantwortlich machte.[18] Allerdings hatte Weber mit seinem Aufsatz »Die protestantische Ethik und der Geist des Kapitalismus« von 1905 auch deutlich gemacht, dass es ohne »asketischen Protestantismus« keinen Kapitalbesitz und kein Unternehmertum gebe.

Wie auch immer: Die Obrigkeit war für Luther eine Schöpfung Gottes. Gordon A. Craig schreibt dazu, das orthodoxe Luthertum sei »zu einem zunehmend unkritischen Unterstützer der weltlichen Autorität« geworden. »Als der Landesfürst schließlich als oberster Bischof oder *summus episcopus* der Gesamtheit der Kirchengemeinden anerkannt wurde ... war die Umwandlung der lutherischen Kirchen in Staatskirchen vollendet.«[19]

Luther – typisch deutsch, typisch untertan? Heinrich Heine hatte recht, wenn er 1834 schreibt: Luther sei »nicht bloß der größte, sondern auch der deutscheste Mann unserer Geschichte«. Er bleibt Auslöser der Reformation und (posthum) des Augsburger Religionsfriedens von 1555, letztlich aber auch Auslöser des Dreißigjährigen Krieges.

Rückschritt im 17. Jahrhundert

Eingeprägt hat sich im kollektiven Gedächtnis vor allem der Dreißigjährige Krieg von 1618 bis 1648. Er war eine Folge der Reformation und ein Krieg, der das, was Deutschland damals war, nahezu auslöschte und nur zwei Sieger kannte: Frankreich und Schweden. Historiker sind sich einig, welche Folgen der demografische Aderlass hatte. Gordon A. Craig rechnet vor, dass sich die deutsche Bevölkerung in dieser Zeit von rund 21 Millionen auf 13,5 dezimierte.[20] Jürgen Mirow schätzt, dass es 1600 im geschlossenen Siedlungsgebiet 19 Millionen Deutsche, 1650 nur noch 14 Millionen gab. Erst um 1800 werden wieder 20 Millionen erreicht.[21]

Nicht erst 1648 hatte eine Zeit der Verarmung und der Verrohung eingesetzt. Hans Jakob Christoffel von Grimmelshausen hat die Gräuel in seinem barocken Roman »Der abenteuerliche Simplicissimus Teutsch« (1668/69) sehr realistisch dargestellt. Überall griff das Vanitas-Motiv um sich: *vanitas* als Leere und hohle Eitelkeit. Zum Beispiel bei Andreas Gryphius mit seinem Sonett »Es ist alles eitel« (1632) oder seiner Ode »Vanitas! Vanitatum Vanitas!« (1643). Auch in der bildenden Kunst mit den Emblemen des Totenschädels, der rinnenden Sanduhr, der erlöschenden Kerzen, der verwesenden Natur vollzog sich dieser Paradigmenwandel. Die permanente Angst vor neuen Gräueln drängte das Volk, sich allen möglichen Autoritäten zu unterwerfen. Selbst die bürgerliche Stadtkultur des Spätmittelalters wurde in dieser Zeit zerstört. Und das in einer Zeit, in der Engländer, Spanier, Franzosen oder Niederländer kulturelle Höchstphasen erlebten.

An ein einiges Deutschland war lange nicht zu denken. Der Dualismus der beiden deutschen Großmächte Preußen und Österreich bestand fort. Dennoch endete das Heilige Römische Reich Deutscher Nation aus anderem Anlass: 1801 annektierte Napoleon seine linksrheinischen Gebiete. Durch den Reichsdeputationshauptschluss vom 25. Februar 1803 in Regensburg wurden aus mehr als 300 deutschen Staaten weniger als 50. Es war dies das Ende der geistlichen Fürstentümer und mehrerer Kleinstterritorien. Fünf Millionen Menschen fanden sich unter neuer Herrschaft wieder. Man musste sich neu unterwerfen.

1806 siegte Frankreich über Preußen. Frankreich hatte im gleichen Jahr den – 1813 gescheiterten – Rheinbund als Militärbündnis begründet und damit das Ende des Heiligen Römischen Reiches Deutscher Nation besiegelt. Eine Erhebung Österreichs gegen Napoleon scheiterte 1809. 1813/1815 folgten die Befreiungskriege gegen die »Franzosenzeit«, befördert durch die Niederlagen Napoleons bei Leipzig (1813) und Waterloo (1815). Frankreichs Vormachtstellung endete. 1815 entstand eine »Heilige Allianz« Russlands, Österreichs und Preußens nach dem endgültigen Sieg über Napoleon. Österreich wuchs dennoch mehr und mehr aus Deutschland hinaus, das seit 1701 immer mächtiger gewordene Preußen immer mehr hinein.

Die »verspätete« Nation?

Als Kultur- und Sprachnation haben die Deutschen eine lange Vergangenheit, als Staatsnation nur eine kurze Geschichte. Jahrhundertelang gab es keinen Willen zur Nation. Über Jahrhunderte hinweg bis 1871 nicht einmal eine Hauptstadt, die mit Paris oder London vergleichbar gewesen wäre, sondern viele mehr oder weniger wichtige Zentren. Es gibt auch keine geografisch-räumliche Kontinuität. Das hat damit zu tun, dass Deutschland im Gegensatz etwa zu Frankreich oder England kaum natürliche Grenzen hat.

All dies waren keine günstigen Voraussetzungen für das Werden einer Staatsnation. Von daher ist es nicht verwunderlich, dass sich die geschichtliche Entwicklung der Deutschen über lange Zeit in Diskontinuitäten, Disparitäten und Dualismen niederschlug: Zentralmacht versus Regionalmacht, Thron versus Altar, Katholizismus versus Protestantismus, »go west« versus »go east«, Größenwahn versus Minderwertigkeitskomplex, Auserwähltsein versus Subalternität, Untertanen- versus Unterdrückergeist, »Faust« versus »Untertan«, Rationalität versus Moralismus. Man könnte mit Friedrich Sieburg (1986) sagen: Die Deutschen oszillieren zwischen Größenwahn und Selbsthass.[22] Oder mit Gerd-Klaus Kaltenbrunner (1988): »Deutscher Titanismus, deutsche Monomanie, deutscher Drang zum Absoluten:

Prometheus, Faust, Zarathustra, ein mythisiertes Proletariat als Archetypen ... Fichte, Hegel, Marx, Nietzsche, Heidegger – jeder verkörpert etwas von dieser spezifischen Radikalität des deutschen Geistes, seiner Lust am Zu-Ende-Denken bis zur Selbstaufhebung des Denkens.«[23]

Ein Hin-und-her-Pendeln zwischen Extremen eben: Für den Psychologen Richard Müller-Freienfels waren 1922 »Zwitterbildungen typisch deutsch, nämlich die Verquickung von Dominanz- und Oboedienzgesinnung«.[24] Hier Insuffizienzgefühle in Ermangelung nationaler Einheit und Stärke (erfahren im Dreißigjährigen Krieg, in der Niederlage Preußens gegen Napoleon, in der Niederlage von 1918), dort das großspurige Schlagwort »Und es mag am deutschen Wesen / Einmal noch die Welt genesen« (Schlussverse des Gedichts »Deutschlands Beruf« von Emanuel Geibel, 1861) usw. Dort auch der Größenwahn Hitlers mit seiner »Vorsehung«. Zuvor schon die Unerschrockenheit eines Bismarck, wenn er polterte: »Ein Appell an die Furcht findet im deutschen Herzen niemals ein Echo.« (Im norddeutschen Reichstag am 11. März 1867.) Oder wenn er ausrief: »Wir Deutsche fürchten Gott, aber sonst nichts in der Welt.« (Im Reichstag am 6. Dezember 1888.)

Das Deutsche Reich erfuhr ab 1871 jedenfalls eine gewaltige, andere Nationen beängstigende Dynamik in Wirtschaft, Wissenschaft, Technik und Kultur: im Eisenbahnwesen, im Automobilbau, im Maschinenbau, in der Elektrotechnik, in der Optik, im Bergbau, in der Pharmazie (Deutschland als Apotheke der Welt). Aus einem Agrarland mit 40 Millionen Bewohnern wurde ein führendes Industrieland mit 65 Millionen Menschen. Der Historiker Hans-Ulrich Wehler sieht hier das »erste deutsche Wirtschaftswunder«. Basis für den Aufschwung und den Wandel waren auch Bildungsreformen: Neben den Gymnasien etablierten sich Realgymnasien, Oberrealschulen, Realschulen und Fachschulen. Forschungsgemeinschaften wie vor allem die

»Kaiser-Wilhelm-Gesellschaft zur Förderung der Wissenschaften« (die Vorgängerin der heutigen Max-Planck-Gesellschaft) wurden gegründet. Folge war unter anderem: Vor 1914 ging jeder dritte naturwissenschaftliche Nobelpreis nach Deutschland.

Was aber ist der Grund für die »Verspätung« als Nation? Fehlte es am Willen? Goethe und Schiller erkannten diesen Willen, aber sie desillusionierten die Deutschen in den »Xenien«: »Zur Nation euch zu bilden, ihr hoffet es, Deutsche, vergebens.« Man begnügte sich mit Kleinstaaterei. Anders als Frankreich, wo alles zentripetal nach Paris drängte.

Die Benennung Deutschlands als »verspätete Nation« hat sich seit Hellmut Plessners (1892 – 1985) gleichnamiger Schrift der Jahre 1935 und 1959 eingebürgert.[25] Plessners Kernthesen waren: England und Frankreich hatten ab dem 18. Jahrhundert ihre moderne Gestalt angenommen. Deutschland hinkte hinterher. Erich Kahler hat es fast zur gleichen Zeit, nämlich 1937, fast wortgleich diagnostiziert: Deutschland sei ein »Spätling, der den zuvorgekommenen, vor ihm gereiften Kulturen Europas unterlegen war«, ja mehr noch: Deutschland sei nie über die Pubertät hinausgekommen.[26] Während andere europäische Nationen im 17. Jahrhundert kulturell aufblühten, konnten die Deutschen wegen des langen Krieges weder die Früchte der Aufklärung und des Rationalismus ernten noch einen Liberalismus wie den der Engländer entfalten.

Um 1900 freilich verdunkelte sich manches: »Ein politischer Inferioritätskomplex verkehrte sich über Nacht in eine angemaßte Superiorität, mit Säbelrasseln, Drohungen und einem politischen Parvenütum, das von den übrigen Nationen nur mit Abwehr und Abneigung beantwortet werden konnte.«[27] Daraus aber abzuleiten, dass das Deutsche Reich schnurstracks in den Ersten und den Zweiten Weltkrieg und zum Zivilisationsbruch des Holocaust einmündete, ist unseriös. Gleichwohl: Hatte sich Deutschland im gesamten 19. Jahrhundert als Volk der Dichter und Denker, als Kulturmacht, aber ohne politische Einheit gesehen, so folgte auf das Trauma von 1918 ab 1933 ein mörderischer Machtstaat. Mit dem Rassen- und Überheblichkeitswahn vom arischen Übermenschen sollten offenbar Inferioritätsgefühle kompensiert werden.[28]

2. Nationalallergie und Autophobie

Heute wollen die Deutschen »groß« in der Schuld sein. Ihre Identität soll Wiedergutmachung heißen: Der Spätsommer 2015 wurde – autokratisch entschieden durch eine Kanzlerin – zum »Summer of Love«. Ansonsten aber haben wir eine Identität der Nicht-Identität: Man will bloß nicht deutsch sein. Man pflegt eine ewige Selbstreflexion. »Kein Volk der Geschichte hat sich so unaufhörlich mit der eigenen Identität beschäftigt wie das deutsche«, schreibt Dieter Borchmeyer.[29]

»Zivilgesellschaftlich« ohne Nationales möchte man heute sein. Man hatte es ja ab 1949 zumindest in der »alten« Bundesrepublik unter dem Schutz der Pax Americana zum Wirtschaftsriesen gebracht, um sich dann mehr und mehr – beschleunigt mit der unerwarteten Wiedervereinigung – zu verzwergen. Bloß nirgendwo anecken! Man will Angehöriger des artigsten Volkes der Welt sein. Oder man kratzt all seinen Mut zusammen und macht auf Maulheld, aber so, dass es der Obrigkeit oder dem Mainstream gefällt. Dafür bekommt man dann, wenn man etwa für die Öffentlich-Rechtlichen arbeitet, irgendeinen der zig »Zivilcourage«-Preise.

Ansonsten schweigen die Lämmer und grüßen die Gessler-Hüte, die ihnen volkspädagogisch als »zivilgesellschaftlich« geadelte Gesinnungen präsentiert werden.

Glücklich in und mit Deutschland?

War man bei der Charakterisierung der Deutschen über Jahrhunderte hinweg auf die »Diagnosen« bekannter Köpfe angewiesen, so könnte seit geraumer Zeit die empirische Sozialforschung hier Verlässliches liefern. Als typisch deutsche Eigenschaften werden genannt: pflichtbewusst sein (74 Prozent der Befragten), ordnungsliebend (73 Prozent), arbeitsam, fleißig (67 Prozent). Weitaus weniger der Befragten gaben folgende Merkmale an: humorvoll (14 Prozent), patriotisch (14 Prozent), militaristisch (7 Prozent) und bescheiden (6 Prozent).[30]

Und wie steht es um die »German Angst«? Der von den R+V-Versicherungen seit 1992 eruierte »Angst«-Index der Deutschen weist erhebliche Schwankungen auf, die nicht nur auf aktuelle Ereignisse zurückzuführen sind. Der Durchschnittswert aller (durch die Befragung vorgegebenen) Ängste lag 1992 bei 38 Prozent, 2003 und 2016 bei jeweils 52 Prozent. 2020 nahm der Index (im Corona-Jahr!) mit 37 Prozent den bislang niedrigsten Wert ein. Die höchsten Einzelwerte nahmen mit 76 Prozent die Angst vor steigenden Lebenshaltungskosten im Jahr 2008 und mit 73 Prozent die Angst vor Terrorismus im Jahr 2016 ein.

Wie steht es um deutsche Zufriedenheit und Glücksgefühle? Es drängt sich die Vermutung auf, dass bei entsprechenden Befragungen nicht immer klar unterschieden wurde zwischen dem Aspekt »Wie geht es Ihnen? / Wie fühlen Sie sich persönlich?« und dem Aspekt »Wie fühlen sich die Deutschen insgesamt?«.

Der »Glückatlas« des Jahres 2017 von »Infratest dimap« im Auftrag der Deutschen Post weist unter 33 europäischen Staaten Dänemark Platz 1 und Deutschland Platz 9 zu.[31] Im UN-»World Happiness Report« finden sich die Deutschen 2020 unter 153 aufgelisteten Staaten auf Platz 17; ganz vorne: Finnland, Dänemark, Schweiz, Island, Norwegen, Niederlande, Schweden, Australien.[32] Im »Hope Index und Happiness Index« des Gallup-Instituts von 2020 liegen als »glücklich bzw. sehr glücklich« mit jeweils Anteilen von mehr als 80 Prozent die Bevölkerungen Kolumbiens, Ecuadors, Nigerias, Kasachstans, der Philippinen ganz vorne, ganz hinten mit Glückswerten unter 15 Prozent Jordanien, Irak, Indonesien, Libanon, Syrien. Die Deutschen fühlen sich mit einem Anteil von 51 Prozent als »glücklich« oder »sehr glücklich«. Der entsprechende EU-Schnitt beträgt 57 Prozent, EU-Spitzenreiter sind Rumänien mit 74 und Spanien mit 72 Prozent.[33] Das »Statista Research Department« beziffert 2020 die Zufriedenheit der Deutschen mit dem eigenen Land mit 34 Prozent »sehr zufriedener« Befragter.[34]

Bloß nicht deutsch sein!

Was Glück und Zufriedenheit betrifft, wäre bei den Deutschen einiges an Luft nach oben, wenn es nicht die »Eitelkeit des Selbsthasses« gäbe: Diesen Begriff hat der französische Philosoph Pascal Bruckner 2006 geprägt.[35] Er blickte dabei eigentlich auf Europa. Schließlich gebe es in Afrika, Asien oder dem Nahen Osten keine Ungeheuerlichkeit, für die dieser Westen nicht verantwortlich wäre.

Um wie viel mehr gilt der verklemmte Selbsthass für das offizielle, amtliche, mediale Deutschland! Schier zivilreligiösen Charakter hat deutscher Sündenstolz angenommen: Die Verinnerlichung deutscher Schuld scheint sich mit dem zeitlichen Abstand zu den Verbrechen »in deutschem Namen« gar intensiviert zu haben. Immer entbrennt sie neu: zur Wiedervereinigung 1990; zu Jahrestagen, an denen der Jahre 1933, 1939, 1945 gedacht wird; bei rechtsradikalen Straftaten …

Dabei ist Schuld eine individuelle Angelegenheit. Trotzdem scheint zu gelten: »Die deutsche Zivilbußfertigkeit … bläht sich gelegentlich sogar pharisäisch zu einigem Pflichterfüllungsstolz auf … Zurückhaltend bleibt man am ehesten noch gegenüber den Nachfahren der Großtäter des kommunistischen Terrors. Allzu intensive Beschäftigung mit diesem Terror gilt eher als unzulässiger Selbstentlastungsversuch durch Relativierung.«[36]

Deutsch sein heißt, nicht deutsch sein zu wollen. Das hat Tradition. Tradition hat wahrscheinlich ebenfalls, dass man die Deutschen nicht mag. Vielleicht auch deshalb, weil wir uns selbst nicht mögen.

Preußenkönig Friedrich II., der Alte Fritz (1712 – 1786), dachte und sprach französisch. Er las keine deutschsprachigen Bücher. »Es liegt in der deutschen Natur, alles Ausländische in seiner Art zu würdigen und sich fremder Eigentümlichkeit zu bequemen«, sagte Eckermann am 10. Januar 1825 zu Goethe. »Die Neigung, sich für fremde Nationalitäten und Nationalbestrebungen zu begeistern, auch dann, wenn dieselben nur auf Kosten des eigenen Vaterlandes verwirklicht werden können, ist eine politische Krankheitsform, deren geographische Verbreitung sich leider auf Deutschland beschränkt.« So Bismarck im Preußischen Landtag am 26. Februar 1863. Und Karl Jaspers (1883 – 1969) meinte in einem Brief vom an 27. Juni 1946 an Hannah Arendt:[37] »Nun, da Deutschland vernichtet ist, … fühle ich mich zum ersten Male unbefangen als Deutscher.«

Die gewachsene Abneigung gegen das Deutschsein hat also Vorläufer. Dann machten die 1968er lieber auf Vorliebe für China, Vietnam, Kuba, Palästina. »Nie wieder!« kam hinzu. Die Deutschen sollen auf ewig die Paria-Rolle spielen. Die historische Schuld sollte sich zum markantesten Identitätsfaktor der Deutschen entwickeln, Auschwitz zum Gründungsmythos der Bundesrepublik.

Bei dieser Betrachtung spielte der US-Philosoph und Pädagoge John Dewey (1859 – 1952) mit seiner zwischen 1914 und 1942 verfassten Schrift »Deutsche Philosophie und deutsche Politik« eine nachhaltige Rolle. Dewey sieht eine Identität von Nationalsozialismus sowie einer Philosophie, die Hitler an die Macht gebracht habe. Dewey unterstellt eine genetisch angelegte Neigung der Deutschen zum Nationalsozialismus. Was die philosophischen Vorläufer betrifft, so spannt er dabei den Bogen – mit Arminius und Luther beginnend – über Kant und Herder bis zu Hegel, Schelling und Fichte über den philosophischen deutschen Idealismus. Dessen Gemeinsamkeit sei der »Glaube an die wesenhafte Überlegenheit des deutschen Volkes … und an dessen vorbestimmtes Recht, über das Schicksal anderer Völker zu entscheiden.« John Dewey spielte bei der Bildung des in den USA ab 1943 entwickelten Konzepts der »re-education« der Deutschen nach dem Krieg eine große Rolle.

Nicht zuletzt deswegen ist Deutschland mittlerweile zu einer gesinnungskonformen »Zivilgesellschaft« geworden: antimilitaristisch, pazifiziert, gutmenschlich domestiziert, postnational, postheroisch, postpatriotisch sich ständig selbst und andere umerziehend. Wieder mal ein deutscher Sonderweg – ohne erklärte eigene Interessen, pluralistisch bis zur Gesichtslosigkeit, mit einer morbiden Lust am Verschwinden und durchaus leicht größenwahnsinnig. Gerd Koenen schrieb 2002 über »FELIX CULPA – Vergangenheitsbewältigung als deutsche Selbstfaszination« und dort vom deutschen Monopolanspruch des »Auschwitz gehört uns!«.[38] Auch dahinter steckt eine Hybris, nämlich die Hybris im Negativen als Fortsetzung des Größenwahns.

»Critical Deutschness« ist angesagt. Allein dieser Anglizismus macht deutlich, für wie degoutant manche Leute das Wort »deutsch« halten. Unsere Nachbarländer und Verbündeten sehen diese Entwicklung durchaus mit Skepsis. Denn wer mag schon einen Nachbarn, der sich griesgrämig selbst zuwider ist. Er wirkt nun einmal als unberechenbar, unausgegoren und launisch. Solches gilt im Privaten wie im Internationalen.

»Demophobie« und Autorassismus der deutschen Linken

Die deutschen Linken leiden an der eigenen Nation, ja sie haben Angst vor dem eigenen Volk, sie pflegen eine »Demophobie.« Ihre Nationalallergie wurde schier zur Pathodizee, mit der man das Leiden an sich selbst rechtfertigte.[39] Es wollte auch kein Linker die Wiedervereinigung – nicht einmal kurz vor dem Mauerfall. Willy Brandt (SPD) erklärte am 14. September 1988 bei der

Veranstaltung »40 Jahre Grundgesetz – Hoffnung und Verpflichtung« am 14. September 1988 in der Friedrich-Ebert-Stiftung in Bonn die Wiedervereinigung zur »Lebenslüge der zweiten deutschen Republik«. Gerhard Schröder (SPD) hielt in der *Hannoverschen Allgemeinen Zeitung* vom 27. September 1989 eine auf Wiedervereinigung gerichtete Politik für »reaktionär und hochgradig gefährlich.« Oskar Lafontaine, SPD-Kanzlerkandidat von 1990, tat sich noch nach dem Fall der Mauer mit der Bemerkung hervor, die Vorstellung eines wiedervereinten Deutschlands im Rahmen der NATO sei »historischer Schwachsinn!« (dpa, 19. 12. 1989).

Wo war der Unterschied zur DDR, wo die »Becher-Hymne« nur als »absolute Musik« (ohne Text) gespielt werden durfte, und zwar wegen der Passage »Auferstanden aus Ruinen / Und der Zukunft zugewandt / Lass uns dir zum Guten dienen / Deutschland, einig Vaterland ...« Günter Grass wetterte noch am 2. Februar 1990 in der Evangelischen Akademie Tutzing gegen eine Wiedervereinigung. Für ihn war sie eine Fortsetzung von Bismarcks Reichsgründung, die – so Grass – die Voraussetzung für Auschwitz gewesen sei.

Dabei gab es zur deutschen Einigung keine nationalen oder gar nationalistischen Töne. Denn: »›Wir sind das Volk!‹ ist die Parole des befreienden Patriotismus. ›Wir sind das bessere Volk!‹ wäre der Kampfruf eines aggressiven Patriotismus.«[40] In Kreuzberg und in Frankfurt/Main fanden sich zum 3. Oktober 1990 an Wänden und auf Transparenten dennoch Sprüche wie »Deutschland verrecke!« oder »Nie wieder Deutschland!« Slogans wie »DM Nationalismus«, »Jagd nach Bananen«, »Kapitalistische Landnahme« machten die Runde. Jutta Ditfurth (»Grüne«) fand im »Neuen Deutschland« vom 12. Oktober 1991 Deutschland »zum Kotzen«.

Deutschland wurde dennoch eins, aber die Deutschlandhasser gaben keine Ruhe: »Deutschland verschwindet jeden Tag immer mehr, und das finde ich einfach großartig« (Jürgen Trittin, *FAS* vom 2. Januar 2005). Zu diesem Zeitpunkt ist er Bundesumweltminister (1998 – 2005). Eine Vizepräsidentin des Bundestages (Claudia Roth, Grüne) marschiert hinter Transparenten hinterher, auf denen, ohne dass sie eingreift, steht: »Deutschland – du mieses Stück Scheiße!« Der »Grüne« Robert Habeck veröffentlichte 2010, damals Fraktionsvorsitzender der Grünen in Schleswig-Holstein, ein Buch mit dem Titel »Patriotismus. Ein linkes Plädoyer«, dort schrieb er: »Patriotismus, Vaterlandsliebe also, fand ich stets zum Kotzen. Ich wusste mit Deutschland nichts anzufangen und weiß es bis heute nicht.« Aber er konnte sich bis Anfang 2021 vorstellen, Bundeskanzler zu werden. Ein Außenminister Heiko Maas (SPD) lässt offenbar selbst das Adjektiv »deutsch« in Klartext meiden und auf Websites des Auswärtigen Amtes schon auch mal in Anführungszeichen schreiben: sogenannt deutsch also? Siehe: »Zum Glück ist das ›deutsche Volk‹ sehr divers – und deshalb wünschen wir uns auch bei unseren Mitarbeiter*innen so viel Diversität wie möglich.«[41]

Bloß keine nationale Symbolik!

Auch die Deutschlandfahne ist immer wieder Objekt des Selbsthasses. Die »grüne« Jugendorganisation Rheinland-Pfalz forderte ein Beflaggungsverbot während der Fußball-EM 2016.[42] Bereits im Jahr 2008 hatten drei junge »Grüne« bei einem Parteikongress auf eine Deutschlandfahne uriniert. Aber man schaut weg, auch wenn laut Paragraf 90a des Strafgesetzbuches die Verunglimpfung der Deutschlandflagge mit bis zu drei Jahren Haft geahndet werden kann.[43] Indes kann es auch eine Kanzlerin Merkel nicht sonderlich gut mit der Deutschlandfahne. Bei der CDU-Wahlparty am Abend der Bundestagswahl vom 22. September 2013 entriss sie ihrem damaligen Generalsekretär Hermann Gröhe grimmig ein kleines Deutschlandfähnchen, um es – im Internet ist die Szene zu finden[44] – hinter der Bühne entsorgen zu lassen.

Wieder andere stänkern gegen die Nationalhymne. Gegen die dritte Strophe einer Nationalhymne, in deren Namen es zur friedlichen Revolution in der DDR kam und die eine friedliche Nationalhymne ist. In ihr fließt kein Blut, wie das etwa in den Nationalhymnen der Franzosen, der Italiener, der Niederländer und der Polen der Fall ist. Umso abwegiger war der Versuch der linken Lehrergewerkschaft GEW, die deutsche Nationalhymne zu Beginn der Fußball-WM 2006 als »furchtbares Loblied« zu diskreditieren.[45]

Ansonsten scheinen Bußrituale eine privilegierte Pflicht der Deutschen zu sein. Hat sich indes schon einmal ein führender Vertreter aus dem arabischen Kulturraum bußfertig auf den Boden gekniet, wenn Landsleute und fanatisierte Glaubensbrüder Tausende (siehe Nine-Eleven) oder Hunderte (siehe Frankreich und Spanien) oder zig Menschen (siehe Breitscheidplatz) ermordeten oder wenn »Schutzsuchende« eine Mia oder eine Maria oder eine Susanna ….. oder …. oder … missbrauchten und danach ermordeten?

3. Deutsche Neurosen – ein Fall für die Couch?

Es sind immer wieder Bücher über »deutsche Neurosen« geschrieben worden. Als ein Kern dieser Neurosen wird gerne herausgestellt, dass sich die Deutschen in ihrer romantischen Grundausrichtung ungern mit Realitäten abfinden.[46] Eine wichtige Rolle im »Psychohaushalt« der Deutschen spielen dabei »Abwehrmechanismen«[47], mit denen ein Individuum Impulse des Unbewussten kanalisiert und damit sozial verträglich macht: Identifikationen mit Aggressoren, Projektionen, Rationalisierungen, Sublimierungen. Allein das Verhältnis der Deutschen zum Islam, zum Multikulturalismus liefert hierfür Beispiele en masse.

Fritz Riemann hat eine interessante Typologie von vier klassischen Angsttypen erstellt. Vor allem die »zwanghaft« angstbesetzte Persönlichkeit finden wir beim Untertanen. Er sucht Sicherheit. Dafür entwickelt er Zwangssymptome, um seine Angst binden zu können. Er ordnet sich dazu gerne vorgegebenen Ordnungen unter.[48] Der (ostdeutsche) Psychiater Hans-Joachim Maaz hat in seinen Büchern[49] zudem folgende deutsche Neurose ausgemacht: eine Normopathie als zwanghafte Anpassung an echte oder imaginierte Normen; dazu eine Kompensation dieser Normopathie durch kollektive Überheblichkeit, ein moralisierendes Helfersyndrom als Beweis eines geläuterten Selbst sowie eine Neigung zu Eskapismus und Realitätsflucht.

Aber es kommen weitere Symptome oder gar Syndrome dazu. Eines dieser Syndrome ist eine Kombination aus schuldhaft geprägter, geradezu autistisch übersteigerter Hypermnesie (die »Schuld« der Deutschen als flagellantenhafter, autoaggressiver Impuls), einer Amnesie in Form von Selbstvergessenheit und

Selbstverleugnung (»Depersonalisation«), kombiniert mit einem megalomanischen Wiedergutmachungseifer. Man ist fixiert auf einige Phasen deutscher Geschichte und vergisst alles andere.

Der Untertan als Massenmensch

Der deutsche Michel fühlt sich wohl mit seinen Neurosen: anerzogen in Elternhaus oder Schule, vermittelt über die Medien und regierungsamtlich gewollt. Insofern treffen gerade auf den deutschen Untertanen alle Analysen zu, die vier große Köpfe mit ihren Analysen des Massenmenschen geliefert haben.

Friedrich Nietzsche (1844 – 1900) befasst sich in mehreren seiner Werke mit dem Herdenmenschen und dessen Sklavenmoral. Der Herdenmensch erfahre durch sein Mitschwimmen Sicherheits- und Gleichheitsgefühle. So entstehe eine Herdentier-Moral. Gustave Le Bon (1842 – 1931)[50] befasste sich mit der »Kollektivseele«, in der der Einzelne sein Denken aufgebe. Das Bewusstsein, Teil einer größeren Bewegung zu sein, enthemme ihn. Die Wirkung sei mit Hypnose vergleichbar. Deshalb sei die Masse leicht zu beeinflussen. Die dadurch entstehende Begeisterung nehme dann Kennzeichen einer religiösen Haltung an und verbinde sich am Ende mit Unterwerfung und Fanatismus. Für Sigmund Freud (1856 – 1939)[51] ist der Mensch in der Masse impulsiv und affektiv, leichtgläubig und manipulierbar. Das Ergebnis ist etwas Zwanghaftes: Alle fühlen das Gleiche, niemand soll und will abweichen. Die Masse stellt einerseits Autorität dar, der man sich unterwirft; sie vermittelt dem Massenmenschen aber zugleich ein Machtgefühl. Die Masse (oder deren Führer) wird zum »Ich-Ideal«. José Ortega y Gasset (1883 – 1955)[52] schließlich vergleicht den Menschen der Masse mit einem verwöhnten Kind, das keine Grenzen und Pflichten kenne und Annehmlichkeiten als selbstverständlich betrachte. Es resultieren daraus Trägheit, Konformismus und Anfälligkeit für Parolen.

Solche Entwicklungen scheinen in Deutschland immer wieder zu entstehen. Der nachfolgende Vergleich mag weit hergeholt sein, dennoch ist er interessant: Deutschland im Sommer 2015 – Deutschland im Sommer 1914. Wir erinnern uns: Am 1. August 1914 begann der »Große Krieg«. Die Kriegsbegeisterung war anfangs grenzenlos. Pfarrer und Bischöfe segneten Soldaten und Waffen. Aber die Ernüchterung ließ nicht lange auf sich warten. Szenenwechsel: Am 4. September 2015 ließ Kanzlerin Merkel die Grenzen für Hunderttausende von Flüchtlingen öffnen. Begeisterung und Hilfsbereitschaft in weiten Teilen der Bevölkerung waren wieder grenzenlos. Deutschlands oberste Kirchenfürsten, Kardinal Marx und Bischof Bedford-Strohm, mischten sich am 5. September 2015 unter die Refugees-Welcome-Gemeinde am Münchner Hauptbahnhof. München im Herbst 2015: Hauptstadt der Bewegten? Die Ernüchterungen erfolgten: überquellende Flüchtlingslager, überforderte Ämter, zu 90 Prozent junge Männer, Zunahme an Gewalt usw.

Die Parallelen sind offenkundig: dort patriotische Kriegslüsternheit, hier quasi-patriotisch moralisierendes Gutmenschentum; dort obrigkeitsgläubiger Drang zum Krieg, hier obrigkeitsstaatliches »Wir schaffen das!«; dort expansive Entgrenzung nach West und Ost, hier Entgrenzung durch Verzicht auf jede Grenzsicherung. Deutschland: dort Militärmacht, hier Moralmacht. Alexander Meschnig[53] zieht interessante Vergleiche zwischen 1914 und 2015: Beide Male handelt es sich um eine Zäsur mit irreparablen Folgen; beide Male spielen ein typisch deutscher Narzissmus und eine kolossale Egozentrik eine Rolle.

Regressiver Puerilismus

Greifen wir noch einmal José Ortega y Gasset und seinen Vergleich des Massenmenschen mit einem verwöhnten Kind auf. Johan Huizinga spricht von einem kollektiven Puerilismus. Man will gar nicht erwachsen werden, weil man damit Verantwortung übernehmen müsste. Die Frage stellt sich allgemein: Wollen Menschen jenseits der zwanzig oder dreißig Lebensjahre überhaupt erwachsen werden? Wollen es die Regierenden? Eine infantilisierte Gesellschaft Post-Adoleszenter mit ihrem ewigen Jugendgefühl (»one age«) bevormundet sich schließlich leichter.

Kindheit und Jugendphase dehnen sich aus. Wozu erwachsen werden, wenn man als junger Mensch schon alles kann und darf? Wozu eigenverantwortlich werden, wenn all das, was Eltern für einen geleistet haben, eines Tages von Vater Staat geleistet werden kann? Ja, die Deutschen wählen untertänigst gerne ihre eigene Entmündigung, sie wählen den Nanny-Staat, der vorgibt, ob man rauchen darf, wie man sich zu ernähren hat, wie man Sex zu treiben hat, wie man Abfall entsorgt. Wir poltern wie trotzige Kinder gegen Autoritäten, lehnen autoritäre Erziehung ab, aber wir unterwerfen uns ständig politischen, medialen oder ökologischen Autoritäten. Am Ende haben wir unmündige, lasche und zugleich maßlos anspruchsvolle Selbstlinge, denen es im übertragenen Sinn an Biss und Hunger fehlt; die keine Eigeninitiative entwickeln können, weil sie Hilflosigkeit, gepaart mit hohen Ansprüchen, erlernt haben; die nie mündig werden, weil es immer jemanden gibt, der für sie alles regelt; denen es später an Unternehmergeist fehlt.

Was früher als kindisch galt, ist heute »in« – etwa ein grenzenloser Mitteilungs-, Zeige-, Schau- und Spieldrang. Peter Pan soll und will man sein. Dieser Name erinnert an den Buchtitel »Peter-Pan-Syndrom« des US-Therapeuten Dan Kiley. Dessen Untertitel lautet: »Männer, die nie erwachsen werden«. Das Buch ist eine Anspielung auf den Peter Pan der 1902 erschienenen Kindergeschichten von James Matthew Barrie. Dort will das im Neverland lebende Kind nie erwachsen werden, dort geschieht etwas bereits, wenn man daran glaubt. Salomon scheint vergessen, der sagt: »Weh dir, Land, des König ein Kind ist.« (Prediger 10,16).

Kinder werden zu Erziehern ihrer Eltern. Eltern unterwerfen sich ihren Kindern, sie lassen sich von ihnen sagen, was man zu kaufen hat. Frank Furedi sieht damit Erwachsene infantilisiert und Kinder wie Mini-Erwachsene behandelt.[54] Der *NZZ*-Journalist Alexander Kissler hat dazu ein zutreffendes Buch geschrieben: »Die infantile Gesellschaft«.[55] Er nennt als reale Beispiele die »leichte Sprache« – also amtliche Sprachanleitungen von Kommunen, Ministerien und Senatskanzleien, die dem Bürger vorschreiben, was er wie sagen darf. Selbst so manche Gesetze, so Kissler, atmen den Geist der Infantilisierung: das »Gute-Kita-Gesetz« oder das »Starke-Familien-Gesetz«. Und wahrscheinlich ist es kein Zufall, dass ein Kinderbuchautor namens Robert Habeck zum Vorsitzenden der »Grünen« gekürt wurde.

Zugleich tut eine populistische Politik so, als seien Heranwachsende schon mit 14 oder gar schon 7 oder 12 Jahren wahlmündig, während das Jugendstrafrecht immer mehr in Richtung Erwachsenenalter ausgedehnt wird. Wer indes den Wahlakt infantilisiert, der degradiert ihn zum Kinderspiel. Das Wahlrecht soll aber nicht erst zur Reife hinführen, sondern das Wahlrecht setzt diese voraus.

Der Hype um »Fridays for Future« zeigt zudem, wie sehr das »System« Infantilisierung will: »Jedes Räuspern der Jugendlichen findet seine Schmeichler: Seht, welches Engagement!« Das scheibt Caspar Schrenck-Notzing fast ein halbes Jahrhundert vor »FfF«.[56] Viele Jahre später weist Egon Flaig darauf hin, dass »Aufmärsche von Kindern zu den Ritualen totalitärer Regime (gehören), die sich nicht scheuen, Unmündige zu instrumentalisieren«.[57] Früh muss sich halt krümmen, wer ein guter Untertan werden soll. Oder andersrum: Es ist dies, wie Platon 375 Jahre vor Christus in seiner »Politeia« schreibt, der schöne und jugendfrohe Anfang der Tyrannis.

Teil II
Alte und neue linke Autoritarismen

4. Das gefühlige neue Gouvernantentum

Während früher »autoritäre Persönlichkeiten« ihren Kotau vor »rechter« Obrigkeit machten, ist heute der Kotau vor dem linken Zeitgeist üblich geworden. Die parteipolitische und gesellschaftliche Linke mag sich für eine antiautoritäre Avantgarde halten, aber sie verhält sich hyperautoritär gegenüber allen, die anders denken, und produziert immer mehr Autoritarismus in Form von Geboten, Verboten, Sprech- und Gesinnungsmustern. Trotzdem werden die Attribute »autoritär« oder »autoritätsgläubig« gemeinhin weiter mit »rechts« assoziiert. Dabei sind eben auch die Linken in mindestens gleichem Maße wie »die Rechten« autoritär, autoritätsgläubig und obrigkeitsstaatlich. Folge: »Es gibt nirgends so viel Unterwerfungsbereitschaft wie bei den Links-Intellektuellen.«[58]

Wenn es um Verstöße gegen den Rechtsstaat geht, wird freilich mit zweierlei Maß gemessen. Linke Gewalttäter heißen »Demonstranten« oder »Aktivisten«, die »zivilen Ungehorsam« praktizieren oder allenfalls »Rangeleien« und »Zusammenstöße« provozieren. »Rechte« »marschieren«, veranstalten »Hetzjagden«, »brüllen«, »grölen«. Nicht anders ist es, wenn »Aktivisten« sich gewalttätig gegen die Polizei, gegen AfD-Politiker oder AfD-Büros, gegen Burschenschaftler, gegen die Bundeswehr, gegen Immobilienfirmen, gegen Jobcenter und Arbeitsämter, gegen Kritiker der Coronapolitik usw. in Szene setzen.[59] In den Öffentlich-Rechtlichen wird das als regionales Ereignis abgetan und ignoriert. Aber wehe, eine »Aktivistin« wird verletzt, weil sie vom Baum stürzt! Die an solchen »Aktionen« beteiligte »Flüchtlingskapitänin« Carola Rackete wurde 2020 mit dem Karl-Küppers-Preis des Kölner Karnevals ausgezeichnet: für ihr »besonderes Maß an Engagement und Zivilcourage«.

Linke heißen auch nie Linkspopulisten. Schon gar nicht die Partei »Die Linke«. Sie wird geschont, vor allem was ihre Geschichte betrifft. Dabei ist sie keine Neugründung, sondern rechtsidentisch mit der SED und mit der KPD, selbst wenn sie mehrere Namenshäutungen (»Die Linkspartei.PDS«, PDS, SED-PDS) hinter sich hat. Wo heute der Parteivorstand der Linkspartei residiert, residierten früher KPD-Gründer Karl Liebknecht und Genossin Rosa Luxemburg. Zudem konnte die Partei ihr Millionenvermögen retten.

Unter Linken und Gutmenschen gedeiht der neue autoritäre Charakter prächtig. Er empört sich über schlecht getrennten Müll und SUV-Fahrer. Man lässt sich eine Sehnsucht nach Verboten und Geboten einreden: Was man essen und trinken soll, dass man nicht rauchen soll, dass man keine Kreuzfahrt machen soll. »Verbietet uns was!« steht auf Schildern von Klimaaktivisten.[60] Ein gefühliges neues Gouvernantentum ist entstanden.

Zugedeckt werden all diese Verlogenheiten mithilfe politisch korrekter Semantik: »No to racism!« »Respect!« »Refugees Welcome!« »Fridays for Future!« »MeToo!« »Black Lives Matter« (BLM)! Antirassismus, Antifaschismus, Antikolonialismus! Gegen Populismus! Gegen Fremdenfeindlichkeit! Gegen Abschottung! Für Diversität! Inklusion! Multikulturalität! Zivilcourage! Die Bösen aber, die »Rechten«, gelten als engherzig, dumpf, zynisch, menschenverachtend, von Hass und Neid zerfressen, völkisch, Angst schürend.

Mittlerweile gilt schon als Nazi, wer gegen den Gender-Irrsinn argumentiert. Es reicht, kritische Worte über Merkels Grenzöffnung zu äußern, und schon hat man sozialen Suizid begangen. Oft genügt der Vorwurf der »Kontaktschuld«, wenn man auf *Facebook* oder *YouTube* oder *Twitter* ein politisch inkorrektes LIKE gibt. Welch perverse Entwicklung! Im Namen der Zivilgesellschaft werden die Toleranten immer intoleranter, die Progressiven reaktionärer.

Linkes Unrecht wird bagatellisiert

Lassen wir zwei hoch kompetente Analytiker der linksradikalen Szene, Monika Deutz-Schroeder und Klaus Schroeder, zu Wort kommen: »Schriften und Studien zum Rechtsextremismus und zu rechter Gewalt gibt es in kaum überschaubarem Ausmaß, entsprechende Forschungen über linke Gewalt hingegen nur sehr begrenzt … Auf Seiten der Fernsehsender von ARD bis NTV übertreffen Berichte und Filme über Rechtsextremismus die über Linksextremismus um ein Vielfaches. Bei der ARD zum Beispiel stehen im Frühjahr 2018 53 Treffer für Linksextremismus 444 für Rechtsextremismus gegenüber … Im Karlsruher Virtuellen Katalog, auf dem alle neun Verbundkataloge Deutschlands zugänglich sind, finden sich knapp 15 000 Suchergebnisse für Rechtsextremismus und knapp 640 für Linksextremismus.« Faktor: 23! Und: An der FU Berlin gibt es in der Universitätsbibliothek 1 000 Treffer für Rechtsextremismus und 36 für Linksextremismus.[61]

Im August 2020 veröffentlichte Karsten D. Hoffmann ein Buch mit dem Titel: »Gegenmacht. Die militante Linke und der kommende Aufstand.«[62] Es war nicht leicht für Hoffman, einen Verlag zu finden. Vierzig Absagen hat er bekommen. Grund: Die allermeisten Verlage hatten nicht den Mumm, sich mit der linken Szene anzulegen. Wer sich die Ergebnisse der Hoffmann'schen Recherchen genauer anschaut, kommt zu einem empörenden Ergebnis: Für die Parteien und deren Stiftungen, auch für die Sozialwissenschaften, ja für das ganze bürgerlich-konservative Spektrum ist die militante Linke ein Non-Thema. Man konzentriert sich auf den »Kampf gegen Rechts«, den man nach Schätzungen Hoffmanns qua Bund, Ländern, Kommunen und Stiftungen mit bislang rund einer halben Milliarde Euro forciert hat. Das ist geschätzt das 50-Fache von dem, was in den Kampf gegen Linksextremismus investiert wird.

Das hat Karsten Hoffmann am 20. Oktober 2020 in einem Interview für *Reitschuster.de* bestätigt.[63] Und wörtlich: »Ich schätze, dass die Mittel, die explizit zur Prävention linker Militanz aufgewendet werden, irgendwo im Bereich zwischen ein und zwei Prozent des Gesamtvolumens liegen.«

Im Windschatten des »Kampfes gegen Rechts« macht die militante Linke jedenfalls Geländegewinn um Geländegewinn. Es scheint hier das Wort des damaligen SPD-Vorsitzenden Martin Schulz zu den G20-Krawallen in Hamburg vom 7./8. Juli 2017 zu gelten: »Links und Gewaltanwendung schließt sich gegenseitig aus.«

Dass das Bundeskriminalamt (BKA) die überwältigende Mehrzahl von Brandanschlägen extremen Linken zuordnet, will man nicht wissen. Ausgerechnet auf eine parlamentarische Anfrage der Fraktion »Die Linke« stellte sich im Februar 2021 heraus: Es gab in den Jahren 2018 und 2019 insgesamt 378 politisch motivierte Brandstiftungen, 308 (81,5 Prozent) davon durch Linksextreme, 17 durch Rechtsextreme, 20 aufgrund »ausländischer Ideologie«. 29 Taten konnten nicht zugeordnet werden.[64] Ziele der Angriffe waren Baufirmen und die Polizei. Die Auswertung des Bundesinnenministeriums zeigt auch, dass rund um den Hambacher Forst, der von linksextremen »Umweltschützern« zeitweise besetzt war, viele Brandanschläge verübt wurden. Dort gingen wieder Fahrzeuge des Energieunternehmens RWE in Flammen auf. Und die Reaktion der Links-Fraktion auf diese Zahlen: Sie ist der Meinung, die Polizei sei »auf dem rechten Auge blind«.

Und auch sonst wird eine Strategie des Ausblendens linker und linksextremer Umtriebe und Straftaten praktiziert. Interessant auch: Wo die Linkspartei mitregiert, tauchen all diese Gruppierungen in den Berichten der Verfassungsschützer der jeweiligen Länder nicht auf: in Thüringen, Bremen und Berlin zum Beispiel.

Dazu passt die Bagatellisierung von DDR-Unrecht. Dort gab es 1989 (!) 91 000 hauptamtliche und 190 000 inoffizielle Mitarbeiter des MfS, also je 57 Einwohner einen Spitzel. Insgesamt waren etwa 750 000 Personen haupt- oder nebenberuflich in die »Sicherheitsorgane« einbezogen. Im Dezember 1988 waren knapp 85 000 Personen als feindlich-negative Kräfte im Vorbeugekomplex erfasst. Die Justiz der SBZ bzw. der DDR verhängte von 1945 bis 1982 insgesamt 372 Todesurteile, 141 bis zur Gründung der DDR, 231 danach. 72 Urteile hatten politischen, 164 kriminellen Charakter.« 136 galten NS-Verbrechen.[65]

Wann und wie wurde »rechts« definiert?

Woher kommt die einseitige Betrachtung, dass »rechts« autoritär sei und links antiautoritär? Schließlich sind die Merkmale »linker« Weltanschauungen kaum andere als die Merkmale »rechter« Weltanschauungen: kollektivistisch, antiklerikal, antimonarchistisch, nihilistisch, sozialistisch und technokratisch. Hitler und die Nationalsozialisten haben sich daher selbst nie als »rechts« bezeichnet.

Eine große Rolle spielten bei der Definition von »rechts« Studien in den USA ab den 1940er Jahren. Es begann 1943 mit einer Studie über Antisemitismus des Sozialpsychologen R. Nevitt Sanford, des Psychiaters Daniel J. Levinson und der Psychoanalytikerin Else Frenkel-Brunswik in Berkeley (USA). Diese Studien wurden 1944 als »Berkeley Public Opinion Study« gemeinsam mit dem emigrierten Frankfurter Institut für Sozialforschung (IfS) fortgeführt. Das IfS war 1923 als marxistisches Institut an der Universität Frankfurt/M. gegründet worden. Seine namhaftesten Vertreter waren neben dem Gründer Max Horkheimer vor allem Theodor W. Adorno, Walter Benjamin, Erich Fromm, und Herbert Marcuse. Als es im März 1933 vom NS-Regime verboten wurde, übersiedelte es bis zu seiner Rückkehr im Jahr 1951 nach New York bzw. Kalifornien.

Adorno und Kollegen entwickelten 1950 eine Theorie über »The Authoritarian Personality«. »Autoritär« war die ursprüngliche Bezeichnung für einen von Adorno definierten faschistoiden/faschistischen Einstellungskomplex: bestehend aus Ethnozentrismus, Faschismus, Konservatismus. Repression, Konformismus, Machtorientierung, Unterwürfigkeit, Destruktivität, Zynismus und Antisemitismus. Um diesen Einstellungskomplex »messen« zu können, entwickelten Adorno und Co. eine sogenannte »F-Skala« (für Faschismusskala) als Fragebogen. Man meinte damit erfassen zu können, dass faschistisch Veranlagte eher dazu neigen, kritik- und widerstandslos Befehle von Vorgesetzten auszuführen. Anmerkung am Rande: Die millionenfachen Mordtaten kommunistischer Terrorsysteme wären mit diesen Theorien ebenso erfassbar. Aber darum ging es Adorno und Co. nicht.

Hintergrund: Kulturmarxismus

Als Treibhaus linker Vorstellungen gilt in Deutschland die 68er-Bewegung. Die Linken wollten heraus aus dem »Scheißsystem«, um sofort neue Anpassungen vorzuschreiben. Eine (verhasste) Autorität wurde durch eine andere (gute) Autorität ersetzt: Mao, Che Guevara, Ho Chi Minh. [66]

Kulturmarxismus war angesagt. Aber was ist damit gemeint? Historisch gehen Ideologie und Strategie des Kulturmarxismus auf Antonio Gramsci (1891 – 1937) zurück. Gramsci war Theoretiker der kommunistischen Arbeiterbewegung, Abgeordneter, 1919 Begründer der Zeitschrift *L'Ordine Nuovo*, 1921 Gründer der Kommunistischen Partei Italiens. 1926 wurde er trotz Immunität verhaftet und 1927 zu zwanzig Jahren Kerkerhaft verurteilt (1922 bis 1943 war Mussolini italienischer Ministerpräsident, als

»Duce« ab 1925 Italiens Diktator). Dort schrieb er 2848 Seiten Tagebuch, veröffentlicht als 32 Bände »Gefängnishefte«. Gesundheitlich angeschlagen starb er 1937 kurz nach seiner Freilassung.

Gramsci gab in seinen »Gefängnisheften« als Ziel an: die kulturelle und politische Hegemonie zu erringen, vor allem in den Bildungsanstalten, in Kulturszenen und in den Medien. Seine »Gefängnishefte« wurden von Georg Lukács, der sich 1918 der Kommunistischen Partei Ungarns angeschlossen hatte, begeistert aufgenommen. Angetan hatte ihn Gramscis Grundthese, dass der Kommunismus nur dann über das Christentum siegen könne, wenn er selbst zu einer Religion werde.

Die kulturmarxistisch solchermaßen ausgerichtete sogenannte Zivilgesellschaft hat in Form der »non-governmental organizations« (NGO) mittlerweile ihre halbstaatliche Institutionalisierung erfahren. Sie müssten also »semi-governmental organizations« (SGO) genannt werden. Der politisch-mediale Komplex sichert dem Kulturmarxismus ein Monopol, indem er immer neue Feinde der Demokratie definiert und dabei die Grenzwerte senkt. So manche NGO/SGO geriert sich längst als eine Art Zensurbehörde oder gar Ideologiepolizei (bei Orwell heißt das »Wahrheitsministerium«). Das staatliche Zensurmonopol beginnt damit, auf ideologisch zuverlässige Medien und NGOs/SGOs überzugehen. Nachdem 1989/1990 das ganze Desaster des Kommunismus/Sozialismus überdeutlich wurde, schafft es die Linke seitdem nicht ohne erkennbaren Erfolg, diese Niederlage über eine »kulturelle Hegemonie« vergessen zu machen. Nach wie vor begeistert von Gramscis Kulturmarxismus ist die Rosa-Luxemburg-Stiftung – die der Partei »Die Linke« nahesteht. Sie schwärmt von Antonio Gramsci als produktivem Vordenker der Zivilgesellschaft. Über sie gelte es, die eigenen politischen Strategien und Projekte »hegemonial« werden zu lassen.[67]

Entsprechend werfen sich so manche »staatliche« Institutionen und so manche NGOs/SGOs in die Brust: die Gleichstellungs- und Antidiskriminierungsbeauftragten; die meisten parteinahen politischen Stiftungen, die Amadeu Antonio Stiftung usw. Gut alimentiert, haben sie einen großen Wirkungskreis. Allein für die Jahre 2021 bis 2025 hat der Bund 1,1 Mrd. Euro für den Kampf gegen Extremismus, und damit ist vor allem der »Kampf gegen Rechts« gemeint, vorgesehen.

Ganz vorne dran die Bundeszentrale für politische Bildung. Symptomatisch für diese Bildungszentrale ist der über Jahre hinweg auf ihrer Website verbreitete Leitungssatz: »Im Unterschied zum Rechtsextremismus teilen sozialistische und kommunistische Bewegungen die liberalen Ideen von Freiheit, Gleichheit, Brüderlichkeit – interpretieren sie aber auf ihre Weise um.« Stalin und Mao waren also Ur-Liberale? Der Satz ist nach Interventionen unter anderem von mir verschwunden, offenbar hatte die Oberbehörde, das seit 2005 von einem CDU- oder CSU-Innenminister geführte Bundesinnenministerium, der Bundeszentrale im Januar 2021 doch endlich auf die Finger geklopft.

Die neue »linke« Unübersichtlichkeit

Was die politische und die gesellschaftliche Linke früher ausmachte, war – da recht homogen – einigermaßen leicht definierbar. Teile der Linken heute freilich metastasieren zu identitätslinken Gruppen. Traditionelle Linke schwärmen von sozialer Gerechtigkeit für die Arbeiterklasse, Identitätslinke von Identitätsgerechtigkeit. Zu diesem Zweck werden Menschen zu Opfer- und Identitäts-Gruppen (von lateinischen *idem*: derselbe, dieselbe, dasselbe) zusammengefasst. Ein bestimmtes Merkmal wird essenzialisiert.

Identitätslinke tun so, als wäre ein Mensch ausschließlich das Ergebnis einer bestimmten genetischen Ausstattung oder Gruppenzugehörigkeit, und machen davon deren Wertschätzung bzw. Geringschätzung abhängig. Individualität wird vernachlässigt. Wertschätzung beziehungsweise Geringschätzung erfolgt willkürlich nach den Kriterien gut versus schlecht, Opfer versus Täter, Frau versus Mann, queer versus hetero, colored versus white. Die jeweils Erstgenannten sollen positiv, die jeweils Letztgenannten negativ diskriminiert werden. Schier obsessiv ist vor allem der Kampf gegen den »weißen Mann«, wozu angeblich auch Israeli und Juden als Drahtzieher gehören.[68]

Einen *reverse racism* mit »Schuld- und Opfer-Entrepeneuren« nennt es Sandra Kostner. Allerdings werden Menschen durch eine Zwangszuweisung von Schuld- und Opfer-Identitäten »im Identitätsgefängnis eingekerkert«, und die Gesellschaft wird damit atomisiert.[69] Minderheiten und vermeintliche oder tatsächliche Opfergruppen werden zum bevorzugten Ideal. Identitätslinke verfolgen damit »im Kern eine rechte Politik«. Denn: Die Identitätslinken führen die starre Orientierung an unveränderbaren Merkmalen fort, die von Rechten benutzt wird, um die Ungleichbehandlung von Nichtweißen und Frauen zu rechtfertigen. Einzig die Richtung der Ungleichbehandlung ist umgekehrt.[70]

Ihren fruchtbarsten Nährboden fanden diese Bewegungen wie auch die kulturmarxistische Bewegung in den USA, vor allem in den dortigen Universitäten. Der Marxismus des 21. Jahrhunderts kommt damit nicht mehr aus den Ländern des ehemaligen Ostblocks, sondern aus den USA. Das Establishment dort ist ideologisch genauso links wie in Deutschland. Mindestens! Der linkslastige Campus dort wiederum korrespondiert mit einer Presselandschaft, die ebenso tickt: *New York Times*, *Washington Post*, *Los Angeles Times* usw.

Wider die Arroganz Arrivierter

Eine Revolte gegen den linken Neo-Autoritarismus – analog der 68er-Revolte – ist nicht in Sicht. Wiewohl es eine solche dringend bräuchte.[71] Dafür geht es der Latte-Macchiato-/Kaschmir- und

Öko-Schickeria-Linken aber zu gut. »Gebildet« links denken und »rechts« in gentrifizierten Wohngegenden leben, und statt auf die Straße zu gehen, meckert man aus der Anonymität vom bequemen Sofa aus. Man merkt diese Schizophrenie gar nicht. Und man macht sich nicht klar, dass der ganze linke, pseudointellektuelle Moralismus nichts anderes ist als eine arrogante Opposition Arrivierter über »die da unten«, die als Proletarier versagt hätten, weil sie keine Weltrevolution zustande brächten.

Es entfaltet sich jedenfalls ein neuer Autoritarismus, vor dem Ralf Dahrendorf warnte.[72] Dieser linke Autoritarismus begründet sein Handeln selbstgerecht mit dem Argument einer angeblichen Rechtsverschiebung Deutschlands. Dazu hatte der Chemnitzer Politologe Eckhard Jesse bereits 1999 etwas festgestellt, was unvermindert auch angesichts der Entstehung der Partei AfD gilt: »Die Tatsache, dass so stark vor einer Rechtsverschiebung gewarnt wird, ist ein Beleg für die Linksverschiebung.«[73] Im Zuge solcher »Geometrie« ist die Abgrenzung zwischen linken Demokraten und Linksextremisten unter dem Deckmantel antifaschistischer, antinationaler Staatsräson seitdem mehr und mehr erodiert.

5. Der »Kampf gegen Rechts«: Antifaschismus

Antifaschismus ist – wie in der DDR – auch im wiedervereinigten Deutschland Staatsräson. In der DDR wurde der Stalinismus sogar damit verteidigt, dass Stalin antifaschistisch gewesen sei. Heute ist Antifaschismus zum Sozialismus-Recycling, zum »Vorwand zur Rettung des diskreditierten Sozialismus« und zum »Volksfrontkitt« geworden.[74] Für erhebliche Teile des Kultur- und Medienbetriebes ist ein Bekenntnis zum Antifaschismus Lebensversicherung. Damit diese Versicherung erhalten bleibt, taxiert man die Zahl »(Neu-)Rechter«, »Rechtsradikaler« oder »Rechtsextremer« stets gerne neu. »Überhaupt ist pikant, wie gierig der Mainstream das rechte Rinnsal stetig zu vergrößern sucht, das Verpönte immer wieder und noch einmal verpönt, nur um offenbar immer neues Wasser in die Rinne zu leiten, denn man will's ja schwellen sehen, die Aufregung soll sich ja lohnen.« Das schrieb Botho Strauß bereits 1993.[75] Es gilt heute in noch größerem Maße, ist aber nichts anderes als ein Zahlentrick: Wenn man alles, was nur einen Millimeter rechts von Merkel steht, für »rechts« erklärt, kann man locker von einem »Extremismus der Mitte« schwadronieren. Und weil der »Feind« damit an Zahl gewaltig zugenommen hat, kann man sich für noch mutiger halten, braucht aber auch mehr Mittel im Kampf gegen diesen »Feind«.

Semantische Nebelkerzen

Antifaschismus müsste eigentlich Anti-Nationalsozialismus heißen. Nationalsozialismus und (sozialistischer) Inter-Nationalsozialismus sollen aber per definitionem nichts miteinander zu tun haben. Der gebürtige Bulgare Georgi Dimitroff, Vasall

Stalins, galt hier als federführend. Seine Glanzzeit hatte er von 1935 bis 1943 als Generalsekretär der »Komintern«, der Kommunistischen Internationale, die er durchsäuberte. Auf dem VII. Weltkongress der »Komintern« sagte er am 2. August 1935: »Die reaktionärste Spielart des Faschismus ist der Faschismus deutschen Schlages. Er hat die Dreistigkeit, sich Nationalsozialismus zu nennen, obwohl er nichts mit Sozialismus gemein hat.«[76] Dimitroff plappert damit nach, was sein Förderer Stalin vorgegeben hatte: »Ich spreche nicht nur vom Faschismus überhaupt, sondern vor allem von dem Faschismus deutschen Schlages, der sich zu Unrecht Nationalsozialismus nennt, denn selbst bei gründlichster Prüfung ist es unmöglich, in ihm auch nur eine Spur Sozialismus zu entdecken.«[77]

Einer der Vordenker in diesem Sinne und Apologet Stalins war Georg Lukács (1885 – 1971). Er hatte sich 1918 der Kommunistischen Partei Ungarns angeschlossen und 1923 mit seiner Aufsatzsammlung »Geschichte und Klassenbewusstsein« einen zentralen Text der marxistischen Bewegung geliefert. Seine »Diagnose« war: Das Proletariat stecke in einer ideologischen Krise und verweigere sich deshalb einer Revolutionierung der Gesellschaft. Über Hitler und Stalin hinaus hielt Lukács an seinen Überzeugungen fest. 1954 veröffentlichte er ein weiteres Hauptwerk: »Die Zerstörung der Vernunft – Der Weg des Irrationalismus von Schelling bis Hitler«. Die Romantik war für ihn ein »Bruch mit der Aufklärung« und ein maßgeblicher Grund für die »Zurückgebliebenheit« Deutschlands. Ansonsten waren für Lukács alle Gegner des Kommunismus »moralische Krüppel oder Gangster«. Der Antitotalitarismus der Nachkriegszeit nahm für Lukács »unvermeidlich immer ausgeprägtere faschistische Züge an.«[78]

Dazu kam die Kampagne, mit der die SPD der Weimarer Republik aus Moskau zu Sozialfaschisten und Schleppenträgern des Kapitals abgestempelt wurde. Die SPD-Co-Vorsitzende Saskia Esken weiß von alldem, auch von der Geschichte ihrer Partei, offenbar nichts. Mitte 2020, zu diesem Zeitpunkt 58 Jahre alt, hatte sie sich als Antifa-Kämpferin quasi von Geburt an geoutet und getwittert: »58 und Antifa. Selbstverständlich.«[79] Und dass einer ihrer wirklich großen Vorgänger als SPD-Vorsitzender, Kurt Schumacher, die Kommunisten als »rot lackierte Faschisten« bezeichnet hat, sagt ihr wohl auch wenig.

Die Antifa-Vorgaben aber leben fort. Wer gegen Faschismus zu Felde zieht, sitzt damit nach wie vor einer ursprünglich stalinistischen Sprachregelung auf. Armin Mohler nennt den »Antifaschismus« schließlich einen »Pseudo-Antifaschismus«, denn der Nationalsozialismus sei dem Stalinismus ähnlicher gewesen als dem Faschismus etwa eines Mussolini. Das wiederum war den Kommunisten peinlich.[80]

Von daher versteht sich auch die Weigerung der »Antifaschisten«, den Kommunismus als Form des Totalitarismus zu sehen. Wer den Begriff Totalitarismus verwendet, gilt als Kalter Krieger. Hannah Ahrendts Buch von 1951 mit dem Titel »Elemente und Ursprünge totalitärer Herrschaft« ist denn auch nicht mehr sonderlich *en vogue*. Zumal es dort auch um den Antisemitismus der Linken geht. Der Antifaschismus jedenfalls bleibt totalitär. Dem italienischen, politisch engagierten Schriftsteller Ignazio Silone (1900 – 1978) wird der Satz zugeschrieben: »Wenn der Faschismus wiederkehrt, wird er nicht sagen: Ich bin der Faschismus. Nein, er wird sagen: Ich bin der Antifaschismus.« Ein anderer italienischer Schriftsteller, Ennio Flaiano (1910 – 1972), hat einen ähnlichen Satz verfasst: »Italienische Faschisten lassen sich in zwei Kategorien einteilen: Faschisten und Antifaschisten.«[81]

Der »Aufstand der Anständigen«

»Wer heute als ›aufrechter Demokrat‹ gelten will, kommt kaum darum herum, einen gehörigen Tribut an antifaschistischer Beteuerung zu leisten.«[82] Diesen von Arno Plack formulierten

Grundsatz hat sich heute nahezu das gesamte politische und mediale, zum Teil auch das »wissenschaftliche« System zu eigen gemacht. Über 200 Initiativen gibt es im Kampf »gegen Rechts«. Man adelt sich mit Rock gegen Rechts, Rappen gegen Rechts, Fußballspiele gegen Rechts, Fasching/Karneval gegen Rechts, »Kein Sex mit Nazis«, »Keine Bedienung für Nazis«! … Und wenn zu den Londoner Olympischen Spielen 2012 herausgefunden wird, dass Michael Fischer, der Freund der deutschen Ruderin Nadja Drygalla, früher NPD-Mitglied war, wird die Ruderin deswegen aus dem Olympia-Team ausgeschlossen.[83]

Am 3. September 2018 gibt es in Chemnitz ein Konzert mit 65 000 Teilnehmern »gegen Rechts«. »Wir sind mehr«, heißt es. Es tritt dort die Gruppe K.I.Z. auf. Sie war bekannt geworden mit Versen wie folgenden (Auszüge): »Ich ramm die Messerklinge in die Journalistenfresse …« »Trete deiner Frau in den Bauch, fresse die Fehlgeburt …« »Eva Hermann sieht mich, denkt sich: Was'n Deutscher / Und ich gebe ihr von hinten wie ein Staffelläufer / Ich fick sie grün und blau …« Nicht nur am Rande: Steinmeier hatte das Konzert im Vorfeld über *Twitter* beworben,[84] Coca-Cola kostenlos Getränke gestellt, Flixbus Freifahrten angeboten.

Am Schreibtisch oder vor Kameras und Mikrofonen lässt sich jedenfalls bequem mitkämpfen. »Hitler wird immer noch besiegt von jenen anpassungsfähigen Charakteren, auf die gerade das Hitlerreich sich gestützt hat: Leute, die wissen, wo ›oben‹ ist.« Das schreibt Arno Plack im Jahr 1982. Die Diagnose Placks von »rückwärtsgewandtem Mut« und einem »Hauch von versäumtem Heldentum« gilt heute noch.[85] Mehr noch: Je länger Hitler tot ist, umso zahlreicher werden die Kämpfer gegen ihn.

Ein Bundesminister Heiko Maas (geboren 1966, seit 1989 in der SPD) ist laut eigener Aussage wegen »Auschwitz« in die Politik gegangen. In kleinerer Münze geht's nicht. Wenn die Argumente fehlen, müssen eben Auschwitz oder Hitler als Argument für alles Mögliche herhalten. »Auschwitz« zum Beispiel auch, wenn man nicht will, dass die Bundeswehr im Ausland eingesetzt wird. Und wenn die Bundeswehr wie 1999 in Ex-Jugoslawien eingreift. Da argumentierte der damalige »grüne« Außenminister »Joschka« Fischer entsprechend. Wer indes Auschwitz oder den Holocaust als Argument für heute nicht gelten lässt, der erlebt wie vormals der Gotteslästerer oder Majestätsbeleidiger den sozialen Tod.

Was aber ist die Wirkung der inflationären Berufung auf Auschwitz, auf Hitler und den »Eintopfbegriff Faschismus«?[86] Klar, wer ständig die Vorwürfe, etwas bzw. jemand sei Nazi oder Fascho, im Munde führt, bagatellisiert und trivialisiert den Faschismus und den Nationalsozialismus sowie deren Verbrechen. Der instrumentalisiert auch die NSU-Morde. Heinrich August Winkler sieht es im Februar 2020 ebenso: »Aber der inflationäre Gebrauch des Begriffs ›Faschismus‹ führt letztlich zu einer Verharmlosung des Faschismus.«[87]

Berührungsängste der Schreibtisch-Antifaschisten zu »links außen« gibt es kaum. Früher kamen die Millionen für den Linksextremismus aus der DDR, heute über die Steuergelder von jedem Bundesbürger. »Im Jahr 2001 öffnete die Bundesregierung der Antifa die Staatskasse.« Mit diesem Satz beginnt ein Buch des Extremismusexperten Christian Jung.[88]

Auslöser für den Geldsegen waren zwei »Fakes«, die dem linken Lager ins Konzept passten: Am 2. Oktober 2000 war es in Düsseldorf zu einem Brandanschlag auf die Synagoge gekommen. Die Tat wurde umgehend Rechtsextremisten in die Schuhe geschoben, der damalige Bundeskanzler Schröder rief tags darauf zum »Aufstand der Anständigen« auf. Im Dezember 2000 stellte sich freilich heraus, dass die Täter arabischstämmige Jugendliche waren.[89] Aber da hatte sich der »Aufstand der Anständigen« bereits verstetigt. Nahezu zeitgleich kam im November 2000 die Geschichte auf, im sächsischen Sebnitz hätten junge Neonazis am 13. Juni 1997 den »kleinen Joseph«, Sohn eines Irakers und einer Deutschen, im Schwimmbad ertränkt. Der Kanzler empfing die Mutter und so weiter. Dass der kleine Junge einen Herztod gestorben war, spielte keine Rolle mehr.[90]

Die antifaschistische »Zivilgesellschaft« nahm an Fahrt auf. Die Regierung Schröder/Fischer ging zwar 2005 zu Ende, sie wurde durch wechselnde Kabinette Angela Merkels (CDU) ersetzt: Geändert hat sich für »Antifa« nichts. Im Gegenteil: Sie verästelte sich immer mehr und genoss zunehmend staatliche Alimentation. Die heutige SPD-Ministerpräsidentin von Mecklenburg-Vorpommern, Manuela Schwesig, hat als Bundesfamilien- und Jugendministerin von 2013 bis 2017 den Geldsegen für die »Antifa« erst so richtig befördert. Im Juni 2014 meinte sie: »Linksextremismus ist ein aufgebauschtes Problem.«[91]

Christian Jung weist in seinem Buch »Staats-ANTIFA« auch ultralinke Verflechtungen im Bereich der Fachpublizistik nach. Zum Beispiel zu den angeblich so renommierten *Blättern für deutsche und internationale Politik*. Dieses Periodikum wurde bis 1990 aus der DDR kräftig mitfinanziert. Heute sind die *Blätter* über *Linksnet* als Kooperationspartner verbunden mit linksextremen Blättern wie *Antifa Infoblatt, analyse & kritik, marx 21«. Linksnet* wiederum ist ein Projekt der Rosa-Luxemburg-Stiftung.

Dass Christian Jungs Buch »Staats-ANTIFA« wie so manch anderes Buch aus dem Kopp-Verlag so manchem Buchhändler nicht in den Kram passt, hat das »Börsenblatt« (Ausgabe vom 6. August 2020) bestätigt.[92] Es geht dort um die »Auslistung« (sic!) von politisch unliebsamen Büchern in digitalen Bestellkatalogen. Ein »mutiger« Buchhändler namens Patrick Musial aus Recklinghausen lobt solche »Auslistungen« und meint: »Sehr gut! Ganze Verlage sperren zu können, auch in der Bibliografie im Laden, wäre natürlich auch toll. Müssen ja nicht nur Kopp und Konsorten sein …« Nun machen also auch Buchsortimenter auf Antifa-Volkspädagogik. Besonders mutige Buchhändler stellen »Sarrazin« oft schon gar nicht mehr in ihren Auslagen aus. Dort ist »Sarrazin« – wenn überhaupt – zur Bückware unter dem Ladentisch geworden.

Die Antifa-Straßenkämpfer

Unter den Farben Rot und Schwarz der Antifa-Flagge marschieren (pardon: demonstrieren) in Hamburg, Berlin, Leipzig und andernorts Straßenkämpfer. Rot steht für Sozialismus, Schwarz für Anarchie. Dass Schwarz auch die Farbe der faschistischen Schwarzhemden in Italien war, lässt die mangelnde historische Bildung nicht zu. Hauptsache Aktivist. Der Berliner Verfassungsschutz hat 2016 den linken Durchschnittstäter ermittelt: 21 bis 24 Jahre alt, 29 Prozent mit Abitur, oft arbeitslos, 92 Prozent bei Mutter wohnend. Ermittelt wurden 873 Verdächtige, davon 84 Prozent Männer. Zur Last gelegt wurden ihnen: Landfriedensbruch, Körperverletzung, Brandstiftung und Widerstand gegen Vollstreckungsbeamte.[93]

Ansonsten ist man alles andere als ein Muttersöhnchen. Im Bezirk Berlin-Neukölln gab es von 2014 bis 2018 54 »rechte« und 110 »linke« Gewaltdelikte, so die Antwort der Berliner Senatsverwaltung vom 28. November 2019 auf eine Anfrage des Abgeordneten Marcel Luthe (damals noch FDP). Beim G20-Gipfel im Juli 2017 in Hamburg mischte man auf, nahezu täglich werden in Berlin Autos abgefackelt. Hausbesetzungen in Hamburg, Berlin und Leipzig werden wie ausgeuferte Folklore zur Kenntnis genommen. Regelmäßig gibt es in Leipzig-Connewitz, neben Berlin und Hamburg das dritte Nest der Antifa-Aktivisten, unter dem Motto »Kampf den FaschistInnen in Uniform« Randale von 200 bis 400 mit Glasflaschen, Steinen und Pyrotechnik bestückten Personen. Aus der Politik vernimmt man dröhnendes Schweigen dazu. »Zivilgesellschaftliche« Lichterketten gegen solche Gewalt? Fehlanzeige!

Und was ist mit einem Gedenken an die Opfer kommunistischer Gewaltherrschaft? 2014 wurde dem Präsidenten des Deutschen Bundestages Norbert Lammert ein Aufruf für ein »Mahnmal für die Opfer der kommunistischen Gewaltherrschaft in Deutschland« übergeben, welcher von DDR-Bürgerrechtlern, Opfern der SED-Diktatur und Personen des öffentlichen Lebens unterzeichnet war. In einer Anhörung haben sich im Februar 2017 alle Experten für die Errichtung eines zentralen Gedenkortes ausgesprochen. Dann erfolgte am 13. Dezember 2019 ein Beschluss des Bundestages. Ergebnis Ende 2020: Es gibt noch nicht einmal einen Standort.[94]

Der Zug der Antifa durch den Staat

Nicht wenige (vormalige?) Antifaschisten haben den Marsch durch die Instanzen angetreten: Andrea Fischer (Bündnis 90/Die Grünen), vormals Mitglied der Gruppe Internationale Marxisten (GIM), war 1998 bis 2001 Gesundheitsministerin. Ihr folgte auf diesem Stuhl Ulla Schmidt (SPD), vormals Mitglied im Kommunistischen Bund Westdeutschland (KBW). Jürgen Trittin (Grüne), 1998 bis 2005 Bundesminister und zuvor Landesminister in Niedersachsen, ist ebenfalls aus K-Gruppen hervorgegangen. Joschka Fischer (Grüne), Außenminister 1998 – 2005, zuvor Minister in Hessen, ging aus der Vereinigung »Revolutionärer Kampf« hervor. Der vormalige Straßenkämpfer, ohne jeden Berufsabschluss, erklärt heute allen, die es wissen oder nicht wissen wollen, Gott und die Welt. Winfried Kretschmann (Grüne) war beim Kommunistischen Bund Westdeutschland (KBW); 2011 wurde er Ministerpräsident von Baden-Württemberg und wird es über 2021 hinaus sein.

Dazu die DDR-Hinterlassenschaften: Die Stasi-Spitzelin Anetta Kahane (*1954) leitet die Amadeu Antonio Stiftung, die sich hyperaktiv nichts anderem als dem »Kampf gegen Rechts«

verschrieben hat. Von 2010 bis 2017 erhielt die Stiftung Fördergelder in Höhe von 3,6 Millionen Euro vom Staat. In Mecklenburg-Vorpommern wird 2020 die linksradikale, früher der SED angehörende Barbara Borchardt (*1956) sogar mit den Stimmen der CDU im Landtag von Schwerin zur Verfassungsrichterin gewählt; die Dame war 2012 Mitbegründerin der vom Verfassungsschutz beobachteten »Antikapitalistischen Linken (AKL)« in der Partei »Die Linke«, die den Mauerbau von 1961 heute noch glorifiziert. Dazu kommen führende Vertreter der Grünen, der Linkspartei und der SPD, die das sich antifaschistisch verstehende Bündnis »Aufstehen gegen Rassismus« (AgR) befördern: Katrin Göring-Eckhardt, Toni Hofreiter, Katja Kipping, Cem Özdemir, Bernd Riexinger, Manuela Schwesig und viele andere mehr.

Und das, obwohl sich die Zahlen in den Verfassungsschutzberichten des Bundes und der Länder 2019 mit leichtem Vorsprung bei »links« in etwa die Waage halten: 32 080 Rechtsextremisten und rund 19 000 »Reichsbürgern« stehen 33 500 Linksextremisten sowie 28 020 Islamisten gegenüber.

Dennoch wird Extremismus fast ausschließlich im Gewande des Rechtsextremismus wahrgenommen, zumal sich Links- und Rechtsextremismus in vielen Punkten sehr ähnlich sind. »Die ideologischen und quasitheologischen Strickmuster waren und sind identisch: Beide waren und sind kollektivistisch, etatistisch, totalitär, eschatologisch, utopistisch, konstruktivistisch, antiindividualistisch, hyperrationalistisch, religionsfeindlich, antibürgerlich, antikapitalistisch und antiliberal. Was dem einen seine nationale Volksgemeinschaft, das war dem anderen seine internationale Brudergemeinschaft.«[95] Oder nehmen wir die praktische Politik: »Ein Teil der extremen Rechten ist gegen die NATO, gegen die USA und gegen Israel. Sie gleicht mit diesen Forderungen exakt der Propaganda der extremen Linken.«[96]

6. Zweierlei Maß: Antirassismus

Seit geraumer Zeit gilt als angeordnet: Es gibt keine Rassen. Der Begriff Rasse soll gar aus dem Grundgesetz verschwinden. Dort steht (noch) in Artikel 3 (3): »Niemand darf wegen seines Geschlechtes, seiner Abstammung, seiner Rasse, seiner Sprache, seiner Heimat und Herkunft, seines Glaubens, seiner religiösen oder politischen Anschauungen benachteiligt oder bevorzugt werden ...« Neu soll es laut GroKo vom Februar 2021 heißen: »Niemand darf wegen seines Geschlechtes, seiner Abstammung, seiner Sprache, seiner Heimat und Herkunft, seines Glaubens, seiner religiösen oder politischen Anschauungen oder aus rassistischen Gründen benachteiligt oder bevorzugt werden.«[97]

Was war in Bewegung geraten? Bei einem brutalen Polizeieinsatz war der 46-jährige George Floyd am 25. Mai 2020 in Minneapolis ums Leben gekommen. Weltweit gab es einen Aufschrei, in den USA Plünderungen und Tote. Mit »Black Lives Matter« wurde ein Rassismusstreit inszeniert. Es wurde zu einem Bußritual der »weißen« Rasse: Polizisten knieten sich mit Demonstranten auf offener Straße für die Dauer des auf Video gebannten Sterbens von Floyd nieder. Kongress-Abgeordnete der Demokraten taten es ihnen nach. Keine Rolle spielt dabei die grassierende Gewaltkriminalität in afroamerikanischen Stadtvierteln. Man schweigt, wenn Schwarze von anderen Schwarzen getötet werden. »Critical Whiteness« ist angesagt.

Die Deutschen mischten mit. Zehntausende gingen am 6. Juni 2020 (Corona hin oder her!), viele in schwarzer Kleidung, auf die Straße. Fußballmannschaften knieten vor Spielen nieder. Es ging gegen »Diskriminierung von BIPoC-Personen« (»Black, Indigenous and People of Color«) sowie von PoC (»People of Color«). Alles, was Rang und Namen (angeblich) hat, sprach sich für einen Kampf gegen Rassismus aus. Merkel, Söder, Maas, Özdemir usw. Die *FAZ* vom 7. Juni 2020 belobigte die Anti-Rassismus-Demonstrationen als »Wohltat«. Und allüberall wittert man »strukturellen Rassismus«: in Behörden, bei der Bundeswehr, bei der Polizei …

Antirassistischer Bildersturm

Woran man nicht erinnert werden soll, das wird gelöscht. Erinnerungen an Pharao Echnaton wurden auf diese Weise vernichtet, Christen zerstörten heidnische Tempel, in der Oktoberrevolution verschwanden Zarenbilder, es gab Bücherverbrennungen, Islamisten sprengten die Buddhafiguren von Bamiyan (Afghanistan). In den US-Südstaaten wurden Denkmäler der Konföderierten geschleift. In Hamburg wurde ein Bismarck-Standbild beschädigt, wohl weil der Reichsgründer auch Kolonialist gewesen sei. Professoren denken laut darüber nach, ob Immanuel Kant als geistiger Vater des Rassismus aus dem Kreis der großen Denker verbannt werden müsse.[98] Das ist Geschichtspolitik, die sich als antirassistisch adelt.

Aber es wird mit zweierlei Maß gemessen. Der US-Dokumentarfilmer Ami Horowitz wollte dem mit einer Straßenbefragung nachgehen: Er bat Passanten in einer US-Großstadt um Unterschriften für das Abreißen von Denkmälern des Gründervaters der USA, George Washington. Begründung: Dieser sei ein Sklavenhalter gewesen. Die meisten Befragten unterschrieben dafür. Das Verhalten der Befragten änderte sich schlagartig, als Horowitz anschließend darum bat, auch für den Abriss von Denkmälern eines anderen Sklavenhalters zu unterschreiben – des Propheten Mohamed. Alle Passanten weigerten sich. Über dieses Ergebnis ist in üblichen Medien nichts zu finden, allenfalls in sozialen Medien wie *Facebook*.[99]

Neue Farbenlehren

Sogar der Farbe Schwarz ging es an den Kragen. Schwarze dürfen nicht mehr Schwarze heißen. Wenn aber eine Kamela Harris 2021 US-Vizepräsidentin wird, dann jubelt der Mainstream, dass es eine »schwarze« Frau geschafft hat. Ansonsten ist »schwarz« tabu. Bei »Schwarzfahrern« hat die Umbenennung schon geklappt. Sie sollen jetzt »Fahrgäste ohne gültigen Fahrschein« heißen. »Blackfacing« oder Verkleidung zum Karneval als Schwarze(r) ist ein absolutes NO GO! Sogar die Sternsinger sind unter die Räder der »Blackfacing«-Debatte geraten. Dabei geht es hier um die alte Tradition, nach der die drei Könige die damals bekannten drei Erdteile Europa, Afrika und Asien darstellten. Der schwarze König steht für Afrika.

Der Wahn kennt keine Grenzen mehr: Weil es zum Karneval 2021 (Corona!) an aktuellen Büttenreden mangelte, strahlte der WDR am 13. Februar »Das Beste aus der Verleihung des Ordens ›Wider den tierischen Ernst‹« aus. Und dann dies: Es kamen »Blackfacing«-Szenen vor. Artig entschuldigte sich der WDR: »›Blackfacing‹ ist rassistisch … So etwas darf uns nicht passieren … Wir haben hier noch viel zu tun.«[100]

Antirassistische Sprachsäuberungen

Im Säuberungsfuror müssen Wörter und Namen daran glauben. Man sage bloß nicht mehr »Eskimo«, sondern Inui bzw. im Singular Inuk, denn angeblich heißt »Eskimo« in der Übersetzung »Rohfleischesser«, was wiederum umstritten ist, denn andere Sprachforscher meinen, Eskimo heiße »Schneeschuhflechter«. Indianer müssen jetzt indigene Völker heißen. Die Säuberungswelle hat längst auch die Kinderbücher erreicht: In »Pippi Landstrumpf« wurde aus dem »Negerkönig« ein »Südseekönig«.

Vor allem geht es dem »Mohren« an den Kragen: Mohrenstraße, Mohrenplatz, Hotel zu den drei Mohren, Mohrenapotheke, Mohr im Wappen, Sarotti-Mohr, Mohrenkopf ... Aber was wissen die Säuberer, was es mit dem Namen »Mohr« auf sich hat? Helmut Glück[101] hat sehr schön dargestellt, woher der »Mohr« kommt. Er leitet sich vom griechischen *mavros* (μαύρος) ab, das so viel wie »schwarz« oder »dunkel« bedeutet. Im Althochdeutschen ist »Mohr« belegt als Entlehnung aus dem Lateinischen *maurus*, womit ein Maure, ein Bewohner Nordwestafrikas, benannt wird. Das Wort findet sich auch in anderen Sprachen: *moor* im Niederländischen, *mòro* im Italienischen. Auf *maurus* beruhen die Ländernamen *Mauretanien* und *Mauritius. Morisken* waren getaufte Mauren im alten Spanien, *Morellen* sind dunkle Kirschen.

Der Sarotti-Mohr wurde bereits gebleicht, er heißt seit 2004 »Sarotti-Magier« oder jetzt »Magier der Sinne«. Der Mohrenkopf wurde durch »Schokokuss« oder »Schaumkuss« ersetzt. »Uncle Ben' Reis« wird bald aus den Regalen verschwinden. Das hat der Hersteller angekündigt. Und was machen all die Menschen, die Mohr heißen? Die Netzseite *MyHeritage* gibt an, dass sie 1 418 813 Belege für den Familiennamen Mohr besitzt.

Dann erst St. Mauritius – Namenspatron von Moritz? Der um 250 bei Theben in Ägypten Geborene ist Patron von weltweit 850 Kirchen, Schutzheiliger der Soldaten und vieler Handwerker. Als Söldner weigerte er sich, wie von Kaiser Maximilian befohlen, gegen Christen zu kämpfen. Mauritius wurde daraufhin hingerichtet. Im Wappen von mehreren Dutzend Städten findet sich St. Mauritius als Schutzheiliger. Sein schwarzer Kopf ziert etwa die Wappen Sardiniens, Korsikas sowie seit 1579 das Stadtwappen Coburg. »Mohr im Coburger Stadtwappen sorgt für Ärger«, meldete denn auch der Bayerische Rundfunk. Tatsächlich inszenierten zwei (!) Frauen – nicht aus Coburg – eine Petition zur Entfernung des Mauritius-Kopfs aus dem Stadtwappen. Dieser Kopf sei ein rassistisches Überbleibsel der Kolonialzeit.[102] Die NSDAP hatte das Mauritiusbild 1934 übrigens durch ein Schwert mit Hakenkreuz ersetzt. 1945 führte der Nachkriegsbürgermeister in einer seiner ersten Amtshandlungen das Traditionswappen wieder ein.

Weg mit »Afrika«-Keksen und »Zigeuner«-Soße?

Die Firma Knorr hat 2020 die Zigeunersoße umbenannt. »Der Begriff ›Zigeunersoße‹ kann auch negativ interpretiert werden«, schreibt der Hersteller auf Instagram. Und dazu die Nachricht: »In ein paar Wochen findet ihr dieses als ›Knorr Paprikasoße ungarische Art‹ im Regal.« Auch dem Zigeunerschnitzel wird der Garaus gemacht Ob der frühere ZDF-Mann Peter Hahne Erfolg haben wird mit seinem Buchtitel »Rettet das Zigeunerschnitzel!«?

Es sind Säuberungsepidemien im Gange. Im März 2020 beugte sich die Firma Bahlsen dem antirassistischen Druck. Hintergrund: Seit Jahrzehnten stellt die Firma den Schokoladenkeks »Afrika« her. Anfangs versuchte das Unternehmen dies noch zu verteidigen: »Der Name ›Afrika‹ wurde gewählt, weil Afrika der größte Kakaobohnen-Hersteller der Welt ist.« Doch da die Kritik nicht abebbte, arbeitet Bahlsen nun an einer Umbenennung.

Da tut sich ein riesiges Betätigungsfeld auf für »akademisch« Qualifizierte. Was ist mit Mozarts »Zauberflöte« und dem kalkweiß geschminkten schwarzen Monostatos? Was ist mit Schillers »Die Verschwörung des Fiesco«, wo zu lesen steht: »Der Mohr hat seine Arbeit getan, er kann gehen.« Was ist mit der »Entführung aus dem Serail«? Was ist mit dem »Zigeunerbaron«?

Aktionismus auf nationaler und EU-Ebene

Bereits vor der BLM-Bewegung hatte sich das offizielle Deutschland gegen Rassismus positioniert. Seit Frühjahr 2016 gibt es das Bündnis »Aufstehen gegen Rassismus« (AgR). Es wird außer von

»lokalen Akteur*innen« sowie führenden Vertretern der drei linken Parteien Deutschlands getragen von Attac, Jusos, Naturfreunden, LINKE, VVN-BdA, interventionistische Linke, IG-Metall, DGB-Jugend, ver.di, OMAS GEGEN RECHTS und dem Zentralrat der Muslime. Im Kern ist »AgE« allerdings unverhohlen eine Kampagne gegen die AfD. Am 25. November 2020 wurde dann für die Jahre 2021 bis 2024 ein mit 1,1 Milliarden Euro dotiertes Programm der Bundesregierung zur »Bekämpfung von Rechtsextremismus und Rassismus« angekündigt.[103] Im Dezember 2020 wurde die Bundeszentrale für politische Bildung um 38 (!) Stellen aufgestockt. Der Zweck soll sein: Bekämpfung von Rassismus, Antisemitismus und Rechtsextremismus (davon war bereits im Kapitel 5 die Rede).

Am 26. März 2019 verabschiedet das Europäische Parlament (EP) die Entschließung »Die Grundrechte von Menschen afrikanischer Abstammung«.[104] Demnach sollen die EU-Mitgliedstaaten rassistische Voreingenommenheit in ihren Strafrechts-, Bildungs- und Sozialsystemen überwachen und entsprechend proaktive Maßnahmen ergreifen. Sie sollen die Geschichte der Menschen afrikanischer Abstammung in die Lehrpläne aufnehmen und dort die Themen Kolonialismus und Sklaverei umfassend darstellen. Dass die erfolgreichsten und am längsten tätigen Sklaventreiber Araber waren, wird dabei wohl keine Rolle spielen dürfen. Begründet werden all die fast dreißig Maßnahmen mit der (historisch nicht so ganz leicht belegbaren) Behauptung, dass »Menschen afrikanischer Abstammung im Laufe der Geschichte erheblich zum Aufbau der europäischen Gesellschaft beigetragen« hätten. Die EU legte denn auch gleich einen Aktionsplan für die Jahre bis 2025 vor, »mit dem wir dieses Ziel erreichen wollen.« Außerdem will Frau von der Leyen einen »Anti-Rassismus-Koordinator« etablieren.[105]

Antirassismus als Rassismus gegen Weiße

Ein Afrikaner darf sagen: »Ich bin schwarz und stolz darauf.« Man stelle sich vor, ein weißer Europäer würde Entsprechendes über seine Hautfarbe sagen. Er darf es nicht, denn seit Sommer 2020 gilt: »White Lives Don't Matter.« Die aus Indien stammende britische Professorin für postkoloniale Literatur, Priyamvada Gopal, twitterte das im Juni 2020. In deutscher Übersetzung lautet der gesamte *Tweet*: »Weiße Leben spielen keine Rolle. Als weißes Leben.« Dann fügte sie hinzu: »Weißsein abschaffen!« Die britische Universität Cambridge hat diesen Tweet verteidigt.

Nein, Rassismus gegen Weiße ist das nicht! Ja, mehr noch: Der Kampf gegen Antirassismus wird unter dem Motto »Critical Race Theory« (CRT) zu einem Kampf gegen Weiße bzw. gegen »white privilege«. Selbst antirassistische Initiativen von Weißen werden als Beleg für Rassismus gesehen. Das seien »white tears« und damit verdrängte weiße Schuldeinsicht. Eine »kritische Weißseinsforschung« gibt es schon bis hinein in die dem Bundesinnenministerium, also seit 2005 einem Unionsminister unterstellte Bundeszentrale für Politische Bildung (BpB).

Ganz taufrisch ist das »White-Old-Men-Bashing« nicht. Man könnte die Ereignisse des Jahres 2020 auch als verzögerten Sieg des antiwestlichen Theoretikers Frantz Fanon (1925 – 1961) mit seinem Buch »Die Verdammten der Erde« (»Les damnés de la terre«, 1961) sehen. Dieses Buch war ein Programm zur Vernichtung der europäischen Kultur, ohne deren freiheitliches Denken es allerdings Bücher wie dieses von Fanon nicht hätte geben können.

Das linke Gesinnungsdiktat der »political correctness« wettert seit Jahren gegen PPPP (»pale, patriarchal, penis, people«) und gegen DWEM (»dead white european men«). Für Rochelle Gutierrez, US-Professorin an der Universität Illinois, ist sogar die Mathematik rassistisch, weil sie von toten weißen Griechen abstamme. Dies sei der Grund, warum Menschen mit Migrationshintergrund hierin schwach seien. Die deutsche Migrationsforscherin Sandra Koster berichtet 2019 von einem Besuch in Australien: Lehrer weigern sich dort, den Aborigines Mathematik beizubringen, denn das sei nicht Bestandteil ihrer Kultur, sondern etwas von Weißen und vom Westen Oktroyiertes. Es soll dies ein Stück Wiedergutmachung des Unrechts sein, das den Aborigines ab 1788 angetan worden sei.[106]

»Rassismus ist wie Ketchup«

Ein Mann, der sich fast sein ganzes Leben als Betroffener, als Ökonom, Soziologe und Historiker mit den Fragen beschäftigt, warum es Ungleichheiten zwischen ethnischen Gruppen gibt, ist Thomas Sowell (*1930). Sowell war einer der ersten bekannten schwarzen Wirtschaftsprofessoren in den USA und jahrzehntelang Zeitungskolumnist. Sowell findet harte Worte gegen »Progressive«, die überall Rassismus wittern. »Das Wort Rassismus ist wie Ketchup, man kann es praktisch auf alles draufschmieren.« Dabei weiß Sowell selbst nur zu gut, wie schwer es Schwarze in den Vereinigten Staaten hatten und haben. Die Karriere zum Wirtschaftsprofessor war ihm nicht in die Wiege gelegt.

Aber Sowell legt Wert darauf, dass es darauf ankomme, was ein Einzelner oder eine Gruppe aus sich mache. Juden etwa, die im späten 19. Jahrhundert mittellos aus Osteuropa nach Amerika kamen, hätten es trotz antisemitischer Diskriminierungen ganz nach oben geschafft. Die Eigeninitiative, so Sowell, habe mehr erreicht als etwa die von John F. Kennedy 1961 angestoßene und 1965 von Lyndon B. Johnson umgesetzte inszenierte Quoten- und Positiv-Diskriminierung unter dem Namen »Affirmative Action«[107]. Sowell hält nichts davon, stattdessen plädiert er leidenschaftlich für ein besseres Schulsystem.[108] Es seien, so Sowell, vor allem weiße Linke, die sich in Wahrheit nicht um das Wohlbefinden von schwarzen Menschen scherten. Vielmehr seien sie daran interessiert, sich in der Öffentlichkeit als die moralisch besseren Personen darzustellen. Der französische Philosoph Pascal Bruckner nannte dieses Verhalten in einem Buchtitel bereits 1984 »Das Schluchzen des weißen Mannes«; er meinte damit eine Art eitlen Neokolonialismus.

Und was ist mit Kolonialismus und Sklaverei?

Gerne wird verdrängt, dass die Kolonisierung, zum Beispiel infolge der christlichen Mission, Zivilisation nach Afrika brachte. Und dass der Anteil der muslimischen Welt an der Sklaverei den der westlichen erheblich übertraf. In den »postkolonialen Studien« werden diese Fakten gemieden. Es hat zu gelten: Es waren die europäischen Kolonialmächte, die Sklaverei betrieben.

Egon Flaig ist einer, der dazu 2009 und 2018 ein Standardwerk geschrieben hat.[109] Darin wörtlich: »Als die Muslime ihr Weltreich eroberten, errichteten sie das größte und langlebigste sklavistische System der Weltgeschichte … Es wurden weit mehr subsaharische Afrikaner in die Kernländer des Islam verschleppt als über den Atlantik in die europäischen Kolonien, mindestens 17 gegen 12 Millionen ...Insgesamt ergibt das mehr als 53 Millionen versklavte Menschen im Laufe von 1300 Jahren. Mitgerechnet: rund 20 Millionen islamische Militärsklaven … Völkerrechtlich verboten wurde die Sklaverei in der Berliner Kongo-Akte von 1885 und durch die Antisklaverei-Akte der Brüsseler Konferenz (1889/90) … Ohnehin wehrten sich insbesondere die islamischen Eliten heftig und kriegerisch gegen die Zumutung, ohne Sklaven auszukommen.« Zudem gab es innerhalb Afrikas mehr Sklaven, als exportiert wurden. Das belegt der Bonner Historiker Michael Zeuske 2019.[110] Auch die Versklavung von Europäern ist bestens belegt. Der US-Historiker Robert C. Davis schätzt, dass zwischen 1530 und 1780 etwa 1 bis 1,25 Millionen Europäer versklavt wurden.[111]

Wenn Afrika nicht den Wohlstand des Westens erreicht, dann hat das weniger mit kolonialer Ausbeutung zu tun als damit, dass es in Afrika zur Genüge gescheiterte sozialistische Experimente gab bzw. gibt und dass Hunderte von Milliarden an Entwicklungshilfe in korrupten Regierungen versickerten. »Afrika wird arm regiert«: Das ist der Buchtitel von Volker Seitz, der 17 Jahre lang in mehreren Ländern Afrikas tätig war.[112]

Man sollte nicht vergessen, was prominente Afrikaner über die Kolonisation sagen. Zum Beispiel der 1945 in Guinea geborene Robert Kardinal Sarah. Der Bischof, der gelegentlich auch als der erste schwarze Papst »gehandelt« wurde, schreibt: »Die Kolonisatoren brachten viele lebendige, durch das Christentum geadelte Traditionen ihrer Vorfahren mit. Ihre Auffassungen von der Würde des Menschen, seinen Rechten und Werten waren etwas absolut Neues … Ich bekenne mich gerne dazu, Kind einer konstruktiven Kolonisation zu sein. Doch heute zieht der Westen mit falschen und gefährlichen Wertvorstellungen nach Afrika.«[113]

Deutschland gehörte nie zu den großen Kolonialmächten. Gewiss bleibt die deutsche Kolonialzeit überschattet durch das Massaker an den Hereros der Jahre 1904 bis 1906, bei dem 60 000 Hereros ums Leben kamen. Der dafür verantwortliche preußische General Lothar von Trotha war nichts anderes als ein Kriegsverbrecher. Zugleich darf nicht übersehen werden, dass es in den deutschen Kolonien Tansania und Kamerun große Fortschritte gab, weil die Stammeskriege beendet wurden und Stabilität einkehrte. 1914 verabschiedete der Reichstag eine Resolution, in der für Eingeborene ein Ende der Zwangsarbeit und die allgemeine Schulpflicht festgelegt wurden. Auch darüber, dass die Kameruner bei Ausbruch des Ersten Weltkriegs treu zu ihren deutschen Kolonialherren standen, wird ungern gesprochen. Anders in Frankreich: Seit 2005 werden dort in den Schulen die positiven Aspekte der Kolonialherrschaft hervorgehoben.

7. Schöne eine Welt: Globalismus, Universalismus, Kosmopolitismus, Europäismus

Wie könnte diese *One World* doch schön sein: ohne Grenzen; ohne Kriege; ohne Rassen und ohne Rassismus; mit hundert verschiedenen Geschlechtern, ohne Sexismus; ohne Ausbeutung; ohne Kolonialismus und Sklaverei; ohne Hunger; ohne Krankheiten und Seuchen; voller Luxus und Wohlstand; ohne schmelzende Gletscher, Dürren, Waldbrände, vermüllte Meere; ohne Religionen außer der *One-World*-Ideologie. Menschheitsunmittelbarkeit eben! Nicht möglich? Doch, damit alles in Erfüllung geht, bauen wir einen Weltstaat; eine einzige, für alle und alles treusorgende Weltregierung. Wir frönen einer neuen »Sozialistischen Internationale«. Es geht um diese »eine« Welt, die wir haben. Denn es gibt ja – welch infantile Erkenntnis – keinen Planeten B! Welt »total« ist angesagt. Endend in einem Totalitarismus, der keine Individuen, keine Familien, keine Nationen, keine Staaten mehr kennt!

Allmächtige Institutionen und Entwürfe wie die Weltgesundheitsorganisation WHO, der Weltklimarat, die Welthandelsorganisation WTO, die Weltbank, die Weltfrauenkonferenz ab 1975, die Weltklimakonferenz ab 1979, ein Parlament der Weltreligionen (1993 in Chicago), ein *Global Governance* als Weltregierung, ein Weltethos à la Küng geben die Richtung vor. Dazu Zirkel wie die Bilderberger, die Hochfinanz, Google, Microsoft, Apple, Amazon, Facebook und Co. (auf die Oswald Spenglers Begriff des »Milliardärssozialismus« zutrifft), das Weltwirtschaftsforum (mit dem Deutschen Klaus Schwab an der Spitze der Davos-Eliten), Tausende an NGOs, reiche Stiftungen (siehe die »Open Society« des milliardenschweren *Great-Reset*-Drahtziehers George Soros). Man schmückt sich gerne mit klimabewegten, in Weltkategorien denkenden »Wissenschaftlern«, mit *invitati speciali*, das heißt mit »Experten«, sogar in der Päpstlichen Akademie der Wissenschaft – etwa mit einem Hans Joachim Schellnhuber, bis 2018 Direktor des Potsdam-Instituts für Klimaforschung (PI).

Auf dem Papier funktioniert es. Große Geister haben entsprechende Visionen entworfen: Platon etwa 370 vor Christus mit seiner »Politeia«, Thomas Morus mit seiner »Utopia« (1516), Tommaso Campanellas mit seiner »Sonnenstadt« (1623), Francis Bacon mit »Neu-Atlantis« (1626) oder Johann Gottfried Schnabel mit »Die Insel Felsenburg« (1731 – 1741). Spätestens seit dem Zeitalter des Renaissance-Humanismus und der Aufklärung ist der Kosmopolitismus *en vogue*. Viele der damals großen Denker und Schriftsteller schreiben über dieses Ideal. Von Johann Gottfried Herder stammt die Schrift »Auch eine Philosophie der Geschichte zur Bildung der Menschheit« (1774). Lessing schloss sich ihm 1780 an: »Der gute Ruf eines Patrioten ist das letzte, was ich mir wünschte, wenn der Patriotismus mich lehren sollte, mein Weltbürgertum zu vergessen.«[114] »Seid umschlungen Millionen! Diesen Kuss der ganzen Welt!« »Alle Menschen werden Brüder!« Das sind Kernverse in Friedrich Schillers »Ode an die Freude« von 1785. Ludwig van Beethoven hat sie rund vierzig Jahre später (1824) im 4. Satz seiner 9. Sinfonie vertont.

Immanuel Kant, der die kleine Abhandlung »Zum ewigen Frieden« (1795) schrieb, war da zurückhaltender. Er verneint ein generelles Gastrecht für Fremdlinge. Wörtlich: »Es ist hier … nicht von Philanthropie, sondern vom Recht die Rede, und da bedeutet Hospitalität (Wirtbarkeit) das Recht eines Fremdlings, seiner Ankunft auf dem Boden eines andern wegen, von diesem nicht feindselig behandelt zu werden. Dieser kann ihn abweisen, wenn es ohne seinen Untergang geschehen kann … Es ist kein Gastrecht, worauf dieser Anspruch machen kann … sondern ein Besuchsrecht.« Immanuel Kant betont zudem, dass das seines Erachtens auf gemeinschaftlichen Besitz der Erdoberfläche gegründete Weltbürgertum durch das Recht der Menschen, Staaten zu bilden, eingeschränkt werde.

Endlos bastelten gescheite Leute an einer idealen Welt: Herbert George Wells mit seinem »Weltstaat« (1923), Aldous Huxley mit »Brave New World« (»Schöne Neue Welt« mit einem Weltaufsichtsrat, 1932), Ray Bradbury mit »Fahrenheit 451« (1953) oder Dave Eggers mit »Der Circle« (2013). Das geringere Problem bei all diesen Entwürfen wäre, wenn sie als reine Fiktion angesehen würden. Das Problem freilich ist, dass es immer wieder Versuche gibt, die genannten Utopien und Dystopien in die Wirklichkeit umzusetzen: Karl Marx wollte den Weltstaat, Lenin ebenfalls. Am Ende gab es hundert Millionen Tote. Dennoch erfahren Marx und Lenin ständig Auferstehung auf ihren Friedhöfen beziehungsweise – für die Ewigkeit konserviert – im Mausoleum. Jetzt aber geben sich die Globalisierungs-Jetset-Nomaden zusammen mit den Milliardenkonzernen mit anbiedernder linker Schlagseite als »woke capitalism«. Realitäten – kulturelle und historische – spielen keine Rolle. Dass noch jeder Vielvölkerstaat in die Hosen ging, konkret: in Massengräbern endete, haben zuletzt Kunstgebilde wie Jugoslawien und Sowjetunion gezeigt.

Europäismus als Start in den Kosmopolitismus – EU versus Europa

Der Traum von einem Paneuropa ist alt. Alexander Demandt schreibt dazu. »Die innereuropäischen Kriege der Frühen Neuzeit weckten den Wunsch nach einer gemeinsamen Ordnung. Im Westfälischen Frieden von 1648 und im Frieden von Utrecht 1713 zeigten sich Ansätze … Nach dem Scheitern Napoleons, Europa zu vereinen, suchten 1815 der Wiener Kongress und 1878 der Berliner Kongress eine gemeinsame Politik, die der Erste

Weltkrieg dann zerstörte … Es bedurfte erst der Situation von 1945, um die Europa-Idee wiederzubeleben … In seiner Züricher Rede vom 19. September 1946 forderte Churchill die ›Vereinigten Staaten von Europa‹ auf dem Kontinent als Block gegen Osten.«[115] (Anmerkung: Also unter Auslassung Großbritanniens!) Es ist daraus nichts geworden – trotz nochmaliger Erweiterung und Erweiterung der EU. Es wurde nichts aus einem »Europa der Vaterländer« (Charles de Gaulle 1959), weil man das »Vaterländische« überwinden wollte.

Geblieben sind allein die ökonomischen, teilweise militärstrategischen Interessen. Der »wuchernde Moloch« EU[116] gebiert tagtäglich acht neue Vorschriften und Anordnungen. Die Deutschen marschieren voran. Wollen sie wiedergutmachen, dass sich Deutschland und Europa oft verfehlt haben? Ist das der Grund, warum die Deutschen als europäische Musterschüler in der EU aufgehen sollen/wollen?

Aber ist das Demokratie? Eine »Europäische Union« ohne Legitimation durch ein Volk? Nein, ist es nicht. Denn: »Wenn die EU um Mitgliedschaft in der EU nachsuchen würde, müsste sie wegen ihres Mangels an demokratischer Ordnung abgewiesen werden.« Dieses Bonmot stammt von Ralf Dahrendorf.[117] Frank Furedi spricht bzw. schreibt von einem »Verrat an Europas demokratischem Erbe«: »Das Bekenntnis der EU zur Demokratie ist hauchdünn. Ihr Enthusiasmus für bevormundende Politik offenbart die autoritäre Grundhaltung dieses technokratischen Regierungsapparats … Die Einstellung der europäischen politischen Klasse gegenüber den normalen Menschen ist herablassend und ablehnend. Die Öffentlichkeit wird als fremdenfeindlich, homophob und islamophob dargestellt. Dabei erkennt die EU-Elite, die anderen so bereitwillig ein Phobie-Label aufdrückt, ihre eigene Phobie nicht: die Demophobie.«[118] Für David Engels ist die EU ohnehin nur ein »bloßer Platzhalter einer künftigen Weltstaatsidee.«[119] Der Europäismus als ein gerade von Deutschen gewollter Univeralismus im Westentaschenformat? Das Volk aber soll über sein eigenes nationales Schicksal nicht mehr selbst entscheiden können.

Dabei ist es üblich geworden, die Namen bzw. Begriffe Europa und EU synonym zu verwenden. Allein das ist abgrundtief falsch. Tatsächlich hat Europa als Landmasse rund zehn Millionen Quadratkilometer, die EU nur 4,5 Millionen. Die »restlichen« rund 5,5 Millionen machen vor allem Russland, Ukraine und Belarus, ferner die EU-Nichtmitglieder Schweiz, Norwegen und Island aus. Ja, nicht einmal Angela Merkel kann Europa und die EU auseinanderhalten. »Scheitert der Euro, dann scheitert Europa«, sagte sie und bewies damit zweierlei: Erstens, dass der Euro bewusst mit dem Ziel einer supranationalen Union konstruiert wurde. Und zweitens: Merkel hat keine Vorstellung, was europäische Geschichte ist. Nein, Europa scheitert nicht am Euro. Wenn Europa scheitert, dann scheitert es an der Preisgabe seines über zweieinhalb Jahrtausende gewachsenen Wertekosmos.

Vielleicht hätte Merkel einmal die Pariser Erklärung als Manifest konservativer Intellektueller von 2017 reflektieren sollen. Der Titel des Manifests mit 36 Thesen ist: »A Europe We Can Believe In« – »Ein Europa, wo(ran) wir glauben können«.[120] Dort steht unter anderem: »Das wahre Europa ist eine Gemeinschaft von Nationen … Das wahre Europa ist geprägt durch das Christentum … Multikulturalismus funktioniert nicht … Wir bekräftigen, dass es unsere wichtigste Aufgabe in der Gesellschaft und als menschliche Wesen ist, Mütter und Väter zu sein.«

Möchte das Europäische Parlament Afrika eingemeinden?

Zu der bereits erwähnten Entschließung »Die Grundrechte von Menschen afrikanischer Abstammung«[121] von 2019 gab es in der Öffentlichkeit keinerlei Berichterstattung oder gar Debatte. Die sogenannten Leitmedien berichten nichts davon. Und all dies, obwohl vom 23. bis 26. Mai 2019 die Wahlen zum neuen Europäischen Parlament (EP) stattfanden. Zufall? Nein, denn was das EP hier auf den Weg gebracht hat, kann man ohne Übertreibung unter den Titel stellen: Europa schafft sich ab. Also darf man vermuten, dass die Entschließung unter der Decke gehalten werden musste. Die als rechtspopulistisch etikettierten Parteien hätten sonst ja bei der Wahl zum EP Stimmen gewinnen können. Erst neun Monate später wurde die EP-Entschließung bekannt.

Die 28 darin geforderten Maßnahmen lesen sich wie ein Masterplan für *re-education*: Die EU-Organe und die Mitgliedstaaten sollen der Geschichte der Menschen afrikanischer Abstammung gedenken, indem sie zum Beispiel »Monate der schwarzen Geschichte« einführen. Die Mitgliedstaaten sollen sich mit der Situation von Menschen afrikanischer Abstammung in Bildung, Wohnen, Gesundheit, Beschäftigung, Polizeiarbeit, Sozialdienste, Justiz sowie politischer Teilhabe befassen und Letztere im Fernsehen und anderen Medien fördern.

Der wohl brisanteste Punkt ist Punkt 23: Das EP »fordert die Kommission und die Mitgliedstaaten auf, unter Berücksichtigung der bestehenden Rechtsvorschriften und Verfahren dafür zu sorgen, dass Migranten, Flüchtlinge und Asylbewerber auf sicherem und legalem Wege in die EU einreisen können.« Das heißt doch: Fluchtwege ebnen, Shuttle-Dienste einrichten, die Tore weit öffnen!

Ist dem EP klar, was das bedeutet und was nach dieser EP-Entschließung gerichtlich eingeklagt werden kann? Ein paar demografische Daten sollten stutzig machen. Die Europäische Union hat 512,4 Millionen Einwohner; nach dem Brexit, also ohne Großbritannien, sind es 446,0 Millionen. Deutschland hat 83,5 Millionen, Frankreich 67,5 Millionen. In Afrika leben aktuell 1,3 Milliarden Menschen, im Jahr 2050 werden es zwei Milliarden sein.

Ist dem EP auch klar, dass es endlich einer differenzierten Analyse von rund sechzig Jahren Entwicklungshilfe bedürfte? Laut Weltbank sind das seit 1960 rund drei Billionen Euro, davon der größte Teil Richtung Afrika.[122] Oder aber hat das EP den hehren Anspruch eines Bekämpfens der Fluchtursachen wegen des offenbar geringen Wirkungsgrades dieser 3 Billionen bereits aufgegeben, um jetzt auf eine Umsiedlungspolitik zu setzen?

Der *demos*, der Souverän, ist »out«

Das Volk, der *demos*, der Souverän, findet nicht mehr statt. Der Nationalstaat ist hin, er hat seine Souveränität (also auch seinen Souverän, sein Volk) auf dem Altar einer EU bzw. der UNO geopfert. Die UNO, aber auch die EU, sind ein Angriff auf den freiheitlichen Staat. Ein nationaler Souveränitätsverzicht zugunsten eines EU-Bundesstaates entspricht aber nicht dem Geist des Grundgesetzes. Es hätte hier einer Volksabstimmung bedurft.[123] Selbst das Bundesverfassungsgericht bestreitet nicht den Vorrang des EU-Rechts, verweist aber auf die Voraussetzungen, unter denen Maastricht- und Lissabon-Verträge zustande kamen, nämlich dass die – demokratisch legitimierten – Mitgliedstaaten die Herren der Verträge seien und dass die EU nur eine daraus abgeleitete Legitimation habe. Aber wen interessiert das schon? SED-DDR-Kommunistenbonze, Walter Ulbricht feiert fröhlich Auferstehung mit seinem 1945 getanen Spruch: »Es muss demokratisch aussehen, aber wir müssen alles in der Hand haben.« Das Volk aber, der doofe Lümmel, macht alles mit.

Und was ist mit dem Sozialstaat? Der universalistische Humanitarismus verspricht jedem »Weltbürger« die gleichen Rechte und Ansprüche. Rolf Peter Sieferle sorgte sich zu Recht um das Verschwinden des Sozialstaates in supranationalen Konstruktionen: »Sozialstaatsleistungen werden mit dem gleichen Recht eingefordert, mit dem ein krankes Kind von seiner Mutter Fürsorge verlangt. Wer sollte aber in Hinblick auf die globale, in gewaltiger Progression wachsende Kinderzahl die Rolle der liebenden Mutter spielen?« Etwa die gesamte ›Menschheit‹? ... Der Menschlichkeit, dem Universalismus und der Fürsorge nach innen entspricht notwendigerweise eine Abgrenzung und Abwehr nach außen ... In dem Maße, wie sich der Sozialstaat nicht aus nationaler Solidarität, sondern aus humanitär-universalistischen Motiven begründet, verzehrt er einen einmalig vorhandenen Unterscheidungs-Bestand ...«[124]

Selbst Theologen sind besorgt. Ein Theologen-Team schreibt: »Der liberale Rechts- und Verfassungsstaat kann auf die Bindekraft nationaler Identität nicht verzichten ... Identität ist ohne Emotion nicht zu haben ... Wer den Nationalstaat fahrlässig preisgibt, nimmt dem Gemeinwesen ein hohes Maß an Steuerungsfähigkeit und Solidaritätsbereitschaft ...«[125]

Warum Grenzen notwendig sind

Globalisten, Kosmopoliten, Universalisten und Europäisten wollen keine Grenzen. Menschliches Leben ist aber auf Endlichkeit und Überschaubarkeit angelegt. Grenzen zu haben bzw. zu kennen ist Voraussetzung für das Entwickeln und Erkennen von Eigenart und Individualität. Universalismus dagegen bedeutet Homogenisierung. Das steht übrigens in schizophrener Weise im Kontrast zu den gleichen universalistisch gestimmten, linksidentitären Protagonisten, die eine Heterogenisierung der Welt und der Gesellschaften durch Partikularisierung nach Gruppen, Identitäten, Opfergruppen verfechten.

Grenzen brauchen ist eine anthropologische Grundbefindlichkeit. Entgrenzung als »Ent-Fernung der Entfernung« (Rüdiger Safranski) ist ein Albtraum, weil vertraute Distanzen und Räume verschwinden. Nähe und Ferne verschwimmen. Der Mensch kommt nicht mehr hinterher, wenn er spürt, dass Freiheit und Rechtsstaat nur im Schutz von Grenzen zu finden sind, und wenn er beobachten muss, dass mit dem Verschwinden von Außengrenzen im Inland neue Grenzen durch Parallelgesellschaften entstehen. Es ist ihm bewusst: »Der funktionierende Nationalstaat bewahrt vor dem Albtraum, einmal keine Beschwerdeinstanz mehr vorzufinden und den Menschen in eine Leere zu versetzen, die ihm als neue Freiheit in einem größeren Ganzen erscheinen soll.«[126]

Der Wiener Philosoph Konrad Paul Liessmann weist darauf hin, »dass die Grenze überhaupt die Voraussetzung ist, etwas wahrzunehmen und zu erkennen.« Er zitiert Spinoza: *Omnis determinatio est negatio* (Jede Begrenzung ist eine Verneinung).[127] Vereinfacht übersetzt, heißt das: Ich definiere mich auch dadurch, dass ich erkläre, was nicht zu mir gehört. Solche Grenzen braucht man für individuelle und kollektive Identität. Identität heißt nämlich, sich »definieren« und von anderen unterscheiden zu können. Fehlende Grenzziehungen führen zu Identitätskrisen.

Egon Flaig analysiert den Kosmopolit-/International-/Universal-Ismus. Er führt diese Ismen auf eine Propaganda einer vereinten Linken zurück, deren Ideal die Losungen der Französischen Revolution seien und deren Einlösung die Linke aktuell durch die Dritte Welt erblicke.[128] Frank Böckelmann sieht es ähnlich. Für ihn ist Weltoffenheit eine »Emanzipation ins Leere.« Scharfsinnig kommt Böckelmann zu dem Urteil: »Statt alle Welt auf das Gebot der Nächstenliebe zu verpflichten, lieben wir unsere Nächsten wie uns selbst, also zunächst einmal gar nicht …« Folge: All die wohlklingenden Losungen leiten uns in ein Dasein ohne Herkunft, Heimat, Nachkommenschaft und Transzendenz. Der »Jargon der Weltoffenheit« führe damit nicht zum anderen, sondern ins Nichts. Am Ende stehe ein Fortschritt ins Leere, ein Gleitflug in die Indifferenz.[129] Ähnlich hatte Böckelmann bereits 1998 argumentiert. Er schrieb ein Lob der

Fremdheit. Fremdheitserfahrungen würden nämlich bereichern, aber sie verschwänden – weil angeblich anstößig – immer mehr im Zuge um sich greifender Humanitätsbeschwörungen.[130]

Und überhaupt: Hat man schon mal darüber nachgedacht, dass es in einer grenzenlosen »One World« kein Exil und kein Asyl mehr gibt? Und dass man dann nicht mehr auswandern kann?

8. Die »edle Lüge«: Multikulturalismus

Gemeinhin gilt multikulturelle Zuwanderung als kulturelle Bereicherung, als demografischer Schub und als ökonomische Wachstumsspritze. Nicht alle von multikulturellen Strukturen besonders geprägten Ballungsgebiete in Deutschland erfahren das so. Dort haben die »länger hier Lebenden« (wie es Angela Merkel 2007 formuliert hat)[131] oft schon genug zu tun, dass sie von der neuen Mehrheitsgesellschaft toleriert werden. In Städten wie etwa Duisburg brauchen Nicht-Deutsche ohnehin auch keine Toleranz mehr, weil sie die Mehrheit stellen.

Nach der totalen Grenzöffnung vom Spätsommer 2015 beschleunigte sich diese Entwicklung. Aus dem Munde des damaligen Präsidenten des Europäischen Parlaments Martin Schulz (SPD) hörte man: »Was die Flüchtlinge zu uns bringen, ist wertvoller als Gold.«[132] Daimler-Chef Dieter Zetsche meinte angesichts Hunderttausender »Geflüchteter«: »Genau solche Leute suchen wir doch.«[133] Die »grüne« Fraktionsvorsitzende Katrin Göring-Eckardt war noch mehr begeistert: »Wir kriegen jetzt plötzlich Menschen geschenkt.«[134] Plötzlich! Dank Merkel! Ohne Rücksicht auf die Kollateralfolgen?

Bis hin zu führenden Politikern und allbekannten Professoren dominiert die naive Betrachtung. Platon hätte dafür wie in seiner »Politeia« den Begriff der »edlen Lüge« parat. Bundestagspräsident Wolfgang Schäuble meinte am 10. Juni 2016 gar: »Die Abschottung ist doch das, was uns kaputt machen würde, was uns in Inzucht degenerieren ließe.«[135] Der zweite Mann im Staate vergleicht ein Land mit 83 Millionen mit einer hermetisch abgeschlossenen, inzestinösen Bergdorfenklave! Professoral klingt es so: Bei den »Neu-Ankömmlingen« sollte man doch »unterstellen, dass die nach Deutschland Geflüchteten unter anderem auch wegen dieses Arbeitsethos (Anmerkung: das typisch deutsche, meinen die Autoren) und der mit ihm verbundenen Chance, relativen Wohlstand zu erlangen und ein abgesichertes Leben zu führen, nach Deutschland gekommen sind.«[136] Höchste Kirchenfürsten wie Kardinal Marx warnen im Mai 2020 vor einem »populistischen« Rückfall in eine »homogene Gesellschaft«.

Obendrein heißt es auch noch: »Wir haben Platz.« Irgendwie scheint das die Reue für den 1926 erschienenen Roman »Volk ohne Raum« von Hans Grimm und dafür zu sein, dass dieser Titel bei den Nationalsozialisten als Parole für die Eroberung von Lebensraum im Osten ausgegebenen wurde. Im Jahr 1926 lebten in Deutschland übrigens 63,5 Millionen Einwohner auf 468 718 Quadratkilometer, also 133 Einwohner pro Quadratkilometer. Im Jahr 1937 waren es 67,8 Millionen Einwohner auf 470 713 Quadratkilometer, also 144 Einwohner pro Quadratkilometer. Im Jahr 2019 hatte Deutschland 83,2 Millionen Einwohner auf 357 386 Quadratkilometer, also 233 Einwohner pro Quadratkilometer.

Das Asylrecht als offenes Scheunentor für »Multikulti«

Das deutsche Asylrecht ist mittlerweile zu einem Instrument der Verwirklichung einer multikulturellen Gesellschaft geworden. Artikel 16a Grundgesetz wird de facto nicht mehr angewendet, wo es seit 1993 heißt: »Politisch Verfolgte genießen Asylrecht.« In Artikel 16a ist allerdings nicht von Einwanderung die Rede. 99 Prozent der Geflüchteten können sich nicht darauf berufen. Rupert Scholz betont vor diesem Hintergrund, dass das Grundgesetz eine nationale Verfassung sei und nicht für alle Menschen weltweit gelten könne. Die Praxis des deutschen Asylrechts ist dennoch zum weit geöffneten Tor für Wirtschaftsflüchtlinge geworden. Über Jahre hinweg bekam zwar nur ein (!) Prozent der Asylsuchenden dieses zugesprochen. Die Größenordnungen sind trotzdem gewaltig. Mit Stand vom 31. Dezember 2019 gab es in Deutschland 1,839 Mio. »Schutzsuchende.«[137] 385 000 Personen erhielten Regelleistungen nach dem Asylbewerberleistungsgesetz. Insgesamt wurden 2019 für Flüchtlinge und Asyl 23,1 Milliarden Euro, vonseiten der Bundesländer zusätzliche 4,4 Milliarden Euro aufgewendet.[138]

Viele sozial- und wohlfahrtsstaatliche Leistungen sind damit nicht mehr an eine Staatsangehörigkeit gebunden, sondern an den reinen Aufenthalt im Land. Damit trägt die Hauptlast der Zuwanderung nicht die bildungsbürgerliche Mittelschicht, sondern die Unterschicht. Rolf Peter Sieferle hat es 2017 auf den Punkt gebracht. Für ihn ist klar: »Es sind die Globalisierungsgewinner, die im Eigeninteresse für eine multikulturelle Gesellschaft plädieren.« Warum? Weil sie billige Arbeitskräfte bekommen. Man könne aber nicht im Innern hohe Sozialstaatstandards aufbauen und zugleich die Grenzen öffnen.[139]

Zugleich blüht eine Flüchtlings-»Industrie«, die die Verwaltungsgerichte lahmlegt. Laut Sarrazin[140] arbeitet mittlerweile gut die Hälfte der rund 2 000 Verwaltungsrichter nur noch für Asylverfahren. Und das unter schwierigsten Umständen, da etwa 75 Prozent der »Asylbewerber« keine Identitätspapiere vorzuweisen hatten. Mit Stand Mai 2020 hatten denn auch 416 000 Flüchtlinge in vorläufigen »Papieren« als Geburtsdatum einen »1. Januar« eingetragen.[141] Jedenfalls kann man mittlerweile auf Dauer in Deutschland leben, ohne »Papiere« zu haben, ohne irgendeinen Beitrag für den eigenen Unterhalt zu leisten und ohne ein Wort Deutsch zu können.

Kollateralfolge I: Kriminalität

Asylbewerber, Personen im Status eines abgelehnten Asylantrags oder eines unerlaubten Aufenthalts sind in der Kriminalstatistik (auch ohne Verstöße gegen das Aufenthalts-, das Asylverfahren-

und das Freizügigkeitsgesetz/EU) weit überrepräsentiert. Vor allem gilt es für Tatverdächte mit Herkunft aus Syrien, Afghanistan und Irak. Bei Mord und Totschlag entfallen 174 je 100 000 Personen auf diese Gruppen. Zum Vergleich: In der deutschen Bevölkerung gibt es 2,8 Fälle unter 100 000 Personen. Sehr unterschiedlich gestaltet sich auch die Zahl der Fälle von Vergewaltigung und versuchter Vergewaltigung: 65,5 sind es bei je 100 000 Personen mit Fluchthintergrund. Unter der deutschen Bevölkerung 11,4 je 100 000.[142]

Zugleich weist die Polizeiliche Kriminalitäts-Statistik (PKS) für 2015 bis 2019 folgende Auffälligkeit bei schweren Gewalttaten von Asylzuwanderern aus: Laut Bundeskriminalamt war jeder achte (exakt: 13,3 Prozent) Verdächtige bei einer schweren Körperverletzung eine Person mit dem Status eines Asylbewerbers, Schutzberechtigten, Kontingentflüchtlings oder Geduldeten. Ihr Anteil an der Gesamtbevölkerung beträgt zwei Prozent.

Kollateralfolge II: Schulrealitäten

Tausende von Deutschlands Schulen kommen mit der ungesteuerten Migrationspolitik nicht klar. Seit 2019 kommen immer wieder Bücher auf den Markt, in denen Lehrer (bezeichnenderweise meist Lehrerinnen) die katastrophalen Umstände an Deutschlands Schulen mit 80 und 90 Prozent Migrantenanteil beschreiben.[143] Was in diesen Büchern geschildert wird, ist echte Empirie, wie sie sich in keinen schlauen Studien und Gefälligkeitsgutachten findet. Nämlich: Multikulti-Schule geht nicht.

Es ist in diesen Büchern glaubhaft die Rede davon, dass an regulären Unterricht nicht mehr zu denken sei. Väter wollen nicht mit Lehrerinnen reden. Lehrer und zumal Lehrerinnen werden von radikalen muslimischen Eltern und deren Nachwuchs bedroht, wenn sie sich kritisch über Kopftuch, Kinderehe, Zwangsbeschneidung, Verwandtenehe, Mehrfachehe und dergleichen äußern.

Oder sie sehen sich Beschwerden ausgesetzt, wenn sie die Weltgeschichte der Sklaverei behandeln oder auf den Völkermord der Osmanen an den Armeniern eingehen. Sanktionen für rabiate Schüler, die schon auch mal in Begleitung von drei starken Brüdern auftreten, gibt es nicht. Lernstoff, der noch in den 1990er Jahren in der 2. Klasse bewältigt werden konnte, muss heute in die 4. Klasse verschoben werden. Womit sich indirekt bestätigt, was die erste Pisa-Studie von 2000 über die Auswirkungen des Migrantenanteils in einer Klasse auf deren Leistungsniveau aussagt. Dort heißt es, dass ein Ausländeranteil von mehr als zwanzig Prozent zu einer »sprunghaften« Verringerung des Leistungsniveaus führt.

Ein zentrales Problem für die Schulen ist zugleich die Propaganda in Moscheen. Dort wird nicht selten gegen Deutschland und Andersgläubige gehetzt. Der vormalige ARD-Mann und Chef des linksliberalen Magazins »Panorama«, Joachim Wagner, sieht die Schulen denn auch völlig überfordert. Er schreibt: In Deutschland gebe es ein »repressives Meinungsklima«, das Thema Integration sei »tabubelastet«. Zudem sei Deutschland besonders attraktiv für Zuwanderer mit niedrigem Bildungsniveau.[144]

Gunnar Heinsohn hat die Testleistungen bei Pisa 2018 mit und ohne Migrationshintergrund ausgewertet. Danach weisen Migrantenkinder der zweiten Generation in Kanada, den USA und Australien gleich gute oder bessere Pisa-Ergebnisse aus als »Alteingesessene«. Nachfolgend die Ergebnisse der »Alteingesessenen« zu Kindern der zweiten Generation: Kanada 525 versus 535, USA 510 versus 512, Australien 504 versus 523. In Schweden und in Deutschland ist es völlig anders, hier fallen Migrantenkinder deutlich hinter das Niveau der »Alteingesessenen« zurück: Deutschland 519 versus 477, Schweden 525 versus 471.[145]

Bereicherung? Man darf sich nicht täuschen lassen von dem angeblich hohen Bildungsniveau von Zuwanderern. Das ifo-Institut der Universität München war von Anfang an ganz realistisch: »Der Rückstand der jungen Syrer entspricht vier bis fünf

Jahren Schulbildung.« Das heißt: Sie bewegen sich auf Grundschulniveau. Hans Werner Sinn, ifo-Chef bis Dezember 2015, konkretisierte dies: Bei seiner Abschiedsvorlesung in München sagte er: »65 Prozent der Bevölkerung in Syrien können die Grundrechenarten nicht.«

Aber über eine womöglich unterschiedliche kognitive Begabung »Zuwandernder« darf man nicht nachdenken. Der Psychologieprofessor Bruno Klauk hatte dies auf empirischer Basis dennoch getan. In der Fachzeitschrift »Wirtschaftspsychologie« hatte er dazu 2020 einen Beitrag mit dem Titel veröffentlicht: »Intelligenzdiagnostik bei überwiegend Nicht-EU-Migrantinnen und -Migranten.« Im Durchschnitt erzielten die 505 Getesteten das Niveau von deutschen Hauptschülern. Zusammenhänge fanden sich allerdings zwischen der Testleistung und der Weltregion, aus der jemand zugewandert ist, ferner dem Beruf im Heimatland. Vier Mitherausgeber der »Wirtschaftspsychologie« sind deswegen zurückgetreten. Sie meinten, in Klauks Studie rechtspopulistische Ambitionen zu sehen.[146]

Deutschland als Auswanderungsland: Braindrain statt Braingain!

Zuwanderung oftmals schwach Qualifizierter hier – Abwanderung von Spitzenkräften dort: Deutschland ist ein asymmetrisches Land geworden. Laut Statistischem Bundesamt sind 2019 1,56 Millionen Menschen nach Deutschland zugezogen und 1,23 Millionen weggezogen.[147] Deutsche, die weggehen, tun das insbesondere in Richtung Schweiz, Österreich und die USA. Das Durchschnittsalter dieser Auswanderer ist 32 Jahre; zu zwei Dritteln sind es Fach- und Führungskräfte. Als Gründe für die Auswanderung werden genannt: die Steuerlast und die überbordende Bürokratie (ob auch das miefige politische Klima in Deutschland ein Grund ist, danach wurde wohlweislich nicht gefragt). In der demografischen Forschung hat sich für diese Schieflage der Begriff »braindrain« geprägt. Dem steht kein »braingain« gegenüber – also kein Gewinn an »brain«. Bei der Zuwanderung dürfte nach wie vor gelten, was der Chemnitzer Psychologieprofessor Heiner Rindermann im Herbst 2015 diagnostizierte: Hier kommen »Ingenieure auf Realschulniveau«.[148]

Das im Mai 2019 mit großem Bohei auf den Weg gebrachte »Gesetz zur Fachkräfteeinwanderung«[149] wird daran wenig ändern. Gunnar Heinsohn sieht hier geopolitische Neuzuschnitte kommen: Aufstrebend werden unter den 1,75 Milliarden Menschen Ostasiens dreißig bis fünfzig Prozent Kinder sein, die mathematisch »advanced« sind, 48 Prozent der PCT-Patente entwickeln und niedrige Geburtenraten haben. Mittelmaß werden die 1,15 Milliarden Menschen in Europa, Nordamerika, Russland, Israel und Ozeanien mit zwei bis zwanzig Prozent Kindern, die als mathematisch »advanced« gelten können und 49 Prozent der PCT-Patente entwickeln und niedrige Geburtenraten haben. Die »anderen« 4,9 Milliarden Menschen werden nur einen Anteil von null bis zwei Prozent Kindern haben, die mathematisch »advanced« sind, drei Prozent der PCT-Patente entwickeln und hohe Geburtenraten haben.[150]

Kolonialismus 2.0?

Es muss jedenfalls – wenn es denn überhaupt noch Folgen haben kann – eine restriktive Migrations- und Schulpolitik her, und es müssen Möglichkeiten geschaffen werden, Eltern notfalls mittels finanzieller Sanktionen in die Pflicht zu nehmen, wenn sie ihren Erziehungspflichten nicht nachkommen oder gar gegen die Schule über ihre Elternrechte hinaus opponieren. Warum sollte man nicht einen Vorschlag des vormaligen Bezirksbürgermeisters von Neukölln, Heinz Buschkowsky (SPD), aufgreifen? Er schlug vor geraumer Zeit vor: Wenn Kinder nicht regelmäßig zur

Schule kommen, dann kommen Kindergeld oder »Stütze« nicht auf das Konto der Eltern. Und wenn es an den Geldbeutel geht, dann tut sich vielleicht etwas.

Vor allem aber sollte man bedenken, dass die wirklich qualifizierbaren und qualifikationswilligen Flüchtlinge dringendst in ihren Herkunftsländern gebraucht werden, um ihr Heimatland (wieder) aufzubauen. Zumal es nicht die Ärmsten aus den Herkunftsländern sind, die sich die Schleuserdienste für mehrere Tausend Dollar leisten können. Oder wird hier einem »Kolonialismus 2.0«[151] das Wort geredet und auf dieser Schiene einem neuen »Scramble for Africa« (»ein Balgen um Afrika« – so wurde der Wettlauf um Afrika in der Kolonialisierung des afrikanischen Kontinentes zwischen 1880 und dem Ersten Weltkrieg bezeichnet)?

Es mag auf den ersten Blick zu optimistisch klingen, was Thilo Sarrazin 2020 schrieb[152]: »Auch die Menschen in Mali können den Lebensstandard der Franzosen genießen, wenn sie eine vergleichbare Mentalität ausbilden, ihre Bevölkerungsexplosion in den Griff bekommen, ein vergleichbares Bildungssystem entwickeln und vergleichbar fleißig und produktiv sein.« Denn: »Mit 30 Millionen Quadratkilometern ist Afrika dreimal so groß wie Europa. Es verfügt über sehr günstige Klimazonen, über 60 % aller Böden auf der Welt, die für landwirtschaftliche Nutzung geeignet sind, und über ungeheure Bodenschätze.«

9. Von der Nächsten- zur Fernstenliebe: Humanitarismus und Moralismus

Das Adjektiv »humanitär« klingt immer gut, es verbirgt sich dahinter allerdings eine ideologische Grundierung. Oder eine Lüge, wie Carl Schmitt 1932 meinte: »Wer Menschheit sagt, will betrügen.«[153] Aber: »Moral ist wie Humanität keine eigene Rechtsquelle … In einem Staat, in dem eine Gesellschaft zusammenlebt, können nur das Gesetz und die Verfassung die maßgebende Linie sein. Keine sogenannte Moral darf sich darüber hinwegsetzen. Andersfalls ist der Rechtsstaat am Ende.« Das sagte Rupert Scholz am 27. Januar 2020 im Zusammenhang mit der Migrationspolitik von Merkel in einem Interview in der *Welt*.[154]

Im politischen Bereich geht es um Vernunft und Recht, nicht um Gefühl und Moral. Diesen Grundsatz hat Sebastian Haffner (1907 – 1999) wiederholt ausgesprochen. Bei einem Vortrag im NDR von 1966 sagte er: Es gehe beim Regierungshandeln um *raison d'Etat*, um Staatsvernunft. Haffner wörtlich: »Große Staatsmänner und Staatsdenker haben diese Staatsvernunft ja sogar ganz bewusst höhergestellt als Moral, Humanität und Gewissen.« Und: »Das oberste Vernunftgebot heißt Selbsterhaltung.«[155] Spätestens 2015 ist diese Staatsvernunft außer Kraft gesetzt worden, und sie kehrte nicht wieder.

Die Dominanz der Moral über Recht und Politik hat in Deutschland eben nachhaltig Tradition. »Die Deutschen haben nie eine Ethik gebraucht, weil sie triebhaft gut sind.« Das hat ein damals führender Psychologe, Willy Hellpach, bereits 1928 gesagt.[156] Der konservative Soziologe Arnold Gehlen sah 1969 einen Bund von Humanitarismus und masseneudaimonistischer Gesinnungsmoral sowie eine »Elargierung«, also eine Erweiterung der in der Familie beheimateten Verhaltens- und Moralformen zur Ideologie des Humanitarismus, also ein Umschwenken von der Nächsten- zur Fernstenliebe.[157]

Hypermoralischer Größenwahn

Hypermoralischer Exhibitionismus und widerspruchsimmuner Rigorismus sind »in«. Wer nicht mitspielt, wird als xenophob, islamophob, afrikophob, negrophob usw. pathologisiert. Und mit psychisch Kranken debattiert man nicht, man muss sie qua Umerziehung heilen. Bundesaußenminister Heiko Maas (SPD) ging es zum Wechsel der US-Präsidentschaft im Januar 2021 von Donald Trump zu Joe Biden gar um eine Umerziehung des ganzen US-Volkes. In typisch deutschem Größenwahn bot er den USA per *Twitter* einen »Marshallplan für Demokratie« an.[158]

Über essenzielle Dinge, etwa ein Grenzregime oder den Missbrauch des Asylrechts, kann ohnehin nicht mehr ohne moralisierenden Degout diskutiert werden. Passive Zustimmung zu Humanitarismus und Moralismus reicht nicht, man verlangt aktive Zustimmung. Ohne Rücksicht darauf, dass Moralität eigentlich Freiwilligkeit voraussetzt. Aber auch ein verordnetes schlechtes Gewissen scheint ein gutes Ruhekissen zu sein.

Markus Vahlefeld nennt so etwas eine »moralische Generalmobilmachung«. Außerdem schreibt er: »Endlich konnten die Deutschen beweisen, dass sie den Nationalsozialismus restlos überwunden hatten.« Und Vahlefeld weiter: »Die Hinnahme von religiösem Fanatismus, Antisemitismus, Frauenfeindlichkeit, Clan-Strukturen, hoher Gewaltbereitschaft und edukativer Indifferenz hat dieses Deutschland als Bereicherung zu empfinden.«[159]

Kölner Domplatte, Breitscheidplatz, die Morde Asylsuchender in Freiburg, Kandel und … und … und … Aus »Datenschutzgründen« wurde sogar auf die Überprüfung der Handydaten von

Tätern verzichtet. Es gab Opfer, die nicht ins Konzept des linken Humanitarismus passten. Und eine neue Unfähigkeit zu trauern? Bei den Opfern vom Breitscheidplatz brauchte man regierungsamtlich ein ganzes Jahr, um sich zum Trauern aufzuraffen. Stattdessen schiefe Vergleiche: Deutschland habe doch ab 1945 ebenfalls Millionen von Flüchtlingen aufgenommen. Und die Heilige Familie habe ja auf der Flucht auch einen Stall gefunden!

Dann kam im September 2020 »Moria«: MdB Katrin Göring-Eckhardt reiste am 10./12. September in Begleitung des ebenfalls »grünen« MdEP Erik Marquardt auf die griechische Insel. War gut für manches Foto. Aber außer Spesen (und CO_2-Fußabdruck) nichts gewesen. Doch halt: 8 Kinder der Klasse 2C an der OGS im Kamp in Köln zeigen fünf Schilder in die Kamera. Auf ihnen steht: »Wir haben Platz – Rettet Moria!«[160] Die Assoziation zum Roman »Volk ohne Raum« von Hans Grimm aus dem Jahr 1926 freilich wäre hier zu boshaft.

Aber all das Moralisieren ist heuchlerisch, ist eine Tarnkappe. Denn es geht um kulturelle Hegemonie. Leider liefert das Christentum mit seinem Größenwahn der Schuldverantwortung dafür die quasi-christliche Basis.[161]

Wir retten Afrika

Weil die Deutschen das schlimmste Verbrechervolk der Weltgeschichte waren, sollen sie sich nun zum Tugendvolk läutern und tätig Ablass leisten. Ein grenzenloses Helfersyndrom ist angesagt, auch wenn ein Helfersyndrom oft neurotische Züge trägt. Zudem braucht der Helfer Hilfsbedürftige – oder zumindest vermeintlich Hilfsbedürftige. Arnold Gehlen nennt es »wohltätige Fraglosigkeit«.

»Afrika« ist angesagt. Ein Teil der Menschen von dort soll nach Europa, bevorzugt nach Deutschland, kommen dürfen, für den anderen Teil heißt es: »Fluchtursachen bekämpfen.« (wobei die maßgebliche Fluchtursache, nämlich der gewaltige Geburtenüberschuss, völlig ignoriert wird, übrigens auch bei der Frage der CO_2-Produktion!). Vorbei sind die Zeiten von SPD-Größen wie Otto Schily, der für Migranten Zeltstädte in Nordafrika gefordert hatte, und Helmut Schmidt, der für Auffanglager an der Grenze war. Beide würden heute rigoros zu »Nazis« oder zumindest zu »AfD-Stichwortgebern« erklärt. Nie gestellt wurde auch die Frage, wieso etwa die muslimischen Brüder es in Saudi-Arabien schaffen, für eine Million Mekka-Pilger Zeltstädte (mit Klimaanlage!) aufzubauen, aber nicht für Glaubensbrüder aus Afrika, die sich auf den gefährlichen Weg nach Europa machen.

Die UN-Bevölkerungsabteilung geht davon aus, dass sich die Bevölkerung Afrikas von aktuell 1,3 Mrd. (zum Vergleich: China und Indien haben derzeit relativ stabil jeweils 1,4 Mrd.) bis zum Jahr 2050 auf 2,5 Milliarden und bis 2100 auf fast 4,5 Milliarden erhöhen wird. Damit würde Ende des 21. Jahrhunderts mehr als ein Drittel der Weltbevölkerung auf dem afrikanischen Kontinent wohnen, heute ist es rund ein Sechstel.[162] Heruntergebrochen heißt das: Afrika wächst jährlich um 40 Millionen Menschen, monatlich um 3,3 Millionen, wöchentlich um 770 000 und täglich um 110 000. 3,3 Millionen, das ist einmal pro Monat in etwa Berlin; 770 000, das ist einmal wöchentlich in etwa Frankfurt; 110 000 täglich, das ist jeden Tag in etwa Erlangen.

Zugleich erwägen laut »Afrobarometer« 37 Prozent der Afrikaner auszuwandern, die meisten mit Ziel Europa, die meisten sehr jung.

»Youth bulge« nennt Gunnar Heinsohn dieses Phänomen.[163] Er hat daraus einen »Kriegsindex« errechnet, und zwar als Relation zwischen 55- und 59-jährigen Männern kurz vor der Rente und 15- bis 19-Jährigen. Deutschland hat einen Kriegsindex von 0,66: Auf 1000 alte folgen 666 junge Männer. Der Kriegsindex im Gazastreifen ist zehnmal so hoch. Auf 1000 Alte folgen über 6000 junge Männer. In Afghanistan ist es genauso. In Nigeria (derzeit mit 206 Millionen Menschen, 2050 vermutlich mit 400 Millionen) liegt der Kriegsindex bei fünf. Aber »wir« meinen, mit ein paar Mittelmeerbooten würden wir dieses Problem lösen.

Lange vor der Debatte um Rettungsboote im Mittelmeer schrieb Cora Stephan etwas, was heute noch gilt: »Das tagtägliche Engagiertsein, ein moralisches, ein bisweilen sentimentales Verhältnis zur Welt ist besonders den ›gutwilligen Kreisen‹ der Bundesrepublik zum Ersatz einer nationalen Identität geworden.«[164]

Gegen solchen Moralismus hat man weder mit Fakten noch mit Ironie eine Chance. Moralisten hebeln Fakten durch Moralisieren aus. Es ist dies der Triumph der Gesinnung über die Urteilskraft.[165] Solch intellektuelle Vereinfachung entlastet von Nachdenken und Realitätssinn; es handelt sich zudem, wie Lothar Fritze meint, um eine »geradezu infantile Weigerung, die Konsequenzen des eigenen Handelns realistisch einzuschätzen«. Auf diese Weise gelingt es, »jede Opposition gegen die eigene Agenda mit sozialen Kosten für die Unbotmäßigen zu belegen und damit ein gesellschaftliches Klima der Unfreiheit entstehen zu lassen, in dem opportunistische Verhaltensweisen endemisch geworden sind und öffentlicher Widerspruch sanktioniert wird«.[166]

10. Militant friedlich: Pazifismus

Deutschland will ein geradezu militant friedliches Land sein. Weite Teile der Bevölkerung und der Politik verweigerten sich nach 1945 einer »Wiederbewaffnung«. Über 1949 hinaus zählte ein moralisch hochwertiges »Nie wieder!«. Bald ging die Angst vor einem »Atomtod« und vor dem »NATO-Doppel-Beschluss« um. Mit Beginn der 1990er Jahre freilich schien eine »feindlose Demokratie«[167] obsiegt zu haben. Und nun? »Das Deutschland von heute steht gern als scheinbar Unparteiischer auf einem sicheren, moralischen Feldherrnhügel«, schreibt Ex-Brigadegeneral Erich Vad Anfang 2020.[168]

In kaum einem anderen Land der Welt wird der Pazifismus denn auch so brav exerziert wie in Deutschland. Das hat auch damit zu tun, dass immer weniger Abgeordnete in ihrer Biografie mit Militär bzw. Bundeswehr zu tun hatten. Von den 709 Bundestagsabgeordneten der Wahlperiode 2017 bis 2021 traf das auf 25,9 Prozent zu; in der Legislaturperiode von 1969 bis 1972 waren es 63,9 Prozent.[169] Allein mit dem wachsenden Anteil an weiblichen Abgeordneten ist dieser drastische Rückgang nicht zu erklären. In kaum einem anderen Land der Welt ist denn auch der Unwille so groß, gegebenenfalls für das eigene Land zu kämpfen, wie in Deutschland. Eine Studie des Gallup-Instituts aus dem Jahr 2015 belegt dies: In 68 Ländern wurde einer jeweils repräsentativen Stichprobe die Frage gestellt: »Wären Sie bereit, für Ihr Land zu kämpfen?« Deutschland liegt mit 18 Prozent auf Platz 66, knapp hinter Österreich (21 Prozent) und Italien (20 Prozent).

Folge ist auch, dass die Bundeswehr heruntergewirtschaftet wurde, man 2011 die Wehrpflicht aussetzte, die Bundeswehr im Koalitionsvertrag von 2018 auf drei von 177 Seiten versteckte und phasenweise von 2013 bis 2019 an die Spitze des Verteidigungsministeriums eine Politikerin setzte, die vor allem mit Inkompetenz und mangelndem Verständnis für die Truppe glänzte: Ursula von der Leyen, die ihr Unwesen nun als von niemandem gewählte Präsidentin der EU-Kommission treibt. Alles übrigens mit aktiver Unterstützung einer Kanzlerin Merkel, die im Verteidigungsfall Oberbefehlshaberin wäre!

Die Folgen für die Bundeswehr sind noch lange spürbar. In dem im Juni 2020 veröffentlichten amtlichen Bericht zur »Materiellen Einsatzbereitschaft der Hauptwaffensysteme der Bundeswehr« steht zu lesen: Die Einsatzbereitschaft aller 68 Hauptwaffensysteme liege »bei knapp über 70 Prozent«. An anderer Stelle ist von einer »materiellen Einsatzbereitschaft zwischen 30 bis 93 Prozent« die Rede. Hubschrauber sind nur zu 40 Prozent einsatzbereit.[170]

Die Bundeswehr wird versteckt

Im Bendlerblock in Berlin (also nicht frei zugänglich) wurde »Den Toten unserer Bundeswehr« ein Ehrenmal errichtet. Gewürdigt werden damit die seit Gründung der Bundeswehr mehr als 3200 Angehörigen der Bundeswehr, die im Dienst ihr Leben verloren. Sichtbarer wäre ein Denkmal in der Nähe des Reichstagsgebäudes und damit des Bundestages gewesen, ganz im Sinne der Parlamentsarmee. Ebenfalls hanebüchen war die Entscheidung, in der Henning-von-Tresckow-Kaserne in Geltow bei Potsdam, dem Standort des Einsatzführungskommandos der Bundeswehr, einen »Wald der Erinnerung« zu errichten – also »jot-we-de«. Dieser »Wald« war von Familienangehörigen und Kameraden initiiert und 2014 eingeweiht worden. Der ehemalige Wehrbeauftragte des Bundestages Reinhold Robbe (SPD, im Amt von 2005 bis 2010) hatte den Standort der Gedenkstätte als »beschämend« bezeichnet. Dieses Land scheint sich eben für seine Soldaten und Gefallenen zu schämen oder sie nicht hinreichend vor Randalierern schützen zu wollen

Ende 2009 forderten ein »Büro für Antimilitaristische Maßnahmen (BamM)« sowie der Berliner Landesverband der Deutschen Friedensgesellschaft – Vereinigte KriegsdienstgegnerInnen (DFG-VK) dazu auf, gefallene Bundeswehrsoldaten mit einem Saufgelage am Ehrenmal der Bundeswehr zu feiern. Das Motto lautete: »Man soll Feste feiern, wie sie fallen!« Schließlich sei der Tod eines deutschen Soldaten ein weiterer Schritt »zur Abrüstung – wieder einer weniger«.[171] Folgen? Keine!

Die Spitze der Stänkerei gegen die Bundeswehr und ihre Jugendoffiziere stellen einzelne Schulen dar, die sich rühmen, der Bundeswehr die Schultore zu versperren. Im Jahr 2013 zum Beispiel wurden zwei »Schulen ohne Bundeswehr« mit dem Aachener Friedenspreis ausgezeichnet, und zwar das Robert-Blum-Gymnasium in Berlin und die Käthe-Kollwitz-Schule in Offenbach. Sie hatten Jugendoffizieren den Zutritt verwehrt.[172] Dem Verein »Aachener Friedenspreis« gehören unter anderem an: die Stadt Aachen, der DGB NRW, die katholische Organisation Misereor, der Diözesanrat der Katholiken des Bistums Aachen, der evangelische Kirchenkreis Aachen, der SPD-Unterbezirk, der Kreisvorstand der Grünen. Eine interessante Konstellation: Linke und Kirchen in einem Boot! Folgen? Keine!

Schwer tun sich auch die Universitäten mit der Bundeswehr. Sie wollen nichts mit Militär zu tun haben und verpflichten sich im Rahmen einer Zivilklausel, ausschließlich für zivile Zwecke zu forschen. Die erste Zivilklausel trat 1986 an der Universität Bremen in Kraft. Mittlerweile haben 65 deutsche Hochschulen solche Klauseln. Entsprechendes ist zudem in vier Landeshochschulgesetzen verankert: in Niedersachsen, Thüringen, Nordrhein-Westfalen und Bremen. Damit verschwindet auch das Themenfeld Sicherheits- und Rüstungspolitik aus der hochschulpolitischen Öffentlichkeit. Folgen? Keine!

Man will Vollkasko-Sicherheit, aber diskreditiert *Law and Order*

Der deutsche Michel will zwar in jeder Hinsicht abgesichert sein, aber den Einrichtungen, die für seine Sicherheit sorgen, misstraut er. Schnell ist er dabei, vor *Law and Order* zu warnen: vor Polizei, Bundeswehr, Nachrichtendiensten. Solche Einrichtungen seien strukturell militant und »rechts«. Die drei linken Parteien mischen dabei kräftig mit.

Deutschland tut sich zudem schwer mit soldatischem Heldentum – und mit Gefallenen. Ihre Denkmäler werden geschändet, oder sie verschwinden. Die Erde sähe freilich anders aus, gäbe es unter den Menschen kein Heldentum und keinen Wettbewerb. Wettkampf, Wissensdurst, Explorations- und Expansionstriebe, die Eroberung von Welt und Weltall durch Wissenschaft und Technik, Rationalität anstelle von Mythos – all das gäbe es nicht ohne den agonalen Charakter, den Wettkampf als Teil des Strebens.

Aber das Agonale, das kämpferisch Entschiedene, tritt kaum noch in Aktion. Vor allem in Deutschland, mehr und mehr auch in ganz Europa entwickelt sich ein androgyner Antiheroismus, ist eine wohlfühlige Bußfertigkeit angesagt. Mit einer solchen Grundhaltung aber ist keine Zukunft zu machen. Wenn Deutschland und Europa nicht weiter zurückfallen wollen, muss die Bereitschaft zum Agonalen, zum Wettkampf wiederbelebt werden.[173]

Und die Wörter »siegen« oder »Sieg« gelten ohnehin als politisch inkorrekt. Wer diese Begriffe in die Mund nimmt, gilt als des Rechtsradikalismus oder des Sozialdarwinismus verdächtig. Aber siegen oder andere auch nur übertreffen zu wollen ist eine anthropologische Grundkategorie. Es hat mit Selbstbehauptung zu tun. Das aber setzt voraus, wie Parviz Amoghli und Alexander Meschnig ausführen, »dass es überhaupt eine Unterscheidung zwischen einem ›Wir‹ und einem ›Sie‹ gibt. Was aber, wenn ein ›Anderer‹ gar nicht mehr gedacht werden kann, da alle bestehenden Unterschiede zwischen Gruppen, Nationen, Ethnien, Kulturen sich in einem moralischen Universalismus auflösen, der nur noch den ›Menschen an sich‹ kennt? In Deutschland hat das Unvermögen, Politik anders als in Kategorien der Moral zu denken, die paradoxe Existenz eines neuerlichen Sonderbewusstseins hervorgebracht …«[174]

Mit der hochgelobten Zivilcourage (laut Peter Sloterdijk eine »Magerstufe des Muts für Verlierer«) und mit Toleranz allein ist es nicht getan. Denn es hat nichts mit Toleranz oder Liberalität zu tun, wenn man nichts Verteidigenswertes mehr kennt und aus lauter Indifferenz und Feigheit nicht mehr für das Eigene einstehen will.[175]

Vor diesen Hintergründen sollte man sich gelegentlich daran erinnern, was über Jahrtausende galt: *Si vis pacem, para bellum* (frei übersetzt: Wenn du den Frieden willst, rüste dich für einen möglichen Krieg). Sonst droht nach Arnold Toynbee, »dass die gewissenlosesten Regierungen und die rückständigsten Militärstaaten sich zu Herren der Welt machen würden«.[176] Der vormalige Sozialist George Orwell meinte 1942: Pazifismus sei ein Luxus, den sich nur Leute leisten können, deren Sicherheit garantiert ist – »entweder durch genügend Kanonen oder durch genügend Entfernung vom Kriegsschauplatz.«

»Alle Soldaten sind Mörder«?

Deutsche lassen sich zudem von dem Tucholsky-Satz »Soldaten sind Mörder« und von schrägen Darstellungen der Wehrmacht blenden.[177] Tucholsky hatte diesen Satz am 4. August 1931 in der *Weltbühne* in einer Glosse geschrieben. Der verantwortliche Redakteur Carl von Ossietzky (gegen den Willen der Nationalsozialisten Träger des Friedensnobelpreises 1935) wurde nach der Veröffentlichung dieses Satzes 1932 wegen »Beleidigung der Reichswehr« angeklagt, aber freigesprochen, weil das Gericht in dem Zitat keine konkreten Personen angegriffen sah.

Zu Beginn der 1990er Jahre kam es erneut zu Gerichtsprozessen im Zusammenhang mit »Soldaten sind Mörder«. Im November 1995 schließlich bekräftigte das Bundesverfassungsgericht (BVerfG), die Verwendung des Tucholsky-Zitats sei so lange vom Grundrecht auf freie Meinungsäußerung gedeckt, wie es sich um eine allgemeinpolitische Aussage handele. Der Historiker Egon Flaig hat es auf den Punkt gebracht: »Wer damals politische Urteilskraft besaß, musste die verheerenden Auswirkungen dieser Urteile antizipieren.«[178]

Thema »Wehrmacht«: Das überwältigende Gros der Wehrmachtsoldaten war nicht in Verbrechen verwickelt, aber die Millionen von (meist unfreiwilligen) Soldaten bleiben öffentlich geächtet. Dabei spielten die umstrittenen zwei »Wehrmachtsausstellungen« des Hamburger Instituts für Sozialforschung eine Rolle. Die erste dieser Wanderausstellungen gab es von 1995 bis 1999 unter dem Titel »Vernichtungskrieg. Verbrechen der Wehrmacht 1941 bis 1944«. Weil Verfälschungen nachgewiesen werden konnten, folgte eine zweite Ausstellung von 2001 bis 2004 mit dem Titel »Verbrechen der Wehrmacht. Dimensionen des Vernichtungskrieges 1941 bis 1944«. Rund 800 000 Besucher in 33 Städten in Deutschland und Österreich sahen die Ausstellungen. Am Ende blieb eine Pauschalverurteilung ehemaliger deutscher Soldaten im Gedächtnis. Der nicht gerade als rechtskonservativ geltende Fernsehjournalist Rüdiger Proske hat die Ausstellungen gar als »raffinierteste Darstellung historischer Irreführung in unserem Lande seit dem Dritten Reich« bezeichnet.[179]

Die Frage, ob der Zweite Weltkrieg die Schuld unserer zwangsweise in den Krieg gezogenen Großväter und Urgroßväter war, hat den vormaligen Bundeskanzler Helmut Schmidt zeitlebens beschäftigt. Seinen Standpunkt hat er 1997 in einem Schreiben an den damaligen Verteidigungsminister Volker Rühe (CDU) skizziert: Eine Kollektivschuld gebe es nicht, schrieb Schmidt. Richtig, es gab unter den Millionen Soldaten, die zwischen 1939 und 1945 einberufen wurden und von denen rund fünf Millionen gefallen sind, vermisst blieben oder in Kriegsgefangenschaft starben, Verbrecher. Aber, so Schmidt, es gab »ebenso ... eine Mehrheit persönlich schuldloser Soldaten ... Kein Deutscher ist allein deswegen mit Schuld beladen, weil er zur Zeit Hitlers gelebt, gearbeitet oder gedient hat. Millionen Deutsche sind ohne persönliche Schuld in Hitlers Angriffskrieg verstrickt worden.«[180]

So gesehen ist es wichtig und zugleich mutig, wenn Christian Hardinghaus (*1978) Anfang 2020 anhand von glaubwürdigen Gesprächen mit 13 ehemaligen Wehrmachtsoldaten überzeugend belegt, dass die 18 Millionen Soldaten der Wehrmacht eben zum allergrößten Teil keine Kriegsverbrecher waren. Was Hardinghaus schrieb, gilt für die allermeisten, die Soldaten sein mussten: »Wenn man alle Menschen zwischen 1933 und 1945 als Nazis bezeichnet ... so werden auf der einen Seite die Verbrechen der Nazis verharmlost, auf der anderen Seite völlig unbelastete Menschen mit Schuld überhäuft, die sie nicht auf sich geladen haben.«[181]

Dass in dem von der damaligen Verteidigungsministerin von der Leyen verantworteten 2018er Traditionserlass für die Bundeswehr ein weiter Bogen um die Wehrmacht geschlagen wird und dass die Ministerin »Säuberungen« (sic!) zur Entfernung von alten Helmen, historischen Waffen und Modellen aus Vitrinen und Traditionsecken anordnete, bedarf keiner Kommentierung. Der Bildersturm machte nicht einmal halt vor einem Porträt von Helmut Schmidt, das ihn als jungen Leutnant der Wehrmacht zeigt. Pikanterweise hing das Bild in der nach ihm benannten Bundeswehr-Universität in Hamburg. In Hammelburg wurde ein Wandbild des nach dem 20. Juli zum Selbstmord getriebenen Generalfeldmarschalls Erwin Rommel übermalt; und im Bundeswehrkrankenhaus Westerstede wurde die letzte Rotkreuzflagge des Zweiten Weltkriegs über Berlin entfernt. Ergebnis dieser »Säuberungen«: 41 »Andenken« an die Wehrmacht wurden gefunden. Der pazifistische deutsche Michel durfte wieder ruhigen Gewissens schlafen.

11. Der rosa Marxismus: Genderismus

Gender ist das soziale Geschlecht im Gegensatz zum biologischen Geschlecht (Sex). Während Letzteres genetisch angelegt bzw. allenfalls chirurgisch bzw. künstlich-hormonell, aber nicht genetisch geändert werden kann, ist Gender in der Sprache des Konstruktivismus bzw. Dekonstruktivismus ein Konstrukt, das aufgebaut oder eben gesprengt werden kann. Nach der Gender-Theorie gibt es keinen Zusammenhang von biologischem und sozialem Geschlecht. Die Heterosexualität sei ohnehin ein Repressionssystem. Insofern sprechen die Genderisten auch von Zwangsheterosexualität und heteronormativer Gewalt.

Statt Klassenkampf jetzt Geschlechterkampf? Strukturen müssten wegen der ihnen innewohnenden »strukturellen Gewalt« aufgebrochen werden. Eine dieser Strukturen bleibt für die Linken die monogame, bürgerliche Ehe. Siehe Karl Marx: Er wollte die klassische Vater/Mutter/Kind-Familie als reaktionären Hort des Widerstandes gegen staatliche Verführungen überwinden. In seiner Nachfolge hatten die Neomarxisten der 1968er die »bürgerlich-kapitalistische« Familie zum Instrument der Unterdrückung erklärt. Mit der Gender-Ideologie wird die Ehe zwischen Mann und Frau schließlich generell infrage gestellt, ja es wird postuliert, dass jeder/jede/jedes seine geschlechtliche Identität selbst bestimmen könne. Hier geht es also um ein anderes Menschen- und Familienbild – um das Menschenbild eines »rosa Marxismus«.

Das Gender-Frauenbild ist geprägt von Simone de Beauvoir (1908 – 1986). Sie beklagt sich einerseits darüber, dass die Frau Opfer ihrer biologischen Funktion sei. Andererseits erklärt sie: »Man kommt nicht als Frau zur Welt, man wird es.« Als Pionierwerk der Gender Studies gilt ihr Buch »Das andere Geschlecht« von 1949. Als Gender-Ikone gilt mittlerweile die US-»Philosophin« Judith Butler (*1956). Ihre Grundthese ist: Das Geschlecht werde durch Sprache und Erziehung erzeugt, nicht durch die Natur. Das Geschlecht werde auch nicht durch ein X- oder Y-Chromosom erzeugt, schon gar nicht durch einen Schöpfergott. Butlers Bücher werden in einschlägigen Kreisen wie Katechismen behandelt, zum Beispiel ihr Buch »Das Unbehagen der Geschlechter« von 1991. Das Gender-Männerbild scheint indes doch von einer biologistischen Betrachtungsweise beeinflusst: Männer hätten einfach ein falsches Chromosom, das für die Produktion von Testosteron verantwortlich sei. An US-Universitäten ist mittlerweile ein Kampf gegen »toxic masculinity« angesagt.[182]

Gender hat den Charakter einer säkularen Religion angenommen. Es geht um Mythen von Gleichheit in Diversität. Wer sich den Gender-Glaubenssätzen nicht anschließt, dem droht der Vorwurf angeblicher »Hassdelikte und Hetze«, der »Homo- und Transphobie«, eines »Nazi«-Denkens oder zumindest einer Nähe zur AfD. Wir reden zwar nur über einen Anteil von – unterschiedlich bezifferten – 0,4 bis 2,7 Prozent »binärer« Menschen. Gleichwohl ist diese Minderheit lautstark sowie über Parteien, Stiftungen, NGOs und Universitätsinstitute bestens vernetzt. Und die (vormals) Christlich-Konservativen machen es an vorderster Stelle mit.

Staats-, Medien- und Kirchen-Genderismus

Seit der Weltfrauenkonferenz von 1995 in Peking ist Gender Teil der Arbeit der UNO und seit dem Amsterdamer Vertrag von 1999 Teil der Arbeit der EU. Da will Deutschland nicht hinterherhinken. Einen hohen zweistelligen Millionenbetrag hat man hier bereits »vergendert«. So gibt es in Deutschland etwa 120 Professuren für alte Sprachen (unsere sprachlichen und kulturellen Wurzeln), rund 200 für Pharmazie, aber über 200 Professuren für Genderforschung. Den Blick auf das Frauenbild des Islam freilich vermeidet man.

Nachfolgend Beispiele von Professuren oder »Denominationen« (= Benennungen). Beispiel Humboldt-Universität Berlin: Dort hat man eine Professur für Gender und Globalisierung an der Landwirtschaftlich-Gärtnerischen Fakultät. An der Technischen Universität München haben wir eine Professur für Gender Studies in den Ingenieurwissenschaften. Die Universität Bremen hat ein »Zentrum für feministische Studien – Gender Studies«, die Universität Marburg ein »Zentrum für Gender Studies und feministische Zukunftsforschung«.

Dazu Gender-Dissertationen mit wenigen von ein paar Hundert Themen: »Auserwähltes Wissen zum Verhältnis von feministischer Theorie und Praxis bei Gender Mainstreaming in Kommunen« oder »Doing Gender im Chemieunterricht« oder »Comic – Film – Gender. Zur (Re-)Medialisierung von Geschlecht im Comicfilm« oder »Klimawandel und Gender: Untersuchung der Bedeutung von Geschlecht für die soziale Vulnerablität in überflutungsgefährdeten Gebieten«. Wir toppen das Ganze mit Themen von Habilitationsschriften: »Pink. En/Gendering a Color« oder »The Gendered Body: Female Sanctity, Gender Hybridity and the Body in Women's Hagiography« oder »Queer G(r)ifts? Development Politics, LGBTIQ Rights and the Trajectories of Transnational Queer Solidarity« (jeweils an einer deutschen Universität). Warum man hierfür die deutsche Sprache nicht benutzt, weiß keiner. Vielleicht schämt man sich doch ein wenig.

Ist das Wissenschaft? Nein, denn Wissenschaft bemisst sich nach den Kriterien Neutralität, Unparteilichkeit, Ergebnisoffenheit und Objektivität. Auf »Gender Studies« trifft das nicht zu: Man will »bewusste Parteilichkeit« praktizieren und zum »Feminismus als Staatsdoktrin« animieren.[183]

»Karlsruhe« ordnet »divers« an

Mit Beschluss vom 10. Oktober 2017 hat Deutschlands höchstes Gericht festgestellt, dass das Personenstandsrecht intersexuelle Menschen in ihren Grundrechten verletze, wenn diese Menschen gezwungen seien, ein Geschlecht registrieren zu lassen, das nur »weiblich« oder »männlich« kenne.[184] Am Rande: In Karlsruhe ist seit 2011 die vormalige, von 2003 bis 2010 amtierende Leiterin des Berliner »GenderKompetenzZentrums« als Verfassungsrichterin tätig. Ihr Name: Susanne Baer. Sie war über das Ticket von SPD/Grüne als Richterin nach Karlsruhe gekommen. Man weiß, dass Frau Baer als Verfassungsrichterin maßgeblich an der Abfassung des BVerfG-Urteils zum »dritten« Geschlecht beteiligt war. Der Bundestag hat denn auch das Personenstandsrecht am 13. Dezember 2018 entsprechend geändert. Der Name des Gesetzes lautet: »Gesetz zur Änderung der in das Geburtenregister einzutragenden Angaben.« »Divers« ist jetzt angesagt.

Es ist daraus ein Gesetz geworden, das 0,0008 Prozent der Bevölkerung in Anspruch nehmen: Der Evangelische Pressedienst (epd) hat dazu Ende 2020 eine Umfrage unter den Behörden ausgewählter deutscher Großstädte gemacht.[185] Und das Ergebnis? Seit Inkrafttreten des Gesetzes Ende 2018 haben 83 Personen gegen Vorlage eines Attests, das eine »Variante der Geschlechtsentwicklung« bestätigt, die Möglichkeit genutzt, »divers« als Geschlecht eintragen zu lassen. Dazu kamen in den abgefragten acht Städten drei Elternpaare bzw. Väter/Mütter, die für ein Neugeborenes »divers« eingetragen haben wollten.[186] Das heißt: Im Jahr 2019 inklusive der ersten drei Quartale des Jahres 2020 haben in der Summe der acht befragten Städte mit deren Gesamteinwohnerzahl von 10,421 Mio. 83 »Divers«-Personen einen »Divers«-Eintrag vornehmen lassen. Das entspricht 0,0008 Prozent der Bevölkerung. Das allerdings ist der »divers«-Lobby zu wenig. Deshalb rechnet sie die Statistik fiktiv hoch und geht von einer Art Dunkelziffer aus.

Aber was ist überhaupt »divers«: Nach der Theorie der LSBTTIQ-Lobby (LSBTTIQ = Lesben, Schwule, Bisexuelle, Transgender, Transsexuelle, Intersexuelle und Queer) gibt es nicht nur zwei bzw. drei Geschlechter, sondern unter dem Etikett »divers« oder »intersexuell« verbergen sich mehr als sechzig weitere geschlechtliche Identitäten. Hier eine Auswahl aus der Nomenklatur: androgyn, bigender, cisgender Frau zu Mann (FzM), gender variabel, genderqueer, intersexuell (auch inter*), Mann zu Frau (MzF), weder noch, geschlechtslos, nicht-binär, Pangender, Pangeschlecht, Trans, transweiblich, Transmännlich, Transmann, Transmensch, Transfrau, trans*, trans*weiblich, trans*männlich, Trans*Mann, Trans*Mensch, Trans*Frau, transfeminin, Transgender, transgender weiblich, transgender männlich, Transgender Mann, Transgender Mensch, Transgender Frau, Transmaskulin, transsexuell, weiblich-transsexuell, männlich-transsexuell, transsexueller Mann, transsexuelle Person, transsexuelle Frau, Inter*, Inter*weiblich, Inter*männlich, Inter*Mann, Inter*Frau, Inter*Mensch, intergender, intergeschlechtlich, zweigeschlechtlich, Zwitter, Hermaphrodit, XY-Frau, Butch (maskuliner Typ in einer lesbischen Beziehung), Femme (femininer Typ in einer lesbischen Beziehung), Drag, Transvestit, Cross-Gender, Demiboys, Demigirls.

Schöne neue Familienwelt

Da die EU ja überall mitmischen will, möchte man von dort gerne die Bezeichnungen »parent 1 und 2« (englisch/französisch), »progenitor A und B«, »ouder 1 und 2« oder »Elter 1« und 2« usw. durchsetzen. Diese Idee hatte 2010 bereits der Europarat mit dem Dokument 12267. Eine Abgeordnete aus der Schweiz (!) stand dahinter. Für sie war der Begriff Mutter diskriminierend, weil er die Vorstellung von der Frau als Sexobjekt implizierte.[187] Von dort ist es nicht mehr weit nach England, wo »Muttermilch« verschiedentlich bereits »Menschenmilch« heißt.[188] Eine ganz schlaue Avantgardistin der »grünen« Heinrich-Böll-Stiftung, eine Stefanie Lohaus, hatte am 13. November 2015 bei einer Podiumsdiskussion noch eine andere Idee: »Wir brauchen eine Abschaffung des Verbots und statt dessen ein Arbeitsrecht für Eizellenarbeiter_innen und Leihmütter.«[189] Linke Blätter sprechen bei »Frau« bereits von »Mensch mit Gebärmutter«.[190] Ferner gibt es bereits über 200 geschlechtsneutrale Emojis, also Piktogramme, zum Beispiel Männer im Brautkleid, Frauen im Anzug.[191]

Auch EU-Kommissionspräsidentin von der Leyen lässt sich gerne vor den Gender-Karren spannen. Ende 2020 hat sie eine »Strategie zur Gleichstellung von LGBTIQ in der EU« herausgebracht.[192] Ziel ist die Gleichstellung von lesbischen, schwulen, bisexuellen, Transgender-, nichtbinären, intersexuellen und queeren Personen (LGBTIQ). Die EU will die Liste der Straftaten um »Hassdelikte und Hetze« gegen LGBTIQ erweitern. Zudem plant die Kommission eine »Gesetzgebungsinitiative zur gegenseitigen Anerkennung von Elternschaft« bei »Regenbogenfamilien« sowie »Maßnahmen zur Förderung der gegenseitigen Anerkennung gleichgeschlechtlicher Partnerschaften zwischen den Mitgliedstaaten«. Und es geht um Geld: Die EU-Kommission will die LGBTIQ-Lobby finanziell fördern, die rechtliche »Anerkennung von Transgender- und nichtbinären Identitäten« in den Mitgliedstaaten durchsetzen, »Maßnahmen zur Gleichstellung von LGBTIQ« in der Entwicklungshilfe unterstützen und LGBTIQ-Gleichstellung »in alle EU-Politikbereiche integrieren«.

Da fehlt nur noch – auch das sind bereits Vorschläge –, dass Neugeborene geschlechtsneutrale Namen bekommen, damit sie später ihr Geschlecht selbst auswählen können, und dass Heranwachsende ihr Geschlecht ohne Zustimmung der Eltern transgender-medizinisch ändern lassen können. Was sind die Folgen? Die Kinder werden total verwirrt.

»Gender«-Erziehung

An der TU Berlin schlossen sich bereits 1989 Pädagogen einer Männergruppe zusammen und gründeten »Dissens« als Verein für eine »aktive Patriarchatskritik«. Jungen sollten früh zu Kritikern des eigenen Geschlechts werden.[193] Das hieß dann »nicht-identitäre Jungenarbeit«.

Amtlich ging es 2011 weiter: Berlins Schulsenat präsentierte einen »Medienkoffer« als Teil der Initiative »Selbstbestimmung und Akzeptanz sexueller Vielfalt«.[194] Diese Initiative war 2009 einstimmig von allen Fraktionen des Abgeordnetenhauses beschlossen worden. Zusammengestellt wurde der Koffer von »Queerformat«, einem Verbund von Vereinen, die über »lesbische, schwule, bisexuelle und transgender Lebensweisen« aufklären wollen. In einer Handreichung für Lehrer finden sich Unterrichtsbeispiele, in denen Heranwachsende pantomimisch Orgasmus, Porno oder Sado-Maso darstellen sollen. Und in Rollenspielen sollen sie ein Coming-out üben, zum Beispiel um der Familie ihre Homosexualität zu beichten.

Maßgeblichen Einfluss von »wissenschaftlicher« Seite hat hier die Kasseler Soziologie-Professorin für Diversität Elisabeth Tuider. Sie hatte 2008 zusammen mit Stefan Timmermanns den Band herausgegeben: »Sexualpädagogik der Vielfalt: Praxismethoden zu Identitäten, Beziehungen, Körper und Prävention für Schule und Jugendarbeit«. Dort finden sich Unterrichtsprojekte wie die folgenden: Zehnjährige Schüler sollen ihre Lieblingssexualpraktik mitteilen; Dreizehnjährige sollen vor der Klasse berichten, wann sie das erste Mal Analverkehr hatten; als »Unterrichtsmaterial« sollen Dildo, Vaginalkugel, Vibrator und Taschenmuschi zum Einsatz kommen. Vorläufig letzter Schrei dieser Szene ist die »Trans«-Propaganda für Transformationskliniken, in denen sich Mädchen die Brüste abnehmen lassen und mit denen Jungen eine »Penis-Farewell-Party« feiern.[195]

Seit 2017 gibt es für Berlins Kitas die 140 Seiten starke amtliche Handreichung »Murat spielt Prinzessin, Alex hat zwei Mütter und Sophie heißt jetzt Ben«. Der Untertitel verrät, wohin es geht: »Sexuelle und geschlechtliche Vielfalt als Themen frühkindlicher Inklusionspädagogik – Handreichung für pädagogische Fachkräfte der Kindertagesbetreuung«.[196] Verantwortlich zeichnet dafür neben der Schulsenatorin unter anderem »QUEERFORMAT«. Dann folgen Kapitel wie »Papi, Papa und ich! Zur Situation von Kindern aus Regenbogenfamilien«; »Ich bin nicht Emil, ich bin Charlotte«. Apropos »Murat«: Was wohl seine türkischen Eltern davon halten? Da ist man fast versucht, auf den Islam zu hoffen. Die Genderei ist dort bestimmt nicht »halāl«, sondern »harām«.

»Gender«-Kritiker werden diffamiert

Wehe denjenigen, die sich gegen das »Gender Mainstreaming« aussprechen oder Papst Franziskus zitieren. Dieser hatte die Gender-Theorie als »Feind der Ehe« bezeichnet und gesagt: »Es gibt heute einen Weltkrieg, um die Ehe zu zerstören.« Der Papst sprach von einer »ideologischen Kolonisation« durch die Gender-Theorie. Und wehe denjenigen, die die Entscheidung von drei bayerischen Grundschulen persiflieren, eine dritte Schultoilette für »diverse« Geschlechter einzurichten.[197]

Nur eines von vielen Beispielen: Am 3. Februar 2018 veranstaltete die Konrad-Adenauer-Stiftung (KAS) in Mainz die Tagung »Gender, Instrument der Umerziehung?«. Kurz zuvor begann ein Treiben dagegen. »Queer.de« mobilisierte wie folgt: Es handle sich hier um »neurechte und christlich fundamentalistische Kreise«, die in »bester AfD-Manier« agierten. Der »Schwulenrat« der Universität Mainz rief zur »Demo gegen salonfähigen Rechtsextremismus« auf. Der Fraktionsvorsitzende der »Grünen« im Mainzer Landtag twitterte: »Der Einladungstext wirkt, als hätte ein AfD-naher Gender-Gegner seinen Hass in eine Veranstaltung gegossen.« Übrigens: Die Gegen-Demo brachte maximal 15 LSBTTIQ-Aktivist*innen am Mainzer Dom zustande. Weil Karnevalisten unterwegs waren, sind die Widerstandskämpfer wohl für ebensolche gehalten worden. Und wie reagierten die – vormals – Bürgerlichen? Mit betretenem Schweigen. Kein Wort der Verteidigung der Tagung seitens der CDU- und KAS-Spitzen auf Bundes- und Landesebene.

12. Der Basis-Ismus: Egalitarismus

Sieben Autoritarismen waren das: Antifaschismus, Antirassismus, Globalismus, Multikulturalismus, Humanitarismus, Pazifismus, Genderismus. Allen sieben ist etwas gemeinsam: Menschen sollen gleich sein und gleich denken. Sie sollen alle sozialistisch ticken, es soll keine verschiedenen Rassen, keine verschiedenen Nationen, keine verschiedenen Kulturen, keine verschiedenen Wertvorstellungen, keine Auseinandersetzungen und keine verschiedenen Geschlechter geben. Dahinter steckt ein fundamentalistisch bedingungsloser Egalitarismus.

Die *conditio humana* kennt aber keine Gleichheit. Den Menschen geht es nicht besser, wenn alle gleich sind. Alexis de Tocqueville (1805 – 1859) erkannte sehr früh die Gefahren, die Gleichheit mit sich bringt, und die Gefährdungen der Freiheit. Letztere versickere in Gleichheit, schreibt er im Kapitel »Weshalb die demokratischen Völker die Gleichheit leidenschaftlicher und beharrlicher lieben als die Freiheit« seines Buches »Die Demokratie in Amerika« (1835). Freiheit erliege der Gleichheit, weil Freiheit mit Opfern und Anstrengung erkauft werden müsse, Gleichheit aber ihre Genüsse von selbst darbiete. Es kommt hinzu: »Gleichheit ist ein Monster mit unstillbarem Appetit.«[198] Tocqueville erahnt damit einen »Termitenstaat« der »Verähnlichung« und »Uniformität«.

Das Spannungsverhältnis von Gleichheit und Freiheit ist nicht aufhebbar: Sind alle gleich, so sind sie nicht frei; sind alle frei, sind sie nicht gleich. Deshalb gilt, was Goethe in den »Maximen und Reflexionen – Über Literatur und Leben« meinte: »Gesetzgeber oder Revolutionäre, die Gleichheit *und* Freiheit zugleich versprechen, sind Fantasten oder Scharlatane.« Die Gefahr, die hinter der vermeintlichen Unvereinbarkeit von Freiheit versus

Gleichheit lauert, ist freilich, dass das Prinzip Freiheit schwieriger zu wahren ist.

Gleichheit oder Freiheit? In Reinform praktiziert, bedeutet Gleichheit Vereinheitlichung, Freiheit pur bedeutet Überleben der Stärksten. In Reinform kann also weder das eine noch das andere Paradigma allein Maßstab sein. Denn Freiheit ohne Gleichheit wäre ein Laissez-faire-Libertinismus, und Gleichheit ohne Freiheit wäre Kollektivismus. Beide Paradigmata sind freilich auf der Basis von Subsidiarität und Solidarität vereinbar, daraus erwächst Gerechtigkeit. Damit freilich muss die Bereitschaft einhergehen, erst einmal die eigenen Kräfte zu mobilisieren. Es gilt: Fördern und Fordern gehören zusammen. Die Stärkeren dürfen jedenfalls nicht gebremst werden, denn man macht die Schwächeren nicht stärker, indem man die Stärkeren schwächt.

Gleichheit als irrationales Ideal

Menschen kommen unterschiedlich auf die Welt. Wer völlige Chancengleichheit will, müsste die Menschen entmündigen. Beim Start ins Leben sollen – abgesehen von den Genen – alle die gleichen Chancen haben. Gleiche Zielchancen kann es aber nicht geben. Egalitäre Ansinnen sind auch noch jedes Mal gescheitert. Die Ausreden dafür lauten zwar wieder und wieder: Der Sozialismus als Idee sei ja gut, aber man habe ihn bislang nirgends gut umgesetzt. Ausreden über Ausreden. »Wenn die Tatsachen nicht mit der Theorie übereinstimmen – umso schlimmer für die Tatsachen.« Das soll Georg Wilhelm Friedrich Hegel gesagt haben. Das Bewährte wird auch nicht am Nicht-Bewährten gemessen, sondern am Glanz einer Vision.

Da kann man es – frei nach Kurt Tucholsky – nur noch mit dem Marxismus halten: Dessen Aufgabe ist es, zu sagen, wie etwas kommen muss – und wenn es nicht so kommt, zu zeigen, warum es nicht so kommen konnte.[199] Oder in den Worten Morgensterns bzw. seines Palmström in »Die unmögliche Tatsache«: »… Und er kommt zu dem Ergebnis: / Nur ein Traum war das Erlebnis. / Weil, so schließt er messerscharf, / nicht sein kann, was nicht sein darf.«

Warum »funktioniert« Egalitarismus?

Weil Menschen Gleichheit für Gerechtigkeit halten. Gleichheit und Gerechtigkeit werden trickreich wie Synonyme verwendet. Friedrich August von Hayek hatte den Begriff »soziale Gerechtigkeit« erstmals 1988 als ein »Wieselwort« bezeichnet und damit gemeint, dass dies eine hohle Phrase sei (siehe das Wiesel, das ein Ei aussaugt und inhaltsleer macht, ohne die äußere Hülle zu zerstören).[200] Der Begriff an sich wurde erstmals wohl 1916 als »weasel-word« verwendet vom vormaligen US-Präsidenten Theodore Roosevelt (US-Präsident von 1901 – 1909), der damit die Politik seines Nach-Nachfolgers Thomas Woodrow Wilson (US-Präsident 1913 – 1921) attackierte. Von Hayek kritisiert die wiederkehrenden Debatten um »Gerechtigkeit« gar als »Trojanisches Pferd des Totalitarismus«. Richtig: Denn wer Gerechtigkeit total propagiert, könnte diese als gefühlte Gerechtigkeit nur mittels totalitärer Maßnahmen verwirklichen. Dieses Bestreben hat zig Millionen Menschen in der Sowjetunion, in China, in Kambodscha und andernorts das Leben gekostet.

Gleich ticken will man als Mann/Frau auf der Straße dennoch. Genauso wie die öffentliche Meinung will man sein. Man will das meinen, was alle meinen. Also passt man seine womöglich abweichenden Einstellungen den eigenen brav-konformen Äußerungen an. Wer kann es schon lange aushalten in kognitiver Dissonanz?

In China löst man solche kognitive Dissonanz brachial auf: Es gibt dort seit 2014 ein digitales Rating- bzw. »Social Scoring«-System, also eine Erfassung der Reputation von Privatpersonen und Organisationen, eine Art Bonus-/Malus-Punktesystem zur Förderung von erwünschtem und Bestrafung von unerwünschtem Verhalten. Für erwünschtes Verhalten gibt es Boni, für unerwünschtes Abzüge. Wer Blut spendet, bekommt Pluspunkte. Wer anderen Menschen über die Straße hilft, ebenso. Abzüge gibt es, wenn Hundekot nicht beseitigt wird. Negative Punkte gibt es auch bei Verkehrsdelikten. Überwacht werden die Menschen von Kameras mit Gesichtserkennung. Wer wenig Punkte hat, muss sich Einschränkungen gefallen lassen, zum Beispiel bei der Inanspruchnahme von sozialen Diensten oder bei der Arbeitsplatz- und Ausbildungssuche. Abgeschöpft werden dabei staatliche und private Datenbanken, etwa zur finanziellen Bonität, zum Strafregister. Sanktionen können sein: Reisebeschränkungen, Drosselung der Internetgeschwindigkeit, höhere Steuerbelastung. Schafft man so nicht ein Untertanenvolk?

13. Die stillgelegte Gesellschaft: Neue Autoritarismen durch Klima und Corona?

Niemand wird bestreiten, dass sich das Klima wandelt und dass die CoVid19-Pandemie eine riesige Herausforderung für die Menschheit ist. Aber wie kann/muss man darauf reagieren/regieren? Diese Fragen harren der Antworten. Denn die Vermutung, dass mit Klima und Corona die Maßstäbe von Demokratie, Rechtsstaatlichkeit und Gewaltenteilung außer Kraft gesetzt werden könnten, ferner die Vermutung, ob nicht Klima und Corona totalitäre Va banque-Begehrlichkeiten der Regierenden freisetzen, liegt nahe. Der SPD-»Gesundheitsexperte« Karl Lauterbach[201] etwa schlug den Bogen von Corona zur Rettung des Weltklimas. Ende Dezember 2020 meinte er: Da es niemals eine Impfung gegen CO_2 geben werde, »benötigen wir Maßnahmen zur Bewältigung des Klimawandels, die analog zu den Einschränkungen der persönlichen Freiheit in der Pandemie-Bekämpfung sind«.[202] Demnächst also nicht nur Corona-, sondern auch Klima-Lockdowns?

Den höchsten richterlichen Segen dafür bekommen No-CO_2-Aktivisten bezeichnenderweise inmitten des dritten Corona-Lockdowns mit seinen gravierenden Freiheitsbeschränkungen sogar durch das Bundesverfassungsgericht. Mit Beschluss vom 29. April 2021[203] verpflichtete »Karlsruhe« den Gesetzgeber zu noch schärferer Klimapolitik über 2031 hinaus. Der Gesetzgeber wird aufgefordert, dies bis Ende 2022 genauer zu regeln. Eine Steilvorlage für Schwarz/Grün oder auch Grün/Schwarz. Mit anderen Worten: Die Klimapolitik ist laut »Karlsruhe« massiv zu verschärfen. Das belegt allein schon folgender Satz aus dem Beschluss: »Künftig können selbst gravierende Freiheitseinbußen zum Schutz des Klimas verhältnismäßig und verfassungsrechtlich gerechtfertigt sein; gerade deshalb droht dann die Gefahr, erhebliche Freiheitseinbußen hinnehmen zu müssen.«

Im Klartext heißt das: Zur Rettung des Weltklimas dürfen (ja: sollen!) wie bei Corona Freiheiten eingeschränkt werden. Zugleich werden zukünftige, also noch nicht einmal geborene Generationen als Rechtsträger anerkannt, denn diese würden durch heutige Handlungen in ihren Freiheitsrechten eingeschränkt. Folglich seien bei der Nutzung heutiger Ressourcen die Interessen jener künftigen Generationen zu berücksichtigen. CDU-Bundeswirtschaftsminister Peter Altmaier (ein »epochales Urteil«[204]) und Bayerns CSU-Ministerpräsident Markus Söder (ein »wuchtiges, aber richtiges Urteil«[205]) sind denn auch begeistert ob des Urteils.

Weitere Sorgen sind angebracht. Der zweite Mann im Staate, Bundestagspräsident Wolfgang Schäuble (CDU), plädierte im August 2020 dafür, die Corona-Krise zu nutzen, um die EU als eine Transfer-Union auszubauen. Wörtlich sagte er: »Der Widerstand gegen Veränderung wird in der Krise geringer. Wir können die Wirtschafts- und Finanzunion, die wir politisch bisher nicht zustande gebracht haben, jetzt hinbekommen.«[206] Am 25. März 2021 war es denn auch so weit: Mit einer Mehrheit von fast drei Vierteln trat der Bundestag sein vornehmstes Recht, die Ausübung seiner Budgethoheit, zum Teil an die EU-Ebene ab. »Eigenmittelbeschluss-Ratifizierungsgesetz (ERatG)« heißt das Gesetz, das euphemistisch unter »Next Generation EU« firmiert und der EU-Kommission im Rahmen eines Corona-Wiederaufbaupakets erlaubt, Kredite in einem Volumen von 750 Milliarden Euro aufzunehmen und dreistellige Milliardensummen vorwiegend als verlorene Zuschüsse an die südeuropäischen Schuldenländer zu transferieren. Auf Eilantrag von »Bündnis Bürgerwille« hatte das Bundesverfassungsgericht tags darauf zwar dem Bundespräsidenten untersagt, dieses Gesetz zu unterzeichnen, um es am 21. April 2021 dennoch passieren zu lassen. Ausgang offen: Unmittelbar danach wiederum haben sieben CDU-Bundestagsabgeordnete wegen »unzulässiger Einschränkung der durch das Grundgesetz garantierten Haushaltsautonomie des Bundestages« Verfassungsbeschwerde eingelegt.[207]

Klima

In der Produktion von Apokalypsen mischen die Deutschen an vorderster Stelle mit. Ein libidinöses Grausen hat sie erfasst: Erschöpfung der Rohstoffe, Waldsterben, Atomtod, Ozonloch, saurer Regen, neue Eiszeit, Erderwärmung, ein versiegender Golfstrom. Die Gletscher schmelzen, Bäume verdorren, Eisbären sterben aus. In keinem anderen Land der Welt wurde so inbrünstig an die Prognose des »Club of Rome« mit dem Titel »Die Grenzen des Wachstums« von 1971 und das baldige Versiegen der fossilen Energiequellen geglaubt. Der »Spiegel« sah den Kölner Dom mit dem Titelbild der Ausgabe vom 11. August 1986 für 2020 in der Nordsee stehend. In Wahrheit sieht man ein Boot vor dem Kölner Dom allerdings nur, wenn Kölns Bischof in einem solchen Boot einen Gottesdienst für Bootsflüchtlinge zelebriert.

Für Umweltbewegte sind Corona und Klima eins: Jetzt würden Planet und Natur zurückschlagen, sie würden sich jetzt rächen, so heißt es anthropomorphisiert. Also vermengt man beides. Schließlich habe der Corona-bedingte Stillstand des Jahres 2020 tatsächlich den CO_2-Ausstoß reduzieren lassen.

Dabei belegen NASA-Satellitenaufnahmen, dass trotz der Abholzung von Regenwald eine »Begrünung« der Erde, vor allem Europas und Russlands, stattgefunden hat. Mehr noch: Mithilfe des steigenden CO_2-Gehalts ließe sich die Erde grüner machen. Statt der Ausweitung von Wüsten würden sich Grünflächen vergrößern und die Erträge von Ernten auf bis zu 30 Prozent steigern lassen, um eine wachsende Weltbevölkerung zu ernähren. In Holland werden Gewächshäuser des höheren Ertrages wegen auch schon mit CO_2 begast. Außerdem hat die NASA eine Abkühlung der Erde durch einen Rückgang der Sonnenaktivität angekündigt.[208]

»Klima«-Ikone Greta Thunberg ist zugleich zur Pandemie-Expertin geworden, angeblich hat sie übernatürliche Gaben, denn sie könne sogar ein CO_2-Molekül erkennen. So jedenfalls schreibt es Gretas Mutter 2019 im Buch »Szenen aus dem Herzen: Unser Leben für das Klima«. Das heißt aber auch: Greta müsste das CoVid19-Virus mit bloßem Auge erkennen können. Der Durchmesser eines CO_2-Moleküls wird in der gasförmigen Phase in der Fachliteratur nämlich mit Werten zwischen 0,23–0,276 Nanometern (Nm) angegeben. Den Durchmesser des nicht ganz symmetrischen SARS-CoV-2-Virus gibt das Robert-Koch-Institut mit 80–140 Nm an. Das Virus ist also rund 300- bis 500-mal größer. Greta schafft demnach etwas, was nicht einmal Elektronenrastermikroskope können. Dafür wäre ein Nobelpreis fällig.

Jedenfalls erwarten Gretas Jünger von der Politik im Umgang mit dem Klimawandel »dieselbe Entschlossenheit« wie mit der Corona-Krise. Beim Thema Klima habe man das versäumt und nicht auf die »Wissenschaft« (welche?) gehört.[209] *Die Zeit* ist bereits am 27. März 2020 erleichtert: »Der Mensch hat Pause – der Planet atmet auf.«[210] Und überall hört man den bereits an anderer Stelle zitierten Slogan »Verbietet uns endlich etwas!«. So ein Plakat vom Klima-»Streiktag« vom 20. September 2019.[211] Ganz vorne dran wieder Greta, die von Obama, Papst, Merkel, Europaparlament in Davos und Co. empfangen, mit der Goldenen Kamera ausgezeichnet und für den Friedensnobelpreis vorgeschlagen wird.

2004 wartete der Präsident des Potsdam-Instituts für Klimafolgenforschung, Hans Joachim Schellnhuber, mit dem Bild einer Erde als »kippender Dominostein« auf. Die Kipp-Theorie gilt seitdem als nicht widerlegbar. Schellnhuber wurde so zum Impulsgeber für die »Fridays for Future«-Jünger. Deren Feindbild sind die Alten (von denen die Jungen ein Leben im Wohlstand bereitet bekamen). Oma gilt als »Umweltsau« – so eine »Satire« des WDR.[212] Von wegen: Die Älteren sind umweltbewusster als die Jungen. Ältere Menschen sind eher bereit als jüngere, Abstriche fürs Klima zu machen. Das ist ein zentrales Ergebnis einer Studie des Wuppertal Instituts für Klima, Umwelt und Energie. Besonders deutlich wird das bei der Aussage »Ich achte im Alltag sehr darauf, Ressourcen zu schonen«. Diesem Satz stimmen nur 43 Prozent der Befragten in der Alterskohorte von 19 bis 29 Jahren zu. Doch je älter die Befragten sind, desto stärker fällt ihre Zustimmung aus. Unter den 40- bis 49-Jährigen beträgt sie 62 Prozent, jenseits von 60 Jahren stimmen sogar 70 Prozent zu.[213]

Deutschlands Weg in die De-Industrialisierung

Energiewenden sind angesagt. Kost' ja nix! Fast nix! 2004 hatte der damalige Bundesumweltminister Jürgen Trittin (Grüne) beruhigt: Die Kosten der Energiewende würden für einen durchschnittlichen Haushalt pro Monat nicht mehr als den Preis einer Kugel Eis pro Monat ausmachen, also rund zwölf Euro im Jahr.[214] Wie man sich hinters Licht führen lassen kann: Beschleunigt durch den überstürzten »Atom«-Ausstieg von 2011, den die »Grünen« ja gar nicht schnell genug haben konnten, hat sich der Strompreis seit 2000 fast verdoppelt. Ein Haushalt mit je zwei Erwachsenen und zwei Kindern hatte damals eine Stromrechnung über rund 800 Euro, 2020 hatte er rund 1 500 Euro zu zahlen.[215] Selbst wenn man für diesen Zeitraum eine kumulative Inflationsrate von rund 30 Prozent ansetzt, ist das doch eine gigantische Eisportion von rund 600 Kugeln!

2011 stieg Deutschland sukzessive und 2022 endgültig aus der Atomkraft aus, wiewohl Deutschland die weltweit sichersten Atomkraftwerke hat. Anlass: Ein Tsunami hatte das Kernkraftwerk Fukushima im 10 000 Kilometer weit entfernten Japan zerstört. Etwa 18 500 Menschen kamen durch den Tsunami (!) ums Leben, durch den zerstörten Atomreaktor mehrere Arbeiter. Dem Ausstieg ging ein einsamer Beschluss der Kanzlerin voraus, die meinte, damit für ihre CDU die Landtagswahl in Baden-Württemberg vom 27. März 2011 retten zu können. Eine Fehlkalkulation: Die CDU verlor, das Amt des Regierungschefs ging an den »Grünen« Kretschmann. Die CDU hat sich im »Ländle« seitdem nicht mehr erholt. Im Gegenteil: In ihrem ehemaligen Stammland landete sie bei den Landtagswahlen vom 14. März 2021 bei 24 Prozent.

Für die deutschen Braunkohlekraftwerke ist 2038 Schluss. Dafür »verschönern« Windräder die Kulturlandschaft. Dass die Grundlast an elektrischer Energie kaum noch gewährleistet werden kann, will man nicht wissen. Als am 8. Januar 2021 um 14.05 Uhr Europa und die Türkei kurz vor dem Zusammenbruch des Stromnetzes standen, vernahm man davon in der Öffentlichkeit wenig.[216] Und dass das Bundesamt für Bevölkerungsschutz und Katastrophenhilfe einen »Ratgeber für Notfallvorsorge und richtiges Handeln in Notsituationen«[217] herausgegeben hat (Kerzen, Taschenlampen, Batterien bereithalten …) und offenbar mit Black-outs rechnet, soll auch keiner so genau wissen.

Man lenkt ab, weil man ja Strom importieren könne: produziert von Kern- und Kohlekraftwerken andernorts. Immerhin gibt es auf der Welt (Stand 2020) 442 Atomkraftwerke in 32 Ländern, dazu 54 im Bau: in den USA 95, beim Nachbarn in Frankreich 56, in China 47, in Russland 38. Und den 35 deutschen Kohlekraftwerken stehen allein in Indien und China 3 600 entgegen.

Aber Deutschland produziert mit großflächigen Waldrodungen und Vogelsterben »grünen« Strom. Wenn dieser Strom nicht gebraucht wird, verkauft man ihn zu Schleuderpreisen an Nachbarländer. Zugleich fehlen Trassen und Speichermöglichkeiten. Man setzt auf E-Mobilität. Aber man schert sich kaum um die

Frage, woher die dafür notwendigen Rohstoffe kommen und wie die Akkus entsorgt werden. Man wirft die führende Dieseltechnik über Bord, nimmt unter dem Namen Dekarbonisierung eine weitreichende De-Industrialisierung Deutschlands in Kauf, eine De-Industrialisierung, wie sie wohl nicht einmal der – nicht realisierte – Morgenthau-Plan hätte erwirken können. Im *Wall Street Journal* erntete die deutsche Politik dafür das Prädikat »World's Dumbest Energy Policy«.[218] Außerdem ist nirgendwo in Europa der Strom so teuer wie hier: Eine Kilowattstunde kostet im EU-Schnitt 20,5 Cent, in Deutschland 31 Cent, in Italien 23 Cent, in Österreich 10 Cent, in Frankreich 18 Cent, in Ungarn 11 Cent.

Man meint in Deutschland damit den weltweiten Temperaturanstieg auf 1,5 Grad begrenzen zu können. Indes: »Zu glauben, dass wir etwa über Regen oder Sonnenschein entscheiden und quasi die Natur ausstechen könnten, ist ein Rückfall in die prometheischen Wahnfantasien fanatischer Fortschrittsgläubiger.«[219]

Unerwünschte Wahrheiten

Wer darauf hinweist, dass es immer schon Klimaschwankungen gab, etwa die »Kleine Eiszeit«, das »Mittelalterliche Klimaoptimum«, das »Nacheiszeitliche Klimaoptimum«, wird zum »Klimaleugner« kriminalisiert. Der frühere Hamburger Umweltsenator und Chemiker Fritz Vahrenholt und der Geowissenschaftler Sebastian Lüning haben unter dem Titel »Unerwünschte Wahrheiten« die fünfzig wichtigsten Fragen zum Klimawandel nüchtern untersucht und sind oft zu ganz anderen Ergebnissen gekommen.[220] Ja, es gibt ihn, den Klimawandel. Aber: Der Anteil des Menschen am Klimawandel ist weitaus geringer als behauptet.

Aber dieser Befund passt nicht in die hysterisierte Debatte. Deshalb ist es gut, dass Vahrenholt und Lüning hier einiges zurechtrücken. Zum Beispiel die Behauptung, in der Diagnose des Klimawandels gebe es unter Wissenschaftlern einen 97-Prozent-Konsens. 11 000 »Wissenschaftler« aus 153 Ländern, darunter 871 aus Deutschland, mögen im November 2019 den »Klima-Notfall« ausgerufen haben. Indes: 99,9 Prozent von ihnen sind keine Meteorologen. Die Unterzeichnerliste wurde ungeprüft veröffentlicht, es fanden sich darunter Unterschriften wie »Mickey Mouse« und jede Menge Vertreter von Umweltverbänden und viele ohne Berufsnennung.[221]

Und man müsste rechnen lernen. Die Luft enthält 0,038 Prozent CO_2. Dazu trägt die Natur 96 Prozent und der Mensch vier Prozent bei. Von diesen vier anthropogenen Prozent wiederum entfallen auf China 30 Prozent, auf die USA 14 Prozent, auf Deutschland 2 Prozent. Fiktive Rechnung also: Würde Deutschland sofort mit allen Pflanzen, Tieren, Menschen zu existieren aufhören, dann würde die globale jährliche anthropogene CO_2-Emission um maximal 0,7 Milliarden Tonnen CO_2 zurückgehen. Das sind 0,02 Prozent der etwa 3 000 Gigatonnen des in der Atmosphäre befindlichen CO_2.[222] Hauptsache, Deutschland rettet das Klima und die Welt!

Übertuscht werden solche Fakten vom deutschen Schuldkomplex: Wenn ich nicht Müll trenne, sterben die Eisbären aus! Deren Population übrigens wächst. Nun, ein schlechtes Gewissen ist eben ein gutes Ruhekissen. Aber vielleicht lebe ich ja vegan und folge dem UNO-Programm »The Great Reset« und seiner Agenda 2030 mit 17 »Sustainable Development Goals«.[223] Der Fleischkonsum soll bis 2030 pro Woche 300 Gramm nicht überschreiten. Und wenn es denn sein muss, dann geht es sogar den Hunden an den Fressnapf. Die zehn Millionen Hunde in Deutschland verursachen in ihrem im Schnitt 13 Jahre währenden Leben ja 82 Millionen Tonnen CO_2.[224]

Corona

Seit dem Frühjahr 2020 hat Corona die Welt und Deutschland im Griff. Am 11. Februar 2020 deklarierte die WHO die Ausbreitung des Virus zur Pandemie. Wo das Virus wie entstand, war schnell vergessen. Wehe, jemand sprach von einem »China-Virus«! Lockdowns folgten – verbunden mit Ausgangssperren, Kontaktsperren, Hygienevorschriften, Maskenpflichten, Betriebsschließungen zu Zigtausenden, Schul-, Theater, Kino-Bibliotheksschließungen usw. Das private Leben und die Wirtschaft waren weitgehend lahmgelegt.

Manche Interpreten stilisierten die Corona-Monate zu einer neuen »Stunde null« – wie 1945. Tatsächlich waren (und sind zum Zeitpunkt, an dem ich das schreibe) die Einschränkungen der Freiheitsrechte die rigorosesten seit 1945. Zudem nahm die Staatsverschuldung exorbitante Größenordnungen an – jenseits der »Maastricht«-Obergrenzen. Anfang 2021 musste man davon ausgehen, dass der Corona-Schutzschirm bereits drei ganze Bundesjahreshaushalte ausmacht. Eine gigantische Belastung für spätere Generationen!

Deutschland war vorbereitet, aber nur auf dem Papier

Eigentlich hätte Deutschland auf Corona vorbereitet sein können. Dann hätten wir von Anfang an genügend Testmaterial, Atemschutzmasken, Schutzanzüge, Desinfektionsmittel, Krankenhaus-Intensivplätze, Beatmungsgeräte, Luftreinigungsgeräte gehabt. Dann hätte es kein planloses Chaos gegeben. Dann hätte man die pharmakologische Forschung vorantreiben können. »Eigentlich« wäre das alles möglich gewesen, denn immerhin hat sich der Bundestag erstmals 2003 und dann 2012 mit einer Pandemie durch ein Virus »Modi-SARS« befasst. Nachlesen kann man das auf den Seiten 55 bis 87 einer Bundestagsdrucksache.[225] Dort werden differenziert mögliche Kausalketten und notwendige Maßnahmen aufgelistet.

Wie gesagt: »Eigentlich« hatte man über eine Pandemie des Corona-Ausmaßes nachgedacht. Die 2020 folgende reale Politik freilich ließ Erinnerungen an die DDR wach werden: Lieferengpässe, Rationierungen, Nachverfolgung von Infizierten, zum Teil miserable Maskenqualität, Reisebeschränkungen, Ausgangssperren, chaotische Impflogistik, stets neu festgesetzte Indizes …

Sind die Folgen nur Kollateralschäden?

Die Folgen von Corona und der Coronapolitik sind am ehesten wirtschaftlich und gesundheitspolitisch erfahrbar. Welche Folgen haben Pandemie und »Pandemiepolitik« für die Gesellschaft? Für die Wirtschaft, für das Kaufverhalten der Menschen, die immer häufiger im Internet kaufen und die Städte veröden lassen? Für die psychische Gesundheit der Menschen? Für das kulturelle Leben? Für das Verhältnis Nationalstaat versus EU, für die Globalisierung mit ihrem Ziel »no borders«? Man will es kaum sehen und lieber »auf Sicht« fahren. Absehbar sind die Folgen bereits, was das Bildungsniveau betrifft. Fünfhundert und mehr fehlende Stunden Präsenzunterricht innerhalb eines Jahres lassen sich nicht mit Distanzunterricht, Wechselunterricht usw. wettmachen.

Vor allem sind Sorgen um den Fortbestand der Freiheitsrechte und des demokratischen Rechtsstaates berechtigt, zumal man hört und liest, wie der eine oder andere Politiker Corona als Trittbrett für andere autoritäre, »klimarelevante« Entscheidungen betrachtet, etwa Fahrverbote, Verbote von Inlandsflügen sowie ein gänzliches Verbot von Verbrennermotoren und/oder Ölheizungen.

Ohne Wenn und Aber?

Und alles ist mal wieder alternativlos. Die Regierung will »die Zügel anziehen«. Aber viele Fragen bleiben offen: Welche Nebenwirkungen hat die Impfung? Kann ein Geimpfter das Virus übertragen? Wen schützen die Masken? Gibt es eine Übersterblichkeit gegenüber Influenza-Epidemien? Wie viele Menschen begehen wegen Corona Suizid? Dürfen Pflegekräfte, die eine Impfung verweigern, entlassen werden? Wie viele Arbeitslose wird Corona fordern? Wie viele Firmenpleiten? Wie lange halten die staatlichen Hilfen her? War es sinnvoll, die EU die Beschaffung von Impfstoff koordinieren zu lassen? Warum waren Israel, Großbritannien und die USA den Deutschen bei der Impfquote von Anfang an weit voraus? Hat die deutsche Pharmaindustrie (einst die »Apotheke der Welt«) geschlafen?

Die »hohe« Politik geriert sich trotzdem allwissend und mächtig. Angela Merkel sagt: »Glauben Sie nur den offiziellen Mitteilungen.«[226] Aber welchen? Den von Spahn favorisierten Google-Seiten, sofern sie bevorzugt Texte seines Ministeriums verbreiten?[227] Oder soll man nur Lothar Wieler, dem Präsidenten des Robert-Koch-Instituts, glauben: »Diese Maßnahmen dürfen niemals hinterfragt werden.«[228]

Interessant ist in diesem Zusammenhang, dass sich unter den »Querdenkern« zahlreiche Sympathisanten linker Parteien befinden. Das hat Ende 2020 eine Befragung von 1 150 Teilnehmern an Querdenker-Demonstrationen ergeben. Ein Baseler Soziologenteam fand heraus, dass sich die Demonstrationsteilnehmer wie folgt darstellen: im Schnitt 47 Jahre alt, 34 Prozent mit Studienabschluss, hoher Anteil an Selbstständigen. Und: 21 Prozent von ihnen haben bei der Bundestagswahl 2017 »grün« und 17 Prozent die Linkspartei gewählt. Beide Parteien hatten bei dieser Wahl 8,9 bzw. 9,2 Prozent erreicht. Unter »Querdenkern« sind »Grüne« und »Dunkelrote« also mehr als doppelt überrepräsentiert.[229]

Wie steht es um die Güterabwägung? Sind die Corona-Maßnahmen mit den Freiheitsgarantien des Grundgesetzes vereinbar und verhältnismäßig? Wie steht es um die Gewaltenteilung? Eine im Grundgesetz nicht vorgesehene (Video-)Konferenz von Kanzlerin und 16 Ministerpräsidenten entscheidet über weitreichende Freiheitsbeschränkungen. Nun ja, die Ministerpräsidenten holen sich den »Segen« dafür im Nachhinein bei ihren Landtagen bzw. Koalitionsmehrheiten. Manchmal! Und wenn die Kanzlerin einen Beschluss (»Osterruhe«) nicht binnen 36 Stunden wieder kippt! Dominiert also die Exekutive die Legislative? Verräterisch ist, was der saarländische Ministerpräsident Tobias Hans (CDU) im Sender ntv im Dezember 2020 von sich gab: »Verordnungen sind nicht schlechter als Gesetze.« Also schaffen wir die Legislative ab? Es bleibt jedenfalls dabei, was der Verfassungsrechtler und frühere Bundesverteidigungsminister Rupert Scholz (CDU) im November 2020 sagte: »Nach der ›Wesentlichkeitstheorie‹ des Verfassungsgerichtes, ist in allen Fragen, die die Grundrechte betreffen, ausschließlich die Legislative zuständig und nicht irgendwelche exekutivischen Regime.«[230]

Das Problematische daran ist, dass sich die Bevölkerung schrittweise daran gewöhnt hat. »Allensbach« machte bereits im April 2020 darauf aufmerksam. In einer Studie heißt es: »Theoretisch muss man eine tatsächliche oder auch nur angenommene Gefahr nur stark genug ausmalen: eine drohende Klimakatastrophe, eine riesige Einwanderungswelle, gewaltige soziale Verwerfungen – scheint die Bedrohung groß genug, sind viele bereit, ihre Grundrechte zurückzustellen.«[231] Gewöhnt hat man sich brav auch daran, dass die »Maske« einer Entpersönlichung und Uniformierung der Menschen gleichkommt. Immerhin verdeckt sie eines der individuellsten Merkmale einer Person: ihre Gesichtsphysiognomie und ihre Mimik. Aber wieder einmal dominiert in der Einschätzung der Deutschen Sorge um Sicherheit die Angst vor dem Verlust der Freiheit.

Wie geht es weiter? Niemand kann verlässlich eine Perspektive oder gar einen Zeitplan vorgeben. Eines jedenfalls sollte mitbedacht werden: »Eine einmal stillgelegte Gesellschaft lässt sich dann auch nicht per Regierungsbeschluss wieder anstellen …« So der Münsteraner Jurist Hinnerk Wißmann am 20. März 2020.[232]

Das über die gesundheitlichen und wirtschaftlichen Bedrohungen hinaus wohl Gefährlichste könnte sein, dass wir in eine Phase einer Politik hineinschlittern, die Geschmack gefunden hat an totalitärer Verführung und an einem Regieren mit Angst (siehe Kapitel 20 dieses Buches). Und ebenso fragwürdig: Wie bequem wird sich der deutsche Michel in neoautoritärer Politik einrichten? *Focus*-Mann Jan Fleischhauer hat nicht unrecht, wenn er am 23. Januar 2021 schreibt: »Der autoritäre Deutsche findet in der Pandemie zu sich selbst. An die Stelle des Vorschlags tritt das Kommando, an die Stelle des Arguments der Befehl.« Und wenn er hinzufügt, dass hier gerade die Linken vorneweg marschieren.[233]

14. Linke Autoritarismen als Ersatzreligionen

»Wenn man den Deutschen keine Religion gibt, so machen sie sich eine.« Diesen Satz hat Friedrich von Schlegel 1828 in seiner »Philosophie der Geschichte in achtzehn Vorlesungen« einige »fromm erleuchtete Geistliche« sagen lassen. Ähnlich markant mahnte Novalis zuvor, 1799, in seinem Aufsatz »Die Christenheit oder Europa«: »Wo keine Götter sind, walten Gespenster.« Im gleichen Sinne viel später Ernst Jünger in den Epigrammen zu »Blätter und Steine«: »Die verlassenen Altäre sind von Dämonen bewohnt.« Hitler mit der von ihm in Anspruch genommenen »Vorsehung« ist ein markantes Beispiel dafür.

Diese drei Sätze von Schlegel, Novalis und Jünger kommen einem in den Sinn, wenn man die eben beschriebenen »Ismen« betrachtet: Antifaschismus, Antirassismus, Kosmopolitismus, Multikulturalismus, Humanitarismus, Genderismus und so weiter. All diese Autoritarismen sind neuheidnische Ersatz- und Zivilreligionen.[234]

Wie alle totalitären Ideologien haben sie ihre Wurzeln in einem politischen Messianismus als einem weltgeschichtlichen Kampf zwischen den Mächten des Guten und des Bösen. In ihnen kommt alles vor, was es in den herkömmlichen Religionen gibt: Die Götzen heißen jetzt »die Gesellschaft«, »das Soziale«, »der Fremde«, »das Diverse«, »das Klima«, der »Fortschritt«. Unter dem Strich bleibt die Summe aller Glaubenssätze damit über alle Zeiten hin gleich. Denn der Bedarf an Vergewisserungen bleibt ungestillt.

Erneut verfasst man Katechismen, Bibeln, Enzykliken, Dekaloge, Evangelien (wörtlich: frohe Botschaften), Dysangelien (schlimme Botschaften). Man prophezeit Apokalypse, Chiliasmus, Eschatologie. Das hat mit dem typisch linken »Degout«

am Bestehenden, am Herkömmlichen, am Normalen zu tun. »Die Grenzen des Wachstums« von 1972 sind damit – wenngleich zigfach widerlegt – zu einer quasi-heiligen Schrift geworden. In den Worten von Norbert Bolz: »Jedes Heilsversprechen ist also zugleich Elendspropaganda. Wie Ärzte einen Therapiebedarf produzieren, so schaffen Propheten einen Erlösungsbedarf. Ein Heilsversprechen macht uns erst klar, dass wir die Erlösung brauchen.«[235]

Man verspricht Paradiese, hat neue Propheten, Päpste, Märtyrer, Heilige, Hohepriester, praktiziert unter Beteiligung von Spitzen des Staates Pontifikalämter samt Litaneien, Chorälen, Rosenkränzen, Bußgängen, Lichterketten, (Reinigungs-)Ritualen, (Kinder-)Kreuzzügen. Man nimmt Weihen und Heiligsprechungen vor, gewährt »Gläubigen« oder Bekehrten Absolution. Man prangert »Todsünden« an. Weil es nicht nur das Gute, sondern auch das Böse gibt, geht man gegen »Ungläubige« und Häretiker mittels Exorzismus oder Exkommunikation vor. Reuige Sünder gehen wie sich selbst geißelnde Flagellanten des Mittelalters in Sack und Asche. All dies geschieht mit dem Anspruch auf Unfehlbarkeit gläubig, fromm, andächtig, ergriffen, erhebend, edel, inbrünstig, erleuchtet. Man ist »woke«, wach geworden, hat Erweckungserlebnisse.

In den Worten Émile Durkheims ist all dies »Religion ohne Religion« – durchsetzt mit einer Menge Adventismus als säkularisierte Version der Vorstellung totaler Gerechtigkeit. Religion light! Raymond Aron hat dies in seinem Hauptwerk »Opium für Intellektuelle« (1955, deutsch 1957) deutlich gemacht. Kommunismus zum Beispiel ist für ihn »säkulare Religion«. Sein Buchtitel »Opium für Intellektuelle« wurde bewusst in Anlehnung an Marx' »Religion als Opium des Volkes« gewählt.

Die Assoziation zu Sigmund Freuds Diktum von Religion als »universeller Zwangsneurose« liegt nicht fern. Nach Freud hat Religion wie bei Zwangsneurosen die Funktion der Angstbewältigung durch Rituale, Vorschriften und Gebote, um damit Sicherheit zu gewinnen. Freud geht in »Die Zukunft der Illusion« (1927) noch weiter: Schuldgefühle sind der Nährboden für die Entstehung einer Religion.

Offenbar scheint »die metaphysische Veranlagung«, ein »Heimweh ins Metaphysische« und damit eine Abkehr vom Rationalen, eine Eigenheit gerade der Deutschen zu sein. Namhafte Psychologen des ersten Drittels des 20. Jahrhunderts sind sich offenbar darin einig.[236] Die Deutschen pflegen ihre »Perngläubigkeit«. Der Mensch will etwas glauben.[237]

Aufbruch zu neuen Fantasiereichen

Warum bilden sich Menschen solche Glaubenskonstrukte? Weil Religiosität eine anthropologische Grunddimension ist. Der Mensch ist darauf angelegt, dass er nach dem Sinn des Lebens forscht und dass er sein Ich transzendieren will. Sobald sich Menschen aber von herkömmlichen »Jenseitsreligionen« emanzipieren oder in ein metaphysisches Vakuum geraten, brechen sie zu neuen kryptotheologischen Glaubenssystemen, zu neuen ideologischen Bindungen und neuen Fantasiereichen auf. Am liebsten ist es ihnen, wenn sie mit ihren Wünschen nach Heil und Erlösung nicht auf ein Jenseits vertröstet werden, sondern ihre Wünsche schon auf Erden erfüllt werden.

Sigmund Freuds zutreffende Feststellung, wonach im Plan der Schöpfung die Absicht nicht enthalten sei, dass der Mensch nur glücklich sei, will man nicht wahrhaben. Man hält sich an »weltliche Utopien«[238], die umso überzeugender wirken, je mehr sie (vermeintlich) wissenschaftlich begründet werden. »Zu der religiös-moralischen Legitimierung kommt der Anspruch auf Wissenschaftlichkeit und zugleich Aufhebung aller Widersprüche durch die Zauberformel der Dialektik. Aus der Idee, im Besitz der endgültigen Wahrheit zu sein, folgt am Ende nicht nur die

Berechtigung, sondern die Notwendigkeit von Selbsttäuschung und Lüge, Verfolgung und Terror, um jene Wahrheit endgültig umzusetzen.«[239]

1989 hatte Francis Fukuyama mit dem Fall des Eisernen Vorhangs das »Ende der Geschichte« angesagt.[240] Er meinte, dass jetzt die liberale Ordnung gesiegt habe, weil sich alle Ideologien erschöpft hätten. Fukuyama lag völlig daneben. Richtig lag und liegt Joachim Fest: »Die vom Sozialismus gebundenen Bedürfnisse nach einem Glauben und einer Daseinsbotschaft sind mit dessen Ende ziellos geworden und werden nicht lange damit warten, neue Uniformen anzulegen und unter neuen Fahnen zu neuen Fantasiereichen aufzubrechen.«[241]

Ersatzreligionen als Kontingenzbewältigung

Egal, wie man das Wort »Religion« etymologisch und semantisch herleitet: Es geht um einen Hunger nach Gewissheiten. Gründet *religio* auf dem Verbum *relegere* (wiederholt lesen), so bringt der Begriff das Bedürfnis des Menschen zum Ausdruck, sich immer wieder zu versichern. Gründet *religio* auf dem Verbum *re(e)ligere* (wiederwählen), so bringt der Begriff den Wunsch des Menschen zum Ausdruck, zu Vertrautem zurückzukehren. Gründet *religio* auf dem Verbum *religari* (sich gebunden wissen), so bringt der Begriff zum Ausdruck, dass der Mensch ideelle oder ideologische »Rückbindung« braucht und will. Der Mensch will hoffen können.

Ernst Bloch (1885 – 1977), für den übrigens Stalin eine »Lichtgestalt« war, brachte es zum Ausdruck: »*Ubi Lenin, ibi Jerusalem.*« In seinem Hauptwerk »Das Prinzip Hoffnung« von 1954 entwickelt er eine sozialistische Vision von einem klassenlosen Paradies der allgemeinen Bedürfnisbefriedigung. Realitätssinn hält er für einen »Tatsachenfetischismus«. Er hat dafür nur einen »Hohn auf die Realität« übrig.

Eine »gerechte« Politik (»gerecht«, weil egalisierend) wird zum säkularisierten Credo, zur neuen Sozial- und Zivilreligion, zum Religionsersatz. Was der Schöpfer am Jüngsten Tag vollziehen kann, nämlich eine absolute Gerechtigkeit, das will der Reformer qua Gesellschaftspolitik, zum Beispiel qua »Bildungspolitik«, schon im Diesseits installieren.

Der Mensch will es eben intellektuell einfach haben. Er will Simplifizierungen; Ismen bieten sie ihm. Der Mensch ist auch kein rationales Wesen, sondern ein rationalisierendes (Leon Festinger). Weil er sich ungern im Zustand kognitiver Dissonanz befindet, ummantelt er sein Bauchgefühl, seine Emotionalität, sein Pathos gerne pseudo-rational (rationalisierend), quasilogisch, also ideologisierend. »Denn so ist der Mensch! Ein Glaubenssatz könnte ihm tausendfach widerlegt sein – gesetzt, er hätte ihn nötig, so würde er ihn immer wieder für wahr halten« (Nietzsche, Die fröhliche Wissenschaft, Fünftes Buch).

Dabei gilt: »Von allen politischen Ideen ist der Wunsch, die Menschen vollkommen und glücklich zu machen, vielleicht am gefährlichsten. Der Versuch, den Himmel auf Erden zu verwirklichen, produzierte stets die Hölle«, so Karl Popper.[242] In seinem großen Werk »Die offene Gesellschaft und ihre Feinde« beklagt er im 14. Kapitel einen »moralischen Futurismus«, einen »orakelnden Irrationalismus«, mit dem Gefühle und Leidenschaften über Denken und Erfahrung dominierten.

Staat und Gesellschaft als Götzen

Die Trennung von Staat und Religion war eine der großen Errungenschaften der Moderne. Diese Säkularisierung des Staates droht mittlerweile in dessen neuerliche Sakralisierung einzumünden. Mehr und mehr werden an den Staat Wünsche herangetragen (bzw. von diesem angenommen oder als Versprechungen gar angeboten), die wie Glücks- und Heilserwartung anmuten. Ein solchermaßen allmächtiger Staat (der als Opfergabe immer mehr Steuern einfordert) beginnt Züge eines Religionsersatzes anzunehmen. Der Glaube an den Staat wird zu einer Art Gottesdienst. Auf diese Weise wird der Ungehorsam gegen den Staat zur Sünde, die Abwahl eines Regenten oder einer Regentin zum Deizid.

Helmut Schelsky kommt angesichts solcher Verirrungen zu einem vernichtenden Urteil: »Die Reprimitivisierung des Erkenntnisvermögens ist ein sicheres Zeichen des Entstehens einer neuen missionarischen Religiosität und Glaubensverfolgung.« Im Kern – so Schelsky – läuft jede Ersatzreligion auf eine »Heilsvergottung der Gesellschaft als Basis für einen dereinst vollkommenen sozialen und individuellen Zustand« hinaus. Dem Menschen werde weisgemacht, er sei nicht einem göttlichen Plan oder dem Schicksal unterworfen, sondern der Gesellschaft ausgeliefert. Die Linken seien dabei die Wissenden, die die beherrschte Klasse der Güterproduzenten befreien müsse.[243] Von den drei Arten des Wissens, wie sie Max Scheler unterscheidet (»Herrschafts- oder Leistungswissen«, »Bildungswissen« sowie »Erlösungs- oder Heilswissen«[244]), liegt der Schwerpunkt bei den Linken vor allem auf Letzterem – dem »Erlösungs- oder Heilswissen«.

Früher konnte man sagen: Religion entsteht dann, wenn die Grenzen menschlichen Handelns erreicht sind. Jetzt will man keinerlei Grenzen des Machbaren mehr anerkennen. Der »Bigger, better, faster«-Mensch sei schließlich zu allem fähig. Er brauche keinen Lenker der Geschichte mehr. Ob solche Auto-(Selbst-)Vergötzung des Menschen Ausdruck höchster Intellektualität und Rationalität ist? Es konnte auch Ergebnis eines kindlichen Animismus sein, der die Welt für magisch steuerbar und steuerbedürftig hält. Denn Kontingenzen, Unwägbarkeiten, Unzulänglichkeiten, Nicht-Berechenbarkeiten kann der Mensch kaum ertragen. Zwar könnte auch eine Grundausstattung an Humor über Kontingenzen hinweghelfen, aber das wäre nicht »deutsch«

Einfacher und griffiger lassen sich schwierige Fragen und komplexe Sachverhalte mit Dogmen beantworten.

Linke Ideologien traten und treten denn auch an mit dem Anspruch, dass der Mensch sich kollektiv selbst erlösen könne. Man will die »schlechte« Welt des Schöpfers ummontieren in die gute Welt. Solche »Heilsvergottung« stammt aus dem Marxismus (»Der neue Mensch wird gemacht«), der russischen Reflexologie (Pawlow und seine Hunde) und dem US-amerikanischen Behaviorismus (»Der neue Mensch ist konditionierbar«). Gemeinsam ist allen drei Richtungen die Hybris, die Gesellschaft, der Mensch, der Untertan, könnten grenzenlos konditioniert werden (womit etwa die Pädagogik auf den Pawlow'schen Hund gekommen ist) und zu allem »begabt« werden. Mit solch diesseitiger Machbarkeitsreligion befreit sich der Mensch vermeintlich vom Gefühl der Ohnmacht. Man will damit gegen die »irrende« und Unterschiede produzierende Natur vorgehen. Siehe den Versuch der Emanzipation von der Natur durch die Gender-Ideologie!

Dass gerade die moderne Staatslehre eine Art Theologie ist, hatte Carl Schmitt festgestellt: »Alle prägnanten Begriffe der modernen Staatslehre sind säkularisierte theologische Begriffe. Nicht nur ihrer historischen Entwicklung nach, weil sie aus der Theologie auf die Staatslehre übertragen wurden, indem zum Beispiel der allmächtige Gott zum omnipotenten Gesetzgeber wurde, sondern auch in ihrer systematischen Struktur ...«[245]

Eric Voegelin brachte es 1938 kurz vor seiner Emigration in die USA ähnlich auf den Punkt.[246] Mit Blick auf den deutschen Nationalsozialismus und den russischen Bolschewismus wollte er den religiösen Wesenskern dieser kollektivistischen, vermeintlich säkularisierten Bewegungen freilegen, mit denen religiöse Fragen zwar zum Tabu wurden, aber »sakral durchblutet« bei Vergöttlichung der irdischen Herrschaftsordnung und gleichzeitiger »Dekapitierung des überweltlichen Gottes« erneut auftauchten.

Voegelins Begriff der »politischen Religion« lässt Parallelen zwischen den Strukturen von totalitären Systemen und denen von Religionen erkennen. Wörtlich schreibt Voegelin: »... das göttliche Haupt wird abgeschlagen und an die Stelle des welttranszendenten Gottes tritt der Staat als die letzte Bedingung und der Ursprung seines eigenen Seins.« Vorweggenommen hatte dieses Verständnis bereits Hegel, für den sich im Staat die Vernunft der Welt auslebte. Hegel und später Marx waren es auch, die die christliche Heilserwartung durch die Geschichtsphilosophie verweltlicht sahen.[247]

Eric Voegelin sah solchermaßen in der Moderne eine Wiederkehr der Gnosis, also einer quasi-göttlichen Erkenntnis. Gnosis – eine Déjà-vu-Erfahrung? Norbert Bolz sieht die »Gnosisrepublik« 2020 im Zuge der Pandemie auf dem Weg in eine wiederkehrende religiöse Hysterie.[248] Diese Gnosis würde sich nach Voegelin durch folgende Merkmale auszeichnen: Glaube an die Schlechtigkeit der Welt; Ablehnung des Glaubens von der Unzulänglichkeit des Menschen; Glaube an die Möglichkeit der Erlösung der Welt vom Übel; Glaube an erlösende Taten des Menschen. Hier kommt Voegelins Begriff »Egophanie« ins Spiel. Egophanie meint eine quasi-religiöse Selbstbezogenheit als Vergöttlichung des Ichs und des Selbst. Jeder ist sozusagen ein Demiurg, ein Weltenschöpfer, jeder ist sein eigener Priester. Thomas Mann pflichtete dieser Analyse bei. Im letzten Teil seiner Roman-Tetralogie »Joseph und seine Brüder« finden wir den Satz: »Es heißt die Einheit der Welt verkennen, wenn man Religion und Politik für grundverschiedene Dinge hält.«

»Verkappte« Religionen

Es ist völlig in Vergessenheit geraten, dass der Begriff »verkappte Religionen« von keinem Geringeren als dem ersten Bundespräsidenten popularisiert wurde. Theodor Heuss hatte am 16. Mai

1925 als Abgeordneter vor dem Deutschen Reichstag in einem belanglosen Zusammenhang von einer »verkappten Religion« gesprochen. Es hatte eine Debatte um ein bestimmtes Stenografiesystem gegeben; Heuß hat die Kurzschrift eine »verkappte Religion« genannt.

Geprägt hat diesen Begriff der früh verstorbene Carl Christian Bry (eigentlich «Carl Decke«, 1893 – 1926) vor Theodor Heuss. 1924 veröffentlichte Bry ein leider vergessenes und doch epochal hellsichtiges Buch mit dem Titel »Verkappte Religionen. Kritik des kollektiven Wahns«.[249] Bry führt darin aus, dass verkappte Religionen ein Grundmerkmal haben: Sie sind monomanisch geprägt von der »Elephantiasis« eines einzigen Motivs (eben Gerechtigkeit). Mit anderen Worten: monomanisch, totalitär. »Hinterweltler« nennt Bry solche Menschen, weil ihnen alle Dinge nur zur Bestätigung ihrer Monomanie dienen. Bry sieht es als Todsünde aller Ideologien, besserwisserisch, arrogant-überheblich, ja snobistisch totale Welterklärung garantieren zu wollen. An dieser Entwicklung, so Bry, seien die Kirchen nicht unschuldig. Geschrieben 1924! Was würde Bry erst sagen, wenn er die heutigen Kirchentage besuchen könnte?

Interessanterweise rechnet Bry zu den verkappten Religionen: Kommunismus, Sozialismus, Faschismus, Astrologie, Zahlenmystik, Abstinenz, Yoga, Wünschelrute, Vegetarismus, Esperanto, Eurythmie, Anthroposophie, Theosophie, Psychoanalyse, vor allem deren Traumdeutung, Pazifismus, Antialkoholismus, Nacktkultur, Naturgläubigkeit, Okkultismus, Phrenologie, Grafologie. Bry spricht von einer »Inflation der Ismen«. All diese »Religionen« sagen, hinter der gewöhnlichen Welt (»Hinterwelt«) liege etwas Verborgenes, eine noch nicht realisierte Möglichkeit, die man realisieren müsse. Und wenn man von der Notwendigkeit des Zwecks überzeugt sei, sehe man natürlich auch die Wege und Mittel dorthin als geheiligt an. Und doch gilt für Bry: »Alle verkappten Religionen sind Lebensverneinung.« Ironisierendrhetorisch fragt Bry an einer Stelle – ohne zu wissen, was hundert Jahre nach seinem Buch real diskutiert werden wird: »Was, wenn eines Tages regierungsseitig entdeckt wird, dass auch Fleischessen die Gesundheit untergräbt und eine Abart des rohesten Kannibalismus sei … Wo ist die Grenze der Tyrannei?«

Mit »verkappten« Religionen ist man freilich auch schnell bei Sekten angekommen. Das Wort »Sekte« kommt übrigens vom lateinischen Verbum *sequi* (= jemandem nachfolgen, beziehungsweise umgekehrt: eine treue Anhängerschaft haben). Sprechen wir durchaus von linken Sekten, die so ziemlich alle Merkmale tragen, die Sekten ausmachen: autoritär-missionarischer Anspruch, Sendungsbewusstsein, Intoleranz gegenüber Andersdenkenden und deren gezielte Diskreditierung, Überlegenheitsgefühl, Rechthaberei, Empfindlichkeit gegenüber Kritik, Projektion auf an der Spitze stehende, guruhafte Erleuchtete, straff hierarchische und doktrinäre Strukturen, Verfolgung von Renegaten, Absolutheitsanspruch, Endzeitfantasien, Totalitarismus im Sinne von Regelwerken für alle Bereiche des Lebens, Desinformation innerhalb der Gruppe, Gedanken- und Gefühlskontrolle durch Erzeugung eines schlechten Gewissens. Wir müssen das nicht exemplifizieren. Das ganze Spektrum »identitärer« Gruppen steht dafür.

Neue Ikonen

Seit der 24. UN-Weltklimakonferenz vom Dezember 2018 in Katowice wird die damals fünfzehnjährige schwedische Schülerin Greta Thunberg zur Ikone hochgejubelt. Dort hat sie eine kleine Rede gehalten; wie man auf Videos von der Konferenz sehen kann, vor fast leerem Saal. Sie schwänzte jeden Freitag die Schule, um für Klimaschutz zu demonstrieren. Kräftig unterstützt von »grünen« Parteien, Kirchen, Naturschutzverbänden und nicht wenigen Lehrern. Und dann war kein Halten mehr:

Politik und Medien schlitterten ungebremst in eine Sakralisierung des Unreifen, des Infantilen hinein.

Die Ex-Kirchenobere Göring-Eckart erklärte Greta zur »Prophetin«.[250] Zum Palmsonntag 2019 verglich Berlins Erzbischof Heiner Koch Greta mit Jesus und dessen Einzug in Jerusalem. Der Hildesheimer Bischof Heiner Wilmer meinte synchron, die jungen »Klimaschützer« seien »kreativ wie der Schöpfergott, geistreich wie der Heilige Geist und hellwach wie Jesus Christus«.[251] Bundespräsident Steinmeier flog (CO_2-neutral?) nach Neumünster, um die Schulschwänzer zu loben,[252] Merkel tut es regelmäßig. Aber mit der Herrschaft des Unrechts hat sie ja gelegentlich keinerlei Probleme. Man kann dem Unterricht fernbleiben, wenn es um »höhere« Ziele, nämlich die Klimareligion, geht.

Das ökodiktatorische Gehabe einer autistisch auffälligen heranwachsenden Schwedin beeindruckt also die Mächtigen der Welt. Man hört heraus: »Wenn ihr nicht werdet wie die Kinder!« »Kinder an die Macht!« »Das Kind hat recht, weil es Kind ist …« Dazu passt die Vergottung des Kindes. Auch hier ist Kitsch im Spiel, und das schon seit Langem. Wie ja überhaupt der Kitsch hilft, Komplexität zu Unterkomplexität zu transformieren. Die Vorstellung vom Kind als Majestät sowie dessen Sentimentalisierung ist ein solcher Kitsch. Derartiges Denken hatten wir bereits in Ellen Keys Schrift »Das Jahrhundert des Kindes« (1902). Sie sprach von der »Majestät des Kindes«, angesichts derer die Eltern ihr Haupt in den Staub zu beugen hätten. In Davos allerdings in den Schnee!

15. Islamophilismus – Die Lust an tausendundeiner Unterwerfung

»Der Islam gehört zu Deutschland.« Dieser Satz ist so etwas wie Staatsräson geworden. Zur Deutschen Islamkonferenz (DIK) hatte der damalige Bundesinnenminister Schäuble (CDU) am 28. September 2006 festgestellt: »Der Islam ist Teil Deutschlands und Europas.« Er hatte damit den Satz des Bundespräsidenten Wulff vom 3. Oktober 2010 vorweggenommen: »Aber der Islam gehört inzwischen auch zu Deutschland.« Merkel, Seehofer, Söder, Laschet (alle von einer C-Partei) und die vereinte Linke aus SPD, Ex-SED und Grünen sind darauf aufgesprungen, die Kirchen hinterher. Der Schäuble-/Wulff-und-Co.-Satz gilt seither unter Androhung sozialer Ächtung als Verbot, den Islam zu kritisieren (das wäre »Islamophobie«), somit als Gebot, ihn zu mögen: also »islamophil« zu sein. Ist eine der neuen Ideologien ein Islamophilismus?

Mit dem Grundgesetz (Würde der Person, Gleichberechtigung der Frau usw.) hat der Islam nichts zu tun, er kann sich auch nicht auf die Glaubens- und Religionsfreiheit des Grundgesetzes berufen. Denn der Islam ist ohne Scharia nicht zu haben. Moschee und Staat sind dort eins. Was aber verbirgt sich hinter dem Islamophilismus? Erfüllt der Islam eine heimliche Sehnsucht nach Autorität? »Der Islam gehört zu Deutschland« – man könnte diesen Satz auch übersetzen in »Unterwerfung gehört zu Deutschland«. Der Islam ist jedenfalls ein höchst autoritäres Gebilde, und »Islam« heißt unter anderem »Frieden«, aber auch »Hingabe« und nicht zuletzt »Unterwerfung«. Verkürzt also: Frieden durch Unterwerfung. Ungehorsam ist die Kardinalsünde im Islam. Zu unterwerfen sind in einem in ferner Zukunft weltweiten Kalifat alle Menschen, die keine Muslime sind. Das ist die Mission des Islam – als Dschihad, als heiliger Krieg.

Die Unterscheidung von Islam als Religion und dem politischen Islam (extremistisch als Islamismus) ist künstlich. In der arabischen Sprache gibt es diese Unterscheidung nicht. Was als politischer Islam bezeichnet wird, ist keine Abweichung vom Islam, sondern Islam pur. Dennoch heißt es: Gräueltaten im Namen des Islam, etwa von al-Qaida oder IS, hätten nichts mit dem Islam zu tun. Fakt ist aber auch: Gewiss sind bei Weitem nicht alle Muslime Terroristen, aber die allermeisten Terroristen sind Muslime, Islamisten. Denn, wie Ruud Koopmans, einer der renommiertesten Kenner des Islam, sagt: »Der Terror hat sehr viel mit dem Islam zu tun.«[253]

Worum es im Islam geht, kann man in der in Deutschland nicht zur Kenntnis genommenen »Kairoer Erklärung der Menschenrechte« der »Organisation der Islamischen Konferenz« lesen – veröffentlicht 1990 von deren 56 Mitgliedstaaten. In Abgrenzung zur »Allgemeinen Erklärung der Menschenrechte« der UNO von 1948 gelten Menschenrechte nach islamischer Lesart nur unter dem Vorbehalt der Vereinbarkeit mit der Scharia.[254]

Mit westlichem Denken hat dies nichts zu tun. Der Islam ist zudem, so Jacob Burckhardt (1818 – 1897), eine unterkomplexe Religion mit dem »einfachsten Katechismus«. Mohammed war damit erfolgreich, »da große Schichten seiner Nation für eine äußerste Vereinfachung des Religiösen offenbar höchst empfänglich waren … Der Islam ist ein Sieg der Trivialität … Die Trivialität aber ist gerne tyrannisch und liebt es, dem edlern Geist ihr Joch aufzulegen.«[255] Das erklärt auch, dass der islamische Kulturbereich gegenüber dem Westen zurückgeblieben ist.[256]

Der imperiale Anspruch des Islam

Europa musste sich früh den Eroberungen des Islam bzw. der Araber widersetzen. 711 – 719 wurde die Iberische Halbinsel erobert. 732 stoppte Karl Martell arabische Raubzüge. 823/28 eroberten die

Araber Kreta, ab 878 brachten sie mit der Eroberung von Syrakus Sizilien in ihre Gewalt. Kreta wurde 961 zurückerobert, Sizilien im 11. Jahrhundert durch die Normannen. Ab dem 12. Jahrhundert erfolgte eine Schwächung der islamischen Kräfte durch die Kreuzzüge. Im Westen wurden die islamischen Emirate zwischen 1085 und 1492 Stück für Stück zurückgedrängt: auf der Iberischen Halbinsel durch die Reconquista. Das »Heilige Römische Reich Deutscher Nation« war zweimal im Südosten gefährdet – 1529 und 1683 durch die beiden Belagerungen Wiens durch die Türken. Schon damals galt wie heute: »Wo immer der Islam mit anderen Kulturen in Berührung kommt, bluten die Ränder.«[257]

Geschichte wiederholt sich nicht, aber Glaubensgrundsätze können über Jahrhunderte ihre Wirkung entfalten. 1974 erklärte der algerische Präsident Boumedienne vor der UN-Generalversammlung: »Der Leib unserer Frauen wird uns den Sieg bescheren.«[258] Der in Deutschland stets mit Samthandschuhen angefasste türkische Staatspräsident Erdogan, Moslembruder, kann in Deutschland Wahlkampf machen, seine Religionsbehörde DITIB kann schalten und walten, wie sie will. Für ihn sind Moscheen in Deutschland und anderen westlichen Ländern »unsere Kasernen, die Minarette unsere Gewehre, die Kuppeln unsere Helme, die Gläubigen unsere Soldaten.«[259] Im Kölner Stadion durfte er eine Assimilation »seiner« Türken »ein Verbrechen gegen die Menschlichkeit« nennen.[260] Im September 2018 war er präsent bei der Einweihung der Kölner DITIB-Moschee. Sein Appell an seine türkischen Landsleute lautete: »Habt fünf Kinder, nicht drei. Ihr seid Europas Zukunft.«[261] Wahrscheinlich geht der Islam tatsächlich einer erfolgreichen Zukunft entgegen – weniger durch militärische Expansion als durch Infiltration und über die Kreißsäle. Tatsächlich wächst der Bevölkerungsanteil der Muslime in Deutschland – aktuell ziemlich genau fünf Millionen. Folge ist unter anderem, dass wir Tausende von Schulklassen haben, in denen mehr muslimische Schüler als nichtmuslimische sitzen.

Ist Kritik am Islam und an Muslimen überhaupt erlaubt?

Deutschland martert sich – offiziell – längst mit der Frage, ob man überhaupt diskutieren dürfe über einige dem Islam inhärente Praktiken: Scharia-Gerichte, Ehrenmorde, die Ächtung oder die in manchen islamisch geprägten Staaten praktizierte Todesstrafe für eine Konversion zum Christentum, die Verklärung von Massenmördern als Märtyrer und Rächer Allahs, Mehrfachehen, Kinderehen, das Frauenbild des Islam (Oriana Fallaci: »Frauen sind weniger wert als Kamele«)[262], Genitalbeschneidung, Verschleierung, Homophobie, Antisemitismus, Kopftuch, Burka, Burkini, Schächten usw.

Nehmen wir allein das Verbrechen der Genitalverstümmelung und der Kinderehen: Mitten in Deutschland geschieht dagegen nichts. Das Tolerieren, ja das Akzeptieren solcher Haltungen und Praktiken wird als Kultursensibilität verkauft. Zugleich wird das Kopftuch zum Gradmesser der Islamisierung. Mädchen mit Kopftuch werden zunehmend jünger. Muslimische Mädchen, die kein Kopftuch tragen, erleben ein Mobbing durch muslimische Schülerinnen mit Kopftuch.

Sobald aber eine hochkompetente Islamforscherin wie Susanne Schröter an der Goethe-Universität in Frankfurt 2019 eine Ausstellung zu »Das islamische Kopftuch, Symbol der Würde oder der Unterdrückung?« organisierte, tobten radikale Muslime, die ihr »antiislamischen Rassismus« vorwerfen. Von Studenten wurde gar die Entlassung Susanne Schröters gefordert. Selbst von Kollegen wurde sie als rassistisch bezeichnet, als sie nach den Übergriffen in der Silvesternacht 2016 von »kulturell-patriarchalischer Prägung der Täter« sprach. Frau Schröter schreibt dennoch Klartext. Der Politik wirft sie vor, dass es keinen einzigen Lehrstuhl zur Erforschung des Islamismus gebe und stattdessen Expertenkommissionen eingerichtet würden, die sich mit Islamophobie oder antimuslimischem Rassismus befassten.[263]

Wer sich islamkritisch äußert, wird schnell mit Etiketten wie »rassistisch« oder »islamophob« belegt. Thilo Sarrazins Bestseller »Deutschland schafft sich ab« wird von Merkel nicht gelesen,[264] aber für »nicht hilfreich«[265] erklärt. Die allerdümmste Ausrede aber ist: Man dürfe mit Kritik gegenüber islamistischen Gefährdern der AfD keinen Auftrieb geben.

Die Kirchen und der Islam

Was ist der Unterschied zwischen dem Neuen Testament und dem Koran? Konrad Adam gab darauf eine einleuchtende Antwort: »Die Evangelien verlangen keine Unterwerfung, sondern Erkenntnis, Selbsterkenntnis und Selbstkritik.«[266] Immer häufiger aber fragt man sich, ob die Kirchen das noch wissen. Erhoffen sie sich durch den Islam eine Stärkung des Staatskirchentums oder ein Zurückdrängen der Säkularisierung?

In eigenwilliger Täter-Opfer-Umkehr ernennen selbst christliche Bischöfe islamistisch motivierte Massenmörder zu Opfern der Beleidigung des Islam, etwa durch Mohammed-Karikaturen. Der Bamberger Erzbischof Ludwig Schick tat sich nach den grausamen Mordakten in Paris und Nizza vom Oktober 2020 mit dem Satz hervor: »Beleidigungen von Religionen sind auszuschließen.«

Am 20. November 2020 verbreitete das Zentralkomitee deutscher Katholiken (ZdK) das Papier »Nein zu Hass und Hetze – Christen und Muslime gemeinsam gegen Islamfeindlichkeit«. Es findet sich dort ein Satz wie der folgende: »Es ist offenkundig: Wir beten alle zum gleichen Gott.« Kein Wort darüber, dass der Christengott und Allah nicht derselbe Gott sein können, weil der Christengott ein Gott der Trinität ist – eine Trinität, die von Muslimen und Islamgelehrten radikal als »Vielgötterei« abgelehnt wird. Kein Wort darüber, dass das Christentum zur weltweit am meisten unterdrückten Glaubensgemeinschaft wurde, dass laut Open Doors zwischen Oktober 2019 und September 2020 mindestens 4751 Christen wegen ihres Glaubens ermordet wurden und dass unter den zehn christenfeindlichsten Ländern acht muslimisch geprägte sind.[267]

Die Unterschiede von Gott/Mission/Bibel und Allah/Dijhad/Koran verwischen sich. Johann Hinrich Claussen, EKD-Kulturbeauftragter, bezeichnet den Koran in einer Rezension in der *FAZ* vom 10. Oktober 2020 gar als »drittes Testament«.[268] Der subalternen kirchlichen Eigenwilligkeit setzen im November 2016 die obersten Repräsentanten der katholischen und evangelischen Kirche die Krone auf: Reinhard Marx und Bedford-Strohm legten auf dem Tempelberg in Jerusalem ihre Bischofskreuze ab, weil sie Muslime nicht beleidigen wollten.

Deutsche waren immer vom Islam fasziniert

Ab etwa 1800 galt der Orient als Objekt einer romantischen Sehnsucht – ähnlich wie Amerika. In Lessings »Nathan der Weise« (1779) ist eine der Hauptfiguren Sultan Saladin. Als historische Figur hatte er 1187 Jerusalem erobert. Bei Lessing wird er verklärt. Saladin soll als Zeuge dafür dienen, dass alle drei monotheistischen Weltreligionen (Judentum, Christentum, Islam) sich gegenseitig tolerieren können. Der Sultan hat den Juden Nathan zu sich zitiert, weil er Geld braucht. Um sein Gesicht zu wahren, verwickelt er Nathan in ein Gespräch über die »wahre« Religion. Nathan erkennt die Gefahr und zieht mit der »Ringparabel« seinen Kopf aus der Schlinge. Immerhin hatte Saladin kurz vorher 19 Kreuzritter hinrichten lassen und nur einen »jungen Tempelherrn« verschont. Das Stück endet in »allseitiger Umarmung«. Die Verklärung Saladins überzeugte selbst Kaiser Wilhelm II., der während seiner Palästina-Reise 1898 am Grab des

Sultans einen vergoldeten Lorbeerkranz niederlegte. Er erklärte dabei, der deutsche Kaiser werde zu allen Zeiten der Freund aller Mohammedaner sein.

Eine besondere Beziehung zum Islam hatten Nazi-Obere. Es kam zu persönlichen Begegnungen. Ende 1941 flüchtete Amin al-Husayni, der Mufti von Jerusalem, nach Berlin. Hitler schätzte am »Mohammedanismus« – als Gegensatz zum »faden«, »barbarischen« Christentum – dessen angebliche Wissenschaftlichkeit und Ritterlichkeit. Mit dem »Mohammedanismus« hätten die Germanen längst die Welt erobert, nur das Christentum habe hier gebremst.[269]

Utopisten und Biedermänner

Der Zusammenhang von Terrorismus sowie Antisemitismus und Migration wird heruntergespielt. Dabei bilden Tausende von jungen Flüchtlingen ein Reservoir des Islamismus. Eine tickende Zeitbombe kommt hinzu, nämlich wenn die nach 2015 verurteilten islamistischen Gewalttäter eines Tages freigelassen werden.[270] Der 2019 verstorbene Modeschöpfer Karl Lagerfeld hatte im November 2017 in der französischen TV-Show »Salut les Terres« des Senders Canal 8 die deutsche Politik vor dem fortschreitenden Antisemitismus unter Migranten gewarnt und gesagt: »Wir können nicht, selbst wenn Jahrzehnte zwischen den beiden Ereignissen liegen, Millionen Juden töten und Millionen ihrer schlimmsten Feinde ins Land holen.«[271]

Eilfertig heißt es dann, der Islam habe die Phase der Aufklärung noch vor sich. Aber das ist eine Schimäre. Selbst der Ideengeber eines »Euro-Islam«, Basam Tibi, hat die Hoffnung begraben, dass der Islam einer Reform zugänglich sei. Für ihn ist diese Idee gescheitert. Der Islam sei nicht reformierbar, weil er vom Antisemitismus und einem frauenverachtenden Menschenbild geprägt sei.[272]

Zur Erinnerung: Der Islam entstand auf der Arabischen Halbinsel. Dort und im Nahen Osten wird »theologisch« entschieden, wo die Reise hingeht. Als Beleg für die Reformunfähigkeit des Islam darf man zudem die Tatsache sehen, dass es keinerlei kritische Koranausgabe gibt. Der Koran dürfe nicht historisiert werden, also aus seiner Entstehungszeit heraus verstanden werden, weil er direktes Wort Gottes sei. Der Westen ist auch naiv, wenn er glaubt, Indonesien sei ein Paradebeispiel für einen liberalen Islam. Nein, Indonesien debattierte 2018 über die Todesstrafe für Homosexuelle.[273] Hier wegzuschauen, das nennt der Holocaust-Überlebende Ralph Giordano in der *FAZ* vom 3. Mai 2009 Duckmäuserei. Auch Ruud Koopmanns warnt vor der »Traumwelt des wahren, unbefleckten Islams.«[274] Doch es sind ja nicht nur die Linken, die dem politischen Islam Tür und Tor öffnen. Selbst das CSU-geleitete Bundesinnenministerium gründet Kommissionen, die an Zensurmaßnahmen gegen Islamismuskritiker basteln. Man widmet sich lieber dem deutschen Lieblingsthema »Rassismus«.

Die Wahrnehmung des Islam bzw. des Islamismus war durch »Nine-Eleven«, also den 11. September 2001, nur vorübergehend ehrlicher. Es scheint schon wieder vergessen, dass der Islamismus in jenem Moment, als 1989 der eine Totalitarismus kollabierte, als anderer Totalitarismus sein bärtiges Haupt erhob. Dies wurde mit Samuel Huntingtons Buch »The Clash of Civilizations« (»Der Kampf der Kulturen«) deutlich.[275]

Typisch deutscher Biedermann – wie in Max Frischs Einakter »Biedermann und die Brandstifter« von 1958. Darin nisten sich beim Haarwasserfabrikanten Jakob Biedermann der Ringer Josef Schmitz und der Kellner Eisenring im Dachboden ein. Biedermann will die Gefahr der Brandstiftung selbst dann nicht wahrhaben, als Schmitz und Eisenring Benzinfässer und Zündschnüre in den Speicher schleppen und bereits Nachbarhäuser brennen. Biedermann bietet sogar Streichhölzer an. Er will die Realität nicht wahrhaben: »Blinder als blind ist der Ängstliche, / Zitternd vor Hoffnung, es sei nicht das Böse, / Freundlich empfängt er's, / Wehrlos, ach, müde der Angst, / Hoffend das Beste … / Bis es zu spät ist.«

Islam und Totalitarismus

Islam hat mit Totalitarismus zu tun. In seiner Schrift »Die Aura der Angst. Kommunismus, Islam und ihre Wirkung auf Europa« deckt Chaim Noll zahlreiche Parallelen auf.[276] Beide – Islam und Kommunismus – haben expansive Absichten. Beide sind globale Befreiungs- und Erlösungslehren. Beide versprechen Großes: hier kommunistische Gleichheit, dort muslimische Erfüllung. Hier geht es um die »klassenlose Gesellschaft«, dort um »Dar al islam«. Beide sind geprägt von einem simplen Dualismus: hier Genossen und Gegner, dort Gläubige und Ungläubige. Nahezu identische Vergleiche bieten sich im Vergleich mit dem Faschismus/Nationalsozialismus an: das Führerprinzip (Prophet), die Gefolgstreue bis in den Tod, das Sendungsbewusstsein, das Hinarbeiten auf einen Endsieg und der Antisemitismus. Auch Salman Rushdie hatte festgehalten, »dass im Islam selbst eine neue Form des Totalitarismus entstanden sei, die dem Nationalsozialismus oder dem Faschismus ähnle«.[277] Und Egon Flaig schrieb: »Zweifelsohne ist der Scharia-Islam der gefährlichste Rechtsextremismus der Gegenwart.«[278]

Ist es da noch überraschend, dass die Linke den Islam für sich entdeckt hat? An die Stelle unterdrückter Klassen ist für sie der Islam als Religion der Unterdrückten getreten. Bis hinein in staatliche Einrichtungen, etwa die Bundeszentrale für politische Bildung (BpB), wird gar von einem »antimuslimischen Rassismus« geschrieben.[279] Muslime sind aber keine »Rasse«, sondern eine Glaubensgemeinschaft. Der vormals linke französische Intellektuelle Pascal Bruckner spricht von einem »eingebildeten Rassismus«. Der Begriff »Islamophobie« sei, so Bruckner, ein Maulkorb geworden.[280] Zudem hat die Sympathie der Linken für den Islam mit deren aggressiver Abneigung gegen Israel zu tun. Die Muslime in Palästina werden zu neokolonialen Opfern befördert. Und Jakob Augstein, linker Salonschreiber, ätzte nach Donald Trumps Anerkennung von Jerusalem als Hauptstadt Israels, damit sei eine »Israelisierung der Welt« fortgesetzt worden.[281]

1001 Unterwerfung und Duldung?

»Hurra, wir kapitulieren. Von der Lust am Einknicken.«[282] Mit diesem Buch ging Henryk M. Broder 2006 an die Öffentlichkeit. Er listete bereits dort Hunderte von Beispielen für Appeasement gegenüber dem Islam und seiner Lobby auf. Broders Liste müsste heute um viele Kapitel und Beispiele erweitert werden. Ich liste hier im Folgenden einige von wahrscheinlich 1001 Beispielen auf:

Kotau über Kotau: Bilder von Schweinen verschwinden aus Schulbüchern, in Schul- und Betriebskantinen gibt es kein Schweinefleisch mehr. Während des Ramadans verzichtet man an Schulen auf Prüfungen und Exkursionen. Muslimische Schülerinnen sollen ohne Begleitung eines männlichen Verwandten nur dann an einer Klassenfahrt teilnehmen dürfen, wenn die Entfernung des Reiseziels nicht mehr als 81 Kilometer beträgt. Das ist die Tagesleistung eines Kamels.[283]

Dass es in vielen Mensen von Schulen und Behörden kein Schweinefleisch mehr gibt, ist schon selbstverständlich. Auch für Nicht-Muslime, denn es sei ja zu befürchten, dass deren Teller trotz Spülung durch das Schweinefleisch verunreinigt und dann Muslimen vorgesetzt würden. Geschlechtertrennung gibt es nicht nur im Schwimm- und Sportunterricht, sondern auch im Klassenzimmer setzen sich Jungen und Mädchen zunehmend auseinander. Muslimische Schülerinnen lassen sich immer häufiger vom Schwimmunterricht befreien. In Schwimmbädern werden Zeiten ausgewiesen, in denen nur Musliminnen schwimmen dürfen.[284]

Umzüge von Kindergärten zu St. Martin (11. November) werden »kultursensibel« abgeschafft und durch »Laternenumzüge« ersetzt.[285] Weihnachtsmärkte werden zu Lichter- oder Sternenmärkten umbenannt. Auf Prospekten, mit denen in arabischer Sprache für eine Tour durch die Alpen geworben wird, sind die Gipfelkreuze wegretuschiert.[286] Auf Friedhöfen sollen eigene Areale ausgewiesen werden, damit »Gläubige« nicht neben »Ungläubigen« zur letzten Ruhe kommen.[287]

Ende 2020 warnte das hessische Kultusministerium seine Lehrer davor, Mohammed-Karikaturen im Unterricht zu behandeln. Wörtlich heißt es in einem Schreiben an die Schulen: »Das Zeigen der Mohammed-Karikaturen oder jede bildliche Darstellung des Propheten Mohammeds kann als islamkritisches Verhalten interpretiert werden, das emotionalisierend und unter Umständen auch mobilisierend wie radikalisierend auf den Empfängerkreis, auch Schülerinnen und Schüler, wirken kann.« Das Ministerium beruft sich auf Aussagen des Landeskriminalamtes (LKA), nach denen es aufgrund der Erfahrungen mit Gedenkminuten für den im Oktober 2020 ermordeten französischen Lehrer Samuel Paty zu »polizeilich relevanten Übergriffen bis hin zu schweren Gewalttaten kommen« kann. Samuel Paty war von einem jungen Islamisten in Paris auf offener Straße enthauptet worden, weil er im Unterricht Mohammed-Karikaturen behandelt hatte.

Was hier wie Fürsorgepflicht oder Kultursensibilität daherkommt, ist eine politische Kapitulation erster Güte. Der Dienstherr der Lehrer, ja die Organe der inneren Sicherheit Deutschlands sehen sich offenbar nicht in der Lage, Lehrer vor Islamisten zu schützen. Obendrein schüchtert man die Lehrerschaft ein, statt sie zu ermuntern, ihrem Auftrag einer Erziehung zu kritischem Urteilsvermögen nachzukommen. Die in Hessen Verantwortlichen hätten sich hier Frankreichs Staatspräsident Macron zum Vorbild nehmen sollen. Macron hatte bei der Trauerfeier für den ermordeten Paty ausgerufen: »Wir werden nicht auf Karikaturen, Zeichnungen verzichten.«[288]

Fazit: Diese als »kultursensibel« eingeforderte Selbstislamisierung wird von überzeugten Muslimen ohnehin nicht ernst, sondern eher als Schwäche wahrgenommen.

Die Islam-Lobby

Was die Linken mit »68« erfolgreich hinter sich brachten, nämlich den Marsch durch die Institutionen und Definitionen, praktiziert auch die Islam-Lobby. Zu ihr gehört neben zig Organisationen auf Ebene der Bundesländer vor allem die Türkisch-Islamische Union der Anstalt für Religion (DITIB; Diyanet İşleri Türk İslam Birliği). Sie vertritt rund 900 lokale Moscheevereine (darunter Fatih-Moscheen, wörtlich Eroberungs-Moscheen).[289, 290] DITIB ist eng mit der türkischen Religionsbehörde Diyanet in Ankara verbunden, sie ist also der verlängerte Arm Erdogans. Die türkische Religionsbehörde Diyanet ist wiederum für die Auswahl der Imame zuständig, die in den deutschen DITIB-Gemeinden tätig sind. Die Imame werden von Ankara geschickt und bezahlt, die (zumeist politischen) Freitagsgebete aus Ankara werden eins zu eins übernommen.

Hinzu kommt die Union der türkisch-islamischen Kulturvereine ATIB (Avrupa Türk-İslam Birliği) als Mitbegründer und mitgliederstärkste Organisation im »Zentralrat der Muslime in Deutschland« (ZMD) mit angeblich 30 000 Mitgliedern und 300 Moschee-Vereinen. Der ZMD ist damit die Bündelung des politischen Islam. Die ATIB wird vom Verfassungsschutz beobachtet und ist Nachfolgeorganisation der rechtsextremen »Grauen Wölfe« (»Ülkücü«-Bewegung). Dazu kommt die ebenfalls unter Beobachtung stehende Islamische Gemeinschaft Millî Görüş

(IGMG) mit europaweit 613 Moscheegemeinden, davon alleine in Deutschland 406.

Die Islam-Lobby weiß sich in Szene zu setzen. Die Spitzen des Staates hofieren sie. Man marschiert gemeinsam bei Lichterketten und lässt sich gerne mit Vertretern des ZMD ablichten. Die Lobby-Organisationen werden behandelt wie Anstalten des öffentlichen Rechts oder gar wie Kirchen. 2020 kam es zu Zielvereinbarungen der Landesregierung von Rheinland-Pfalz mit vier islamischen Verbänden. 2012 schon hatte es einen Vertrag zwischen der Freien und Hansestadt Hamburg, dem DITIB-Landesverband Hamburg, dem SCHURA (Rat der Islamischen Gemeinschaften in Hamburg) und dem Verband der Islamischen Kulturzentren gegeben. Im Mai 2021 nimmt die NRW-Landesregierung DITIB in eine Kommission für den Islamunterricht auf.

In den von staatlicher Seite organisierten Konferenzen dominieren seitens der Muslime die Hardliner des politischen Islam. Hier fehlt es vonseiten des Staates an klarer Handschrift. Bundesinnenminister Seehofer hatte im März 2018 bei Amtsantritt zwar noch gesagt: »Nein. Der Islam gehört nicht zu Deutschland … Die bei uns lebenden Muslime gehören aber selbstverständlich zu Deutschland. Das bedeutet natürlich nicht, dass wir deswegen aus falscher Rücksichtnahme unsere landestypischen Traditionen und Gebräuche aufgeben.«[291] Einige Monate später gestaltete sich das anders. Im Herbst 2020 gab es die 14. Runde der Islamkonferenz (DIK). Seehofer wollte eine Vision von einem »Islam in, aus und für Deutschland« entwickeln.[292] Zugleich berief Seehofer einen »Unabhängigen Expertenkreis Muslimfeindlichkeit (UEM)«. Der UEM soll Muslimfeindlichkeit analysieren. Kurz: Es wird weiter am Klischee der Opferrolle gestrickt.

Liberale Muslime spielen keinerlei Rolle. Teilweise müssen sie unter 24-Stunden-Polizeischutz leben. In der Islamkonferenz sind sie wegen ihrer Gegnerschaft zur Islam-Lobby ungern oder gar nicht gelitten, hinauskomplimentiert worden oder ausgetreten. Sie werden als Störenfriede behandelt. Namentlich seien hier genannt Hamed Abdel-Samad[293], Seyran Ateş[294] und Necla Kelek.[295]

Jedenfalls entwickelt sich Deutschland zusammen mit Frankreich zum Brückenkopf des Islam. Deutschland beherbergt immerhin die größten und am besten vernetzten Dachverbände. Es wäre also an der Zeit, wie Ruud Koopmans fordert, dass Deutschland wie Österreich wenigstens die Auslandsfinanzierung von muslimischen Vereinen, Moscheen und Koranschulen unterbindet, weil hier der ideologische Nährboden für Gewalt bereitet werde.[296]

Dystopische Ausblicke

Von zwei Dystopien, beide von französischen Autoren verfasst, soll zum Abschluss dieses Kapitels über Islamophilismus die Rede sein. Bewusst in der Absicht, zu prognostizieren, wie es eines Tages in Deutschland und Europa aussehen könnte.

Das eine Buch ist 1973 erschienen und 1985 erstmals sowie 2015 erneut ins Deutsche übersetzt worden. Es trägt den Titel »Das Heerlager der Heiligen« (»Le Camp des Saints«). Autor ist Jean Raspail (1925 – 2020). Das Buch ist eine Art prophetischer Roman, der in gewisser Weise die Jahre 2015 und folgende vorwegnimmt. Es geht um eine »Armada der letzten Chance«, bestehend aus einer Flotte von hundert verrosteten Schiffen, mit denen eine Million Hindus an einem Ostersonntag an der Südküste Frankreichs anlandet. Diese Flotte bildet die Vorhut weiterer Massen aus der Dritten Welt. Die französischen Massenmedien sind begeistert, das Volk wird eingelullt, es befindet sich in einem humanitären Taumel voller Selbstverachtung. Franzosen allerdings, die es sich leisten können, verlassen Südfrankreich, wo die Anlandung erwartet wird, und flüchten nach Nordfrankreich. In Südfrankreich herrscht bald Anarchie. Die Invasoren zerstören jahrhundertealte abendländische Kultur. In Paris bilden sich multikulturelle Komitees, und die Politik arrangiert sich schnell.

Das andere Buch erschien 2015. Geschrieben hat es Michel Houellebecq unter dem Titel »Unterwerfung« (*Soumission*). In den Handel kam der Roman exakt am 7. Januar 2015 – am Tag, an dem zwei islamistische Täter die Redaktion des Satiremagazins *Charlie Hebdo* überfallen und zwölf Menschen getötet haben. Der Autor entwirft hier eine sehr realistische Dystopie eines islamistischen Gottesstaates, der sich ab 2022 in Frankreich etablieren werde. Denn im Jahr 2022 stehen Präsidentschaftswahlen an. Mohamed Ben Abbes von der Muslimbruderschaft erringt mit einem Bündnis aus sozialistischer Partei (PS) und Konservativen die Präsidentschaft gegen den rechten Front National (FN) unter Marine Le Pen. Als während des Wahlkampfes zwischen den politischen Lagern ein Bürgerkrieg ausbricht, schweigen die Medien.

Abbes wirft schließlich die laizistische Verfassung über Bord; Theokratie, Scharia, Polygamie und Patriarchat sind angesagt. Gleichzeitig verlassen französische Juden das Land. Frauen werden aus ihren Berufen gedrängt, außer Haus bewegen sie sich zunehmend verhüllt. Polygamie ist erwünscht. Die zentrale Figur des Romans ist der Literaturwissenschaftler François. Er hatte auf seine Dozentur verzichtet. Von den neuen Machthabern erhält er dann aber das Angebot, wieder zu lehren; Voraussetzung sei, dass er zum Islam konvertiert. Er konvertiert denn auch, profitiert am Ende von der Islamisierung, verdient schließlich erheblich mehr als vorher und kann die neue Unterwürfigkeit minderjähriger, attraktiver Gespielinnen genießen, die er stets zugeführt bekommt.

Bereichernde Aussichten?

Teil III
Das Arsenal des Gefügigmachens

Eine totalitäre Versuchung hat Deutschland (wieder einmal) erfasst. Der »Bürger« soll intellektuell und emotional »total« ummantelt und durchdrungen werden. Dazu suggerieren die Regierenden die Möglichkeit einer gesellschaftlichen Gesamtplanung; dabei sind sie beseelt von einem naiven Historizismus und meinen, historische Gesetzmäßigkeiten zu kennen und darauf aufbauen zu können.

Die beiden Klassiker der Totalitarismusforschung haben das durchschaut: Friedrich A. Hayek mit »Der Weg zur Knechtschaft« (»The Road to Serfdom« 1944) und Hannah Ahrendt mit »Elemente und Ursprünge totaler Herrschaft« (1951). Aber Anti-Totalitarismus ist »out«. Gerade deswegen seien Hayek und Ahrendt in Erinnerung gerufen. Hayek sieht eine Parallelität von Kommunismus und Nationalsozialismus, und zwar mehr in ihren Mitteln als in ihren Zielen. In beiden totalitären Systemen wird mit omnipräsenter staatlicher Lenkung sowie mit Kommando- und Planwirtschaft gearbeitet. Das Individuum wird verzweckt zum Objekt des Staates, alle natürlichen Gliederungen (Vereine, Verbände, Kirchen, Klubs ...) werden aufgelöst bzw. gleichgeschaltet.

Hayek betont, dass gerade den Deutschen hier etwas fehle: »... jene gesunde Verachtung und Ablehnung der Macht, die nur aus einer alten Tradition persönlicher Freiheit entstehen.«[297] Den Grund dafür sieht Hannah Arendt so: »Der ideale Untertan der totalitären Herrschaft ist nicht der überzeugte Nazi oder der engagierte Kommunist, sondern Menschen, für die die Unterscheidung zwischen Fakt und Fiktion, wahr und falsch, nicht mehr existiert.«[298]

Und damit der Bürger das Falsche nicht für falsch und das angeblich Wahre für wahr hält, hat sich ein Heer von »Faktenfindern« etabliert, die zeigen, was zu glauben ist. Notfalls mit staatlicher Hilfe. Die »Digitalministerin« im Kanzleramt, Dorothee Bär, schwärmt schon von einer »Bundeszentrale für digitale Aufklärung«. In einem Gastbeitrag für die *Wirtschaftswoche* vom

18. September 2020 schreibt sie: »Nie war digitale Aufklärung so wichtig wie heute. Wir brauchen deshalb eine zentrale Informationsplattform: transparent, offen, bürgernah ...«[299] Auch wenn das so nett daherkommt, sind doch die darin versteckten totalitären Attitüden unverkennbar. Wenn man die Begründung liest, wird klar, dass die Zentrale so eine Art Wahrheitsministerium werden soll: »Heute findet sich im Netz für jede noch so abstruse Theorie die passende Echokammer. Die elementare Fähigkeit, Wahrheit von Unwahrheit unterscheiden zu können, ist in der schier unerschöpflichen Datenflut vielen Menschen abhandengekommen.«

Zu allen Zeiten totalitärer Herrschaft wurde dabei mit den gleichen Methoden der Manipulation gearbeitet: »Beifall, Entrüstung, Begeisterung und Einsatzbereitschaft werden künstlich produziert. Überhaupt ist Künstlichkeit ein hervorstechender Zug der totalitären Aktivität.«[300] Damit kommen totalitäre Machthaber binnen weniger Jahre an ihr Ziel, nämlich die Menschen dienstbar für die ideologischen Zwecke zu machen. Heute wurden die Methoden der Manipulation und Indoktrination weiter verfeinert. Erkenntnisse der Psychologie und Sprachwissenschaften sowie die neuen digitalen Massenmöglichkeiten lassen Indoktrinationen und Manipulationen noch rascher zum Erfolg werden. Zumal sie so trickreich sind, dass die Adressaten der Indoktrinationen und Manipulationen oft lange oder gar nicht merken, was mit ihnen geschieht. Dass die »vierte« Gewalt im Staate daran eifrig mitarbeitet, macht die totalen Ansprüche der Regierenden noch wirksamer und damit gefährlicher.

Und so sickert das Gift der Manipulation mehr und mehr »bei den Menschen draußen« (Wortschatz von Angela Merkel) ein. Von »Durchregieren« (ebenfalls Wortschatz von Angela Merkel) war verräterischerweise ja auch schon die Rede. »Es muss nur nach Demokratie aussehen« (Wortschatz von Honecker und Co.).

16. Die Diktate der Political Correctness

Eines der bevorzugten volkspädagogischen Gängelbänder der linken Neo-Autoritären ist Political Correctness (PC). Die politisch Korrekten mimen zwar Opposition, aber sie machen auf Mainstream. Es geht ihnen auch um mehr als um Sprach- und Sprecherziehung, nämlich um Sprachgebote und Sprachverbote. Vor allem geht es bei PC um ein simples dualistisches Weltbild: hier die Guten, dort die Bösen.

Politisch korrekte Feindbilder sind entstanden. Gegen diese darf im Interesse des »Guten« geholzt werden. Damit kann sich der »Gutmensch« selbst immunisieren gegen das Böse und rüsten im Kampf dagegen. Sollten Argumente fehlen, wird moralisiert und denunziert. Entsprechende Etikettierungen helfen dabei: Rechter, Populist, Nazi, Antifeminist, homophob, xenophob, islamophob, Sexist, Pack, grölender Mob, Wutbürger, Brandstifter, Dunkeldeutschland, Rassist, seit Neuestem Klimaleugner, Coronaleugner. »Solche« Leute werden nicht einmal mehr als Gegner im Diskurs anerkannt, sondern zum Feind erklärt, für die der soziale Tod die richtige Sanktion ist. Politische Mitte zu sein scheint schon nicht mehr auszureichen, wurde doch bereits der Extremismus der Mitte erfunden.

Dabei spielt sich Mittelalterlich-Inquisitorisches wie mit dem 1486 erstmals erschienenen »Hexenhammer« (»Malleus maleficarum«; ein mehrere Hundert Seiten starker Band zur Rechtfertigung der Hexenjagd) ab, weil »PC« eine Art ersatzreligiöse Bekehrung ist.[301] Wer diese Bekehrung nicht mitmacht, erfährt ein mediales Autodafé, zumindest einen öffentlichen Pranger.

Der Deutsche will/soll rigoros gut sein. Dafür unterwirft er sich gebieterischen Sprachregeln. Klar, auch früher hörte man von Eltern oder Großeltern: »Das sagt man nicht!« Meist ging es um Schimpfwörter, die man dann freiwillig oder unter Androhung von Sanktionen aus seinem Sprachschatz strich oder hinter vorgehaltener Hand nur noch unter »Gleichgesinnten« verwendete. Heute geht es um mehr, heute gelten diese Sprachdiktate allen, auch Erwachsenen, Politikern, Pädagogen, Wissenschaftlern, Medienschaffenden, Kulturschaffenden. Kirchentagsdeutsch ist angesagt: Evangelische sowie zunehmend die katholischen Akademien sind zum Mekka des Korrekten geworden. Und es geht um die »Dethematisierung« (so Jürgen Habermas, der Erfinder der Mogelpackung des »herrschaftsfreien Diskurses«![302]) unliebsamer, vor allem »rechter« Themen.

Aus (Wirtschafts-)Flüchtlingen werden Zuziehende, Schutzsuchende, Schutzbefohlene. Sie haben als Bereicherung zu gelten. Willkommenskultur ist angesagt. Man praktiziert »virtue signalling«: Seht her, ich bin tugendhaft, ich vermeide Pfui- und Tabu-Wörter wie »Flüchtlingsströme«, »Flüchtlingskrise«, »Flüchtlingschaos«. Und wenn in der Nacht vom 20. auf 21. Juni 2020 Hunderte von jungen Migranten (*Spiegel*: »Hunderte Teenies und Twens«) in Stuttgart Randale machen, dann nennt man das eine »Party«, die aus Corona-Frust entstanden sei.[303] Nicht ins Bild kommen Randalierer, die T-Shirts mit den Aufschriften »Fuck the Police« oder »ACAB« (All Cops are Bastards) tragen oder die »Allahu Akbar« rufen.[304] Und wenn junge Flüchtlinge andere Menschen aus dem Leben befördern, dann sind das »Einzelfälle« von »psychisch Auffälligen.«

Oder nehmen wir das Beschweigen der Silvesternacht 2015/2016 auf der Kölner Domplatte, die über eintausend Anzeigen wegen sexueller Belästigung ergab, worüber aber der WDR, nur fünf Fußminuten vom Dom entfernt, erst vier Tage später eine Meldung brachte und wozu ein Jakob Augstein nur über »ein paar grapschende Ausländer« schrieb.[305] Ähnliches scheint üblich zu sein, wenn es um die Statistik der Straftaten von Migranten geht. »Korrekte« Statistiken eben! Und das nicht nur in

Deutschland: Im englischen Rotherham war über Jahre hinweg (1997 – 2013) vertuscht worden, dass 1 400 Minderjährige Opfer von Vergewaltigung und sexueller Versklavung durch mehrheitlich Immigranten pakistanischer Herkunft waren.[306]

PC versus Meinungsfreiheit

Tatsächlich ist »PC« eine gewaltige Einschränkung des freien Wortes und damit eine Gefährdung der Demokratie. Große Teile der veröffentlichten Meinung sind in der Folge von einem volkspädagogischen Gesinnungs- und Toleranzzwang gezeichnet.

Der polnische Philosoph Ryszard Legutko hat 2012 ein Buch mit dem bezeichnenden Titel »Der Dämon der Demokratie« und dem Untertitel »Totalitäre Strömungen in liberalen Gesellschaften« geschrieben. Legutko muss es wissen, er hat das kommunistische Polen erlebt und dort im Untergrund gegen das System gekämpft. Heute kommt er zu dem Ergebnis, dass beide Systeme, das kommunistische und – unter dem Schleier der Toleranz – das demokratische, viele gemeinsame Züge aufweisen. Im Kommunismus sei der Klassenkampf die treibende Idee gewesen, in der liberalen Demokratie die Triade von Klasse, Rasse und Geschlecht. Vor allem stellt Legutko fest, dass das demokratische System immer weniger bereit sei, Abweichungen zu dulden. Hegels »Herrschaft des Verdachts« aufgreifend, schreibt Legutko: »Die Meister des Verdachts haben die Debatte – verstanden als ein Austausch von Ideen – praktisch ausgelöscht.«[307]

Bezeichnenderweise ist PC ursprünglich ein universitäres US-Produkt aus den 1980er Jahren. Damals begann man dort, gegen PPPP (pale, patriarchal, penis, people) und gegen DWEM (dead white European male) zu wettern. Die PC-Beispiele waren Legion: Statt »mankind« hat es »humankind« zu heißen, statt »heroes« »heroes/sheroes«. Im Sinne eines »Ableismus« heißen Behinderte seitdem »differently abled«, Nichtbehinderte »temporarily abled«,

Blinde »other-visioned«, Geisteskranke »emotionally different«, Zwergwüchsige »vertically challenged« und Hässliche »cosmetically different«. Alles wurde zu einem Kniefall vor dem »Sensibilismus überlauter Minoritäten«.[308] Heute heißt das »identitäre Politik« für Minderheiten und (reale oder selbst ernannte) Opfergruppen.

Robert Hughes[309] sah in solchem Verhalten ein neues »Mainstream-Curriculum«, und er meinte damit: Die PC-Amerikaner sind »politikverdrossen, voller Misstrauen gegen jegliche Art von Autorität, dafür umso anfälliger für Aberglauben, mit einer politischen Sprache, die zerfressen ist von geheucheltem Mitleid und Schönfärberei.« Die schärfsten Kritiker der PC sprechen gar von einem linken »McCarthyismus«, von PC als »moralisches Reinigungsmittel«,[310] von PC als »sprachlichem Lourdes« (Hughes). Wer im Orwell'schen Sinn ein »Gedankenverbrecher« ist, wird zur Zielscheibe wüster Zensur der »Gedankenpolizei«.

PC ist jedenfalls längst – zumindest im westlich geprägten Teil der Welt – pandemisch geworden. Es wurde daraus eine Art semantische Machtergreifung mit Totalitätsanspruch. Denn es geht um nicht weniger als um »richtiges« Denken, Fühlen, Erinnern. Von einem »Wahrheits«-Kartell könnte man sprechen. Wahrheit definiert sich nicht mehr empirisch, sondern a priori normativ. Die Kategorien »wahr/unwahr« werden nach PC-Regeln ersetzt durch »gut/böse«.

Sprachregime

»Sprachregime« sind angesagt. Dem braven Bürger werden »Wahrheiten« (eigentlich »Falschheiten«) oktroyiert. Im Sinne des Konstruktivismus ist es »hochartifizielle Realitätssimulation« und »Hyperfaktizität«. »Wahrheit«, so Michael Esders in seinem Buch »Sprachregime«[311], wird zum Konstrukt, das jederzeit dekonstruiert werden kann, etwa durch politische Vorgaben und eilfertige mediale Verbreitung. Damit, so Esders, entstehe ein ideologisiertes Abbild der Realität. Aus »Willkommenskultur« und »Multikulturalismus« wird dann eine »bunttümelnde Eintönigkeit«. Wer daran herumkritisiert, muss mit der härtesten Gegenattacke rechnen, die es gibt, nämlich einem NS-Vergleich als »schärfster Waffe« und als »Goldstandard«. Dass dergleichen wirkt, hat mit der Macht der Medien, aber auch mit dem sinkenden Bildungsniveau zu tun.

Der politische Zweck der Political Correctness mit ihren Protz-, Kampf-, Imponier-, Gesinnungs- und Tabubegriffen, mit ihren Euphemismen und Kakophemismen und mit ihrer repressiven Toleranz ist klar: Es geht um die Eliminierung »rechter« Vorstellungen, wobei als »rechts« alles definiert wird, was einen Millimeter rechts von ARD, ZDF, *Süddeutscher*, *Zeit* und Co. ist. Man erinnert sich an DDR-Sprachdiktate: Beschlagnahmtes Vermögen wurde zum »Volkseigentum«, die Mauer zum »Antifaschistischen Schutzwall«, leere Regale wurden zur »Bedarfsunterdeckung«, Spione zu »Botschaftern des Friedens«.[312]

Wo aber Sprache qua »PC« verödet, da verödet die Wahrnehmung. Realitäten sind keine Abkühlbecken für politisch korrekt Bewegte mehr. Allerdings gilt: »Eine Verschönerung der Sprache verschönert nicht die Welt, sondern nur die Sprache.«[313] »Obsequium amicus, veritas odium parit« (Willfährigkeit macht Freunde, Wahrheit schafft Hass) – das sagten die Lateiner. Wer dann die Sprache kontrolliert, der kontrolliert die Gedanken. Noch härter würde der Sturm-und-Drang-Schiller heute den »Räuber« Karl Moor zu PC ausrufen lassen: »Oh, du tintenkleck-sendes Säkulum, du schlappes Kastratenjahrhundert!«

Historische Korrektheiten

Das wohl markanteste Beispiel historischer Korrektheit lieferte der Nicht-Historiker Jürgen Habermas als Anlass zum Historikerstreit. In der *FAZ* vom 6. Juni 1986[314] hatte Ernst Nolte einen

Aufsatz mit dem Titel veröffentlicht: »Vergangenheit, die nicht vergehen will«: Nolte stellt darin die Frage nach einem »kausalen Nexus« zwischen Archipel Gulag und Auschwitz. Für Nolte war die Ursache der Shoah ein überschießender antibolschewistischer Angstreflex: Auf die vom Bolschewismus ausgehende Vernichtungsdrohung (den »Klassenmord«) hätten Hitler und das deutsche Bürgertum mit einer spiegelbildlichen Gegenreaktion (dem »Rassenmord«) reagiert, die der eigenen Vernichtung durch den Gegner zuvorkommen sollte.

Jürgen Habermas reagierte am 11. Juli 1986 in der *Zeit* mit dem Beitrag »Eine Art Schadensabwicklung – Die apologetischen Tendenzen in der deutschen Zeitgeschichtsschreibung«.[315] Habermas warf Nolte sowie Michael Stürmer, Andreas Hillgruber und Klaus Hildebrand vor, die Judenvernichtung mit dem stalinistischen Terror verglichen und damit relativiert zu haben. Den Mord an Millionen ukrainischer Bauern relativierte er 1987 als »Vertreibung der Kulaken«. So wurde einige Jahre nach dem Nobelpreis für Alexander Solschenizyn und seinem 1973 erschienenen monumentalen Werk »Archipel Gulag« auf der linken Seite tatsächlich noch argumentiert! Der Historiker Imanuel Geiss[316] hält Habermas 1992 denn auch eine Kampagne der Denunziation zur Durchsetzung einer kulturellen »Hegemonie« vor.

Es wäre gut gewesen, hätte es »Das Schwarzbuch des Kommunismus. Unterdrückung, Verbrechen und Terror«[317] nicht erst 1997 gegeben. Auf tausend Seiten wird darin der »rote Holocaust« dargestellt, der 100 Millionen Menschen das Leben kostete. Reflexartig allerdings wurde aber auch hier aus der linken Ecke vor einer Gleichstellung der nationalsozialistischen mit kommunistischen Massenverbrechen gewarnt. Die angeblich emanzipatorische Idee des Kommunismus wurde gegen seine Perversion durch Stalin verteidigt.

Auch der vormalige 68er-Sympathisant Martin Walser wandte sich vehement gegen eine »Instrumentalisierung« von

Auschwitz, gegen eine »Ritualisierung« und »Monumentalisierung der Schande«. Auschwitz, so Walser, eigne sich nicht dafür, »Drohroutine zu werden, jederzeit einsetzbares Einschüchterungsmittel oder Moralkeule oder auch nur Pflichtübung«. Walser sagte das in seiner Rede, mit der er sich für die Verleihung des Friedenpreises des Deutschen Buchhandels am 11. Oktober 1998 bedankte. Für diese Rede hatte er den Titel »Die Banalität des Guten«[318] gewählt. Es sollte eine Anspielung auf Hannah Arendts »Die Banalität des Bösen«, den Untertitel ihres Buches »Eichmann in Jerusalem« von 1963, sein.

Nehmen wir ein anderes, bezeichnendes Beispiel von erzwungener »historischer Korrektheit«: Ingo von Münch hatte 2009 das Buch »Frau komm. Die Massenvergewaltigungen deutscher Frauen und Mädchen 1944/45« geschrieben. Kein deutscher Verlag war bereit, das Buch zu drucken, sodass von Münch sich in Österreich einen Verlag (Ares in Graz) suchen musste.[319] Es ging um das Schicksal von rund zwei Millionen Frauen und Mädchen. Deutsche Opfer passen eben nicht ins Bild, sind Opfer zweiter Klasse.

17. Gott* und Professx: Linke Sprachbarbareien

»Die Grenzen meiner Sprache bedeuten die Grenzen meiner Welt« (Ludwig Wittgenstein). Das scheint so gewollt. Es beginnt schon damit, dass die deutsche Sprache in der EU kaum noch eine Rolle spielt, wiewohl rund 100 der 450 Millionen EU-Bürger Deutsch als Muttersprache sprechen und nach dem Brexit nur noch 5,4 Millionen (Irland und Malta) Englisch als Erstsprache haben. Aber die »deutschen« Sprachbarbareien reichen viel weiter.

»Linguistic Submissiveness«

Gewiss ist Sprache nichts Abgeschottetes, aber eines bringt uns nicht weiter: eine Kontamination unserer Sprache durch BSE – »bad simple English«. Wohin man guckt: »Meeting Point«, »Ticket Office«, »City Call«, »Headquarter«, »Bratwurst-Corner«, kein Kaufhaus ohne »Sale«-Schilder. Und dann das hässliche »Kids«! Autofahrer wissen, dass sie auf der Autobahn München–Nürnberg die Ausfahrt »Ingolstadt Village« nehmen können. Ingolstadt mit 138 000 Einwohnern ein Dorf? Nein, gemeint ist damit nur ein »Factory-Outlet-Center« … Wenig später springt einen kurz vor Nürnberg ein anderes Schild an: »Outdoor- und Genussregion Nürnberger Land«. Mit die aggressivste Sprachbarbarei geschieht in der Psychologie: »Burn-out«, »Corporate Identity«, »Feeling«, »Flow«, »Leadership«, »Win-win-/Lose-lose-Situationen« … Aus der Wirtschaft kennen wir: »Benchmarking«, »Global Player«, »Outsourcing« … Die Beispiele ergeben ein stattliches Wörterbuch mit Übersetzungsvorschlägen für 7 500 Anglizismen.[320]

Dabei wird das von Deutschen erfundene Englisch von Engländern zum Teil nicht verstanden (man nennt so etwas Pseudo-

Anglizismen): Der »Shootingstar« ist Unsinn, denn im Englischen meint dies einen verglühenden Kometen. Das »Public Viewing« ist dort eine öffentliche Leichenschau. So etwas ist affig im Sinne des Nachäffens. Und es hat mit Selbstverleugnung zu tun. Die Londoner *Times* nannte die Anglomanie der Deutschen gar »linguistic submissiveness«.[321]

Es geht auch anders! Siehe die von 2006 bis 2010 laufende »Aktion Lebendiges Deutsch (ALD)«[322], mit der so kreative Wörter wie die folgenden aus der Taufe gehoben wurden: »Shareholder Value« = Aktionärsnutzen, »Junk Bonds« = Schrottanleihen; »Airbag« = Prallkissen; »Brainstorming« = Denkrunde; »Fastfood« = Schnellkost. Will sagen: Es geht doch!

Pädagogische Verbalerotik

Wer nun meint, der Bildungssektor würde sich dieser Anglomanie entziehen, wird enttäuscht. Nein, die Sprache der »Bildung« gibt sich besonders »trendy«. »Kultus«-Ministerien übertreffen sich gegenseitig mit: »knowledge-machines«, »Download-Wissen«, »Just-in-time-Knowledge« mittels »tools« usw. Fehlt noch ein »Last-Minute-Learning«! So macht man aus »digital natives« digitale Naivlinge. Und seit Neuestem – als Maßnahme gegen Helikoptereltern: die »Kiss-and-go«-Zonen vor den Schulen.

Dass das Diplom hops ist, wissen wir; jetzt nennt man dies »Bachelor« und »Master«. Minister versprechen ein »Brain up« der Hochschulen und »Exzellenz-Cluster«. Fachzeitschriften schwärmen von »Leadership Challenge«. Bildungsmessen locken mit »Innovation in Education«, »Blended Learning« und mit dem »Lehrer Online«. (Ob damit der Lehrer gemeint ist, wie ihn Kultusminister gern an der Leine hätten?)

Aber all dies ist ein infantiler Animismus: Nicht die Realität zählt, sondern der Glaube an die magische Wirkung von Vokabeln. Was auf der Strecke bleibt, ist Bildung.

Academic Pidgin English

Obendrein werfen Deutschlands Hochschulen die deutsche Sprache über Bord. Sie koppeln sich mit einem »Academic Pidgin English«, einer reduzierten Sprachform, zugleich von den Fortschritten der Wissenschaften ab, denn damit nivellieren sie den Anspruch nach unten. Dabei war das Deutsche bis 1933 und zum Teil noch nach 1945 die Weltsprache in den Fachbereichen Theologie, Philosophie, Archäologie, Klassische Philologie, Geschichte, zu erheblichen Teilen auch in den Natur- und Technikwissenschaften und in der Medizin.

Heute muss man feststellen, dass das Deutsche – zumindest in den Natur- und Technikwissenschaften sowie in der Medizin – keinerlei Rolle mehr spielt: Die Deutschen sorgten ohne Not dafür, dass man das Diplom auf dem Altar der Globalisierung opfert und jetzt sagt: »Bachelor welcome!« Dass deutsche Fachhochschulen (deutsche!) sich »University of Applied Sciences« nennen. Dass Broschüren für Studenten »Roadmap ins Studium« heißen. Dabei ist es so wichtig, dass eine jede nationale Sprache auch Wissenschaftssprache sein muss, denn dadurch werden Wissen und Wissenschaft demokratisiert. Die Verwendung der Nationalsprache als Wissenschaftssprache ist also keine Frage des Nationalstolzes, sondern eine der Demokratie.

Schlechtschreibreform und pädagogische Sünden

Seit 1998 ist die viel versprechende (nicht: vielversprechende) Rechtschreibreform in Kraft. Ab den 68ern galt Rechtschreibung als Herrschafts- und Selektionsinstrument, dem der Garaus zu machen sei. So, als sei der Mensch ewig ein Grundschüler, kaufte man ihm ab 1993 für das Reformversprechen, dass er jetzt 40 bis 70 Prozent Fehler weniger machen würde.

Der größte Kollateralschaden der Rechtschreibreform indes ist das um sich greifende Gefühl der Beliebigkeit: Immer mehr Junge und Alte glauben, man könne so schreiben, wie man will. Die phonetische Schreibweise (Schreiben nach Gehör) tut ein Übriges. Ganz zu schweigen von der Kommasetzung, die für manche Ausdruck individueller Kreativität geworden ist. Folge: Die Zahl der Rechtschreibfehler hat sich binnen vier Jahrzehnten verdoppelt. Der große Konstruktionsfehler der Rechtschreibreform ist ansonsten, dass man diese Reform am Sprachhorizont von Grundschülern und am »restringierten Code« Bildungsferner ausrichtete.

An den Schulen herrscht seit mindestens drei Schülergenerationen zudem muttersprachlicher Minimalismus. Beispiele: die geringe Stundenausstattung des Faches Deutsch, selbst am Gymnasium oft nur drei Wochenstunden; die Kürzung des Deutschunterrichts in der Grundschule zugunsten eines überhaupt nicht bewährten Früh-Englisch; das Herunterfahren des curricular ausgewiesenen Grundwortschatzes (Schatz!) auf nur noch 700 Wörter aktiven Wortschatzes am Ende der 4. Grundschulklasse; der Verzicht auf das Auswendiglernen von Gedichten; das Zustöpseln von Lückentexten; Multiple-Choice-Test im Fach Deutsch (!). Und: Es gibt kaum noch einen Lektürekanon, der diesen Namen verdient. Zugleich gibt es Leichtgewichtsversionen von literarischen Klassikern: Klassiker »light«, denn »leichte Sprache« ist angesagt.[323]

Die Gender-»Grimassensprache«

Gender-ideologisch gilt: Das Geschlecht wird mittels Sprache konstruiert bzw. im Falle eines Geschlechter- oder Identitätswechsels dekonstruiert. Gender wurde damit zum Ziel neuer Volks- und Sprachpädagogik. Dabei ist sich die selbst ernannte Gender-Avantgarde gar nicht einig. Die einen machen's so, die anderen anders. Also was denn nun? Bürger*innen (Gender-Star,

Gender-Asterisk) Bürger_innen (Gender-Gap), Bürger:innen (Gender-Doppelpunkt), BürgerInnen (Gender-Binnenmajuskel) oder Bürger/-innen (Gender-Slash)?

Ganz vorne dran beim Gender-Sprech sind die Öffentlich-Rechtlichen, die Claus Klebers, Petra Gersters und Anne Wills, die sich mit einem Glottisschlag Zunge und Lippen verrenken, um den Gender-Stern/Star phonetisch über den Äther zu bringen. Oder wenn eine Anne Will von »Gästinnen« oder »Mitgliederinnen« und eine nicht minder linguistisch bemittelte Grünen-Vorsitzende Baerbock von »Steuerinnenzahlern« quasselt.[324] Immer mehr Leute meiden auch deshalb solche Sender. Man tut sich diese Sprachverhunzer nicht mehr an. Die österreichische Altfeministin (so ihre Selbstbeschreibung) Andrea Schurian sagt dazu das Richtige: »Ich will in keinem stillen Sprachloch verschwinden oder der Appendix einer Atempause sein.«[325]

Oder siehe die »Katholische Jugend«, die so tut, als glaube sie an »Gott*«.[326] Siehe auch eine »grüne« Fraktionsvorsitzende »KGE«, die von einer »Planetin«[327] Erde und von »Spatz*innen«[328] schwatzt. »Frau« soll sprachlich »sichtbar« gemacht werden. Welch abstruse Formen das annimmt, erkennt man, wenn die Kamera ausnahmsweise mal in üblicherweise rein männlich besetzte Flüchtlingsbote hineinleuchtet und man dazu »Migrant*innen« vernimmt.

Die De-Konstruktion klassischer Geschlechterbilder findet also sprachlich (und medial!) statt, und zwar ohne Rücksicht darauf, dass mit dem generischen (männlichen) Plural als dem »genus collectivum« alle Menschen – ob Männlein oder Weiblein – mitgemeint sind.[329] Dabei ist das übel beleumundete generische Maskulinum (»die Bürger«) von sich aus asexuell. Genus bedeutet als grammatischer Terminus nichts anderes als »Art, Sorte«. »Frohnatur« und »Landplage« sind feminin, »Putzteufel«, »Plagegeist« und »Wonneproppen« sind maskulin, »Adlerauge«, »Klatschmaul« und »Hinkebein« sind Neutra, und sie bezeichnen Personen aller denkbaren Geschlechter gleichermaßen. Oder siehe »der« Elefant, »die« Geisel, »die« Giraffe, »das« Krokodil, »die« Birne, »der« Apfel.

Wenn »Sprachexperten« gendern

Jetzt auch noch der »Duden«: Dass er einmal Sprachbarbarei betreibt, hätte sich Konrad Duden (1829 – 1911) nicht in Albträumen träumen lassen. Ende 2017 erschien ein »Duden« mit dem Titel: »Richtig gendern«.[330] Dann toppte sich der »Duden« 2021 selbst: In einer Online-Ausgabe wurden rund 12 000 Personen- und Berufsbezeichnungen geändert, sodass es künftig statt eines Wortartikels zwei gibt, einen für die männliche und einen für die weibliche Form (nicht boshaft, sondern echt besorgt, fragen wir: Und was ist mit »divers«?). Ein Schüler wird definiert als »Junge, Jugendlicher, der eine Schule besucht«. Der »Duden« führt zudem das Wort »Bösewichtin« ein. Die »Spitzbübin« gibt es ja – genderwidrig! – schon. Das eröffnet viele kreative Lösungen: Dumm-, Schwach-, Hohl-, Flach-, Wirr-, Dös-, Holz-, Stroh-, Schafs-, Knallkopfin; Dusselin; (Voll-)Trottelin; Kleingeistin; Einfaltspinselin; Schusselin; Seifensiederin; (Voll-, Fach-) Idiotin; Kretinin?

Wenigstens der Rat für deutsche Rechtschreibung »steht«: In einem Zwischenbericht vom 26. März 2021 erklärte er, dass der Genderstern bis auf Weiteres nicht in das amtliche Regelwerk der deutschen Sprache aufgenommen wird. Der »Rat« orientiert sich an der Lesbarkeit und Verständlichkeit von Texten und denkt dabei auch an die rund sechs Millionen Erwachsenen mit Schwierigkeiten, Wörter, Sätze oder einfache zusammenhängende Texte zu lesen oder zu schreiben.[331]

Wer ansonsten eine Art messerscharfen Anti-Gender-Duden lesen möchte, der besorge sich dieses Buch: »Tomas Kubelik: Genug gegendert! Eine Kritik der feministischen Sprache« (2015).

Ministerien, Kommunen und Konzerne marschieren voran

Nehmen wir Hannover als erste kommunale Avantgarde der Gendersprache: Die städtische Verwaltung mit ihren rund 11 000 MitarbeiterInnen/Mitarbeiter_innen/Mitarbeiterixen/Mitarbeitenden/ Mitarbeiter*innen (oder so ähnlich) darf seit 2018 nur noch geschlechtsneutrale Texte schreiben. Das Sprachdiktat gilt in amtlichen Schriftstücken. Es soll »ein weiterer Schritt, alle Menschen unabhängig von ihrem Geschlecht anzusprechen«, sein: Statt der Anrede »Herr« und »Frau« sollen andere Formen der Ansprache wie »Guten Tag« genutzt werden. Erst in zweiter Linie, wenn eine solche Formulierung nicht möglich sei, wird der »Gender Star« (Bürger*innen) eingesetzt. Dann folgt noch eine Broschüre mit Beispielen auf vier Seiten: Wählerverzeichnisse zu Wählendenverzeichnissen, Rednerpulte zu Redepulten usw. Nachgeahmt oder auch getoppt wurde Hannover zwischenzeitlich von zahlreichen Städten. Zuletzt war es zum 1. März 2021 die Stadt Köln. Ein 56 Seiten umfassender »Leitfaden« (»der« Faden?) mit Vorwort der Oberbürgermeisterin Reker (müsste es nicht heißen »Oberbürger*innenmeister*in?) soll alles richten und eine »wertschätzende«, »geschlechterumfassende« Sprache verbreiten. Zur Aussprache des »Gendersternchens« empfiehlt die Stadt einen »glottalen Stopp«. Statt »Einwohner« dann »Einwohnende«, so ähnlich wie »Einsitzende«? Und so weiter, alles klar?

Auch immer mehr Unternehmen fangen an, »gendersensible« Sprache zu verwenden. Audi entwickelte Anfang 2021 einen 13-seitigen Leitfaden mit dem Titel »Vorsprung beginnt im Kopf«. Audi hat sich für den sogenannten »Gender Gap« entschieden, den Unterstrich. Beispiel: »Audianer_innen«. Bei der Entwicklung des Leitfadens arbeitete Audi mit der »Prout at Work« zusammen; das ist eine Stiftung, die LGBT*IQ-Themen am Arbeitsplatz sichtbar machen will. Die Stadt Köln beruft sich auf einen Leitfaden des Pharmariesen Boehringer-Ingelheim, der zwar bis Ende März 2021 immer noch keine Impfung gegen CoVid-10 zustande brachte, aber »Gender« beherrscht.

Deutschlandlied – gegendert

Deutschlands oberste Gleichstellungsbeauftragte, Kristin Rose-Möhring, möchte ein gegendertes Deutschlandlied. Anlässlich des Internationalen Frauentags vom 8. März 2018 meinte die Beauftragte in einem Rundbrief, der Text des Deutschlandlieds müsse künftig geschlechtsneutral gestaltet werden.[332] Es solle sich dann wie folgt lesen (in Klammern die gegenderte Variante):

Einigkeit und Recht und Freiheit
für das deutsche Vaterland (Heimatland)!
Danach lasst uns alle streben
brüderlich (couragiert) mit Herz und Hand!
Einigkeit und Recht und Freiheit
sind des Glückes Unterpfand:
Blüh im Glanze dieses Glückes,
blühe, deutsches Vaterland (Heimatland)!

Da waren die Österreicher schon 2012 schneller. In ihrer Bundeshymne hieß es früher: »Heimat bist du großer Söhne.« Jetzt heißt es: »Heimat großer Söhne und Töchter.« Der Rhythmus stimmt nicht mehr, denn im alten Vers waren es acht, jetzt sind es neun Silben. Und aus »Bruderchören« wurden »Jubelchöre.«

Hat Deutschland darauf gewartet? Reicht der Gender-Irrsinn samt »Bibel in gerechter Sprache« nicht? Wenn man sich wenigstens die Franzosen zum Vorbild genommen hätte! Frankreich machte 2018 Schluss mit der »gendersensiblen« Sprache. Premierminister Édouard Philippe hat für alle Behörden verfügt, dass sie derartige Schreibweisen nicht mehr benutzen dürfen. Angesagt war zuletzt der gendergerechte »point médian« – also ein Punkt zwischen dem Wortstamm und der männlichen bzw. weiblichen Form. Zum Beispiel sollte für Abgeordnete »les député·e·s« geschrieben werden, aus Wählern wurden »les électeur·rice·s«. Mit diesem Erlass will die französische Regierung den gendersensiblen Wildwuchs an Schreibweisen wenigstens in den Amtsblättern einfangen.[333]

Können wir den Irrsinn satirisch noch überbieten?

Mehrere Jahre förderte das Bundesministerium für Familie, Senioren, Frauen und Jugend ein »GenderKompetenzZentrum« als »anwendungsorientiertes Forschungsinstitut« an der Humboldt-Universität zu Berlin samt »Arbeitsgruppe Feministisch Sprachhandeln«. Ein Produkt dieser Arbeitsgruppe war eine Broschüre mit »antidiskriminierenden« Sprachempfehlungen.[334] Das deutsche Frage- bzw. Relativpronomen »wer« sollte in »wex« umgewandelt werden. »Der« Mensch darf nicht mehr sein, selbst wenn es »die« Menschheit gibt. »Man«, »jemand«, »niemand« dürfen ebenfalls nicht mehr sein, weil diese Wörter männlichen Ursprungs und Ausdruck eines »patriarchalischen Androzentrismus« seien, den es zu »entpatrifizieren« gelte. Vorne dran war bis 2017 der/die/das Professx (sic!) Lann Hornscheidt – eine reale Person, die ihr/sein Geschlecht (real: Antje) nicht verraten will. Er/Sie wünschte als Anrede: »Sehr geehrtx Profx Lann Hornscheidt«.[335] Um wie viel kreativer sind da doch die Namen Asterix, Obelix, Idefix, Miraculix, Majestix und Troubadix!

Richtig lustig wird es mit dem Satz: »Im Hörsaal sitzen schlafende Studierende.« Ja, was denn nun, schlafen sie oder studieren sie? Oder betreiben sie Hypnopädie? Oder nehmen wir den makabren Satz: »In unserer Stadt hatten wir letztes Jahr drei tote Radfahrende.« Also doch nicht tot oder auferstanden? »Studierend« und »radfahrend« ist ein Partizip Präsens: Da tut eine Person gerade eben etwas. Also kann sie nicht tot sein. Es kommt unter Missachtung simpler grammatischer Regeln jedenfalls zu einer Flut an Partizipialkonstruktionen: Das Bäckerhandwerk wird zum Backenden-Handwerk, die Fußgängerbrücke zur Fußgehenden-Brücke. Weitere Zufallsfunde: Lkw-Fahrende, Autobahnbenutzende, Wahlhelfende. Studentenwerke wurden zu »Studierendenwerken«. Der Bund der Steuerzahler monierte, dass diese Umbenennungen Zigtausende von Euro kosteten. Wir brauchen jedenfalls keine Comedians. Die Realität wurde zur Satire. Die österreichische Tageszeitung *Der Standard* toppt solche Realitäten ironisierend dennoch, indem sie im Zusammenhang mit Mundschutzmasken gegen Corona-Viren in der Ausgabe vom 13. Jänner 2021 titelt: »Wichtige Information für Bartträger und Bartträgerinnen.«[336]

All die G-Spinnereien fingen wie die »Political Correctness« in den USA an: Gebete werden von Senatoren mittlerweile nicht mit »AMEN«, sondern mit »AWOMEN« beendet. Land der »unbegrenzten Möglichkeiten«! Aber vor allem universitär und medial ein Treibhaus des linken Zeitgeistes!

Dürfen wir dennoch hoffen? Goethe schrieb 1817 in seinen »Schriften zu Literatur und Theater«: »… die Zeit wird kommen, wo der Deutsche wieder fragt: auf welchen Wegen es seinen Vorfahren wohl gelungen ist, die Sprache auf den hohen Grad von Selbständigkeit zu bringen, dessen sie sich jetzt erfreut.« Werden wir jemals wieder einen solchen Stolz auf unsere Sprache empfinden oder große Köpfe haben, die wie Jacob Burckhardt 1841 bereit sind zu sagen: »Ich möchte oft vor dieser heiligen deutschen Erde auf die Knie sinken und Gott danken, dass ich deutsche Sprache rede!«[337] Deutsche Sprache!

Der brave deutsche Michel aber lässt alles in Untertanenhaltung über sich ergehen. Wenn der Verein Deutsche Sprache (VDS) – unterstützt von vielen Prominenten – mit einer Unterschriftenaktion gegen den Unsinn der Gendersprache und gegen einen »gegenderten« Duden angeht, dann unterschreiben im ersten Fall im Frühjahr 2019 etwas mehr als 80 000 und im zweiten Fall bis März 2021 ganze 33 000 Leute. Warum nicht acht Millionen oder drei Millionen!?

18. Methoden der Umerziehung: Nudge und NLP

Die Methoden der Umerziehung des Souveräns werden raffinierter. Der Missbrauch psychologischer Erkenntnisse und die Digitalisierung des Lebens machen solche Manipulationen zudem immer erfolgreicher. Gouvernantenstaat und Gouvernantenpresse arbeiten fleißig an Methoden unterschwelliger Konditionierung. Im Grunde ist es Primitivbehaviorismus, was hier stattfindet. Nämlich die Anwendung von Erkenntnissen Pawlows bei der Konditionierung sabbernder Hunde und von Käfigexperimenten Skinners mit Ratten und Tauben. Die dann auf den Menschen übertragene Erfahrung lautet: Man muss das Verhaltensrepertoire eines Lebewesens nur ständig unterschwellig – je nach Absicht – mit positiven oder negativen Stimuli assoziieren, und schon hat man unerwünschtes Verhalten gelöscht und erwünschtes Verhalten programmiert. Es ist dies die Fortsetzung von Gehirnwäsche, Umerziehung und Charakterwäsche.[338] George Orwells »1984«er Big Brother mit den regelmäßig angeordneten Zwei-Minuten-Hass-Sendungen und Aldous Huxleys »Brave New World« mit Eintrachtsandachten und hypnopädischen Konditionierungen kommen einem in den Sinn. Im Grunde genommen sind es »Trampelpfade ins Unterbewusstsein«.[339]

»Nudge«

Was steckt dahinter? Die US-Amerikaner Richard Thaler und Cass Sunstein haben diesen Begriff 2008 mit ihrem Buch »Nudge. Improving Decisions About Health, Wealth, and Happiness« geprägt.[340] »Nudge« bedeutet: Schubs, Stubsen. »Nudge« ist zu verstehen als ein permanenter Anstoß oder als permanent suggestive Warnung an die Menschen, sich so oder so zu verhalten, zum Beispiel umweltbewusst zu leben, sich gesund zu ernähren oder einen Organspendeausweis mit sich zu tragen. Nach dieser Methode werden die Menschen als irrational Handelnde angesehen; sie sollen am Ende glauben, was ihnen als »nudge« vorgesetzt wird.

Thaler und Sunstein schafften es 2010 in britische Regierungskreise sowie 2014 in eine »Nudge«-Unit Barack Obamas und ins deutsche Kanzleramt. Für Letzteres wurden 2014 drei »Verhaltensökonomen« für den »Stab Politische Planung, Grundsatzfragen und Sonderaufgaben« gesucht. Die Bewerber sollten »hervorragende psychologische, soziologische, anthropologische, verhaltensökonomische bzw. verhaltenswissenschaftliche Kenntnisse« haben. »Merkel will Psycho-Trainer anheuern«, wunderte sich die *Bild*-Zeitung. »Behavioral Economics Teams« nennt man solche Leute. Auf dass der Weg zur Meinungsbildung mittels Propaganda noch freier werde.[341]

Schier missionarisch tätiger Marktführer in Sachen »nudge« ist die Bertelsmann Stiftung. »Wir brauchen Sendboten überall, die unsere Gedanken verbreiten. Es wäre schön, wenn einer vorangehen könnte wie einst Christus.« Mit dieser Botschaft wird der Bertelsmann-Patriarch Reinhard Mohn in der Wochenzeitung *Die Zeit* vom 15. April 1999 zitiert. Damit ist im Kern alles gesagt über die schier sektenmäßig aufgestellten »Bertelsmänner«. Es gibt mittlerweile auch kaum einen Politikbereich, zu dem sie nicht nahezu wöchentlich ihren Senf in Form von »Nudge« beitragen.

Bezeichnend hierfür ist ein Strategieentwurf aus dem Jahr 2009. Der Titel lautet: »Die Kunst des Reformierens: konzeptionelle Überlegungen zu einer erfolgreichen Regierungsstrategie«.[342] Ein verräterischer Text, der allerdings im Netz nicht mehr zu finden ist. Er ist ein Vademecum für die Durchsetzung von Reformen gegen den Willen der Bürger. Dafür bedürfe es einer Schwächung des »Widerstandspotenzials« mittels eines »geschickten Partizipationsstils«. Wörtlich: »Durch eine selektive Partizipation … können Vetospieler in ihrer Kohärenz …

›gesplittet‹, und die Protestfähigkeit bestimmter Interessengruppen gemindert werden.«

»NLP«: Neurolinguistische Programmierung

NLP ist eine eklektizistische, esoterisch angehauchte Ideologie mit ein bisschen »Hypnotherapie« und einem Stückchen »Gestalttherapie«. Es steckt dahinter die Illusion einer Psychotechnik, die persönliche und alle Probleme dieser Welt lösen lässt. Mit Wissenschaft hat das wenig zu tun, auch wenn NLP-Seminare ab den 1970er Jahren wie Pilze aus dem Boden schossen und das Bundesbildungsministerium solche Kurse sogar mit bis zu 500 Euro pro Kurs bezuschusst.[343]

»Erfinder« von NLP waren Richard Bandler, seinerzeit Student, und John Grinder, Dozent für Anglistik und Linguistik. Sie waren auf der Suche nach dem Geheimnis erfolgreicher Psychotherapie. Eine ihrer zentralen, freilich alles andere als neuen Thesen wurde: »Der Mensch nimmt seine Umwelt subjektiv wahr.« Deshalb gebe es ein »subjektives Wahrheitsempfinden«. In der Sprache des Konstruktivismus heißt das: Wissen und Erkenntnisse sind Konstrukte, die je nach Umständen und Hintergrund so oder so wahrgenommen würden. Ändere man manipulativ oder autosuggestiv die Umstände und Hintergründe, gebe man ihnen einen anderen Rahmen (Framing, Reframing), dann würden eine neue Sichtweise oder eine neue emotionale Bewertung folgen. Schließlich sei alles konditionierbar, vor allem mithilfe der Sprache, also linguistisch.

Wahrnehmungen, Gedanken oder Gefühle werden dazu sprachlich gezielt mit bestimmten emotionalen Konnotationen verbunden. Die »gendersensible« Sprache ist eines der markantesten Beispiele. Oder wenn Jesus zum Flüchtlingskind wird, das Volk zur Bevölkerung, Randale zur Partyszene, Zwangsgebühren zu Demokratieabgaben, ein Erziehungsgeld zur Herdprämie …

19. Auf dem Scheiterhaufen: Cancel Culture

Cancel Culture (Synonym: No-Platforming) greift wie PC ebenfalls pandemisch um sich. Es bedeutet: Kultur des Löschens, Annullierens, Tilgens, Ungültigmachens, Ausradierens. »Kultur«? »Un-Kultur« wäre die bessere Übersetzung, denn es geht um Dekultivierung.

Cancel Culture wurde zum Erziehungsmittel. Ganz nach dem Mao-Motto: »Bestrafe einen, erziehe hundert!« Ein herbeigezauberter oder auch nur vager Verdacht eines Verstoßes gegen die Ge- und Verbote politischer Korrektheit genügt, und schon sind eine Organisation, ein Autor, ein Wissenschaftler, ein Publizist, ein Bischofskandidat, ein Spitzensportler, ein Buch weg vom Fenster. Sie finden nicht mehr statt. Im Orwell'schen Big-Brother-Sinn werden sie »liquidiert« (verflüssigt) oder »vaporisiert« (verdampft). Unter Umkehrung der Beweislast wird den Betroffenen, denen es in der Folge nicht selten an die berufliche Existenz geht, vorgehalten, sie hätten sich diskriminierend über irgendwelche, qua »diversity« heiliggesprochene und in ihrer Zahl inflationär anwachsende »Opfergruppen« geäußert.

Was hier stattfindet, auch wenn es (noch?) nicht um Leib und Leben der Betroffenen geht, ist vergleichbar mit den Hexen-, Ketzer- und Judenverbrennungen der Jahre 1000 bis 1750 und den Bücherverbrennungen. Es ist – was literarische und wissenschaftliche Produkte betrifft – vergleichbar mit dem im Jahr 1559 vom Vatikan begonnenen »Index Librorum Prohibitorum« dem Index verbotener Bücher, der bei seiner Aufhebung nach dem II. Vatikanischen Konzil 1965/66 rund 6000 Titel umfasste. Exkommunikation – darum geht es. Wörtlich: um Herausnahme aus der Communis, aus der Gemeinschaft.

Berufsverbote wegen Satire gegen die Coronapolitik?

Unter #allesdichtmachen, #niewiederaufmachen und #lockdownfürimmer kritisierten 51 Schauspieler und ein Regisseur Ende April 2021 in je ein- bis dreiminütigen Statements die Coronapolitik und die sie begleitende Medienberichterstattung. Zum Gesicht der Aktion wurde der beliebte Schauspieler Jan Josef Liefers. Satirisch-ironisierend bezeichneten die Initiatoren ein Leben in Angst und Misstrauen sowie in extremer Kontaktreduzierung als erstrebenswert. Zugleich forderten sie mit gleichem Unterton die Bevölkerung dazu auf, die Politik der Regierenden vorbehaltslos zu unterstützen. Das Ziel der Satireaktion war nach eigenen Angaben: »Es geht darum, dass Kritik am Lockdown ein legitimer Standpunkt ist, der sich mit Argumenten und Fakten untermauern lässt.«

Kaum war die Aktion im Netz, entzündete sich eine hysterische Gegenreaktion, in deren Folge rund ein Drittel der ursprünglich Beteiligten ihre Mitwirkung zurücknahm oder sich qua Selbstbezichtigung sogar dafür entschuldigte, weil man damit Beifall von der »falschen Seite« (Querdenker, Coronaleugner, »Rechte«, AfD) auf sich gezogen habe. Die Mainstreampresse war sich überwiegend einig in der Verurteilung der Aktion, auch wenn es in der Öffentlichkeit und in den sozialen Medien sehr wohl viel Zustimmung gab. Vorreiter der Scharfrichter dieser Aktion war der vormalige nordrhein-westfälische SPD-Minister Garrelt Duin, seit 2020 Mitglied des WDR-Rundfunkrates, der »Konsequenzen« für die beteiligten Schauspieler forderte, da diese sich als »Vertreter der öffentlich-rechtlichen Sender« »unmöglich« gemacht hätten. Er forderte in einem später gelöschten Tweet »schnellstens« eine Beendigung der Zusammenarbeit der zuständigen Gremien »auch aus Solidarität mit denen, die wirklich unter Corona und den Folgen leiden«.

Einen typischen Fall von zweierlei Maß und zugleich wenig einfallsreich produzierte der ZDF-»Royal«-»Entertainer« Jan Böhmermann unter #allenichtganzdicht.[344] Böhmermann! Hatte er doch Ende 2020 mit einem Kinderchor zur Melodie von »Meine Oma fährt im Hühnerstall Motorrad« folgende Verse zum Besten gegeben: »Meine Oma weiß, es gibt gar kein Corona, Corona, Corona … Meine Oma liegt seit vorgestern im Koma, im Koma, im Koma. Mit 'nem Plastikschlauch in ihrem Tracheostoma … Pandemie vorbei und meine Oma auch.«

Was zeigt dieses Beispiel? Es zeigt, dass dieses Land zu einer homogenisierten Meinungs- und Gesinnungsrepublik tendiert. Die zum Teil gehässigen Reaktionen auf Jan Josef Liefers und seine Kollegen belegen, so die DDR-Bürgerrechtlerin Vera Lengsfeld, »wie weit die geistige Verwahrlosung derjenigen, die sich zu den Eliten und Meinungsmachern dieses Landes zählen, bereits gediehen ist« und dass es zum »Sakrileg« wurde, »diese Regierung kritisiert zu haben«. Vera Lengsfeld schließt unter Hinweis auf den Herbst 1989: »Übrigens nahm die Friedliche Revolution erheblich Fahrt auf, als die Künstler begannen, die Resolution des Neuen Forums vor ihren Auftritten zu verlesen. Mit der DDR war es dann bald vorbei.« Jan Josef Liefers gehörte übrigens zu denen, die damals auf die Bühne traten. Und Vera Lengsfeld hatte schon vorher zu den Regimekritikern gehört. Beängstigende Parallelen zwischen der Zeit vor 1989 und 2021! Oder ein Lichtstrahl der Hoffnung, wenn man an das Ergebnis von 1989 denkt?[345]

Scheiterhaufen und Indizierung wie »anno dazumal« – Fünf Beispiele für viele

1. 2010 erschien der erste und mit rund eineinhalb Millionen verkaufte Bestseller von Thilo Sarrazin »Deutschland schafft sich ab«. Für Nachfolgebücher musste sich Sarrazin andere Verlage suchen.

2. 2017 erschien posthum aus der Feder des Universalgelehrten Rolf Peter Sieferle der Titel »Finis Germania«. Der Titel erklomm rasch die Bestsellerliste des *Spiegels* und kam vor bis auf Platz 6. Weil das verantwortlichen Leuten des Relotius-Blattes nicht gefiel, verschwand der Titel aus der Bestsellerliste.[346]
3. Legion sind die einseitigen Besetzungen von Talkshows. Auch hier Cancel Culture: Hochkaräter wie die Baberowskis oder Patzelts findet man dort nicht mehr, einen Medienwissenschaftler Bolz, der sich regelmäßig kritisch über den Verfall der Medienlandschaft äußert, auch nicht. Professor Falter schon lange nicht mehr; er hatte sich sehr kritisch über Talkshows geäußert. Roland Tichy kommt dort nicht mehr vor, Hans-Georg Maaßen auch nicht. Andererseits darf bei »Anne Will« vom 6. November 2016 eine in Burka vollverschleierte IS-Propagandistin ihre IS-Sympathien ausbreiten. Apropos Werner Patzelt: 2019 sollte der Politikwissenschaftler von der TU Dresden eine »Seniorprofessur« genehmigt bekommen. Weil er als Pegida- und AfD-Versteher verschrien war, kam es nicht dazu.[347] Bereits am 28. März 2017 war Patzelts Auto in Dresden abgefackelt worden.
4. Im Jahr 2011 war Eugen Gomringers Gedicht »avenidas« an der Fassade einer Berliner Hochschule auf Spanisch angebracht, 2018 aber entfernt worden, weil Studenten es sexistisch fanden. Hier der Text: »avenidas / avenidas y flores / flores / flores y mujeres / avenidas / avenidas y mujeres / avenidas y flores y mujeres / y un admirador«; übersetzt: »Alleen / Alleen und Blumen / Blumen/ Blumen und Frauen / Alleen / Alleen und Frauen / Alleen und Blumen und Frauen und/ ein Bewunderer.«[348]
5. Monika Maron wurde vom Fischer Verlag nach vierzig Jahren erfolgreicher Zusammenarbeit aus politischen Gründen vor die Tür gesetzt. Michael Wolffsohn hat dazu am

29. Oktober 2020 in der *Welt* unter der Überschrift »Doppelmoral im Kampf gegen rechts« das Notwendige geschrieben: Fischer gehört nämlich zu Holtzbrinck, und Georg von Holtzbrinck (1909 – 1983) war von Anfang an NS-Vorläufer und NS-Profiteur.

Weitere Namen von Persönlichkeiten, die einfach mal so »gecancelt«, um ihren Ruf, zum Teil an den Rand ihrer Existenz gebracht wurden oder manipulativ aus den Bestsellerlisten verschwanden: Hamed Abdel-Samad, Sucharit Bhakdi, Jörg Bernig, Günter Buchholz, Lisa Eckhart, Nicolaus Fest, Andreas Gabalier, Martin Hohmann, Eva Herman, Steffen Heitmann, Hubertus Knabe, Axel Krause, Ulrich Kutschera, Konrad Löw, Hans Joachim Mendig, Xavier Naidoo, Max Otte, Akif Pirincci, Carsten Rentzig, Josika Saibou, Rolf Peter Sieferle (†), Susanne Schröter, Erika Steinbach, Uwe Steimle, Uwe Tellkamp.

Stasi-Richtlinie 1/76 lässt grüßen

Bei all diesen Vorgängen geht es um Zersetzung. Das erinnert an die Richtlinie Nr. 1/76 zur Entwicklung und Bearbeitung Operativer Vorgänge (OV) vom Januar 1976.[349] Auszüge: »Bewährte anzuwendende Formen der Zersetzung sind: systematische Diskreditierung des öffentlichen Rufes, des Ansehens und des Prestiges auf der Grundlage miteinander verbundener wahrer, überprüfbarer und diskreditierender sowie unwahrer, glaubhafter, nicht widerlegbarer und damit ebenfalls diskreditierender Angaben; systematische Organisierung beruflicher und gesellschaftlicher Misserfolge zur Untergrabung des Selbstvertrauens einzelner Personen; zielstrebige Untergrabung von Überzeugungen im Zusammenhang mit bestimmten Idealen, Vorbildern usw. und die Erzeugung von Zweifeln an der persönlichen Perspektive; Erzeugen von Misstrauen und gegenseitigen Verdächtigungen innerhalb von Gruppen, Gruppierungen und Organisationen; Erzeugen bzw. Ausnutzen und Verstärken von Rivalitäten innerhalb von Gruppen, Gruppierungen und Organisationen durch zielgerichtete Ausnutzung persönlicher Schwächen einzelner Mitglieder … Bewährte Mittel und Methoden der Zersetzung sind: die Verwendung anonymer oder pseudonymer Briefe, Telegramme, Telefonanrufe usw., kompromittierender Fotos, zum Beispiel von stattgefundenen oder vorgetäuschten Begegnungen; die gezielte Verbreitung von Gerüchten über bestimmte Personen einer Gruppe …«

Exorzistische Umbenennungen

Ikonoplastie als politisch und/oder religiös motivierten Bildersturm und Denkmalsturz sowie Umbenennungen gab es zu allen Zeiten der Geschichte: im alten Ägypten bei den Pharaonen, im antiken Rom, in Byzanz, in der Reformation, im Zuge der Französischen Revolution, während der Oktoberrevolution 1917, bei den Nationalsozialisten ab 1933 als Zerstörung »entarteter Kunst« und als Bücherverbrennung, in der DDR, in China (siehe Maos Kulturrevolution ab 1966), in gewisser Weise bei der weitgehenden Beseitigung der Berliner Mauer, bei der Zerstörung religiöser Bauten und Statuen durch islamistische Terrororganisationen usw.

Man will sich reinwaschen, Erinnerungen tilgen und unschädlich machen. Mohrenstraßen, Mohren-Apotheken, Mohren-Hotels darf es nicht mehr geben, nachdem es schon keinen »Mohrenkopf« mehr gibt. (Siehe dazu auch das Kapitel 6.) Die Stadt München hat Anfang 2020 eine Kommission berufen, die 370 »problematische« Namensgeber von Straßennamen untersuchen soll, darunter Franz Josef Strauß, Christoph Kolumbus, Werner von Siemens, Erich Kästner (dessen Bücher 1933 verbrannt wurden), Arthur Schopenhauer, Ludwig Thoma usw.[350]

Aber Deutschland pflegt mit immer noch Tausenden an Ernst-Thälmann-Straßen/Plätzen das Andenken an den moskauhörigen KPD-Vorsitzenden, der als Feind der SPD den Niedergang der Weimarer Republik beförderte.

20. Gute und böse Ängste: Phobokratie

Manchmal ist es sehr erhellend, wenn man die Weisheit der Sprache bemüht. Zum Beispiel beim Wort Angst. Angst hat mit Enge zu tun: Man spürt die Enge als Beklemmtsein und als Herzangst bis hinein in den Körper. Man ist angststarr.

Solches Erleben wird seit Menschengedenken missbraucht – von Regenten und Erziehern. Denn Angst macht gefügig. Spätestens der Gewaltherrscher Caligula hat es auf den Punkt gebracht: *Oderint dum metuant* (Sie mögen mich hassen, solange sie mich nur fürchten). Perfektioniert hat die Angst als Herrschaftsinstrument Niccolò Machiavelli mit seinem Traktat »Il Principe« (Der Fürst) von 1513, veröffentlicht nach seinem Tod (1527), in deutscher Sprache erschienen 1580. Einem Fürsten, so schreibt Machiavelli, sei es erlaubt, zu belügen, zu betrügen, zu unterdrücken und sogar zu ermorden. Der Erhalt der Macht heilige jedes Mittel. Deshalb sei es für einen Fürsten besser, gefürchtet zu sein, als geliebt.

So gewalttätig geht es heute nicht mehr zu. Zumindest in den vermeintlichen oder Noch-Demokratien. Aber der deutsche Michel und Leid-Hammel mit seinen, auch politisch und medial oktroyierten Ängsten hat sich an ein Regiertwerden mit Angst (Phobokratie) gewöhnt.

Die Regierenden gehen dabei recht differenziert vor. Es gibt gute und es gibt böse Ängste. Angst vor Klima ist gut, Angst vor »Rechts« ist gut, Xenophobie und Islamophobie sind böse. Vor allem aber sollen wir Angst haben vor uns selbst sowie vor unseren offenbar unausrottbaren »Nazi«- und Populismus-Genen (wann erfindet jemand das Wort »autophob«, sich vor sich selbst ängstigend?).

Die apokalyptischen Themen sind bekannt: Pestizide, CO_2, Klima, Erderwärmung, Gletscherschmelze, Diesel, Antibiotika,

Artensterben, Corona und so weiter. Gelegentlich toppte Trump die Liste deutscher Ängste. So förderte eine von den R+V-Versicherungen[351] in Auftrag gegebene Umfrage unter 2 400 Bundesbürgern im September 2020 zutage: Am meisten Angst haben die Deutschen mit 53 Prozent vor einer »Gefährlicheren Welt durch Trumps Politik«. Corona rangiert auf Platz neun mit 42 Prozent. Klar, es hängt von der Befragungsmethode, der Stichprobe und vom Auftraggeber ab, was herauskommt. Es soll bitte auch möglichst politisch korrekt sein. Trump hat zwar keine Kriege angefangen wie sein Vorgänger Obama. Aber: Passt doch!

Bereits 1988 hatte Erich Wiedemann den Deutschen mit seinem Buch »Die deutschen Ängste – Ein Volk in Moll« den Spiegel vorgehalten.[352] Dann gab es die Angst vor dem atomaren GAU durch Hochrüstung (NATO-Doppelbeschluss von 1979/80) oder vor »Tschernobyl« (1986). 2011 hat sich der Statistikprofessor Walter Krämer erneut der Ängste der Deutschen angenommen und gefragt: »Warum wir uns vor den falschen Dingen fürchten«.[353] Er greift neben vielen Ängsten die Angst vor Pestiziden, radioaktiver Strahlung, Feinstaub, PVC, PCB, Asbest, Amalgam, Ozonloch, Dioxin, Zucker und so weiter auf. Krämer entlarvt diese Ängste als zumeist irrationale Panikattacken, die obendrein durch die Medien und durch Debatten um Grenzwerte verstärkt werden.

Nahezu keine dieser Ängste hatte einen realen Grund, während andere gesundheitliche Risiken (zum Beispiel Bluthochdruck) kaum eine Rolle spielen. Der Angstlust der Deutschen tat das keinen Abbruch. Im Gegenteil: In die 1980er Jahre fällt die Gründung einer Partei, die mit der Angstlust der Deutschen und der Gier nach Verboten virtuos so zu spielen verstand, dass sie bald auf andere Parteien übergriff. Siehe Verbot von Atomkraftwerk, Kohlekraftwerk, Verbrennermotor, Ölheizung, Gasheizung, Fleischkonsum, Tierversuche, Dünger, Einfamilienhaus, Straßenbau, Kreuzfahrt, Flugverkehr, Osterfeuer, Schottergarten, Plastiktüte, Feuerwerk, Zoo, Zirkus, Gentechnik, Luftballon, Heizpilz, Zigarettenautomat …

Qua apokalyptisch unterlegtem »Greenwashing« sind wir einem neuheidnischen Naturkult ausgesetzt. Wer einen SUV fährt, bringt die Gletscher zum Schmelzen. Wer Fleisch isst, fördert die CO_2-Katastrophe. Untergangspropheten sind nun mal hoch im Kurs, und alle spielen mit, auch in dem Bereich, der sich früher als rationale Wissenschaft verstand. Sie versprechen nichts Geringeres als die Rettung der Welt, in kleinerer Münze geht es nicht. Erfolg haben sie damit. Denn: Angst »sells«. Damit lässt sich alles Mögliche verkaufen: teurer Strom, teurer Sprit, vegane Kost, E-Mobilität, unbegrenzte Zuwanderung wegen angeblichem »Fachkräfte«-Mangel …

Nach einer Art Angsterhaltungssatz bleibt die Summe aller Ängste gleich, wahrscheinlich sogar exponentiell wachsend. Friedrich Nietzsche nennt diesen Typus Mensch den »Nothsüchtigen«. Nur eine bestimmte Angst ist nicht erlaubt: Die Angst um die innere Sicherheit ob gewisser Kriminalitätszahlen gewisser Ethnien. Das ist eine Angst, die von den Regierenden schnell psychiatrisiert wird, nämlich die Islamophobie oder Xenophobie.

Mit einem Angstregiment lässt sich alles begründen, auch die Einschränkung von verfassungsrechtlich garantierten Freiheitsrechten im Zuge von Corona oder Klima. »Die Wohnung ist unverletzlich«: So heißt es in Artikel 13 des Grundgesetzes. Für den SPD-Gesundheits-»Experten« Karl Lauterbach scheint das nicht zu gelten. Er will bei gestiegenen Corona-Infektionszahlen auch Treffen selbst in den eigenen vier Wänden unterbinden lassen. »Die Unverletzbarkeit der Wohnung darf kein Argument mehr für ausbleibende Kontrollen sein«, sagte er Ende Oktober 2020 der *Rheinischen Post*.[354] Nur am Rande: Die Nazis hatten das Grundrecht auf Unverletzlichkeit der eigenen Wohnung neben weiteren Menschenrechten 1933 außer Kraft gesetzt. Und auch in der DDR waren konspirative Hausdurchsuchungen der Stasi an der Tagesordnung.

All das reicht dem medial exzessiv herumgereichten Lauterbach nicht. Er ist und bleibt aber reines Medienprodukt.[355] Nach dem Motto »Gib ihnen ihre tägliche Angst heute« will der »Experte« die durch Corona bedingten Einschränkungen zugunsten des Klimas über Corona hinaus prolongieren. In einem Gastbeitrag für die *Welt* vom 27. Dezember 2020 fordert er einen »Klima-Lockdown«. Seine umwerfende Begründung: Eine Impfung gegen CO_2 werde es niemals geben. Deshalb benötige man Maßnahmen zur Bewältigung des Klimawandels, die analog zu den Einschränkungen der persönlichen Freiheit in der Pandemie-Bekämpfung seien.[356]

Regieren mit Angst, mit Maulkorb (Mundschutz?), mit Hundeleine! Regierende und Medienschaffende folgen gerne. Und sie fühlen sich als Helden, zumindest als Macher. Denn wer sich mit seiner Angst outet, gilt nicht nur als authentisch, sondern wird auch sofort zum Helden befördert.

Typisch deutsch alles, denn: »Die Deutschen bilden weltweit die Avantgarde der Angst. ›German Angst‹ und der deutsche Größenwahn sind offenbar Komplementärphänomene.« Das schreibt Norbert Bolz im Herbst 2020 in seinem Buch »Avantgarde der Angst«.[357] Es könnte aber auch etwas anderes dahinterstecken: eine »Demophobie« der Regierenden vor dem Volk, dem *demos*, dem dummen, unberechenbaren Lümmel. Vulgo: Die Regierenden haben Angst vor dem Volk. Deshalb haben die Regierenden das Volk als den eigentlichen Souverän, als den Auftraggeber der Regierenden zu einem angeleinten Empfänger von Ängsten und Anordnungen degradiert.

21. Von Judas bis Käßmann: Denunziation

Die Geschichte der Menschheit ist voller Denunziationen, die Menschenleben kosteten. Man denke an Judas, der für Jesu Verrat 30 Silberlinge kassierte; an die Denunziationen in Zeiten der Inquisition sowie der Hexen- und Ketzerprozesse; an die Denunziationen in Hitler-Deutschland; an die Stalin- und Mao-Zeiten mit ihren Säuberungen; an die Denunziationen in der DDR mit ihren mehr als 90000 Stasi-Mitarbeitern und rund 189000 informellen Mitarbeitern (IM). Denn: Menschen sind um kleiner Vorteile willen zum Verrat bereit. In Kindergarten oder Schule nennt man es Petzen. Auf staatlicher Ebene heißt es »zivilgesellschaftliche Pflicht«. Dieses »zivilgesellschaftliche« Netz wird immer dichter. Staatliche und semistaatliche »Spitzel« mischen mit Meldetelefonen mit. Wieder sind wir einem idiokratischen Gesinnungsstaat näher gekommen.

Das Bundesamt für Verfassungsschutz hat ein »Hinweistelefon gegen Extremismus und Terrorismus« eingerichtet.[358] Die einschlägig bekannte Amadeu Antonio Stiftung hat 2018 eine Handreichung zum »Umgang mit Rechtspopulismus und Menschenfeindlichkeit in Kitas« herausgegeben, samt Vorwort der im Mai 2021 zurückgetretenen Bundesfamilienministerin Giffey (SPD). Dort sind Hinweise enthalten, wie »Kinder aus völkischen Elternhäusern« erkannt werden könnten. Das liest sich so: »In einer Kita fallen zwei Geschwister auf … Diese Kinder scheinen besonders ›gut zu spuren‹. Außerdem sind traditionelle Geschlechterrollen in den Erziehungsstilen erkennbar: Das Mädchen trägt Kleider und Zöpfe, es wird zu Hause zu Haus- und Handarbeiten angeleitet, der Junge wird stark körperlich gefordert und gedrillt. Beide kommen häufig am Morgen in die Einrichtung, nachdem sie bereits einen 1,5-km-Lauf absolviert haben.«[359]

Ex-Bischöfin Käßmann hatte diese Lektion schon vorher verinnerlicht. Beim 36. Evangelischen Kirchentag 2017 meinte sie im Rahmen einer Bibelarbeit (sic!): »Zwei deutsche Eltern, vier deutsche Großeltern. Da weiß man, woher der braune Wind wirklich weht.«[360] Aha! Um mit Konrad Adam zu sprechen: »Als rechts gilt heute, wer einer geregelten Arbeit nachgeht, seine Kinder pünktlich zur Schule schickt und der Ansicht ist, dass sich der Unterschied von Mann und Frau mit bloßem Auge erkennen lässt.«[361]

Oder nehmen wir das Landesantidiskriminierungsgesetz (LADG) von Berlin.[362] Dort kann man als vermeintliches Opfer die Polizei anschwärzen, ohne den Beweis antreten zu müssen. Die Beweislast ist umgekehrt, die Polizei muss den Beweis antreten, dass sie unschuldig ist. Die Universität zu Köln (UzK) rief im Mai 2020 das Projekt »Gender Equality & Diversity« zur Antidiskriminierungskampagne #UNBOXINGDISCRIMINATION aus. Ziel: »Diskriminierung enthüllen!« Wörtlich liest der potenzielle oder reale Denunziant: »Mit dem untenstehenden Formular können Sie erlebte oder beobachtete Diskriminierungserfahrungen an der UzK anonym teilen.«[363]

Die Stadt Essen entwickelt Mitte Oktober 2020 ein Online-Melde-Portal für Corona-Verstöße. Auf der Internetseite der Stadt konnte man Mitbürger »melden«, die gegen Corona-Regeln verstoßen haben. Nach heftigen Protesten, unter anderem des Bundestagsvizepräsidenten Wolfgang Kubicki (der FDP-Mann sprach von einem »Denunziationsportal«), »entschärfte« die Stadt das Formular Mitte Dezember 2020 geringfügig. Anonyme Meldung sind nach wie vor möglich, man kann aber keine Fotos mehr hochladen.[364]

Am 26. Juli 2020 twittert ein *SZ*-Redakteur namens Ronen Steinke: »Sie haben besondere Informationen zu Fällen von #Rassismus in der #Polizei von öffentlichem Interesse und wollen uns @SZ diese anonym zukommen lassen? So erreichen Sie uns …«[365] Zugleich versicherte die *SZ*, die Zuträger könnten sich beim *SZ*-»Investigations-Team« melden, selbstverständlich auch anonym. Und damit die Spuren verwischt würden, lieferte die *SZ* gleich noch Tipps mit, wie man die Spuren verwischen kann. Zum Beispiel: »Kein Telefon nutzen, keine E-Mail schreiben!« Traurig, wenn der Rechtsstaat solche »Amtshilfe« auch noch annähme! Parallelen drängen sich auf. Zwischen 1933 und 1945 hieß es denunziatorisch: »Franz Meier hat BBC gehört.« 1949 bis 1989 hieß es in der DDR: »Konrad Müller hat Westfernsehen geguckt.«

Dass so etwas auch öffentlich-rechtlich Schule macht, meinte der Deutschlandfunk (DLF) am 24. Februar 2021 beweisen zu müssen. Aufgrund einer Meldung einer Psychologiestudentin, die mit ihrem Professor wegen dessen kritischer Überlegungen zur Coronapolitik nicht zufrieden war, prangerte der DLF einen Regensburger Professor öffentlich als »Coronaleugner« an.[366]

Man fühlt sich an die Straftatbestände des Strafgesetzbuchs der DDR von 1968 erinnert. Dort heißt es noch 1988/1989 in § 106 unter »Staatsfeindliche Hetze«: »Wer mit dem Ziel, die sozialistische Staats- oder Gesellschaftsordnung der Deutschen Demokratischen Republik zu schädigen oder gegen sie aufzuwiegeln, Schriften, Gegenstände oder Symbole, die die staatlichen, politischen, ökonomischen oder anderen gesellschaftlichen Verhältnisse der Deutschen Demokratischen Republik diskriminieren, einführt, herstellt, verbreitet oder anbringt; … Repräsentanten oder andere Bürger der Deutschen Demokratischen Republik oder die Tätigkeit staatlicher oder gesellschaftlicher Organe und Einrichtungen diskriminiert; … wird mit Freiheitsstrafe von einem Jahr bis zu fünf Jahren bestraft.«

Ganz so weit sind wir (noch?) nicht. Wer sich aber mit einer Meinung einen Zentimeter rechts neben der linken »Mitte« aus dem Fenster lehnt, muss mit dem sozialen oder beruflichen Tod rechnen – oder wenigstens mit »Beobachtung«. Immerhin hat das Bundesamt für Verfassungsschutz im April 2021 einen neuen »Phänomenbereich« als bundesweites »Sammelbeobachtungsobjekt« mit dem nebulösen Namen »Demokratiefeindliche und/oder sicherheitsgefährdende Delegitimierung des Staates« eingerichtet.

Die »Qualitätspresse« mischt mit bei diesem Rückfall in Zeiten, als es wenigstens noch mutige Stimmen gegen das Denunziantentum gab. Dem Dichter des Deutschlandliedes Hoffmann von Fallersleben (1798 – 1874) wird folgender Vers zugeschrieben: »Der größte Lump im ganzen Land, das ist und bleibt der Denunziant.« Und 1884 erschienen im Satireblatt »Der Wahre Jakob« die Verse: »Verpestet ist ein ganzes Land, wo schleicht herum der Denunziant … Der Menschheit Schandfleck wird genannt der niederträchtige Denunziant.«

Heute sind die Gesinnungs-Piranhas als schwimmende Saubermänner wieder unterwegs. Ihre Gefährlichkeit ist nicht ihre Größe, sondern ihr Schwarmverhalten. Wie Rauchmelder melden sie Fälle von Nazi-, Rassismus-, Sexismus-, Nationalismus-, Klimaleugner- und Homophobie-Verdacht. Fälle aus der Nachbarschaft, Funde in den (a)sozialen Netzwerken usw. Deutschland – das Land der Zensoren? Günter Scholdt hat sich mit der »Anatomie einer Denunzianten-Republik« befasst.[367] Er fragt: »Kennst du das Land, wo die Zensoren blühn?« Er spricht von McCarthyisten, »denunziatorischen Trüffelschweinen« und »alimentierten Gesinnungsindustrien.« Nicht einmal die »Wissenschaften« sind frei davon. Teile der sogenannten Populismus- und Extremismusforschung wurden zu einer Art Denunziationswissenschaft.[368] Vor allem aber die »Kämpfer für Political Correctness sehen sich«, wie Bernd Stegemann es formuliert, »als selbsternannte geistige Seuchenbeauftragte. Ein kolossaler Irrtum: Sie sind selbst die Seuche.«[369]

Teil IV
Die Akteure des Untertanengeistes

22. Kirchen und Glaubensgemeinschaften zwischen Thron und Altar

Kirche hat – nehmen wir an – mit Glauben an Gott zu tun. Gottes Bodenpersonal scheint sich da nicht immer so sicher zu sein. Die Rollen zwischen Geistlichkeit und Weltlichkeit waren jedenfalls nicht immer eindeutig geregelt. Über Jahrhunderte hinweg rangen Könige/Kaiser mit dem Papst, wer das Sagen habe. Im Jahr 1077 etwa belegte Papst Gregor VII. Kaiser Heinrich IV. mit einem päpstlichen Bann und erzwang die berühmte Unterwerfungsgeste in Canossa. Es folgte über Jahre hinweg eine Opposition des Staates gegen die Kirche, vor allem gegen Rom, und umgekehrt. Bismarck sei hier zitiert. Am 14. Mai 1872 sagte er inmitten des Kulturkampfes gegen die katholische Kirche im Reichstag: »Nach Canossa gehen wir nicht …«

Die Reformation zu Beginn des 16. Jahrhunderts hat am Verhältnis zwischen weltlicher und kirchlicher Macht wenig geändert. Luther präsentierte zwar die Zwei-Reiche-Lehre: hier die weltliche, dort die göttliche Macht. Realiter aber waren Thron und Altar eins. Luthers Verdienste seien nicht geschmälert, aber die Reformation war eine Fürstenrevolution. Mehr noch: »Die geistige Befreiung war im Luthertum mit weltlicher Knechtschaft erkauft«, schreibt der Historiker Heinrich August Winkler.[370] Mit anderen Worten – von Walter Laqueur: Die protestantische Kirche war »stets mit einigen ehrenwerten Ausnahmen … die Staatskirche par exellence (sic!) gewesen!«[371] Und sie ist es offenbar wieder.

Sosehr die Katholiken und die Protestanten an denselben Gott und seine Trinität glauben, so sehr unterscheiden sie sich weit über die Reformation hinaus bis hinein ins Kaiserreich, in die

NS-Zeit und in die DDR-Zeit politisch. Im 18. Jahrhundert stand die »katholische Theokratie« einer evangelischen Kirche gegenüber, die »in den protestantischen Territorien das fürstliche Kirchenregiment zur evangelischen Staatskirche geführt hatte«. Friedrich der Große galt als »Papst der Lutheraner«. Die katholische Kirche stand immer noch im Zeichen der Gegenreformation und der Orientierung an Rom. Ihr sagte »ein ferner Papst« eher zu als »ein naher Primas von Deutschland«.[372]

Auch im 19. Jahrhundert blieben die lutherische und die reformierte Kirche – anders als in den USA und Frankreich – eine vom Staat mitorganisierte »Religionsgesellschaft«. Schleiermacher nannte die Generalsuperintendenten gar »kirchliche Präfekten der Regierung«. Besonders Dynastietreue wurden Bischöfe. Etwas anders im Katholizismus: Hier baute sich bei der Besetzung der Bischofsstellen mehr und mehr die Adelsdominanz ab. Maßgeblich blieb das päpstliches Kirchenregime als Ultramontanismus, als »Diktatur des Heiligen Vaters«. So geriet der »Deutschkatholizismus« zur Opposition in Preußen. Es war dies quasi der erste preußische Kulturkampf um 1838.[373]

Katholiken im Kulturkampf

Der Begriff Kulturkampf stammt von dem linksliberalen Reichstagsabgeordneten und Mediziner Rudolf Virchow, einem großen Anhänger der antikatholischen Bismarck-Politik. Die Katholiken hatten mit der Reichsgründung 1871 die Bevölkerungsmehrheit verloren; zuvor hatten sie inklusive Österreichs im Deutschen Bund die Mehrheit. Ab 1871 wurde dieser Kulturkampf, so Gordon Craig, »mit der Behauptung gerechtfertigt, die deutsche katholische Kirche sei das Werkzeug einer ausländischen Macht, nämlich des Papsttums«.[374] Bismarck galten die katholische Kirche und die Zentrums-Partei als »reichsfeindlich«. Zugleich befürchtete er ein »katholisches« Bündnis Österreich/Frankreich

Einen Höhepunkt erreichte dieser Kampf am 10. Dezember 1871 durch Aufnahme des »Kanzelparagrafen« in das Strafgesetzbuch: Es war allen Geistlichen ab sofort verboten, zu politischen Fragen Stellung zu beziehen. Der Staat erhielt ein Einspruchsrecht bei der Vergabe geistlicher Ämter. 1875 wurden alle geistlichen Orden verboten. Außerdem verfügte das »Brotkorbgesetz«, alle staatlichen finanziellen Zuwendungen an die katholische Kirche einzustellen. Weitere Höhepunkte waren der Abbruch der diplomatischen Beziehungen zum Vatikan, die Inhaftierung von Pfarrern und Bischöfen sowie die Amtsenthebung von Geistlichen.

In den katholischen Gebieten des Reichs (Rheinland, Elsass und im überwiegend von polnischer Bevölkerung besiedelten Posen, Westpreußen oder Oberschlesien) wirkte der Kulturkampf kontraproduktiv. Die verfolgten Geistlichen wurden wie Märtyrer angesehen. Die Zentrumspartei wurde stärker. Bei den preußischen Landtagswahlen von 1873 und den Reichstagswahlen von 1874 konnte sie die Zahl ihrer Mandate deutlich erhöhen. Um größeres Unheil abzuwenden, musste Bismarck handeln. Die Gelegenheit ergab sich 1878 nach dem Tod von Pius IX. und der Wahl von Leo XIII. zum neuen Papst. Bismarck konnte nun ohne Gesichtsverlust eine Annäherung an die katholische Kirche beginnen. Erleichterungen gab es ab 1880. Bismarck ließ Gesetze passieren, mit denen Klöster und Orden wieder zugelassen wurden, die Disziplinargewalt von Papst und Bischöfen wiederhergestellt und die staatliche Prüfung für geistliche Berufe abgeschafft wurden.

Kirchen im Nationalismus

»Stimuliert durch die Siege des evangelischen Preußens in den Jahren 1866 und 1870/71 ging der Protestantismus eine unheilige Allianz mit der Ersatzreligion des Nationalismus ein, aus welcher der fatale Nationalprotestantismus der folgenden acht Jahrzehnte hervorging … Das Hohenzollernreich galt als Ergebnis göttlichen Welt- und Geschichtswillens, dem die evangelische Christenheit zu huldigen habe.« Bei den gläubigen Katholiken indes habe die Volksfrömmigkeit dem Religionsersatz des Nationalismus das Eindringen in ihre innerste Psyche erschwert, schreibt Hans-Ulrich Wehler.[375]

Wir schlagen einen weiten Bogen hinüber in die Jahre ab 1930. Die unterschiedliche Positionierung der christlichen Kirchen zum Thron und zur Obrigkeit setzte sich fort. Die Kirchen verhielten sich vor und nach 1933 sehr unterschiedlich. Der katholische Klerus wurde denn auch von den Nazis anders eingestuft als die protestantische Pfarrerschaft, die vom Regime bevorzugt wurde.

Wehler schreibt über die evangelische Kirche: »Aufs Ganze gesehen blieb der Protestantismus nationalistisch – mit einer fatalen Neigung sogar zum Radikalnationalismus – und weithin antirepublikanisch gesinnt, anfällig für die autoritäre Lösung politischer Probleme, schließlich auffallend hilflos gegenüber dem Nationalsozialismus.« Die Machtergreifung vom Januar 1933 betrachtete man weithin als Gottes Fügung. Unter Protestanten grassierte zu dieser Zeit die Illusion vom neuen christlichen Obrigkeitsstaat, der ein Bollwerk gegen den grassierenden Atheismus und den gottlosen Kommunismus aufrichte.

Später war viel Schweigen angesagt: »Zu Beginn des Krieges schwieg die protestantische Kirche zur Euthanasie, obwohl sie seit dem Juli 1940 hinreichend genau informiert war. Es gab kein evangelisches Pendant zu Bischof v. Galen, der seine Stimme erhoben hatte.«[376] Noch härter urteilt Helmut Witetschek: »Bei den Pastoren und evangelischen Christen, die den nationalen Tendenzen nahestanden, sprach die Überzeugung mit, dass deutschnationale und evangelische Gesinnung zusammengehörten.«[377]

Allerdings hatte der Protestantismus bald am Rande des Schismas gestanden. Zwischen den Deutschen Christen und der Bekennenden Kirche (»Erst Christus, dann Deutschland!«) nahmen innerkirchliche Konflikte zu. Verbunden war die Bekennende Kirche mit den Namen Martin Niemöller und Dietrich Bonhoeffer († 1945). Sie entstand 1934 innerhalb der Deutschen Evangelischen Kirche (DEK). Man wollte sich von der nationalsozialistischen Haltung der DEK distanzieren. Denn Vertreter der DEK wollten den Idealen Hitlers entsprechen: ein Volk, ein Reich, ein Führer, eine Kirche. Verschärft wurde die Spaltung, als Teile der Bekennenden Kirche 1938 den Eid auf Hitler leisteten. Bonhoeffer hatte sich der Bekennenden Kirche 1938 angeschlossen, am 5. April 1943 war er inhaftiert und am 9. April im KZ Flossenbürg ermordet worden. Er hatte sich früh beklagt: »Wir haben in jenen Jahren fast nirgends Zivilcourage gefunden.«[378]

Der Katholizismus konnte länger widerständig bleiben, auch wenn ihm später das Rückgrat gebrochen wurde. Denn der Katholizismus konnte bis 1932/33 auf eine etablierte Partei, das Zentrum, in Bayern auf die 1918 gegründete Bayerische Volkspartei (BPV) zurückgreifen. Das war der Grund, warum sich der Katholizismus 1919 schneller mit der Weimarer Republik anfreunden konnte als der Protestantismus. Bei der Wahl des Reichspräsidenten von 1925 hatte denn auch nicht viel gefehlt und der Kandidat des Zentrums, Wilhelm Marx, hätte mit 35 Prozent beinahe Paul von Hindenburg als den Kandidaten des evangelischen Deutschlands (37,1 Prozent) besiegt.

Hans-Ulrich Wehler hat beschrieben, wie 1931 »der gesamte Episkopat mit schneidender Ablehnung den Charakter der Hitler-Bewegung und ihrer weltanschaulichen Grundlagen« verurteilte. Von »Säkularreligion« und »Neuheidentum« war die Rede.[379] Diese Haltung der Kirche blieb unverändert bis zur Regierungserklärung Hitlers vom 23. März 1933. Ab da wurde die Haltung der Bischöfe durch die Verhandlungen um das am

20. Juli 1933 unterzeichnete Reichskonkordat bestimmt. Dennoch fehlte es oft nicht an Widerspruch. »Im Sommer 1941 leistet das Kirchenvolk gegen die Entfernung der Kruzifixe in den Schulen erfolgreichen Widerstand.«[380]

Auch wenn der ab 1919 amtierende Vorsitzende der Bischofskonferenz, Adolf Johannes Kardinal Bertram (1859 – 1945), Glückwünsche zu Hitlers Geburtstag absetzte (gegen den Protest von Bischof von Preysing, der deswegen dem Papst seinen Rücktritt anbot) und Anfang Mai 1945 angeblich für alle Priester ein »Requiem auf den Führer« anordnete, bleibt für Wehler klar: »Die unzweideutige Kritik, mit der die katholische Amtskirche bis 1933 der Hitler-Bewegung begegnete, bleibt ein Ruhmesblatt ihres politischen Urteilsvermögens.« Wehler weiter: »Insgesamt kann die Katholische Kirche auf eine ebenso beklemmende wie stolze Leidens- und Opferbilanz verweisen …« 418 Priester kamen ins KZ, 110 von ihnen starben, 59 weitere wurden hingerichtet oder ermordet. »Die Anzahl der Opfer und das Ausmaß der Willkürakte übertrifft die Belastung protestantischer Pfarrer und der Bekennenden Kirche bei weitem.« Insgesamt haben wohl über 4000 Priester, Mönche und Nonnen durch die Hand der Nazis den Tod erlitten, nicht wenige, weil sie Juden geholfen hatten.[381]

Wie wählten Katholiken und Protestanten von 1930 bis 1933?

Das unterschiedliche Verhältnis der beiden Kirchen zum Nationalsozialismus spiegelte sich im Wahlverhalten wider. Hans-Ulrich Wehler fasst das Wahlverhalten des Jahres 1930 wie folgt zusammen: Bei den Septemberwahlen 1930 waren 25 der 35 Reichwahlkreise eindeutig entweder evangelisch oder katholisch geprägt. Von den 25 Kreisen wiederum waren zwei Drittel der Wähler überwiegend protestantisch, ein Drittel katholisch.

Ergebnis der Analyse Wehlers: »In den 19 evangelischen Stimmbezirken gelangen der NSDAP spektakuläre Erfolge, in den sechs katholischen dagegen überhaupt nicht.«[382]

Sehr detailliert hat sich Jürgen Falter mit »Hitlers Wählern« befasst.[383] Er kommt zum Ergebnis, »dass von der Konfession der weitaus größte Einfluss auf die nationalsozialistischen Wahlerfolge ausgegangen ist.«[384, 385] Zu den Wahlen im Juli 1932 schreibt Falter: »Im Juli 1932 lagen die ›Rekordkreise‹ der NSDAP, also diejenigen Gebiete mit dem höchsten Stimmenanteil, nun vor allem in Mittelfranken, angeführt von Rothenburg ob der Tauber mit 83 Prozent und Uffenheim mit 81 Prozent der gültigen Stimmen … Am schwächsten schnitt die NSDAP in einigen ländlichen Zentrums- und BVP-Hochburgen ab, wo sie wie etwa im südoldenburgischen Vechta oder im niederbayerischen Landau an der Isar noch deutlich unter 10 Prozent der abgegebenen gültigen Stimmen blieb.« Und über die Märzwahl 1933: »Wieder lagen die Kreise mit den höchsten Wahlerfolgen in Mittelfranken (Rothenburg mit 83, Neustadt/Aisch mit 79 Prozent), in Hessen (Schotten mit 83 Prozent), jetzt auch in Ostpreußen (Neidenburg mit 81, Lyck mit 80 Prozent).«[386]

Falters Schlussfolgerungen: Der Katholizismus sei ein Resistenzfaktor gewesen. »Protestanten waren im Schnitt doppelt so anfällig gegenüber der NSDAP wie Katholiken.« Nicht untypisch seien Pfarrblätter evangelischer Gemeinden mit Äußerungen wie der folgenden gewesen: »Hakenkreuz und Christuskreuz sind keine Gegensätze.«[387] Man könnte mit Falter spekulieren: Vermutlich hätte die NSDAP schon bei den Wahlen im Juli 1932 die absolute Mehrheit der Mandate errungen, wenn es nur protestantische Wähler gegeben hätte. Umgekehrt wäre Hitler womöglich nicht an die Macht gekommen, hätte es nur katholische Wähler gegeben.

Und nach 1945? Es ging um Aufarbeitung. Der Katholizismus tat sich leichter, denn er hatte, so Falter weiter, ein »für den modischen Rechtstotalitarismus ungleich weniger anfälliges Ideensystem. Mit einem so zutiefst blamablen Phänomen wie den ›Deutschen Christen‹ hatte es die katholische Kirche nirgendwo zu tun.«[388] Schwerer taten sich die Protestanten, hatten sie sich doch in Teilen als »Deutsche Christen«, ja als »SA Jesu Christi« (so der Berliner Pfarrer und Vizepräsident des Oberkirchenrats der altpreußischen Union, Joachim Hossenfelder, 1933)[389] mitschuldig gemacht. Im Stuttgarter Schuldbekenntnis vom 18./19. Oktober 1945[390] schrieben sie denn auch: »Mit großem Schmerz sagen wir: Durch uns ist unendliches Leid über viele Völker und Länder gebracht worden ...« Die Initiatoren und Unterzeichner dieses »Bekenntnisses« hatten übrigens bereits in der Bekennenden Kirche Leitungsämter innegehabt.

Papst Pius XII.: Schuldig durch Schweigen oder Retter vieler Juden?

Das Verhalten der katholischen Kirche im Nationalsozialismus kann nicht losgelöst gesehen werden von Papst Pius XII. Manche Kritiker nennen ihn den »Papst Hitlers«, er habe sich von Hitler in seinem Kampf gegen Bolschewismus und Judentum instrumentalisieren lassen. Aber das ist Geschichtsklitterung, die 1963 von Rolf Hochhuth mit seinem Drama »Der Stellvertreter« im wahrsten Sinn des Wortes inszeniert wurde. Mit »Stellvertreter« war Papst Pius XII. (vormals Eugenio Pacelli, 1876 – 1958, Papst ab März 1939 bis zu seinem Tod am 9. Oktober 1958) gemeint – als Stellvertreter Gottes auf Erden. Kern dieses Stücks ist der Vorwurf, Pius XII. habe gegen die Judenvernichtung der Nazis nicht »lauthals protestiert«. Ja, mehr noch: Papst Pius XII. sei ein Antisemit gewesen – so zum Beispiel in reißerischer Aufmachung der US-Historiker Daniel Goldhagen. In seinem 2002 veröffentlichten Buch »Die katholische Kirche und der Holocaust« behauptet er, Papst Pius XII. habe der Judenverfolgung zugesehen, weil er eben ein Antisemit gewesen sei.

Dass Pius XII. von der Judenverfolgung wusste, ist unbestritten. Zumal er ein hervorragender Deutschlandkenner war. 1917 war er als Friedensunterhändler in Berlin tätig gewesen, dann wurde er Nuntius in Bayern, im Deutschen Reich und in Preußen, später Kardinalstaatsekretär im Vatikan. Maßgeblich beteiligt war er am Zustandekommen des Reichskonkordats, mit dem am 20. Juli 1933 ein Vertrag zwischen dem Heiligen Stuhl und dem Deutschen Reich zustande kam. Als Kardinalstaatssekretär war Pacelli zusammen mit den deutschen Kardinälen Bertram (Breslau), von Faulhaber (München) und Schulte (Köln) an der Enzyklika »Mit brennender Sorge« von Papst Pius XI. vom 14. März 1937 beteiligt gewesen. Diese Enzyklika war am Palmsonntag, 21. März 1937, von etwa 11 500 Kanzeln verkündet und in 300 000 Exemplaren verteilt worden. Darin wurden die staatlichen Übergriffe auf die Kirche in Deutschland sehr deutlich angeprangert.

Seit dem Frühjahr 1942 war im Vatikan bekannt, dass Juden systematisch verfolgt und umgebracht wurden. Dem Protest Großbritanniens, Russlands und der USA vom 17. Dezember 1942 hat sich der Papst dennoch nicht angeschlossen. Eine Woche später folgte jedoch seine berühmte Weihnachtsansprache per Radio, in der er von den Hunderttausenden sprach, die nur wegen ihrer »Nationalität oder Abstammung« dem Tod geweiht seien. Er thematisierte den Holocaust zudem in drei öffentlichen Ansprachen: am 1. August 1941, 24. Dezember 1942 und 2. Juni 1943. Zuvor hatte er 68 Erzbischöfe potenzieller Aufnahmeländer mit Schreiben vom 9. Januar 1939 gebeten, bei ihren Regierungen Visa für 200 000 deutsche Juden zu erwirken. Der israelische Historiker Pinchas Lapide errechnete, dass mehr als 800 000 Juden den diplomatischen Aktionen des Vatikans ihr Leben verdankten.

Einer Rehabilitierung von Papst XII. gegen die konstruierten Anwürfe des »Dramatikers« Hochhuth und des »Historikers«

Goldhagen widmet sich der Historiker Michael F. Feldkamp.[391] Er hat nachgewiesen, dass Pius XII. die Alliierten im Frühjahr 1942 über geheimdiplomatische Wege auf die deutschen Konzentrationslager aufmerksam gemacht hat. Allerdings ist unklar, warum die USA erst im September 1942 vatikanischen Berichten Glauben schenkten. Immerhin mussten die Alliierten davon wissen, dass auf der Wannseekonferenz vom 20. Januar 1942 beschlossen worden war, den Holocaust bis ins Detail vorzubereiten.

Außerdem seien, so Feldkamp, im Umfeld des Septembers 1943, als die Nazis Rom besetzten, rund 20000 Verfolgte, darunter 5000 Juden, im Vatikan, in der Sommerresidenz Castel Gandolfo sowie in etwa 200 stadtrömischen Klöstern und kirchlichen Einrichtungen versteckt worden. Statt der von den Machthabern befohlenen 8000 wurden »nur« etwa 1000 Juden nach Auschwitz abtransportiert. Hätte der Papst laut protestiert, statt im Stillen zu helfen, wären wohl noch viel mehr Menschen ermordet worden.[392] Feldkamp weist zudem darauf hin, dass die Legende, der Vatikan habe sich im Kampf gegen den Bolschewismus mit Hitler verbündet und als Preis die systematische Ermordung der Juden durch Hitler geduldet, aus der sowjetischen Propaganda stammte. Hochhuth war dieser Propaganda aufgesessen.

Thomas Mann und Max Horkheimer, beide nicht gerade Freunde der katholischen Kirche, ließen nach 1945 untersuchen, welche Bevölkerungsschichten den Juden am meisten geholfen haben. Horkheimer nannte in einem *Spiegel*-Interview das Ergebnis seiner Studie, das ihn und Thomas Mann überraschte: »Gläubige Katholiken haben die größte Bereitschaft gezeigt, den Verfolgten zu helfen.«[393] Eine Fortsetzung der Hochhuth'schen Geschichtsklitterung gab es im Sommer 2020: Felix Klein, der aus dem Auswärtigen Amt seit 2018 abgeordnete Antisemitismus-Beauftragte der CDU/CSU/SPD-Bundesregierung, schlug vor, die Pacellistraße in Berlin-Dahlem umzubenennen. Begründung: Der Papst habe zur Judenvernichtung und zum Mord an den Sinti und Roma geschwiegen bzw. nicht vernehmlich protestiert. Die Straße solle, so wünschen es sich Klein und diverse Historiker, künftig den Namen der früheren israelischen Ministerpräsidentin Golda Meir tragen. Dabei hatte gerade Golda Meir 1958 als damalige Außenministerin beim Tod Pius XII. erklärt: »Als in dem Jahrzehnt des nationalsozialistischen Terrors unser Volk ein schreckliches Martyrium überkam, hat sich die Stimme des Papstes für die Opfer erhoben … Er war einer der bedeutendsten Wohltäter unseres jüdischen Volkes.« Dazu eine Pikanterie am Rande: In dieser Straße, die dann womöglich nach Golda Meir benannt wird, liegt die irakische Botschaft.

Kirchen in der DDR[394]

Pro forma garantierte die Verfassung der DDR die Glaubens- und Gewissensfreiheit. Für die SED aber war die Kirche ein zu bekämpfendes Machtinstrument der »herrschenden Klassen«. Mit Beginn der 1950er wurden in Konkurrenz zur katholischen Kommunion und Firmung sowie zur evangelischen Konfirmation die atheistische Jugendweihe eingeführt und der Religionsunterricht aus den Schulen verbannt. Der DDR-Staat degradierte Kirchensteuern zu Vereinsbeiträgen.

Mit dem Bau der »Mauer« 1961 wurden auch die Gläubigen in Ost und West getrennt. 1969 gründeten die evangelischen Kirchen den »Bund der evangelischen Kirchen in der DDR«. Mit der »Mauer« wurden die katholischen Diözesen zerteilt. Das Erzbistum Paderborn sowie die Bistümer Osnabrück, Fulda, Würzburg und Hildesheim reichten in die DDR hinein. Eine Anpassung der Diözesangrenzen an die Zonengrenze kam für den Vatikan, der die DDR nie als Staat anerkannte, nicht infrage.

Bischof Graf von Preysing (1880 – 1950), seit 1935 Bischof von Berlin, wegen seines Kampfes etwa gegen das NS-Euthanasieprogramm 1946 zum Kardinal erhoben, war ein entschiedener Gegner des Kommunismus. Er gab seiner Kirche in der DDR von Beginn an die Haltung vor, die Faktizität des Systems hinzunehmen, ohne ihm – anders als die evangelische Kirche – jemals Legitimität zuzugestehen. Während etwa die evangelische Kirche hochrangig am ersten Volkskongress im Dezember 1947 teilnahm, untersagte von Preysing allen katholischen Kirchenvertretern jede politische Betätigung. Diese Order galt bis zum Ende der DDR.

Von Preysings Nachfolger setzten dessen antikommunistischen Kurs fort. Julius Döpfner, Bischof in Berlin von 1957 bis 1961, betonte die Unvereinbarkeit von Katholizismus und Sozialismus. In einem Fastenhirtenbrief warnte die Berliner Ordinarienkonferenz (BOK) die Kirchenmitglieder 1960 sogar vor der Ost-CDU, eine Blockpartei, die keine christliche Partei sei. Mit ihr zu kooperieren, käme »Gesinnungslumperei« gleich. Bischof Alfred Bengsch (Bischof von 1961 bis 1979) wollte, dass seine Kirche in der DDR nicht sesshaft werde, sondern dort »überwintern« solle. Er stellte sich damit massiv gegen den Staatsratsvorsitzenden Erich Honecker, der nach dem Spitzentreffen mit der evangelischen Kirchenleitung 1978 vergeblich eine katholische »Kirche im Sozialismus« forderte. Joachim Kardinal Meisner, 1980 bis 1988 Bischof von Berlin, setzte die Linie von Bensch fort. Für alle Repräsentanten der katholischen Kirche war die DDR ein Provisorium; sie sprachen sich übrigens im Frühjahr 1990 – deutlicher als die evangelischen – zugunsten einer schnellen Wiedervereinigung aus.

Die Distanz der katholischen Kirche zum DDR-System ging staatlicherseits freilich nicht ohne Schikanen ab. Im August 1952 wurde der Katholikentag in Berlin behindert. Das Katholikentreffen 1987 in Dresden mit 100 000 Teilnehmern freilich war eine Demonstration katholischen Selbstbewusstseins, wie sie die DDR davor und danach nicht erlebt hatte.

(Evangelische) Kirche im Sozialismus und als Opposition

Die Formel »Kirche im Sozialismus« war auf der Bundessynode der DDR-Kirchen 1971 in Eisenach entstanden. Damals erklärte Albrecht Schönherr, der Vorsitzende des Bundes der Evangelischen Kirchen in der DDR: »Wir wollen Kirche nicht neben, nicht gegen, sondern Kirche im Sozialismus sein.« Ideell angebahnt war das durch Luther, aktuell aber durch Bischof Otto Dibelius (1880 – 1967) und dessen »Obrigkeitsschrift«. Dort hatte er 1959 geschrieben: »Dass der Staat mit seiner Ordnung bejaht, respektiert und in seiner Würde geachtet werde, ist unser aller gemeinsames Interesse. Und wir glauben als Christen, dass es auch Gottes Wille ist.«[395]

Wiewohl sich das Verhältnis zwischen Kirche und DDR-Staat ab 1970 zu entspannen schien, formierte sich vonseiten zahlreicher evangelischer Gemeinden Widerstand. Zunächst sorgte die Tat eines Einzelnen für Aufruhr: »Funkspruch an alle – Die Kirche in der DDR klagt den Kommunismus an! Wegen Unterdrückung in Schulen an Kindern und Jugendlichen«. Diese Botschaft montierte der Zeitzer Pfarrer Oskar Brüsewitz im August 1976 auf sein Auto, danach übergoss er sich mit Benzin und zündete sich an. Wenige Tage später starb er. Seine Tat ermutigte andere zur Kritik und zum Protest – etwa die Bürgerrechtlerin Freya Klier, die 2006 über Brüsewitz ein Buch schrieb.[396]

Zwei Jahre nach dem Tod des mutigen, von den Machthabern als angeblich psychiatrisch krank bezeichneten Pfarrers Brüsewitz empfing Staatsratsvorsitzender Erich Honecker am 6. März 1978 die Leitung der evangelischen Kirche mit den Bischöfen Albrecht Schönherr und Werner Krusche sowie Manfred Stolpe.

Man schloss eine Art Burgfrieden. Den Kirchen wurde die Möglichkeit zu Gefangenenseelsorge, kirchlichen Fernsehsendungen und verbesserte diakonische Arbeitsmöglichkeiten eingeräumt.

Zwar hatte es schon ab Mitte der 1960er Jahre unter dem Dach der Kirche Friedens- und Umweltgruppen gegeben. Aber erst ab etwa 1980 wurden diese Gruppen politisch aktiver. Manche evangelische Gemeinde wurde zum Sammelbecken Oppositioneller – nicht eben zur Freude der Kirchenoberen. Das SED-Regime ließ die Gemeinden teilweise in der Hoffnung gewähren, hier Unterstützung für die eigene Friedenspropaganda zu finden.

Offiziell stellte sich die evangelische Kirchenleitung erst im September 1989 massiv gegen die SED. In einem Brief an Honecker forderten die Kirchenoberen, dass die Bevölkerung und die Oppositionellen ernst genommen werden sollten. Zwei Wochen später fand in Eisenach die Bundessynode für die gesamte DDR statt, und auf dieser Bundessynode wurde ein Papier verabschiedet. Es wurde dazu aufgerufen, die Feierlichkeiten am 7. Oktober 1989 zum 40. Jahrestag der Gründung der DDR zu boykottieren. Das Verdienst vieler einzelner evangelischer Kirchengemeinden in der DDR bleibt, dass es ohne deren schützendes Dach 1989/90 die friedliche Revolution wohl nicht gegeben hätte.

Und heute: Kirchen als subalterne zeitgeistige NGOs?

2019 hatten 273 000 Menschen die katholische und 270 000 die evangelische Kirche verlassen. Immer mehr Kirchenobere, vor allem evangelische, zunehmend auch katholische, meinen offenbar, diesen Aderlass durch Politisierung wettmachen zu können. Es scheint nur noch um »Gender«, »Kampf gegen Rechts«, gegen Islamophobie, gegen CO_2 und um den Kauf von Rettungsbooten zu gehen. Hier passt zwischen die beiden Kirchen kaum noch ein Blatt Papier.

Was früher die Mission der Kirche war, versteht sie heute als eine Art politische Bildung und als Sprachpolitik mit ihrem Jargon der Säkularisierung, der Vermengung von jenseitiger und diesseitiger Gerechtigkeit sowie des trivialisierenden Zeitgeistes (nicht des Heiligen Geistes). Wie mainstreamig, staatstragend und regierungsnah vor allem die Evangelische Kirche Deutschlands (EKD) geworden ist, zeigen ihre Kirchentage. Der Glaube scheint der EKD ohnehin ausgegangen zu sein. Eine entsprechend betitelte Streitschrift hat Klaus-Rüdiger Mai 2018 vorgelegt.[397] Der Autor kritisiert, dass die Kirche zur Moralagentur geworden sei. Mai hat dabei seine eigene, die evangelische Kirche im Blick, aber Mais Kritik trifft weitgehend auch auf die katholische Kirche zu. An anderer Stelle kritisiert Klaus-Rüder Mai die »Leitsätze« der EKD von 2020. Er nennt die EKD eine überfinanzierte NGO mit »Restbeständen religiöser Folklore«. In Ansehung der Leitsätze, so Mai, könne man als evangelischer Christ nur in der Kirche bleiben, wenn man aus der Kirche austrete.[398]

Man kann der katholischen Kirche nicht vorwerfen, dass sie ihr Fähnchen stets nach dem Mainstream gedreht hat. Wahrscheinlich ist im Gegenteil ihre Standhaftigkeit einer der Gründe, warum sie sich über fast 2000 Jahre hinweg gehalten hat und weltweit aktuell über 1,3 Milliarden Angehörige zählt. Aber seit ein paar Jahren ist das anders. »Wenn ich auf einen Evangelischen Kirchentag gehe, dann kann ich gleich auf einen Parteitag der Grünen gehen.« Dieser Kalauer hat keine Berechtigung mehr. Denn wer einen »grünen« Parteitag erleben will, kann mittlerweile auch auf einen Katholischen Kirchentag gehen.

Tonangebend in der Deutschen Bischofskonferenz (DBK) sind die Linkskatholiken – vorne dran der Münchner Kardinal Reinhard Marx, der von 2014 bis 2020 DBK-Vorsitzender war und dem Papst Anfang Juni 2021 wegen der Missbrauchsskandale, aber auch wegen des offensichtlichen Scheiterns des von ihm favorisierten »Synodalen Wegs« den Rücktritt anbot. »Christliches Abendland«? Damit kann seine Eminenz nichts anfangen, denn dieser Begriff wirke ausgrenzend.[399] Freilich weiß man bei Marx nicht immer genau, was Überzeugung und was Eitelkeit ist. Gerne kokettiert er mit seinem Namen, etwa wenn er 2008 sein Buch »Das Kapital: Ein Plädoyer für den Menschen« veröffentlichte. Sein Namensvetter Karl scheint es ihm auch sonst angetan zu haben. Im August 2020 posiert er für ein Foto, das ihn zusammen mit einer Karl-Marx-Statue (übrigens zum 200. Geburtstag von Karl Marx 2018 ein Geschenk der Volksrepublik China) in Trier zeigt.

Wie gesagt: In Sachen Regierungsnähe passt zwischen die obersten »Katholen« und »Evangelen« kein Blatt Papier mehr. Ökumene ist auch hier angesagt, zumal die katholische Kirche Deutschlands über ihren »Synodalen Weg« offenbar zu einer zweiten protestantischen Kirche in Deutschland werden will.

Exkurs: Deutsche Juden – verfolgt, angepasst, aber nicht untertan

Deutsche Geschichte ist nicht ohne Juden denkbar. Es ist dies eine Geschichte eines 1700 Jahre währenden Zusammenlebens, das in einem Jahrzehnt zerstört wurde. Aus dem Jahr 321 jedenfalls datiert ein Dekret des Kaisers Konstantin, das die Berufung von Juden in den Kölner Stadtrat gestattete. Zur Liquidierung von Juden kam es im spätantiken und frühmittelalterlichen Vordeutschland bis Mitte des 11. Jahrhunderts so gut wie nie. Juden wurden gebraucht. Bald aber wollte man das Land »judenfrei« haben. Es kam zu Massakern. Die Kirche verschärfte im 13. Jahrhundert die antijüdische Gangart. An Kirchen fand sich die »Judensau«, ein im Hochmittelalter entstandenes häufiges Bildmotiv. Und auch Luthers Hetzschriften gegen die Juden sind bekannt. Nahezu ganz Mittel- und Westeuropa war denn auch »judenfrei«. Erst nach den Verwüstungen des Dreißigjährigen

Krieges ließ man sie wieder ins Land, 1671 etwa Brandenburgs Großer Kurfürst Friedrich Wilhelm. Er brauchte gebildete Bürger: Juden und ab 1685 Hugenotten.[400]

Ab dem 19. Jahrhundert hatten sich die deutschen Juden im Bürgertum und im Kulturleben etabliert. Die Folge war ein zunehmender deutscher Neidkomplex. »Bereits vor der Reichsgründung von 1871 … zählten etwa mehr als 60 % der deutschen Juden zur Mittelschicht, 1867 waren 14,8 % der Berliner Gymnasiasten jüdischer Herkunft. Das entsprach dem Drei- bis Vierfachen an der Gesamtbevölkerung. Dieser Bildungseifer sollte, so Helmut Pillau, Früchte tragen: Fast ein Drittel aller deutschen Nobelpreisträger war in den ersten vierzig Jahren des 20. Jahrhunderts jüdischer Herkunft. Auch in ihrem Bekenntnis zur deutschen Kultur ließen sich die deutschen Juden nicht von den anderen Deutschen übertreffen.«[401]

»Zu Beginn des 20. Jahrhunderts«, schreibt Siegfried Kohlhammer, »war das durchschnittliche Einkommen eines deutschen Juden dreimal so hoch wie das seiner christlichen Mitbürger.«[402] Die Juden hatten zudem, so Götz Aly, wonach sich die Deutschen sehnten: Mythen, Wurzeln, eine jahrtausendealte Sprache, Schrift, Tradition und Religion. Die Fortschrittsfreude der meisten Juden hob sich gleichwohl bald von der Fortschrittsscheu der meisten Christen ab, die Freiheitslust der einen von der Freiheitsangst der anderen: jüdischer Unternehmergeist versus christlicher Untertanengeist.[403]

Deutsche und Juden: Wahlverwandtschaft, Ehe, Symbiose?[404]

Wie eng das Deutsche und das Jüdische verbunden sind, lässt sich bereits an den gemeinsamen sprachlichen Wurzeln ablesen. Das Jiddische und das Deutsche sind hervorgegangen aus dem Mittelhochdeutschen. Bis heute hat das Jiddisch seine Spuren hinterlassen: Siehe die Wörter Ganove, Kaff, Maloche, (Schla-) Massel, meschugge, Reibach, schummeln, Zoff usw.

Vor allem aber trifft zu, was Martin Buber (1878 – 1965) selbst über 1933 hinaus eine »deutsch-jüdische Symbiose« nannte, die er indes mit dem 9. November 1938 zu Ende gegangen sah.[405] Michael Wolffsohn (*1947 in Tel Aviv), nach eigener Einschätzung ein »deutscher Patriot jüdischen Glaubens«, urteilt heute zuversichtlicher: Er spricht von einer »deutsch-jüdischen Kontinuität« und dass »Ausschwitz jene Tradition nicht hat brechen können«.[406]

Große Köpfe haben deutsch-jüdische Gemeinsamkeiten auch, gleichwohl etwas anders, benannt. Für Goethe war, im Gespräch mit Kanzler Friedrich von Müller, das Zerstreutsein und die fehlende nationale Einheit ein gemeinsames Schicksal von Deutschen und Juden. 1844 hatte Heinrich Heine im Nachruf auf seinen Jugendfreund Ludwig Markus von der »größten Wahlverwandtschaft zwischen Juden und Germanen« gesprochen bzw. geschrieben. Friedrich Nietzsche sah das Judentum in seiner Schrift »Jenseits von Gut und Böse« als Gegenmittel gegen nationalistischen Chauvinismus, als Wegbereiter eines europäischen Menschentums, als Hüter und Bewahrer der Aufklärung, Juden als »die stärkste, zäheste und reinste Rasse, die jetzt in Europa lebt«.

Für einen der damals führenden deutschen Psychologen, Richard Müller-Freienfels, waren Juden im Jahr 1922 »Träger deutscher Kultur«[407], denn sie seien im Vergleich mit den Deutschen rationaler, wortgewandter bis hin zur Rabulistik, flinker, moderner, zukunftsträchtiger und zäher. Fast zur gleichen Zeit (1923) vertrat Thomas Mann, der sich bereits 1907 als »Philosemit« bezeichnet hatte, die Auffassung, das Judentum vertrete den »literarisch-kritizistischen Geist europäischer Demokratie in Deutschland.« Gordon Craig spricht 1985 von einer »auffallenden Familienähnlichkeit«[408], Amos Oz, der Träger des Friedenspreises des deutschen Buchhandels von 1992, spricht von einer »Ehe«

Deutschland war für die deutschen Juden das Land von Goethe, Schiller und Kant. Die Judenvernichtung in der NS-Zeit ist und bleibt ein Kulturbruch, sie war zugleich Selbstamputation. Denn deutsch und zugleich zumindest jüdischstämmig waren (nur eine kleine Auswahl): Felix Mendelssohn Bartholdy, Gustav Mahler, Sigmund Freud, Franz Kafka, Karl Kraus, Arthur Schnitzler, Hugo von Hofmannsthal, Paul Celan, Stefan Zweig, Victor Klemperer, Max Liebermann, Hannah Arendt, Max Reinhardt, Albert Einstein und viele andere mehr. Zudem bekamen zwischen 1905 und 1931 neun deutsch-jüdische Chemiker, Physiker oder Mediziner den Nobelpreis verliehen. Victor Klemperer (1881 – 1960) hatte also 1935 recht: »Die Nazis sind undeutsch … Ich bin deutsch, die anderen sind undeutsch.«

Jüdische Patrioten

Der patriotische Wunsch nach Integration begann im 19. Jahrhundert. Es war eine Integration durch Assimilation. Viele griffen zum »Schutzschild Taufe«: Rahel Varnhagen, Henriette Herz, Heinrich Heine, Ludwig Börne, Karl Kraus, Kurt Tucholsky.[409] Andere griffen zum Schutzschild »Vornamen«, wiewohl Vornamen wichtige Symbole der Identität sind. Zwischen 1860 und 1938 spielten jüdische Vornamen kaum eine Rolle. Man könnte diese Entwicklung eine Identitätsverleugnung nennen. Wenn man davon absieht, dass viele jüdische Namen neutestamentlich konnotiert sind (Johann, Anna, Martha, Joseph, Jakob), so finden sich jüdische Namen ganz weit »hinten«: bei den Mädchen mit Sara (Platz 26), bei den Jungen mit David (29), Samuel (38) und Moses (42).[410] Die Wahl der »richtigen«, der nicht »verdächtig jüdischen« Vornamen war im Judentum ein Stück des Weges nach oben.[411]

Der 1892 gegründete, im Jahr 1934 etwa 60 000 Mitglieder starke und 1938 verbotene Central-Verein deutscher Staatsbürger jüdischen Glaubens (CV) deklamierte während des Kaiserreiches: »Wir deutschen Juden sind Deutsche und nichts anderes … Deutsche durch Geburt und Gesinnung.«[412] Man vergesse zudem nicht: Es war ein deutscher Jude, Eduard von Simson, der gewählte erste Präsident des deutschen kaiserlichen Reichstags, der an der Spitze der parlamentarischen Delegation stand, die 1871 dem zögernden König Wilhelm von Preußen die deutsche Kaiserkrone antrug.

Der Traum einer Einheit von Judentum und Deutschtum schlug sich vor allem im Ersten Weltkrieg nieder. Auch die deutschen Juden wurden patriotisch vom »Augusterlebnis« 1914 erfasst. Man sah das Kaiserreich als Bollwerk gegen den russischen Antisemitismus. Fast hunderttausend jüdische Soldaten nahmen am »Großen Krieg« teil. Das war rund ein Fünftel der etwa 550 000 Juden in Deutschland[413] – 12 000 von den etwa hunderttausend sind gefallen. 1919 gründeten die Überlebenden den »Reichsbund jüdischer Frontsoldaten«. Einer ihrer Feldrabbiner war der liberale Leo Baeck (1873 – 1956), der während der Weimarer Republik ein führender Repräsentant des Judentums war, Deutschland nach 1933 nicht verließ und 1943 ins KZ Theresienstadt deportiert wurde.

Das Wahlverhalten der Juden in der Weimarer Republik ist schwer zu eruieren. Am ehesten war ein linker Liberalismus ihre politische Heimat.[414] Erschließen lässt sich dies indirekt. Zum Beispiel ließ der CV im Blatt des Reichsbundes jüdischer Frontsoldaten *Der Schild* erkennen, dass bei der Wahl am ehesten an die linksliberale Deutsche Demokratische Partei (DDP) zu denken sei. Mit Blick auf das Stimmverhalten der Juden in Berlin, Frankfurt am Main, Hamburg und Köln – hier lebten 42 Prozent der jüdischen Bevölkerung Deutschlands – gab es bis 1930 einen Zusammenhang zwischen der Höhe des jüdischen Bevölkerungsanteils und den Erfolgen der DDP.

Viele deutsche Juden waren noch 1933 staatstreu. Als Hindenburg Hitler am 30. Januar die Regierung übertrug, machte man sich Sorgen, änderte seine Loyalitäten aber zunächst nicht. Das schreibt der spätere Religionshistoriker Hans-Joachim Schoeps (1909 – 1980) 1933 ganz ungeschminkt.[415] So wie viele Juden in Italien Anhänger Mussolinis gewesen waren, setzten Juden in Deutschland auf die antimarxistische Gesinnung der Nationalsozialisten. Schoeps schreibt 1970: »Für die große Mehrheit der deutschen Juden ging es 1933 bis 1935 noch um die Treue zu Deutschland … Außerdem waren viele junge Menschen im Januar 1933 der auch von mir geteilten Ansicht, dass der Bolschewismus für Deutschland die größere Gefahr darstelle als der Nationalsozialismus …«[416]

Ja, untertan waren die Juden nicht, patriotisch waren sie, Revoluzzer indes nolens volens auch nicht.

23. Transmissionsriemen der Regierenden: Die Apportiermedien

Medien gelten in freien Gesellschaften als »vierte Gewalt«. In autoritär oder gar totalitär gelenkten Gesellschaften können die Medien dies nicht sein, denn dort gibt es keine Gewaltenteilung im Sinne Montesquieus. Aber auch in demokratischen Rechtsstaaten passen Verfassungstext und Verfassungswirklichkeit nicht immer zusammen. In Artikel 5 (1) des Grundgesetzes heißt es zwar: »Jeder hat das Recht, seine Meinung in Wort, Schrift und Bild frei zu äußern und zu verbreiten und sich aus allgemein zugänglichen Quellen ungehindert zu unterrichten. Die Pressefreiheit und die Freiheit der Berichterstattung durch Rundfunk und Film werden gewährleistet. Eine Zensur findet nicht statt.«

Aber die Wirklichkeit? Ein immer größerer Teil der arrivierten Medien ist zum Transmissionsriemen der Regierenden geworden. Diese Medien fühlen sich auf Augenhöhe mit den Regierenden, sie sind aber doch deren Untergebene. Die Regierenden machen sich Medien mit selektiver Information oder finanzieller Unterstützung gefügig. Vor allem aber: Die Regierenden werfen ein Stöckchen; die braven Medien hecheln dem Stöckchen hinterher und bringen es apportierend zurück, um dafür belobigt zu werden. Damit ist Deutschland für Michael Klonovsky »das einzige Land der Welt, in dem öffentliche Figuren ihre ostentative Zustimmung zur Regierungspropaganda als mutig verkaufen können, ohne vom Publikum ausgelacht zu werden.«[417]

Eines »Reptilienfonds« zur Förderung einer regierungstreuen Presse bedarf es dafür nicht mehr wie zu Bismarcks Zeiten. Auf die Frage, wie es zum Begriff »Reptilienfonds« gekommen sei, sagte Bismarck 1876: »Ich nannte Reptile die Leute, die im Verborgenen gegen unsere Politik, gegen die Politik des Staates intri gieren. Und nun hat man das Wort umgewendet und nennt Reptile gerade diejenigen, die das aussprechen, was die Regierung will.«

ARD/ZDF und Co. brauchen solche Gelder ohnehin nicht, denn die Politik garantiert üppige GEZ-Zwangsgebühren. Auch andere Medien hängen zum Teil am Tropf der Bundesregierung. So entstand Anfang 2020 ein mit 220 Millionen Euro ausgestatteter Hilfsfonds für Zeitungsverleger. Offiziell heißt es: »zum Erhalt der Medienvielfalt und -verbreitung«. Die Bundesregierung wie auch die Landesregierungen schalten zudem Werbung, sie unterstützen die Zeitungsverlage mit Zuschüssen »für die digitale Transformation des Verlagswesens, zur Förderung des Absatzes und der Verbreitung von Abonnementzeitungen, Zeitschriften und Anzeigenblättern«.[418] Von 2013 bis 2019 haben sich die Ausgaben dafür verfünffacht: von 13,66 Mio auf 69,05 Mio.[419] Allein im ersten Halbjahr 2020 hat die Bundesregierung mehr als 65 Mio. Euro für Anzeigen in Zeitungen ausgegeben, die Hälfte aus dem Gesundheitsministerium (Corona!). Ein Schelm, der Schlechtes dabei denkt! »Wes Brot ich ess', des Lied ich sing.«

Kein Wunder, wenn der Medienwissenschaftler (und vormalige Hamburger Senator) Ingo von Münch in Sorge um den Ruf dieses Berufszweiges eine lange Liste von zutreffenden Diagnosen für deutsche Journalistik auflistet (Auswahl): Ablenkungsjournalismus, belehrender Journalismus, Betroffenheitsjournalismus, Blockjournalismus, Boulevardjournalismus, Empörungsjournalismus, Enthüllungsjournalismus, Erziehungsjournalismus, Gefälligkeitsjournalismus, Gesinnungsjournalismus, Gouvernantenjournalismus, Mainstreamjournalismus, moralischer Journalismus, Nanny-Journalismus, Rudeljournalismus …[420]

Angesichts solcher Diagnosen ist der neue Spitzname für die *Neue Zürcher Zeitung* (*NZZ*) mehr als nachvollziehbar: Die *NZZ* ist das neue »Westfernsehen«. Rund 60 000 Deutsche haben mittlerweile den Deutschland-Newsletter von *NZZ*-Chefredakteur Eric Gujer abonniert. Denn: In der *NZZ* kann man lesen, was man in inländischen deutschen Zeitungen kaum zu lesen bekommt. »Westfernsehen« – das war das Tor der DDR-Bürger auch zur DDR-Realität, die man in den DDR-Medien ja nur manipuliert präsentiert bekam.

Die *NZZ* läuft der bislang seriösesten Zeitung »für Deutschland«, der *FAZ*, den Rang ab. Die *FAZ* ist in Schieflage geraten, sie verlor seit 1998 etwa die Hälfte ihrer Leser: aus 400 000 wurden 200 000. Wohl auch deshalb, weil sie sich mehr am politisch-medialen Zeitgeist als an den Ansprüchen der Leser orientierte. Peter J. Brenner hat diese Entwicklung in einem mit der Kündigung des Abonnements verbundenen, offenen Brief geradezu seziert.[421] Sehr detailliert ist die Entwicklung der *FAZ* in der großen Monografie des Würzbürger Neuhistorikers Peter Hoeres dargestellt, der bis hinein in die Personalpolitik der *FAZ* geht. Siehe etwa die Entlassung der vormaligen Herausgeber Hugo Müller-Vogg (bei der *FAZ* von 1977 bis 2001) und Holger Steltzner (2002 bis 2019). Beide waren den anderen Herausgebern wohl zu konservativ bzw. im Falle von Steltzner zu EU- und eurokritisch.

Medienschaffende als »Meinungssoldaten«

Was waren das früher doch für Zeiten? Da konnte sich der *Spiegel* während der Kohl-Kanzlerschaft über politische Einflussnahmen echauffieren. Und heute? Dass das Staatsschiff mindestens seit 2011 (Energiewende), 2015 (Grenzöffnung) und 2020 (Corona) fast zum Kentern gebracht wurde, hat viel mit der Presse zu tun. In einem für Hofschreiber typischen Opportunismus ist man ständig bemüht, Beweise der Loyalität gegenuber den Regierenden zu liefern. Gelegentlich gewährt die Kanzlerin ausgewahlten Journalisten ein Interview, das meist schon in der Anmoderation zur monologisierenden Audienz verkommt.

Ein beachtlicher Teil deutscher Journalisten will nicht mehr opponieren oder nur berichten, sondern regierungstreuer Untertan sein und ebensolche erziehen. Neutralität und Objektivität sind »out«. Georg Restle, Chefredakteur des ARD-Politikmagazins »Monitor«, kritisiert den journalistischen »Neutralitätswahn«.[422]

Viele Journalisten gerieren sich denn auch wie Parteipolitiker. Das Ergebnis erlebt man tagtäglich, wenn man in gängige Zeitungen, Magazine oder in die »Glotze« schaut: Die Medienschaffenden sind politisch zum allergrößten Teil links gestrickt. Das ist neben der Verlagerung des Informationsgeschehens ins Netz der andere maßgebliche Grund, warum die traditionellen Medien Auflage über Auflage, Zuschauer über Zuschauer verlieren. Immer mehr Leute haben es satt, ein linkes »Framing« und eine linke Bevormundung vorgesetzt zu bekommen. Ganz zu schweigen davon, dass Nachricht und Kommentierung verschwimmen.

Was die parteipolitische Affinität eines Großteils der Medien betrifft, hat sie sich in den vergangenen Jahrzehnten vereinseitigt: Die Linken bzw. die 68er und ihre Epigonen beherrschen die Meinungsindustrie. Die Bürgerlich-Liberal-Konservativen haben nichts dagegengesetzt.

Zur Erinnerung ein paar frühere Studien, die belegen, dass der Linkstrend immer noch mehr Fahrt aufgenommen hat. Bereits 1994 hatte Rainer Zitelmann in seinem Buch »Wohin treibt unsere Republik?« berichtet: 15,3 Prozent der Journalisten beschreiben sich als konservativ, christdemokratisch, rechtsliberal; 19,3 Prozent als liberal und 51,2 Prozent als sozialdemokratisch, grün-alternativ, sozialistisch.

Norbert Bolz sieht die »Medienlinken« 2010 in einer Parallelgesellschaft. »Ihre Lufthoheit über die Diskurse hat ein Paralleluniversum geschaffen, hat auch die Rhetorik der Politik so tiefgreifend verändert, dass sich eine nicht-linke Politik kaum mehr artikulieren kann.« Viele sind – Bolz verwendet einen Begriff von Martin Walser – »Meinungssoldaten«.[423] Der Mainzer Medienwissenschaftler Hans Mathias Kepplinger stellt 2017 fest, dass mehr als 65 Prozent der Journalisten »Grüne« oder SPD, lediglich 17 Prozent Union oder FDP wählen.

Markus Vahlefeld berichtet 2017 in seinem Buch »Mal eben kurz die Welt retten. Die Deutschen zwischen Größenwahn und Selbstverleugnung« von diversen Studien der Jahre 2005 und 2010 zur Frage der Parteienaffinität von Journalisten. Danach verorten sich bei der CDU/CSU rund 9 Prozent, bei der SPD zwischen 15,5 und 26 Prozent, bei der FDP 6,3 bis 7,4 Prozent und bei den »Grünen« 26,9 bis 35,5 Prozent.

Die Verbandszeitschrift *Der Journalist* hat im Herbst 2020 eine Umfrage in Auftrag gegeben, um herauszufinden, in welche Richtung der Nachwuchs (Volontäre) bei der ARD tendiert. Das Ergebnis: 57,1 Prozent für die Grünen, 23,4 für »Die Linke«, 11,7 für die SPD. Unter ferner liefen landen die Union bei 3 Prozent und die FDP bei 1,3 Prozent. Das sind 92 Prozent für Grün-Rot-Rot. »Haltungsjournalisten« und »woke« wollen gerade Nachwuchsleute sein.

Im Februar 2021 bestätigte der Kommunikationswissenschaftler Christian Hoffmann von der Universität Leipzig erneut den »Linksbias« (die Linksneigung) der deutschen Journalisten. Als Gründe dafür sieht Hoffmann die Akademisierung des Journalistenberufes und die ökonomische Krise des Journalismus. Akademiker, vor allem Geistes- und Sozialwissenschaftler, seien grundsätzlich eher linksgestrickt und Konservative bei der Berufswahl eher materiell motiviert; Letztere würden insofern den Journalistenberuf meiden.[424]

Es hat auch damit zu tun, dass sich die Drehturen zwischen Politik und Medien wie geölt drehen. Fast alle öffentlich-rechtlichen Intendanten haben ein Parteibuch. Und diese Drehtüren zwischen Politik und Medien drehen sich unaufhörlich: Ulrich Wilhelm (*1961), war Merkels Regierungssprecher von 2005 bis 2010, von 2011 bis 2021 war er Intendant des Bayerischen Rundfunks. Steffen Seibert (*1960) war ZDF-Moderator, seit August 2010 ist er Merkels Regierungssprecher. Ulrike Demmer (*1973) arbeitete früher bei ZDF, *Spiegel*, *Focus*, RND, RBB, seit Juni 2016 ist sie stellvertretende Regierungssprecherin. Martina Fietz (*1959) war bei *Welt*, *Burda*, *Focus*, *Cicero* tätig, seit April 2018 ist sie ebenfalls stellvertretende Regierungssprecherin.

Die Drehtüren drehen sich auch zwischen Bertelsmann und Politik, ebenso zwischen Bertelsmann und Öffentlich-Rechtlichen: Von 1992 bis 2011 war der CDU-Europaabgeordnete Elmar Brok (Mitglied des Europäischen Parlaments von 1980 bis 2019) Europa-Beauftragter der Bertelsmann-AG in Brüssel. Er trug dort den Spitznamen »Mister Bertelsmann«. Im Kuratorium der Bertelsmann Stiftung findet man seit 2018 den früheren Bundesminister Philipp Rösler (FDP) sowie seit 2015 die langjährige EU-Kommissarin Viviane Reding.

Ziel: Einhegung der Diskurse

Das Volk, der dumme Lümmel, muss eingehegt werden. Dann regiert es sich leichter. Einhegung – das ist das, was der linke Französische Philosoph und Poststrukturalist Michel Foucault (1926 – 1984) in seiner Antrittsvorlesung vom 2. Dezember 1970 am Collège de France unter dem Titel »Die Ordnung des Diskurses« empfahl. Ein Diskurs, so meinte er, müsse eingehegt werden durch »Verknappung der sprechenden Subjekte«.

Und weiter: Wenn der Gebrauch der Meinungsfreiheit aus Sicht der Regierenden und ihrer systemstabilisierenden Publizistik unberechenbar zu werden drohe, dann müsse sie, die Meinungsfreiheit, eingehegt werden. Wörtlich Foucault: »Ich setze voraus, dass in jeder Gesellschaft die Produktion des Diskurses zugleich kontrolliert, selektiert, organisiert und kanalisiert wird, und zwar durch gewisse Prozeduren, deren Aufgabe es ist, die Kräfte und die Gefahren des Diskurses zu bändigen, sein unberechenbar Ereignishaftes zu bannen, seine schwere und bedrohliche Materialität zu umgehen.«

Solche Aussagen erinnern an »repressive Toleranz«, also selektive Toleranz, und an den nun gar nicht so »herrschaftsfreien Diskurs« eines Habermas. Aber welch ein Witz! Heute hilft die Presse mit beim Einhegen, sie hegt sich selbst ein.

Mediale Scheinwelten

Folge? Wir leben in medial vermittelten Scheinwelten. Selbstreferenziell drehen sich große Teile der Presse im Verein mit großen Teilen der Politik wie in einer Echokammer um sich selbst. Der Chefredakteur der *NZZ* schreibt am 5. Januar 2018: »Angesichts der Flüchtlingskrise 2015 und des Aufstiegs der AfD verloren viele Journalisten den Kompass. Sie sahen ihre Aufgabe nicht mehr darin, die Politik zu kontrollieren. Sie verstanden sich als Staatsbürger in Uniform, dazu da, die Rechtspopulisten zu bekämpfen und die gesellschaftliche Spaltung zu verhindern.«[425] Der Journalisten- und Sprach-»Papst« Wolf Schneider hat bereits 1984 auf diverse Schieflagen aufmerksam gemacht. Seinen damaligen Buchtitel »Unsere tägliche Desinformation« könnte man in ein Vaterunser des deutschen Michels einbetten: »Unsere tägliche Desinformation gib uns heute!« Längst vergessen scheint die Empfehlung des großen Journalisten Hanns Joachim Friedrichs (1917 – 1995) in einem *Spiegel*-Interview 1995: »Distanz halten, sich nicht gemein machen mit einer Sache, auch nicht mit einer guten!«

Man scheut keine Manipulation, wenn es um das »Gute« geht. Tote oder verletzte Flüchtlingskinder sind gut fürs Bild, Kameras in Flüchtlingstrecks hinein sind gut, wenn sie den (fünfprozentigen) Anteil von Frauen und Kindern zeigen. Sonst will der Chefredakteur die Bilder nicht haben. Auf dem linken Auge aber ist man blind – etwa, wenn die »Autonomen« Randale machen wie beim Hamburger G20-Gipfel 2017, dann wird der Polizei der Vorwurf gemacht, sie habe es versäumt zu deeskalieren.

Im Unterhaltungsbereich setzt sich dies fort. In der »Lindenstraße«, der von 1985 bis März 2020 laufenden WDR-Fernsehserie, wurde politisch korrekt kein Thema ausgelassen: Rechtsradikalismus, Moscheebau, Homo-/Transsexualität, Nacktfotos auf dem USB-Stick eines Mitarbeiters einer christlich-konservativen Partei. Und dann erst die politisch korrekten Krimis wie »Tatort«, »Polizeiruf 110« oder »Hamburg Hafenstraße«! Der Mörder ist meistens ein »Rechter« oder ein »Bonze«, aber fast nie ein Migrant. Im Dienstzimmer einer Kommissarin hängt ein Plakat gegen die AfD. Oder es tritt die lesbische Lebensgefährtin der Kapitänin eines Rettungsschiffes auf. Der Mainzer Medienwissenschaftler Kepplinger spricht in diesem Zusammenhang neben einer »De-Professionalisierung des politischen Journalismus« von einer »Politisierung des Unterhaltungsgenres«.[426]

Die öffentlich-rechtliche Monokultur

An vorderster Stelle in der Medienlandschaft stehen mit ARD, ZDF und Co. die kostspieligsten öffentlich-rechtlichen Rundfunkhäuser der Welt. Dazu gehören neun Landesrundfunkanstalten, ZDF, Deutsche Welle und Deutschlandfunk mit ihren insgesamt 21 Fernseh- und 74 Hörfunkprogrammen. Von diesem hohen Ross aus »bemüht« man sich, dem Staatsvertrag für Rundfunk und Telemedien (Rundfunkstaatsvertrag)[427] und dem darin enthaltenen Paragrafen 11, Absatz 2, gerecht zu werden: »Die öffentlich-rechtlichen Rundfunkanstalten haben bei der Erfüllung ihres Auftrags die Grundsätze der Objektivität und Unparteilichkeit der Berichterstattung, die Meinungsvielfalt sowie die Ausgewogenheit ihrer Angebote zu berücksichtigen.« Das ist Theorie! Denn die im Staatsvertrag vorgegebenen Kriterien der Ausgewogenen werden bereits bei der Auswahl der Interviewpartner und der Talk-Gäste konterkariert.

»Framing« ist angesagt, also eine manipulative Ummantelung bestimmter Themen. Die ARD ließ sich das sogar »professoral« ins Stammbuch schreiben. 2017 hatte die ARD dazu bei der »Kommunikationswissenschaftlerin« Elisabeth Wehling eine Empfehlung in Auftrag gegeben. Heraus kam, bis 2019 unter Verschluss gehalten, das Papier »Framing Manual – Unser gemeinsamer, freier Rundfunk ARD« – für die Kleinigkeit inklusive Workshops 120 000 Euro teuer. Die Absicht war klar, wenngleich dieses Papier an martialisch-manipulativen Peinlichkeiten kaum zu überbieten ist, etwa mit folgendem Satz: »Fakten sind also zentral. Aber sie werden in einer öffentlichen Auseinandersetzung erst zu guter Munition, wo ihre moralische Dringlichkeit kommuniziert wird.«[428]

Oder man nehme die Zusammensetzung der Talkrunden, die der vormalige führende ZDF-Mann Peter Hahne »Regierungs-Hochämter« nennt: Gemessen an der Konstellation des Bundestages gibt es dort eine erhebliche Schieflage. Der prozentuale Anteil der Parteienvertreter in Talkshows des Öffentlich-Rechtlichen Fernsehens passt kaum zusammen mit den Anteilen bei der Bundestagswahl 2017):[429] Die CDU/CSU ist mit 35 Prozent (Bundestagswahl: 32,9), die SPD mit 30 Prozent (20,5), die »Grünen« sind mit 15 Prozent (8,9), die FDP mit acht Prozent (10,7), die »Linke« mit sechs Prozent (9,2) und die AfD mit drei Prozent (12,6) präsent. Nun kann man zur AfD stehen, wie man will: Aber sie ist nun mal seit 2017 die größte Oppositionsfraktion.

Für all dies wenden die »Öffentlich-Rechtlichen« jedes Jahr mehr als acht Milliarden Euro auf. Aber das reicht den betreffenden »Anstalten« nicht. Seit 2020 kämpfen sie für monatlich 86 Cent mehr, pro Haushalt jährlich statt 17,50 dann 18,36 Euro. Das ist auf den ersten Blick nicht viel, aber es summiert sich auf ein Plus pro Jahr von 400 Mio. Euro. Das ist täglich mehr als eine Million zusätzlich!

Zugleich haben die Gehälter der Intendanten Größenordnungen erreicht, die die Gehälter von Bundespräsident und Bundeskanzler (pro Jahr je rund 240 000 Euro) deutlich übersteigen: Das ZDF zahlt seinem Intendanten 369 000 Euro, die ARD-Anstalten entlohnen die Intendanten mit 245 000 (Saarländischer Rundfunk) bis 395 000 Euro (WDR). Die Spitzenverdiener können aufgrund der gebildeten Rücklagen der Sender mit einer Pension von bis zu 240 000 Euro p.a. rechnen. Die Gehälter etwa der ZDF-»Spitzen«-Moderatoren Claus Kleber und Marietta Slomka (wegen ihrer Interviews mit Merkel vom Kabarettisten Uwe Steimle als »Marionetta« Slomka veräppelt) werden auf 480 000 beziehungsweise 280 000 Euro geschätzt.

Die »Privaten«

Über *Spiegel*, *Stern*, *Zeit*, *Tagesspiegel*, *taz* und Co. ein Wort zu verlieren, würde zu weit ausholen. Hier gilt, was man früher über die insgesamt 554 erschienenen »Jerry-Cotton«-Hefte gesagt hat: Wer eines dieser Heftchen, hier dieser Blätter gelesen hat, hat alle gelesen. Und sind sie überhaupt in jeder Hinsicht unabhängig? Nein, sind sie nicht immer. Verschiedentlich lassen sich sogar »Leitmedien« wie der *Spiegel* schon auch mal von der Gates-Stiftung aushalten. Hier ging es um 2 537 294 US-Dollar, die der *Spiegel* im Dezember 2018 laut Geschäftsbericht der Gates-Foundation »Grant« erhielt, »to report on social divides around the world and to convey an understanding of how to overcome them«. Wie kann man seitens des *Spiegels* nur so doof sein und mit solchem Gebaren auch noch Verschwörungstheoretiker bestätigen?[430]

Zur *SZ* (*Süddeutsche*) muss man dennoch ein paar Worte verlieren. Zwei Dinge allein der Jahre 2020/2021 sind für die *SZ* wohl symptomatisch. 2020 veröffentlicht Birk Meinhardt ein

Buch über seine zwanzig Jahre in der *SZ*.[431] Meinhardt, Jahrgang 1959, war als »Ostler« 1992 zur *SZ* gekommen. Dort arbeitete er bis 2012 sehr erfolgreich. Zum Beispiel wurde er 1999 und 2001 mit dem Egon-Erwin-Kisch-Preis geehrt. 2012 verließ er die *SZ* und ist ab da als freier Autor unterwegs.

2020 hat er in einem Buch beschrieben, warum: Die *SZ* wollte ab 2004 einige seiner Texte nicht drucken, weil sie angeblich nicht zur grundsätzlichen Haltung der Zeitung passten. Es ging um angebliche Straftaten von »Rechten«, die diese nicht begangen hatten, die medial gleichwohl »schuldig« gesprochen wurden. Begründung der *SZ* für einen solchen Nicht-Abdruck: »Dieser Artikel könnte von Rechten als Testat dafür genommen werden, dass sie ungerechtfertigterweise verfolgt würden.«

Meinhardt schreibt zum Jahr 2010: »Mir ist etwas aufgefallen, in den Zeitungen, im Fernsehen, im Radio. Wenn es Auseinandersetzungen zwischen rechten oder für rechts gehaltenen und migrantischen oder ausländischen Jugendlichen gibt, werden von den Moderatoren und Kommentatoren mit erstaunlicher Schnelligkeit die Rechten dafür verantwortlich gemacht.«

Und man ist bestens vernetzt. Siehe das »investigative« Recherche-Netzwerk aus NDR/WDR/*SZ*. Ein rechtlich höchst bedenklicher Verbund, weil hier ein privater Träger Nutznießer einer öffentlich-rechtlichen Anstalt ist! Oder siehe das Redaktionsnetzwerk RND der Madsack-Mediengruppe, von dem Zeitungen mit etwa 6,8 Millionen Lesern überregionale Inhalte übernehmen. Der Madsack-Konzern ist Teil des »roten Imperiums«, wie die *NZZ* das Medienvermögen der SPD nannte. Denn es ist in der Deutschen Druck- und Verlagsgesellschaft (DDVG) gebündelt, einem der SPD zu 100 Prozent gehörenden Unternehmenskonzern. Was ihr allerdings bei den Wahlergebnissen auch nicht hilft!

Zugleich gibt es kaum einen Bereich, in den sich die Bertelsmann Stiftung nicht einmischt – bevorzugt zugunsten der

Merkel'schen Politik. Die mediale und politische Wirkung von Bertelsmann kann man gar nicht überschätzen. Zum Konzernverbund gehören die Fernsehgruppe RTL Group samt RTL, RTL 2, Super RTL, Vox, n-tv, ferner die Verlagsgruppe Penguin Random House mit mehr als 120 Einzelverlagen. Dazu gehören die Deutsche Verlags-Anstalt, der Heyne Verlag, Kösel, der Luchterhand Literaturverlag, Goldmann, Kösel, Siedler. Zu Bertelsmann gehören ferner der Zeitschriftenverlag Gruner + Jahr mit rund 300 Magazintiteln, zum Beispiel *Brigitte*, *Capital*, *Eltern*, *Gala*, die *Geo*-Magazine, *P.M.*, *Schöner Wohnen*, *Stern* und viele andere mehr. Die Finger im Spiel hat Bertelsmann mit rund 1 000 Mitarbeitern auch beim Berliner Facebook-Löschzentrum des Dienstleisters Majorel (ehemals Bertelsmann-Tochter Arvato).[432]

Ansonsten gibt es Einheitsbrei made by »Project Syndicate«. Das ist ein 1995 gegründetes Netzwerk. Angeschlossen sind *Tagesspiegel*, *Handelsblatt*, *Wirtschaftswoche*, *Le Monde*, *Corriere della Sera*, *El Pais* usw. Finanziert wird das »Syndikat« aus der »Open Society« eines George Soros und der Bill & Melinda Gates Stiftung. Weitere Unterstützer sind: Heinrich-Böll-Stiftung, Friedrich-Ebert-Stiftung, Google, »Mohammed bin Rashid Al Maktoum Knowledge Foundation« aus Dubai.

Im *Tagesspiegel* darf am 20. November 2020 schon auch einmal George Soros persönlich gegen seinen Erzfeind Orbán austeilen. Einen Gegenartikel Orbáns brachte der Tagesspiegel nicht.[433]

Immer neue Schweigespiralen und ein Volk von Flüsterern

Es sind nicht nur Kollateralschäden, sondern Zentralschäden, die sich hier abzeichnen. Die Bürger des Landes scheinen nicht mehr alle überzeugt zu sein, dass das Grundrecht auf freie Meinungsäußerung laut GG-Artikel 5 realiter noch gilt. Das Institut für

Demoskopie Allensbach hat in einer Studie den Mut der Deutschen untersucht, sich zu politischen Themen zu äußern. Gefragt hatte Allensbach zwischen dem 3. und 16. Mai 2019 insgesamt 1 283 über 16 Jahre alte Deutsche. Das Ergebnis ist erschreckend: Nur noch in etwa jeder sechste Deutsche (17 bis 18 Prozent) fühlt sich im Internet bzw. in der Öffentlichkeit frei, die eigene Meinung zu äußern. Nur 59 Prozent meinten, sie könnten sich unter Freunden frei äußern. Das heißt nichts anderes, als dass rund 40 Prozent sich nicht einmal mehr dies trauen. Als Tabuthemen gelten die Themen Flüchtlinge und Islam. 71 Prozent der Befragten meinten, über die »Flüchtlingsthematik« könne man nur »mit Vorsicht« reden.[434] Ähnlich eine Shell-Studie 2019 – 68 Prozent selbst der befragten Jugendlichen stimmten der Aussage zu: »In Deutschland darf man nichts Schlechtes über Ausländer sagen, ohne gleich als Rassist beschimpft zu werden.«[435]

Die Schweigespirale tut ein Übriges: Man neigt dazu, nichts zu sagen, wenn man annimmt, dass man sich damit außerhalb des Mainstreams stellt. Die Folge ist, dass sich veröffentlichte Meinung durchsetzt.[436] Man hat Angst, von der (vermeintlichen) Mehrheit geächtet zu werden. Wiewohl man durchaus zu Recht das Gefühl hat, zur Stimme der schweigenden Mehrheit zu gehören.

»Ein Volk von Flüsterern« sind die Deutschen wieder einmal: Dieses Bild stammt aus der kritischen Bürgerschaft der DDR. Man wusste, was man nicht sagen konnte. In der DDR gab es Sanktionen, wenn man keinen festen Klassenstandpunkt, also kein bedingungsloses Vertrauen in die Richtigkeit der SED-Politik hatte. Heute ist man »dran«, wenn man keinen »PC«-Standpunkt hat.

Wirklich spannend ist die Tatsache, dass es gerade vormalige DDR-Bürger sind, die die alltägliche Desinformation durchschauen. Angelika Barbe, Vera Lengsfeld usw. Warum? »Ehemalige DDR-Bürger«, so Hans-Joachim Maaz, »sind darin trainiert,

Eliten zu misstrauen, die Verlogenheit, Heuchelei und Manipulation öffentlicher Verlautbarungen zu erspüren, zwischen den Zeilen zu lesen, allergisch auf Phrasen zu reagieren, Suggestionen kritische Bedenken entgegenzusetzen und tendenziöse Berichterstattung aus den öffentlich-rechtlichen Anstalten und den führenden Printmedien zu erkennen.«[437]

Ein persönliches Wort zum Schluss des Kapitels

Ab Mitte der 1980er Jahre war ich publizistisch aktiv: zunächst als Verbandsvertreter, als Bildungsexperte mit Alltagserfahrung, als Interviewpartner, als Gast in Talkshows, zunehmend als Gastautor. Die ersten zwei besonders erhellenden Erfahrungen machte ich bereits 1987. Erste Erfahrung: Ich hatte mich anlässlich des Arbeitsbesuchs des DDR-Staatsratsvorsitzenden Erich Honecker vom 7. September 1987 bei Bundeskanzler Helmut Kohl in Bonn öffentlich dafür ausgesprochen, bei der Jugend den Geist der Präambel des damals geltenden Grundgesetzes wachzuhalten: »Vom Willen beseelt, seine nationale und staatliche Einheit zu wahren …« hieß es dort. Und: »Das gesamte deutsche Volk bleibt aufgefordert, in freier Selbstbestimmung die Einheit und Freiheit Deutschlands zu vollenden.« Allein diese Zitate wurden mir von linken Zeitungen als »revisionistisch« und »ewiggestrig« um die Ohren geschlagen.

Zweite Erfahrung: Ein Mann der Deutschen Presseagentur versuchte mich in einem Interview mit dem Angebot zu ködern: »Sprechen Sie sich doch endlich für die Gesamtschule aus, dann bringe ich Sie groß raus.« Das muss man nicht kommentieren …

Kommentieren muss man auch nicht meine Erfahrungen, die ich in rund dreißig bundesweit oder regional ausgestrahlten Talkshows (von Anne Will und Markus Lanz über Sabine Christiansen und Maischberger bis hin zu Maybrit Illner und Frank Plasberg) machte. Mal lud man mich explizit ein, weil man einen

»konservativen Knochen« gegen drei oder vier oder fünf andere brauchte, mal lud man mich wieder aus, weil ich in der Runde ein Mann zu viel war. Meistens stand ich gegen drei oder vier »Progressive«, die zudem die Sympathie der Gesprächs-»Führung« und den Großteil der Redezeit hatten. Interessante Erfahrungen! Klar, wer keine Hitze verträgt, darf nicht in die Küche gehen. Ich will aber nicht vergessen, dass ich auch mit sehr vielen großartigen Journalisten zu tun hatte. Es gibt sie nach wie vor, und es müssten wieder mehr werden.

Meine Konsequenzen? Ich leiste bei neuen oder neu aufgestellten Magazinen und Plattformen meinen publizistischen Beitrag: bei *Tichys Einblick*, bei *Reitschuster.de*, bei *Tumult – Vierteljahresschrift für Konsensstörung*, bei *Cato*, in der *Jungen Freiheit*, in der *Tagespost*, in der *Preußischen Allgemeinen* und so weiter.

24. Dem Zeitgeist unterworfen: Akklamationswissenschaften

Die Geschichte der deutschen Universität ist teilweise eine Geschichte ihrer Anpassungsfähigkeit. »Bis zum Jahr 1914«, so Gordon Craig, »hatte sich die deutsche Professorenschaft zum geistigen Leibregiment der Hohenzollern entwickelt … Für die Weimarer Republik, die ihre Gehälter zahlte, hatten die Professoren nichts als Verachtung übrig … Als der Nazi-Umschwung dann kam, schlossen sich ihm die meisten Professoren jedoch ohne Zögern an.«[438] Vom Bildungsideal eines Wilhelm von Humboldt mit dem Ziel einer zweckfreien Bildung blieb da nicht viel übrig. Später ist gar von Hitlers williger Professorenschaft die Rede. Bis zu 90 Prozent der Professorenschaft, etwa in Münster, gehörten der NSDAP an. Fächer wie Rassenkunde und Eugenik etablierten sich.

Auch wenn der Vergleich zu heute knirscht, gilt, was Egon Flaig feststellt: »Professoren sind habituell nicht mit Mut gesegnet.«[439] Tatsächlich deutet vieles darauf hin, dass nennenswerte Teile der Hochschullehrerschaft sich brav dem Zeitgeist unterwerfen. Geisteswissenschaften, heute zu »humanities« aufgemotzt, verengen sich auf Themen wie Nationalismus, Kolonialismus, Feminismus, Genderismus, »diversity«, Rassismus. Klassische Themen gelten als patriarchalisch, kolonialistisch. IQ-Unterschiede zwischen verschiedenen Ethnien, freiheitsfeindliche Züge des Islam, positive Aspekte des Kolonialismus oder ähnliches sind Tabuthemen. »Man denkt nicht konkret, sondern in -ismen«, schreibt Ingolf U. Dalferth 2020, er attestiert den Geisteswissenschaften, »orientierungslos im Meer der Ideologien« zu sein.[440] Und es ist alarmierend, wenn Wissenschaftler mittlerweile oft unter Pseudonym veröffentlichen müssen, wenn sie ihre Karriere nicht gefährden wollen. Sie schreiben dann in dem 2020 gegründeten Netz *Journal of Controversial Ideas*.[441]

Die Freiheit von Forschung und Lehre ist grundgesetzlich garantiert. Aber besorgte Hochschullehrer sehen sie in Gefahr. Anfang 2020 startete dazu das Institut für Demoskopie Allensbach eine Umfrage unter 1106 Professoren und wissenschaftlichen Mitarbeitern. Das durchwachsene Ergebnis lautet: 72 Prozent des Lehrpersonals fanden, man solle sich gendergerechter Sprache verweigern dürfen. 40 Prozent rechnen dabei allerdings mit Widerstand. 43 Prozent der Hochschullehrer meinten, es solle erlaubt sein, den Klimawandel zu bestreiten; 63 Prozent gingen in diesem Fall von Widerstand aus. Nur 27 Prozent fanden, es solle erlaubt sein, den Islam als Religion abzulehnen.[442]

Fast noch erschreckender sind die Ergebnisse einer Studie, der zufolge viele Studenten ihre Bereitschaft signalisieren, die Meinungsfreiheit einzuschränken. Die Befragung wurde 2020 unter knapp tausend Studenten überwiegend aus dem linken Spektrum durchgeführt. Die Leiter der Studie wählten dazu die Frankfurter Universität.[443] Die Studie erbrachte den alarmierenden Befund, dass ein beträchtlicher Anteil von Studenten mit anderen Meinungen nicht konfrontiert werden will. Ein Drittel bis die Hälfte der Befragten sind dagegen, Redner mit abweichenden Meinungen zu Themen wie Islam, Geschlecht und Zuwanderung an der Hochschule zu dulden. Noch höher ist der Anteil derer, die solchen Personen keine Lehrbefugnis geben würden, wiederum ein Drittel will ihre Bücher aus den Bibliotheken verbannen. Ein Drittel der Befragten klagte über Konformitätsdruck bei politisch umstrittenen Themen und gab an, die eigene Meinung in solchen Fällen zurückzuhalten oder nur mit Unbehagen zu äußern.

Oder wie der *FAZ*-Autor Thomas Thiel schreibt: Die Universitäten, einst Pioniere der Redefreiheit, haben sich »den Ruf einer Avantgarde der Intoleranz eingehandelt«.[444] Bange jedenfalls muss einem sein, wenn das die Ansichten zumeist wohlbehüteter junger Leute mit dem formal höchsten Bildungsabschluss sind. Man kennt dieses Phänomen seit Längerem aus den USA. Dort geben sich viele Studenten als »woke« (aufgeweckt), tatsächlich sind sie eine hysterisch-hypersensible »generation snowflake« – Schneeflocken, die wie zarte Schneeflocken zerschmelzen.

Seit Jahren: Auftrittsverbote für Unliebsame

Ich kann hier nur wenige Beispiele nennen, bei denen renommierten Leuten ein Auftritt an einer Hochschule verwehrt wurde. Der israelische Militärhistoriker Martin van Creveld sollte 2011 Gastdozent an der Universität Trier sein. Weil es dem AStA nicht passte, musste van Creveld bereits nach einem ersten Vortrag das Feld räumen.[445] 2012 wollte der Migrationsexperte PD Dr. Stefan Luft an der Universität Bremen eine Ringvorlesung zu »20 Jahre Asylkompromiss« durchführen – unter anderem mit dem damaligen bayerischen Innenminister Günther Beckstein (CSU). Zur entsprechenden Abendveranstaltung platzierte sich eine Gruppe gewaltbereiter Linksextremisten. Die Veranstaltung musste beendet werden.[446] Im Herbst 2019 hinderten »Aktivisten« an der Universität Hamburg Professor Bernd Lucke (vormals AfD) daran, seine Vorlesungen zu halten. Wissenschaftsministerin und Universitätsleitung tauchten ab.[447]

Der Siegener Philosophieprofessor Dieter Schönecker hatte im Herbst 2018 neben Norbert Bolz und Egon Flaig auch Thilo Sarrazin und den AfD-MdB Marc Jongen zu einem Seminar eingeladen. Schöneckers Kollegen fluteten ihn mit Protestschreiben, die Universität bewilligte keine Mittel, es gab einen Flashmob von rund 75 Studenten – das Ganze flankiert von Pressebegleitung etwa mit folgenden Aussagen: Dort würden »extrem rechte Standpunkte des umstrittenen Buchautors Thilo Sarrazin« verbreitet. Jongen konnte nur in Begleitung von Beamten des Bundeskriminalamtes durch den Hintereingang eintreten.[448]

In ihrer Neujahrsansprache vom 22. Januar 2020 nannte die Düsseldorfer Universitätspräsidentin Anja Steinbeck zum Thema »Nicht mitspielen ist keine Lösung – Politik gehört auf den Campus« drei Grenzen, die gezogen werden müssten, wenn es um die Offenheit der Hochschulen für Politik geht. Der dritte Punkt lautet wie folgt: »Was ist zu tun, wenn ernsthaft zu befürchten ist, dass der Redner oder die Rednerin im Rahmen der Veranstaltung verfassungsfeindliche Thesen vertreten wird? Diese Gefahr war wohl nicht von der Hand zu weisen, als der Publizist und ehemalige Politiker Thilo Sarrazin an die Universität Siegen eingeladen wurde ...«[449] Diese Rede wurde im Verbandsorgan *Forschung und Lehre* des Deutschen Hochschulverbandes (DHV) veröffentlicht. Seltsam! Der DHV hatte sich im Frühjahr 2019 vehement gegen »Denk- und Sprechverbote« an Universitäten ausgesprochen und gefordert: »Die freie Debattenkultur muss verteidigt werden.«[450]

Die Deutsche Forschungsgemeinschaft macht sich lächerlich

Am 30. Oktober 2020 wollte die Deutsche Forschungsgemeinschaft (DFG) ihren hundertsten Geburtstag feiern und sich dazu mit Testimonials präsentieren. Einer der Zeugen sollte Dieter Nuhr, der Kabarettist, sein. Er sagte in einer Audiobotschaft für die DFG folgende Sätze: »Wissen bedeutet nicht, dass man sich zu hundert Prozent sicher ist, sondern dass man über genügend Fakten verfügt, um eine begründete Meinung zu haben. Weil viele Menschen beleidigt sind, wenn Wissenschaftler ihre Meinung ändern: Nein, nein! Das ist normal! Wissenschaft ist gerade, dass sich die Meinung ändert, wenn sich die Faktenlage ändert. Wissenschaft ist nämlich keine Heilslehre, keine Religion, die absolute Wahrheiten verkündet. Und wer ständig ruft: ›Folgt der Wissenschaft!‹, hat das offensichtlich nicht begriffen. Wissenschaft weiß nicht alles, ist aber die einzige vernünftige Wissensbasis, die wir haben. Deshalb ist sie so wichtig.«[451]

Nun ist Nuhr einer der (wenigen) Kabarettisten, die niemanden schonen, die auch mal Merkel oder das SPD-Tandem oder »Greta« oder die Freitagshüpfer von FfF oder die Genderisten oder den offiziellen Umgang mit der größten Oppositionspartei auf die Schippe nehmen. Schwuppdiwupp war Nuhrs Text wieder von der DFG-Seite verschwunden. Mit einer umwerfenden Begründung: »Liebe Community, wir nehmen die Kritik, die vielen Kommentare und Hinweise ernst und haben den Beitrag von Dieter #Nuhr von der Kampagnenwebsite[452] entfernt.« *Vorübergehend* entfernt, nach Protesten war Nuhrs Text wieder da. Mindestens ebenso erbärmlich freilich wie die DFG benehmen sich Teile der deutschen »Qualitätspresse«. Ganz vorne die *Süddeutsche*. Sie lässt Felix Hütten am 1.8.2020 unter der Überschrift »Nuhr ein Scherz?« zu Dieter Nuhr schreiben: »Dass ausgerechnet jemand, der Klima- und Coronaverharmlosern ordentlich Munition liefert, als Botschafter für die DFG den Wert von Spitzenforschung betonen soll, wirkt grotesk.« Wie bitte? Grotesk? Nein grotesk ist etwas anderes – der Weg der *SZ* vom »liberalen« Blatt zum gutmenschlichen Erbauungsblättchen.

Keinen Widerstand gibt es bei denjenigen, die Nutznießer sind und die das »System« mit Posten, Forschungsaufträgen, Publizität zu Nutznießern machte. Damit kein falscher Zungenschlag aufkommt: Ohne Zweifel leisten sehr viele Wissenschaftler – auch in den oft belächelten Geistes- und Sozialwissenschaften – gute und unabhängige Arbeit. Es gibt aber auch zahlreiche aktivistische Wissenschaftler, denen es um Regierungsnähe, Ideologie und Volkserziehung geht.

Widerstand gegen solche massiven Einschränkungen gibt es erst in Ansätzen, aber immerhin. Im Februar 2021 formierte sich das »Netzwerk Wissenschaftsfreiheit«.[453] Es ist dies ein Zusammenschluss von siebzig Wissenschaftlern, denen es um die Freiheit von Forschung und Lehre gegen ideologisch motivierte, moralisierende, weltanschaulich normierende Einschränkungen geht. Die Netzwerk-Initiatoren sehen sich und die Hochschulen einem Konformitätsdruck ausgesetzt. Allein die Etikettierung als »umstritten« reiche als erster Schritt zur Ausgrenzung. Damit würden die Voraussetzungen von freier Wissenschaft erodieren.

Eine gezielte Regierungsinitiative wie in Großbritannien, die Freiheit von Forschung und Lehre zu schützen, gibt es in Deutschland nicht. Die britische Regierung, namentlich Gavin Williamson, Erziehungsminister, legte Anfang 2021 einen Gesetzentwurf vor, mit dem die Meinungsfreiheit an Hochschulen geschützt werden solle.[454] Das vormalige universitäre Vorzeigeland Deutschland hat so etwas nicht. Hier haben es die Spitzen des Staates nicht einmal im Kreuz, sich wenigstens verbal vor gegängelte und diskriminierte Professoren zu stellen oder gar einfach einmal ostentativ eine Vorlesung eines Professors wie Bernd Lucke zu besuchen.

Szientismus und Expertokratie

In Deutschland scheint sich das Rad eher in eine andere Richtung zu drehen. Man protegiert »Wissenschaftler«, die den Regierenden zu Diensten sind. Zum Beispiel, indem man sie »Gutachten« schreiben lässt oder in irgendwelche »Räte« beruft. Szientismus macht sich ja immer gut, wenn Politik etwas durchdrücken will, denn der deutsche Michel glaubt so ziemlich alles, wenn es »professoral« oder »wissenschaftlich« daherkommt. Selbst die ach so aufgeklärte *Zeit* frönt dann am 16. Februar 2021 einer naiven Wissenschaftsgläubigkeit. Johannes Schneider deklamiert dort unter der Überschrift »Nerv!«: Forschungsergebnisse zu Corona und Klima seien »zu Recht nicht diskutierbar«. Fragt sich nur: Welche?

Ansonsten haben sich eine Art Räte-System, eine Sowjetisierung (»Rat« = russisch: *sowjet*) und eine Räte-Governance etabliert, nein: wurden etabliert. Die aus dem Boden schießenden, nach Proporz besetzten Sachverständigenräte, die zahlreichen Ethik-Kommissionen, auch die Nationale Akademie der Wissenschaften Leopoldina sind Beispiele hierfür.

Allein die Frage, wer die Bundesregierung in Sachen Corona berät, ist eine spannende Frage. Bis hin zum zweiten Lockdown im Winter 2020/2021 waren es durch die Bank Leute, die die Regierungsposition stützen. Das ist auch der Grund, warum die Bundesregierung die Liste der sie beratenden Wissenschaftler ungern und oft erst nach insistierendem Nachfragen veröffentlicht. Und das ist auch der Grund, warum ein bayerischer Ministerpräsident Söder einen Ethikrat einrichtet, aus diesem aber nach wenigen Wochen einen Professor Christoph Lütge entfernt, weil dieser zu Corona etwas anders dachte als Söder.[455] Traurig nur, dass nicht alle anderen Mitglieder dieses Ethikrates aus Solidarität ebenfalls ihre Berufung zurückgaben!

Solche Räte müssten eigentlich Akklamationsgremien heißen, denn die Politik will Bestätigung, nicht Beratung. Damit aber hält eine Regierung die Öffentlichkeit in Schach, zumal wenn sich gewisse »Medizinmänner« im schier »obskuranten« Fachjargon und garniert mit Zahlenspielereien zu »unangreifbaren höheren Wesen« stilisieren.[456] Michael Klonovsky nennt dieses Unwesen einen »Polytheismus der Expertengremien«.[457]

Das Traurige ist die Motivation vieler Leute, die sich dort hineinberufen lassen. »Man« macht mit, weil es Eitelkeiten schmeichelt, weil es Prestigegewinn bedeutet, weil Forschungsgelder oder Beraterverträge[458] winken und weil sich eine solche Berufung im Curriculum Vitae gut macht. So gesehen gilt leider ein böser Satz von Peter Sloterdijk: »Aus den ungelernten Hochstaplern von einst sind die Fach-Hochstapler von heute geworden … Was früher Hochstapelei hieß, nennt sich heute Expertentum.«[459]

25. »Links schwenkt, Marsch!«: Das Autokratie-System Merkel

An Angela Merkel haben sich zahlreiche Biografen versucht.[460] Einen Blick in ihr Inneres hat niemand geschafft. Dafür ist Merkel zu verschlossen, die wenigen Vertrauten schweigen, diverse Legendenbildungen um ihre frühe Biografie wirken aufgesetzt, und manche Akten sind nicht einsehbar. »Man weiß …. über 35 Jahre meines Lebens kaum etwas«, hat sie einmal gesagt.[461]

Das Bild von der DDR-kritischen Pfarrerstochter ist ein Klischee. Wer Merkels Weg in die Politik der CDU und an die Spitze der Bundesregierung analysiert, kann zu dem Schluss kommen, dass er nicht Überzeugungen, sondern reinem Opportunismus geschuldet war. Im Herbst 1989 tendierte Merkel zu den Grünen bzw. zum Bündnis 90, dann wurde sie Mitglied im Demokratischen Aufbruch (DA), bald darauf Mitglied der CDU und Jugendministerin im Kabinett Helmut Kohls. 1989/90 war sie mithilfe von Wolfgang Schnur und DDR-Ministerpräsident Lothar de Maizière (zwei Stasi-Mitarbeitern) urplötzlich ins Zentrum der Macht gekommen. Als politischer Parvenü – mit Attitüden, die man ihr immer noch anmerkt.

Geblieben ist ihre Wendigkeit. »Mal bin ich liberal, mal bin ich konservativ, mal bin ich christlich-sozial.« So formulierte es Merkel bei »Anne Will« im März 2009. Gleichwohl trat sie 2017 zum Wahlkampf mit dem Satz an: »Sie kennen mich.« Nein, man kennt sie ob ihrer »Wendehalsigkeit« eben nicht.

Die SPD hat sie damit kannibalisiert. Mit den »Grünen«, bei denen sie viel Zustimmung findet, hat sie es nicht geschafft – trotz ihres massiven Einsatzes gegen den Klimawandel und gegen die Atomkraft. Auch kann sie mit den Linken gut – selbst mit den Linken in den USA. Als sie am 31. Juli 2019 in Harvard den

Ehrendoktor bekam, gab Angela Merkel dort den Anti-Trump und wurde bejubelt. Sie redete von Multi- statt Unilateratismus. Das Publikum der »Eliteuniversität«, die längst zu einem Treibhaus der Linken geworden ist, nahm diese Trivialitäten dankbar hin.

»Merkel steht für nichts«, so beschreibt es Ferdinand Knauß. »Sie weicht Konflikten aus, anstatt klar Position zu beziehen, und hat keine politische Überzeugung, die sie nicht bereit wäre für den Machterhalt jederzeit wieder aufzugeben … Merkel wird kein bestelltes Haus hinterlassen, sondern eine ausgezehrte Partei und ein ausgezehrtes Land.«[462] Und Wolfgang Herles meint: »Erst sie hat die Gesellschaft entpolitisiert, dann durch unüberlegte Entscheidungen gespalten, ohne von ihrer Partei oder dem Parlament oder von der Mehrheit der Wähler daran gehindert zu werden.«[463]

In diesem Stil von Politik führt sie ihre Partei (seit 2018 auch als Ex-Vorsitzende), ihre Bundestagsfraktion, den Bundestag insgesamt, die Ministerpräsidenten und das ganze Land samt Presse. Boshafte Leute sagen, Merkel könne das tun, weil sie ihre Partei ins »Wachkoma«[464] versetzt habe. »Lethargokratisch« nennt Peter Sloterdijk dies,[465] angelegt bereits von Helmut Kohl, Merkel hat es mit autoritärer Geste perfektioniert. Während es freilich in der Kohl-CDU immerhin prominente Widerborstige wie Lothar Späth, Heiner Geißler, Kurt Biedenkopf oder Rita Süssmuth gab, fand man in der Merkel-CDU keine entsprechenden Widerspruchsgeister. Der Parlamentskorrespondent der *Bild*-Zeitung, Ralf Schuler, schreibt über die Merkel-CDU: In ihr habe sich ein Wegducken unter »absolutistischer Herrschaftsgeste« breitgemacht, alle Alarmglocken seien verstummt, und am Ende sei die CDU als »Merkel-Applausverein« für das Auftreten und Erstarken der AfD verantwortlich.[466]

Die Spalterin

Kein Kanzler vor ihr hat das Land so gespalten wie Merkel. Adenauers Politik der Westbindung, Erhards Politik der sozialen Marktwirtschaft, Brandts Ostpolitik, Schmidts bzw. Kohls NATO-Politik mit dem Doppelbeschluss, Kohls Euro- und Vereinigungspolitik, Schröders Agenda 2010 – all das wurde heftig diskutiert. Retrospektiv betrachtet, haben all diese Entscheidungen Deutschland genutzt. Und Merkel? Steht sie für etwas, was Deutschland vorangebracht hat?

Merkel hat das »Geschick«, das Land immer wieder zu spalten: Wenn jemand die Mitte der Gesellschaft politisch atomisiert hat; wenn jemand Freunde und Verwandte in politischen Fragen aneinandergeraten ließ; wenn jemand sich von den Niederungen der Politik abgehoben fühlt, keine Wahlkampfauftritte mehr bestreitet und nur noch diesen oder jeden Preis, mit dem die Lobpreisenden eher sich als die Preisträgerin meinen adeln zu müssen, entgegennimmt; wenn eine CDU inklusive CSU meint, Hunderttausende ihrer ehemaligen Wähler als »rächts« identifizieren zu müssen … Dann ist das nichts anderes als Spaltung. Diese Spaltung reicht hinein bis in die Europäische Volkspartei: Mit Ungarns Ministerpräsident Viktor Orbán (Fidesz) kann sie nicht. Auch wenn sie Letzterem ab 2016 ihre Kanzlerschaft zu verdanken hat. Denn hätte Orbán ab Ende 2015 die Grenzen zur Balkanroute nicht dichtgemacht, wäre eine weitere Million Flüchtlinge nach Deutschland gekommen, und Merkel wäre weg gewesen.

Die »Demokratin«

Merkel hat die Gewaltenteilung pervertiert. Nicht mehr die Legislative kontrolliert die Exekutive, sondern das Kanzleramt gibt vor, was die Legislative, hier die Koalition, zu tun hat.

Das Kanzleramt wurde zum Feldherrnhügel. Darin thront eine »Patin«[467], die alle Fäden in der Hand hat. Eine ihrer Lieblingsvokabeln heißt »alternativlos«: Debatten sind nutzlos, man hat sich Merkels Kehrtwenden zu fügen.

Ab und an lässt Merkel eine Schein- und Minidebatte zu und gibt für die Abstimmung im Bundestag den Fraktionszwang frei. So geschehen im Juni 2017 beim Thema »Ehe für alle«. Hier ließ sich die Kanzlerin herab, die »Ehe für alle« zur Gewissensentscheidung zu erklären. Sie entschied also darüber, wann Artikel 38 des Grundgesetzes gilt und wann nicht: Die Abgeordneten des Bundestages sind – auch wenn der Fraktionszwang reale Praxis ist – an Aufträge und Weisungen nicht gebunden und nur ihrem Gewissen unterworfen. Merkel aber dazu wörtlich (samt Sprechpausen): »Ich möchte die Diskussion mehr in die Situation führen, dass wir … dass es … dass es eher in Richtung einer Gewissensentscheidung ist, als dass ich jetzt per Mehrheitsbeschluss irgendwas durchpauke.« »Durchpauke« – man beachte die verräterische Diktion! Das sagte Merkel bei einer Veranstaltung der Frauenzeitschrift *Brigitte* am 26. Juni 2017 in Berlin. Und ein weiteres Beispiel von Anflug Merkel'scher »Liberalität«: Im Juni 2020 ließ sie über das heute journal zur Debatte um die Streichung des Begriffs »Rasse« im Grundgesetz vernehmen, sie sei »offen für eine Debatte über die Streichung.«[468]

Wenn es ihr mit der Gewaltenteilung nach dem föderalen Prinzip aber zu viel wird, dann poltert sie im Zusammenhang mit Corona-Lockerungen drauflos und watscht Ministerpräsidenten, auch CDU-Ministerpräsidenten, darunter den CDU-Vorsitzenden Laschet am 28. März 2021 bei »Anne Will« ab: »Ich werde nicht 14 Tage tatenlos zusehen.« Eine entsprechende Anpassung des »Infektionsschutzgesetzes« wolle sie, damit Ausgangssperren vom Bund aus exekutiert werden könnten. Ich, Merkel! »L'état, c'est moi!« (»Der Staat bin ich!« So Sonnenkönig Ludwig XIV. im Jahr 1655!) – klingt fast nach Putsch, nach Staatsstreich. Immerhin werden solche Gesetze (noch?) von Bundestag und Bundesrat verabschiedet. Aber ausgerechnet Markus Söder (CSU! Bayern!) springt ihr bei!

Und wenn der Kanzlerin denn ein demokratisch absolut korrekt zustande gekommenes Wahlergebnis nicht in den Kram passt, dann ruft sie schon auch einmal aus dem fernen Südafrika an und erklärt zu einer Wahl, dass dieser Vorgang »unverzeihlich« sei und deshalb »auch das Ergebnis wieder rückgängig gemacht« werden müsse. So geschehen, unmittelbar nachdem am 5. Februar 2020 in Thüringen für einige Tage der FPD-Mann Thomas Kemmerich zum Ministerpräsidenten gewählt worden war.[469]

Personalpolitik nach Gutsherrenart

Merkel betreibt ein Schachspiel, in dem es nur willkürliche Regeln gibt. Sie lässt Leute inthronisieren oder abservieren – ganz wie es ihr beliebt. Friedrich Merz servierte sie 2002 als Fraktionsvorsitzenden ab. Dass Merz bei seinen Kandidaturen von 2019 und 2021 um den CDU-Vorsitz scheiterte, wenn auch knapp, hat mit seinen schwachen Reden, aber auch mit Merkels Ansagen aus dem »Off« zu tun.

Roland Koch verschwand. Norbert Röttgen, einst »Muttis Klügster«, wurde abserviert. Er hatte die Landtagswahl in NRW vom 13. Mai 2012 vergeigt. Unmittelbar vor der Wahl hatte er so getan, als sei diese Wahl auch eine Abstimmung über Merkels Euro-Kurs. Solche Unbotmäßigkeit bestrafte Merkel, indem sie Röttgen bereits am 16. Mai als Bundesumweltminister vor die Tür setzte. Der versierte Innenpolitiker Wolfgang Bosbach kam über einen Ausschussvorsitz nie hinaus. Wie Merkel überhaupt bis hinein in die Besetzung von Bundestagsausschüssen die Finger im Spiel hat. Weil er erklärter Gegner des Euro-Rettungskurses der Kanzlerin war, verlor Klaus Peter Willsch (CDU) 2013 seinen Sitz im Haushaltsausschuss.

Bundespräsident Horst Köhler ließ Merkel schnöde fallen, um ihn für kaum mehr als 500 Tage durch einen schwachen Christian Wulff zu ersetzen. Auf das Konto von Merkel gehen ein schwacher Bundespräsident Frank-Walter Steinmeier sowie die Verhinderung von Leuten, die das höchste Staatsamt besser »im Kreuz gehabt« hätten: Wolfgang Schäuble, Norbert Lammert. Einen Manfred Weber (CSU), Spitzenkandidat der EVP bei der »Europawahl« vom Mai 2019, ließ Merkel fallen. Nicht er, sondern die als Verteidigungsministerin kläglich gescheiterte Ursula von der Leyen wurde EU-Kommissionspräsidentin.

Aber auch auf der administrativen Ebene greift Merkel durch. 2016 ließ sie BND-Chef Gerhard Schindler feuern. 2018 sorgte sie für die Entlassung von Verfassungsschutzpräsident Hans-Georg Maaßen. Er hatte sich erlaubt, Merkel in der Causa »Hetzjagden in Chemnitz« zu widersprechen. 2020 zwang sie Christian Hirte (CDU), den Ostbeauftragten der Bundesregierung, zum Rücktritt. Dieser hatte sich erlaubt, dem FDP-Mann Kemmerich, der im Februar 2020 in Thüringen für einige Tage zum Ministerpräsidenten gewählt worden war, Glückwünsche via *Twitter* auszusprechen.

Zwischen Empathielosigkeit und Schnoddrigkeit

Wegen ihrer angeblichen Rationalität wird Merkel seit Jahren gehuldigt. Und wenn sie denn mal gezielt emotional wird, wirkt es wie aufgesetzt. Am 10. Dezember 2020 etwa meinte sie im Bundestag: »Wenn wir jetzt vor Weihnachten zu viele Kontakte haben und es anschließend das letzte Weihnachten mit den Großeltern war, dann werden wir etwas versäumt haben.« Die große Presse ist hingerissen von diesem Satz: Die sonst ach so rationale »Naturwissenschaftlerin« Merkel sei den Tränen nahe gewesen; sie habe weise Empathie gezeigt.[470]

Meistens hat man sie anders in Erinnerung. Empathie ist ihre Sache nicht. Mordtaten von »Geflüchteten« – aus dem Kanzleramt dröhnendes Schweigen. Dabei hatte sich Merkel, wie Gertrud Höhler anmerkt, mit ihrer Willkommenskultur indirekt einer »Mittäterschaft« schuldig gemacht.[471] Auch der importierte Antisemitismus ist ihr nicht der Rede wert, die weltweite Christenverfolgung ebenfalls nicht. Die zwölf am 19. Dezember 2016 auf dem Breitscheidplatz von einem Islamisten Ermordeten bzw. deren Angehörige waren ihr erst ein Jahr später eine Geste wert. Da baten Hinterbliebene und schwer verletzt Überlebende des Attentats vom Breitscheidplatz im Frühjahr 2017 um einen Termin bei der Kanzlerin. Und dann erst, 364 Tage nach dem Attentat, bequemte sich die Regierungschefin zu einem Treffen. Regierungssprecher Steffen Seibert ließ dazu wissen: Die Kanzlerin wolle zuhören. Die Öffentlich-Rechtlichen (ÖR) machen die Propaganda bereitwillig mit. Brav wurde vermeldet, dass sich die Kanzlerin drei statt der geplanten zwei Stunden Zeit genommen habe für die an elf Tischen sitzenden 80 Betroffenen.

Nur wenige in der Presselandschaft wissen das zu deuten. Regine Mönch zum Beispiel in der *FAZ* vom 18. Dezember 2017: Sie schreibt von »unfassbaren Gefühllosigkeiten nach dem Attentat am Berliner Breitscheidplatz vor einem Jahr« und nennt das eine »empathiefreie Verunmöglichung, Trauer, Erschütterung und Mitgefühl zu bekunden.« Man denke in diesem Zusammenhang einmal daran, wie das italienische Breitscheidplatz-Opfer Fabrizia di Lorenzo in Sulmona in den Abruzzen im Beisein von Staatspräsident Sergio Mattarella zu Grabe getragen wurde. Oder man erinnere sich, dass zum Trauergottesdienst für den erschossenen polnischen Lastwagenfahrer in Banie bei Stettin Staatspräsident Andrzej Duda kam.

Diplomatie und Nachdenken sind nicht Merkels Sache. Unsäglich war, wie scharf sie im Februar 2009 Papst Benedikt XVI. angriff. Es mag beim Holocaust-Leugner Williamson, dessen Exkommunikation Benedikt aufgehoben hatte, im Vatikan etwas schiefgelaufen sein. Aber den Papst aufzufordern, er solle sich vom Holocaust distanzieren, war eine bodenlose Frechheit der Pastorentochter, zumal im Rahmen einer Pressekonferenz mit dem kasachischen Präsidenten Nasarbajew, der nicht unbedingt im Ruf steht, ein großer Demokrat zu sein.[472] Außerdem hat wohl noch nie ein Deutscher eine derart eindrucksvolle Rede in Auschwitz gehalten wie Papst Benedikt im Mai 2006.[473]

Auch sonst, wenn ihr etwas nicht in den Kram passt, wird sie patzig. Wenn doch einmal, etwa im Zusammenhang mit der Grenzöffnung, eine leise kritische Frage aufkommt, heißt Merkels Antwort im September 2015 in einer CDU/CSU-Fraktionssitzung: »Ist mir egal, ob ich schuld am Zustrom der Flüchtlinge bin, nun sind sie halt da.«[474] Es fehlt auch nicht viel, dass sie ihr Deutschsein über Bord wirft: »Wenn wir jetzt anfangen, uns noch entschuldigen zu müssen dafür, dass wir in Notsituationen ein freundliches Gesicht zeigen, dann ist das nicht mehr mein Land.« So nach ihrem »Wir schaffen das« vom 31.08.2015 ihre Kritik an ihren Kritikern im September 2015.[475] Infantil oder auch zynisch gibt sie sich, wenn sich jemand um die Islamisierung Deutschlands sorgt. Merkels Rezept auf einem CDU-Parteitag vom 22. Oktober 2016 in Mecklenburg-Vorpommern war, ihre Partei müsse mehr Selbstbewusstsein im Umgang mit den christlichen Wurzeln pflegen. Konkret schlug sie vor, Liederzettel zu kopieren und jemanden aufzutreiben, der Blockflöte spielen könne.[476] Und wenn ihr jemand im Zusammenhang mit Corona gegen den Strich geht, dann gibt sie die »Psychologin«. In einer Online-Debatte mit Studenten vom 15. Dezember 2020 sagte sie über Kritiker der Coronapolitik: »Das übliche Argumentieren hilft da nicht. Und das wird vielleicht auch eine Aufgabe für Psychologen sein oder für … also wir werden da noch sehr viel erforschen müssen …« Klar, was nicht in den Kram passt, wird pathologisiert.[477]

Merkels Salti und Volten

Prinzipientreue war Merkels Sache nie. Ihre Salti und Volten heißen »Durchregieren« – Methode »va banque«, die Bank des Volkes aufs Spiel setzend. Fehler einzugestehen war ihre Sache nie. Ein einziges Mal ließ sie sich herab, das Volk um Verzeihung zu bitten. Das war kurz vor Ostern 2021, als sie von Gründonnerstag bis Ostermontag eine »Osterruhe« durchziehen wollte und merkte, dass sie sich – übrigens mit allen 16 Ministerpräsidenten zusammen – verrannt hatte. Und sofort war die brave Presse begeistert. Ach, wie souverän Merkel auf »Fehlerkultur« machte! Indes hielt die Bitte um Verzeihung nicht lange vor: Zwei Tage danach bekundete sie in der mittlerweile fünften Audienz für Anne Will, dass sie gewillt sei, die Zügel wieder zu straffen. Wie eben immer bei all ihren anderen Salti und Volten ein trotziges »Weiter so!«.

Beispiel »Atomkraft«

Die vormalige Bundesministerin für »Umwelt, Naturschutz und Reaktorsicherheit« Merkel (1994 – 1998) schwenkte im März 2011 urplötzlich und opportunistisch weg von der Atomkraft. Im Mai 2008 hatte sie beim Katholikentag in Osnabrück noch vollmundig erklärt: Deutschland mache sich »lächerlich«, wenn es sich dadurch ein »gutes Gewissen« machen wolle, dass Atom- und Kohlekraftwerke stillgelegt würden und gleichzeitig Strom, der aus denselben Energieträgern erzeugt worden sei, aus den Nachbarländern importiert werde.[478] Und noch ganz kurz vor »Fukushima« hatte der Bundestag mit Kanzlerin Merkel am 28. Oktober 2010 beschlossen, dass die vor 1980 in Betrieb gegangenen sieben Anlagen Strommengen für zusätzliche acht Betriebsjahre und die übrigen zehn Kernreaktoren Strommengen für zusätzliche 14 Jahre erhielten. Nach dem Tsunami im fernen Japan war das plötzlich anders, weil Merkel meinte, mit einer Absage an die Atomkraft die Landtagswahl vom 27. März 2011 in Baden-Württemberg zu gewinnen. Die Wähler im »Ländle« wählten aber nicht die Partei der Atomaussteigerin Merkel, sondern das atomkritische Original (die Grünen) und eben nicht das Imitat (die CDU). Die CDU-Mehrheit war im Südwesten der Republik jedenfalls erst mal »perdu« – für mindestens fünfzehn Jahre. Der Bewegung »Friday für Future« biederte sie sich an, indem sie deren rechtswidrige Schulschwänzerei lobte. Aber mit der Herrschaft des Unrechts kannte sie sich ja vorher schon aus.

Beispiel »Multikulti«

Was hat Merkel nicht alles über Jahre hinweg an Widerstand gegen »Multikulti« von sich gegeben? Beim 17. Parteitag der CDU am 1. Dezember 2003 sagte sie: »Manche unserer Gegner können es sich nicht verkneifen, uns in der Zuwanderungsdiskussion in die rechtsextreme Ecke zu rücken, nur weil wir im Zusammenhang mit der Zuwanderung auf die Gefahr von Parallelgesellschaften aufmerksam machen.« Und weiter: »Da muss man natürlich darüber sprechen, dass es den Missbrauch des Asylrechts gibt.« Am 20. November 2004 äußerte sie in der *FAZ*. »Die multikulturelle Gesellschaft ist grandios gescheitert.« Am 27. November 2006 sagte sie, jetzt schon Kanzlerin, beim CDU-Parteitag in Dresden: »Multikulti hat Deutschland in die Irre geführt, Multikulti ist gescheitert.« Am 15. Oktober 2010 vernahm man von ihr auf dem Deutschlandtag der Jungen Union (JU) 2010 in Potsdam: »Der Ansatz für Multikulti ist gescheitert, absolut gescheitert!«

Ab Spätsommer 2015 ist all dies Schnee von gestern. Am 4. September 2015 öffnet sie autokratisch-handstreichartig und verfassungswidrig die Grenzen und lässt fast eine Millionen Flüchtlinge ins Land. Bei »Anne Will« begründet sie dies am 7. Oktober 2015 – entgegen den Aussagen der Bundespolizei –

so: »Es liegt nicht in unserer Macht, wie viele nach Deutschland kommen.« Zig oder gar Hunderte von Messermorden und Vergewaltigungen wurden zu einer Art Kollateralschäden.

Apropos Grenzöffnung bzw. Unmöglichkeit, Grenzen zu schließen: Mitte Januar 2021 war für Merkel die Grenzöffnung von 2015 ebenfalls Schnee von gestern. Wegen Corona drohte sie den Nachbarländern Polen, Tschechien, Österreich, Schweiz, Frankreich, Luxemburg, Niederlande und Dänemark, deutsche Grenzen zu schließen, wenn diese Länder die deutschen Pandemiemaßnahmen nicht umsetzen würden. Wörtlich Merkel: »Dann muss man auch bis zum Äußersten bereit sein und sagen: Dann müssen wir auch wieder Grenzkontrollen einführen.«[479] Man traut seinen Ohren nicht: Dieselbe Kanzlerin hatte sich im Herbst 2015 geweigert, die Grenzen zu schließen! Jetzt plötzlich lag es in ihrer Macht, ein Virus vom Grenzübertritt abzuhalten.

Beispiel »Euro« und EU

Merkel sonnt sich gerne in ihrem Attribut »Königin von Europa«, das ihr von braven Presse- und Gefolgsleuten verpasst wurde. Aber das ist sie schon deshalb nicht, weil Europa etwas anderes ist als die EU. Selbst Königin der EU ist sie nicht, sonst hätte sie – wegen ihrer Flüchtlingspolitik Mitauslöserin des Brexits – alles getan, um die Briten in der EU zu halten.

Königin der EU? Wenn es um Transfer über Transfer geht, dann ja! Im März 2010 hatte Merkel Hilfen für Griechenland noch abgelehnt. Im Mai 2010 wollte sie den Stabilitätspakt schärfen, spannte dann aber einen Rettungsschirm über 750 Milliarden Euro auf. Von einer »existenziellen Bewährungsprobe für Europa« sprach Merkel am 19. Mai 2010 im Bundestag. In ihrer Regierungserklärung zu Maßnahmen zur Stabilisierung des Euro sagte sie: »Scheitert der Euro, dann scheitert Europa.«

Im Oktober 2010 wollte sie private Gläubiger an der Haftung der Schulden von zahlungsunfähigen Staaten beteiligen, zurück aus Brüssel kam sie mit der unbegrenzten Fortführung des eigentlich auf drei Jahre befristeten Euro-Rettungsschirms. Dafür ließ sie Bundespräsident Horst Köhler über die Klinge springen und am 31. Mai 2010 »freiwillig« gehen. Es war vermutlich nicht Köhlers von der Mainstreampresse gerügtes Interview auf einem Rückflug von Afghanistan, mit dem er für einen Einsatz der Bundeswehr zum Offenhalten von Handelswegen plädiert hatte. Nein, Merkel hat Köhler offenbar den Rückhalt entzogen, weil Köhler das Gesetz zur Griechenland-Rettung nicht unterzeichnen wollte. Köhler, hochkarätiger Finanzfachmann, wollte das Gesetz in Ruhe prüfen, das Bundespresseamt hatte aber bereits gemeldet, er habe es schon unterschrieben. Nun war er gezwungen, das brisante Gesetz durchzuwinken.

Merkels nationalallergisch-internationalistischer Affekt

Mit Nation, Volk, Deutschland hat Merkel nichts am Hut. Wenn sie, wie bereits an anderer Stelle erwähnt, dem CDU-Generalsekretär Gröhe 2013 ein winziges Deutschlandfähnchen angewidert aus der Hand reißt. Wenn es in Deutschland Menschen gibt, die auf den Zustrom von Flüchtlingen nicht nur ein »freundliches Gesicht« zeigen, dann sei das nicht mehr »mein Land« (15. September 2015). Zu Deutschland gehören laut Merkel übrigens nicht Deutsche, sondern »diejenigen, die schon immer hier leben, und diejenigen, die neu hinzugekommen sind«.[480]

Merkels Agenda ist internationalistisch. Ohne Rücksicht auf die Folgen für Deutschland, dem sie ja qua Amtseid (»meine Kraft dem Wohle des deutschen Volkes widmen, seinen Nutzen mehren, Schaden von ihm wenden«) verpflichtet wäre, verbreitet sie humanitäre Botschaften. Merkel nehme, so Egon Flaig, die Einigung der Menschheit in einer grenzenlosen Weltpolitik vorweg, nämlich durch einen asylbezogenen Kosmopolitismus. »So gerät eine Staatsgrenze … zum universalismusfeindlichen Ärgernis«, schreibt Flaig.[481]

Merkels internationale Auftritte bestätigen dies. In ihrer Rede vom 23. Januar 2020 beim Weltwirtschaftsforum in Davos kündigte sie »Transformationen von gigantischem, historischem Ausmaß« an. »Die gesamte Art des Wirtschaftens und des Lebens, wie wir es uns angewöhnt haben, werden wir in den nächsten dreißig Jahren verlassen«, sagte Merkel zum Beispiel mit Blick auf Klimaschutz und Digitalisierung.[482] Ein Jahr später warnte sie das eigene Land vor einem »Impfnationalismus« und übertrug die Corona-Impfpolitik ihrer Freundin in Brüssel. Die Folgen sind bekannt: Israel, Großbritannien und die USA eilten Deutschland in der Impfstatistik mit Riesenschritten davon.

Merkels irrationaler Humanitarismus zeigte sich auch an ihrer Zustimmung zum Migrationspakt der UNO. Dieser Pakt, zu dessen Unterzeichnung Merkel im Dezember 2018 symbolträchtig extra nach Marrakesch/Marokko geflogen war, verspreche Migration als Quelle des Wohlstands, der Innovation und der nachhaltigen Entwicklung. Merkel dann nach Verabschiedung des Pakts: »Wir haben eine umfangreiche Diskussion im Parlament geführt, es gab eine große Mehrheit für den Pakt.«[483] Alles Märchen! Eine vernehmbare Debatte um den Pakt hat es nicht gegeben. Und mit Merkels Behauptung, dieser Pakt sei nicht rechtsverbindlich, wird dem deutschen Michel nur Sand in die Augen gestreut.

Die CDU stürzt ab, Merkel als Urmutter der AfD

All dies zusammen hat zu einem gewaltigen Aderlass in der CDU geführt. Bei der Bundestagswahl 2017 hat die CDU gegenüber 2013 satte 8,6 Prozent (von 41,5 auf 32,9) verloren. Das entspricht ziemlich genau 2,5 Mio. Wählern. Am krassesten war es dabei in Sachsen, dort verlor die CDU von 2013 auf 2017 volle 15,8 Prozent; sie landete dort bei 26,9 Prozent und musste die AfD mit 27,0 Prozent knapp an sich vorbeiziehen lassen. Ähnliches bei der »Europa«-Wahl (eigentlich EU-Wahl) vom Mai 2019: Hier im Land der »Königin Europas« verloren CDU/CSU 6,4 Prozent (von 35,3 Prozent 2014 auf 28,9 Prozent 2019).

Bei den Landtagswahlen seit 2010 haben CDU/CSU fast nur verloren. Am heftigsten war das Minus in Baden-Württemberg mit 12,0 Prozent und 2,9 Prozent (von 2011 auf 2016 und von 2016 auf 2021). In Thüringen gingen 11,7 Prozent (von 2014 auf 2019), in Hessen 11,3 Prozent (von 2013 auf 2018) von der Stange. Die CDU von Rheinland-Pfalz musste ein zweimaliges Minus von 3,4 bzw. 4,1 Prozent (von 2011 auf 2016 und von 2016 auf 2021) verzeichnen. Die »Schwester« CSU hat im gleichen Zeitraum rund ein Zehntel ihrer Wähler, entsprechend rund 370 000 Wählern, verloren. Sie fiel (mit Spitzenkandidat Söder) gegenüber 2013 im Jahr 2018 um 10,5 Prozent ab.

Mit ihrer Wendigkeit in Sachen Euro und Zuwanderung hatte Merkel zudem den Startschuss zur Stärkung der AfD gegeben. Spätestens ab 2011 war absehbar, was kommen würde. Die Bundestagswahl von 2013 bescherte der CDU zwar noch ein 40-Prozent-Ergebnis. Aber: »Von nun an ging's bergab!« Ein Quartett – bestehend aus Arnulf Baring, Jörg Schönbohm, Mechthild Löhr und mir – zerlegte 2011 in einem von Alexander Kissler bearbeiteten Bändchen den »traurigen Niedergang der Union, ihre bedingungslose Kapitulation vor dem Zeitgeist und den allgemeinen Verfall unserer Parteiendemokratie«.[484] Die am 14. April 2013 gegründete Partei »Alternative für Deutschland« (AfD) kam bei der Bundestagswahl im Herbst 2017 auf 12,6 Prozent und wurde stärkste Oppositionsfraktion. Ab 2014 zog die AfD sukzessive in alle Landtage ein: Ihre Landesergebnisse lagen zwischen 5,9 Prozent (Schleswig-Holstein, 2017) und 27,5 Prozent (Sachsen, 2019).

Bildet sich damit und mit der Etablierung der AfD ein Rechtsruck der Republik ab? Nein! Dass es die AfD gibt, ist kein Beleg dafür, sondern Ergebnis einer Linksverschiebung der Merkel-CDU. Merkel ist die Urmutter der AfD; ohne ihre Wendigkeit und Prinzipienlosigkeit gäbe es sie nicht, zumindest nicht weit jenseits von fünf Prozent Wählern. Und Merkel ist die Urmutter einer Verähnlichung der arrivierten Parteien. In der DDR hießen sie Blockparteien, heute heißen alle irgendwie »Mitte«. Zugleich nutzt Merkel die AfD gerne als willkommenes Feindbild und als Begründung, warum die CDU nicht nach rechts rücken dürfe

Wird die CDU irgendwann Wähler von der AfD zurückgewinnen? Es wird kaum gelingen, solange die Merkel-Politik von einem Armin Laschet und einem Markus Söder fortgesetzt wird und solange man AfD-Wähler als »Feind« (sic!) bezeichnet. Gerade in den »neuen« Ländern grenzt die Union damit jeden fünften, ja jeden vierten Wähler aus. Dabei sind diese Leute keine frustrierten Wendeverlierer, sondern wache Leute, die aus Erfahrung spüren, wenn sie von Regierenden und deren medialem Tross hinters Licht geführt werden.

Die Merkel-CDU: Funktionärsklub mit schwindender Basis

Merkel hat die CDU ruiniert. Die Partei stürzte von 750 000 Mitgliedern in den 1990er Jahren über 499 000 Mitglieder (2011) auf 399 000 (Ende 2020) ab. In ihrer Zeit als CDU-Vorsitzende (2002 bis 2018) verlor die CDU von 594 000 auf 414 000 exakt 30 Prozent ihrer Mitglieder. Eine Volkspartei ist sie kaum noch, vor allem bestehen ziemlich alle Führungsebenen überwiegend aus Funktionsträgern, die von der ohnehin stark dezimierten Parteibasis abgehoben sind.

Die CDU-Parteitage mit ihren inszenierten Klatschorgien für die Vorsitzende bzw. ab 2018 für die Ex- bzw. Schatten-Vorsitzende liefern ein schiefes Bild. Die CDU ist eine Partei, die sich selbst verzwergte und es sich gefallen ließ, dass Merkel Parteitagsbeschlüsse einfach vom Tisch fegte: etwa Beschlüsse des Parteitages zur Aufhebung der doppelten Staatsbürgerschaft oder zur Aufnahme der Sprache Deutsch ins Grundgesetz.

Dass es in den CDU-Gremien jemals eine ernsthafte Analyse des CDU-Absturzes von 2017 gegeben hätte, ist nicht bekannt. Zitiert sei ein Satz Merkels in einer Fraktionssitzung im Herbst 2018: »Seit einem Jahr beschäftigen wir uns in viel zu hohem Maße damit, ob wir beleidigt sein sollen über das Wahlergebnis.« Die Mutigsten bei solchen Veranstaltungen sind noch die, die während einer Sitzung oder eines Parteitages bei brisanten Abstimmungen die Toilette aufsuchen, um nicht abstimmen zu müssen. Die Leute machen alles mit, was im »Raumschiff Kanzleramt« abgehoben entschieden wurde. Die allermeisten CDU-Mandatsträger sind damit keine Volksvertreter mehr, sondern Laut- und Regierungssprecher Merkels.

Dass die Reihen dicht geschlossen sind, dafür sorgen die »Vizes« und Generalsekretäre. Ein Vize Volker Bouffier, einst in Hessen als Innenminister ein »Schwarzer Sheriff«, gibt den Grandseigneur unter den Merkel-Verteidigern. Jeden Widerspruch machten Lakaien wie der damalige CDU-Generalsekretär Peter Tauber im September 2016 platt: »Wer nicht für Merkel ist, ist ein Arschloch.«[485]

Merkel: Medienagentin und Medienprodukt zugleich

Kohl hatte seitens der Medien viel Gegenwind, Merkel bekommt von den gleichen Medien nahezu ausschließlich Rückenwind. Medienagentin ist sie im Stil des damaligen Kanzlers Gerhard Schröder, dem der Satz zugeschrieben wird: »Zum Regieren brauche ich nur *Bild*, *BamS* (*Bild am Sonntag*) und Glotze.« Schröder rekrutierte denn auch mit Béla Anda (vormals *Bild*) von 1999 bis 2005 einen seiner Pressesprecher aus dem journalistischen Umfeld.

Bei Merkel ist es sogar noch ausgeprägter. Sie holte sich, wie bereits an anderer Stelle erwähnt, immer wieder führende Journalisten ins Kanzleramt, siehe Steffen Seibert oder Martina Fietz als Regierungssprecher. Von 2000 bis 2016 war der treue Merkel-gefährte und Kurzzeit-CDU-Generalsekretär Ruprecht Polenz Vorsitzender des ZDF-Fernsehrates. Seit 1. Mai 2021 ist Christine Strobl Programmdirektorin des ARD-Gemeinschaftsprogramms; sie ist die älteste Tochter von CDU-Urgestein Wolfgang Schäuble und Gattin von Thomas Strobl (seit 2012 CDU-Bundesvize). Zufälle?

Positiv wahrgenommen wird Merkel, weil es keine 20 Prozent Journalisten gibt, die über sie kritisch berichten. An kritische Fragen an Merkel aus dem Munde der Talkshow-Moderatoren Anne Will, Sandra Maischberger oder Maybrit Illner bzw. aus dem Munde von ARD/ZDF-Leuten namens Schausten, Slomka, von Hassel, Kleber und Co. kann man sich kaum erinnern. Eine ARD-Frau wie Anne Will praktiziert denn auch den Kotau, wenn sie meint, Merkel in der Debatte um Corona-Lockerungen beispringen zu müssen. Dann leitet die Moderatorin einen »Dialog« mit Merkel schon auch mal mit dem Satz ein: »Ich hätte ja auch die ganze Zeit die Gegenposition beziehen können« (so in der Talkrunde vom 28. März 2021). Soll implizit heißen: »Frau Bundeskanzlerin, bei mir haben Sie freie Hand und freies Geleit!« Wie ist es doch gleich wieder bei einem Staatsstreich? Als Erstes werden die Rundfunk- und Fernsehstationen gekapert.

Merkel als Medienprodukt? Manche meinen, dass Merkel von der Presse gemocht wird, habe vor allem mit der fortschreitenden Feminisierung der Presselandschaft zu tun. Es mag dies eine Rolle spielen, erklärt aber nicht alles. Das Paradoxe daran freilich ist, dass all die Medienleute die Kanzlerin einer Partei protegieren, die ihnen eigentlich zuwider ist und schon immer zuwider war. Nein, Merkel wird »gepampert«, in Watte gepackt. Mainstreampresse und arrivierte Parteien machen einen Bogen um den »Elefanten im Raum«.

So überlebte Merkel trotz katastrophaler Wahlniederlagen als Kanzlerin. Die Presse, zum Teil auch die internationale, deckt schier hagiografisch-ergeben zu, dass sich dieses Deutschland wegen Merkel mehr und mehr spaltet – bis in die Familien und in Freundeskreise hinein. Es wird zugedeckt, dass in Merkels Kanzlerschaften die Staatsschulden bereits vor Corona um rund 30 Prozent zunahmen, die Altersarmut um die Hälfte mehr wurde, sich der Anteil an nicht deutschen Tatverdächtigen nahezu verdoppelte …

Die Presse, von der seriösen bis hin zur Yellow Press, übertüncht alles mit schönen Etiketten: der »Monarchin«, der »Königin von Europa«, der »Mächtigsten Frau der Welt«, der »Top-Favoritin für den Friedensnobelpreis« usw. Dazu kam bald das von Medien clever erfundene Bild von »Mutti«: Sie hat zwar nichts Mütterliches an sich, aber »Mutti« heißt eben auch: Dagegen gibt es kein Aufbegehren – ebenso wie in der Familie auch hier nicht! Eines von vielen peinlichen medialen Kotau-Beispielen: Der sonst angeblich hyperkritische *Stern* bringt in seiner Ausgabe vom 20. Februar 2020 ein Porträtbild von Merkel als Titelbild. Darunter der dicke Untertitel »Danke!«

Merkel genießt einen medial konstruierten Nimbus. Sie sei »uneitel« (tatsächlich ist sie gerade gegenüber Medien gefallsüchtig[486]), stets »wohltemperiert«, sie ticke als »Physikerin« naturwissenschaftlich; und außerdem denke sie alles »vom Ende her«. Nein, weder den Atomausstieg noch die De-facto-Abschaffung der Wehrpflicht, noch die Euro- bzw. Griechenland-Rettung, noch die Öffnung der Grenzen für eine Million »Flüchtlinge« hat sie vom Ende her gedacht. Sonst hätte sie erahnen können, was all diese autokratisch exekutierten Entscheidungen am Ende bedeuten: dass die Energiewende eine De-Industrialisierung Deutschlands einleitete; dass die Bundeswehr zu wenig Nachwuchs hat; dass ihre Euro-Politik die Renten schmälert; dass Deutschland 2015/16 nicht nur multikultureller, sondern auch multikrimineller wurde. Aber die Mainstreampresse inklusive Öffentlich-Rechtliche haben eine mediale Wagenburg, einen medialen »Cordon sanitaire« um Merkel gebildet.

Wessen Stimmungen bedient Merkel also? Klar, die des medialen Hofstaates! Das hat die sozialistisch sozialisierte und propagandistisch geschulte Merkel gelernt. Damit ist Merkel zu einer Politikerin geworden, die man sich ebenso als Vorsitzende der »Grünen« oder der SPD vorstellen kann. Deshalb ist es außerhalb eines jeden Vorstellungsvermögens, dass Linke heute mit der gleichen Vehemenz gegen Merkel wie früher gegen Strauß, Kohl oder Schmidt demonstrieren.

Merkels Wendigkeit: Hat sie mit den »Kasners« oder mit der DDR zu tun?

Welche Rolle bei alldem spielt die erste Hälfte der Merkel'schen Biografie in der DDR? Merkels Vater war Horst Kasner (1926 – 2011). Er wurde in Berlin als Horst Kaźmierczak geboren, katholisch getauft und evangelisch konfirmiert. Horst Kasners Vater wiederum war Ludwig Kaźmierczak (1896 – 1959), der seinen Familiennamen 1930 germanisieren ließ. Über Ludwig K. weiß man wenig, außer dass er in Posen geboren wurde und später in Berlin bei der Polizei diente.

Merkels Vater Horst Kasner diente wohl in der Wehrmacht, 1945 kam er in Heidelberg in Kriegsgefangenschaft. In Heidelberg erwarb er sein Abitur, im Westen absolvierte er sein Theologiestudium. Schon währenddessen äußerte er den Wunsch, in die DDR überzusiedeln. Bis es so weit war, leistete er sein Vikariat in Hamburg ab. Angeblich hatte er im Ohr den »Notruf der ostzonalen Landeskirchen nach Brüdern«.[487]

Jedenfalls siedelt die Kasner-Familie zur Geburt der ersten Tochter Angela (*17. Juli 1954) von Hamburg in die DDR über. Horst Kasner hat es nie so gesagt, aber er wollte wohl – das kann man aufgrund seiner späteren Sympathie für die DDR vermuten – in den »besseren«, in den sozialistischen Teil Deutschlands. Bald bekam er den Spitznamen »Roter Kasner«.[488] Beruflich arrivierte er als Leiter eines Pastoralkollegs, der eng mit DDR-Größen zusammenarbeitete: mit Bischof Albrecht Schönherr, dem Begründer der Formel »Kirche im Sozialismus« (»nicht gegen, nicht neben, sondern im Sozialismus«); mit dem Staatssekretär für Kirchenfragen Klaus Gysi, dem Vater von Gregor Gysi, und dem Konsistorialpräsidenten Manfred Stolpe. Kasner war Mitglied der kommunistisch geprägten Christlichen Friedenskonferenz (CFK) und im Stasi-gesteuerten Weißenseer Arbeitskreis. Stasi-IM war er nicht. Noch zu Wendezeiten 1989/90 plädierte er für eine reformierte DDR. Horst Kasner war in der DDR jedenfalls privilegiert – und damit auch seine Familie. Er konnte Westreisen unternehmen, übrigens auch seine Frau, die bis nach Amerika kam. Kasner warb bei seinen Westreisen für die Deutschlandpolitik der DDR.[489]

Die Kinder von Akademikern oder gar Pfarrern im »Arbeiter- und Bauernstaat« durften üblicherweise nicht studieren. Tochter Angela durfte es. Schon in ihrer Schulzeit hatte sie den Pionieren und der Freien Deutschen Jugend (FDJ) angehört – allerdings ohne Jugendweihe, 1970 war sie konfirmiert worden. Nach dem Abitur von 1973 in Templin begann sie ihr Studium der Physik in Leipzig. Nach dem Erwerb des Diploms arbeitete sie ab 1978 (bis zur »Wende«) an der Akademie der Wissenschaften der DDR. Während ihres Studiums und später an dieser Akademie war Merkel phasenweise als »FDJ-Sekretärin für Agitation und Propaganda« aktiv. Nach eigenen Angaben war sie »einmal Kulturreferentin«, die sich »um die Bestellung von Theaterkarten gekümmert« habe.[490] Zudem saß sie in der Betriebsgewerkschaftsleitung.

1986 erwarb Merkel an der »Akademie« mit einer 153 Seiten starken und mit »magna cum laude« bewerteten Dissertation den Doktortitel. Das Thema lautete: »Untersuchung des Mechanismus von Zerfallsreaktionen mit einfachem Bindungsbruch und Berechnung ihrer Geschwindigkeitskonstanten auf der Grundlage quantenchemischer und statistischer Methoden«.

Dass Angela Merkel heute Merkel und nicht Kasner oder Sauer heißt, hat damit zu tun, dass sie 1977 mit dem Kommilitonen Ulrich Merkel eine Ehe einging, die 1982 geschieden wurde. Als sie 1998 den Chemieprofessor Joachim Sauer ehelichte, hatte sich der Name Merkel längst eingeprägt. Sie und ihr späterer, ebenfalls an der »Akademie« beschäftigter Ehemann Joachim Sauer gehörten zum »Reisekader«, die Beschränkung der Reisefreiheit galt für sie also nicht.

Wir lassen es dahingestellt, inwieweit die Flexibilität der Kasners und die DDR-Biografie Merkel geprägt haben. Dass ihr Vater sie sehr beeinflusst hat, steht außer Zweifel – freilich wohl weniger christlich als politisch. Zeitzeugen wie Vera Lengsfeld, die Merkel in der Wendezeit erlebt haben, meinen, Merkel habe sich als Reformkommunistin im Sinne von Gorbatschows Glasnost und Perestroika verstanden, als Vertreterin eines demokratischen Sozialismus in einer eigenständigen DDR. Dass sich Tochter Angela, wie der Merkel-Biograf Gerd Langguth meint, weit von ihrem Vater entfernt habe, gehört wohl ins Reich der Legende. Ebenso Langguths rhetorische Frage: »Wie häufig wird ihm seine Tochter, wenn vielleicht auch nur unterschwellig, vorgeworfen haben: Wäre er 1954 nicht freiwillig in die DDR zurückgekehrt, wäre ihr ein Leben in einer Diktatur erspart geblieben!«[491]

Wie weiter: Wird die CDU »lauten lernen«?

Ortega y Gasset hat einmal geschrieben: »Der Führung in der Gesellschaft hat sich ein Menschentypus bemächtigt, den die Prinzipien der Kultur kaltlassen.«[492] Ja, mit kultureller Unterkellerung ist es bei Merkel nicht weit her. Sie ist ein erfolgreicher Machtapparatschik. Warum? Weil sie nur Untertanen um sich geschaffen bzw. geschart hat.

Dennoch: »Die Partei muss laufen lernen« – ohne den Mühlstein Merkel am Hals! Dieser Appell gilt heute in besonderem Maße für die CDU, will sie nicht das Schicksal der italienischen »Democrazia Cristiana (DC)« teilen, die 1994 von der Bildfläche verschwand. »Die Partei muss laufen lernen« – dieser Satz stammt von der vormaligen CDU-Generalsekretärin Angela Merkel, die damit die Abnabelung der CDU von Helmut Kohl einläutete. Am 22. Dezember 1999 hatte sie diesen Satz unter dem Titel »Die von Helmut Kohl eingeräumten Vorgänge haben der Partei Schaden zugefügt« in einem *FAZ*-Namensbeitrag formuliert. Ja, die Partei lernte laufen – weit nach links! Heute müsste sie wieder laufen lernen. Allerdings nicht mehr nach links, denn dort kommt ja nur eine DDR 2.0.

Teil V
Immunisierung gegen Obrigkeitsgehabe und Untertanengeist

Wie kommen wir raus aus all den Unterwerfungsgesten, Hörigkeiten und Lethargien? Es dürfte eine gigantische Aufgabe werden. Eine Arbeit für einen Herkules, der zwölf Aufgaben vor sich hatte. Heute könnten es die folgenden sein:

- Mehr personelle Durchlässigkeit zwischen Politik und Gesellschaft, mehr Repräsentativität in Exekutive und Legislative!
- Schaffen eines neuen Wahlrechts mit einer Verkleinerung der Parlamente!
- Beteiligung der Bürger bei der Nominierung von Kandidaten für politische Ämter!
- Begrenzung der Amtszeit aller politischen Ämter!
- Direktwahl des Bundespräsidenten!
- Volksentscheide auf Landes- und Bundesebene!
- Rückbesinnung der Kirchen auf ihren geistlichen Auftrag und Abschaffung der Kirchensteuer!
- Besetzung von Richterämtern nach Qualifikation und nicht nach Quote oder Proporz!
- Gründung einer Partei, die bürgerlich-konservativ-liberale Kräfte sammelt!
- Aufbau konservativer Denkfabriken!
- Stärkung neuer Medien und Plattformen als Alternativen zu den arrivierten!
- Abschaffung der Zwangsgebührenfinanzierung der Öffentlich-Rechtlichen!

Über diese zwölf Punkte könnten ausholende Programme geschrieben werden. Ich beschränke mich nachfolgend auf fünf grundsätzliche Überlegungen, deren Realisierung zwar einen langen Weg vor sich hat, aber zugleich eine Basis schüfe, die zwölf soeben genannten Ansätze anzupacken.

26. Freiheit und Eigenverantwortung!

Das Gegenstück von »Untertan« ist der Mensch, der in freier Entscheidung sowie im Rahmen von Recht und Anstand Eigenverantwortung praktiziert. Offenbar aber können viele Menschen mit solcher Freiheit und Eigenverantwortung wenig anfangen. Sie ziehen ein Leben in vorgezeichneten Bahnen, in Gehorsam und Bequemlichkeit vor, und sie delegieren Verantwortung gerne. Diese Haltung spiegelt sich in Studien zur Frage wider, was bei den Menschen Priorität habe. Ganz oben stehen: Bioprodukte, Fitness, Sport, gesunde Ernährung, das Leben genießen, Karriere, vegetarisches Essen, Umweltschutz. Erst auf Platz neun kommt Freiheit.[493]

Sicherheit vor allen Kontingenzen und Unwägbarkeiten des Lebens wollen die Menschen in einem Wohlfahrtsstaat. Der Staat soll ein »Emanzipationsglück für immer mehr Menschen«[494] bieten, aber die Menschen scheinen sich nicht emanzipieren zu wollen. Wilhelm Röpke (1899 – 1966), einer der Väter der sozialen Marktwirtschaft, nennt den Wohlfahrtsstaat gar eine »Wohlfahrtszwangsanstalt«, mit der der Mensch zu einem »gehorsamen Haustier« mit »komfortabler Stallfütterung« werde.

Röpke sagt damit etwas, was der alte Kardinal-Großinquisitor in Dostojewskis »Die Brüder Karamasow« dem eingekerkerten Jesus entgegenschleudert. Dort sagt der Großinquisitor zu dem von ihm gefangen genommenen Jesus: »Nichts ist jemals dem Menschen und der menschlichen Gesellschaft unerträglicher gewesen als die Freiheit.« Nach seiner Auffassung lautet die Erwartung der Menschen gegenüber den Regierenden: »Knechtet uns lieber, aber macht uns satt!« Und weiter: Es gebe für den Menschen, wenn er frei bleibt, keine hartnäckigere und qualvollere Sorge als die, möglichst schnell jemanden zu finden, den er anbeten kann.

Viele Menschen leiden an Freiheit und Eigenverantwortung. Die Folge ist ein Allmachts-Paternalismus, der Unternehmergeist, Unternehmertum, Leistungsbereitschaft und Sparwillen abwürgt und zugleich zu einer antrainierten Trägheit und erlernten Hilflosigkeit führt. Mit jeder Ausdehnung des Sozialstaats wachsen zudem die Ansprüche an ihn. Damit erodiert der Sozialstaat mit jeder Expansion. Und: Je mehr Sozialstaat, desto weniger Sozialstaatsmoral.

Der Staat wird zum Transfer-Unternehmen, und die Staatsquote nähert sich wieder bedenklich den 50 Prozent. Mit Ludwig Erhard war die Quote unter 40 Prozent gesunken, um mittlerweile die 40 Prozent wieder deutlich zu übersteigen. Noch höher liegt die Quote nur in Frankreich, Finnland und Schweden.[495]

Statt dass der Mensch etwas leistet, bevor er etwas von anderen verlangt, hat er sich den Verheißungen eines Wohlfahrtsstaates anvertraut. Ein bedingungsloses Grundeinkommen ist der akut letzte Schrei. Der Staat ist damit nahe am planwirtschaftlichen Perfektionismus. Es soll dies ein Staat sein, der sich liebevoll um seine Bürger sorgt, der – das wird nicht gesagt – seinen Bürgern aber offenbar ständig misstraut. Im Endeffekt verhindern solche Entwicklungen Bürgerlichkeit. Gefördert wird das durch eine Bildungspolitik, die gute Noten, gute Zeugnisse und Zertifikate zum Discount-Preis vergibt. Abitur-Vollkasko-Schule ohne Eigenbeteiligung könnte man es nennen.

Dass es in deutscher Geschichte auch einmal anders ging, sei nicht vergessen. Aber offenbar nur vorübergehend. Denn es gab einst auch ein Deutschland, das Träger einer Kultur der Freiheit, einer Vielfalt politischer Institutionen im Wettbewerb und dazu einer großen Freiheitsliteratur war. Und zwar von der germanischen Frühzeit über eine genossenschaftliche Bauernkultur, eine Fülle freier Städte, den Reichtum an politischer Bildung bis hin zur viel gescholtenen Kleinstaaterei mit ihren Fürstentümern, Abteien und Bistümern, Reichsdörfern und sogar »Frauenstaaten«.[496] Auch die Ideale der deutschen Klassik und die liberale Ordnungslehre des 20. Jahrhunderts sind Höhepunkte deutscher Freiheitsgeschichte. Wie gesagt: eine eher vorübergehende Freiheitskultur![497]

Staat versus Gesellschaft?

Die Unterscheidung von Staat und Gesellschaft ist Bedingung individueller Freiheit und des Auslebens von Eigenverantwortung. Werden Staat und Gesellschaft als Eines und als Totales gesehen, leiden Freiheit und Eigenverantwortung. Der Staat muss die individuellen Freiheiten und die Freiheiten gesellschaftlicher Kräfte gerade aber schützen und sich subsidiär zurücknehmen, das heißt, er soll nur dort handeln, wo die Möglichkeiten von Individuen und Gruppen überfordert sind.

Tatsächlich aber beginnt sich die Trennung von Staat und Gesellschaft zu verwischen. In der Folge neigen Menschen immer mehr dazu, ursprünglich private Aufgaben an den Staat zu delegieren. Zugleich greift der Staat immer häufiger in jene Bereiche ein, die früher den Familien vorbehalten waren, zum Beispiel in die Erziehung. Aus der »vaterlosen Gesellschaft« (Alexander Mitscherlich) mit ihren ödipalen Attitüden gegenüber Autoritäten ist paradoxerweise eine Vater-Staat-Vollkasko-Mentalität geworden. Vater Staat wird schon alles richten!

Im Grundsatz geht es hier aber um unterschiedliche Menschenbilder. Das eine Menschenbild traut dem Individuum zu, sein Leben in Freiheit und Eigenverantwortung zu meistern. Ein anderes Menschenbild glaubt nicht an die Vernunftfähigkeit des Individuums und möchte die Menschen leiten wie eine Herde von Schafen. Das Vorbild des letztgenannten Verständnisses von Mensch bzw. Staat lieferte 1651 Thomas Hobbes mit seinem Leviathan. In der jüdisch-christlichen Mythologie ist Leviathan ein Seeungeheuer, in der Staatstheorie aber eine Metapher für die Allmacht des Staates, der unbezwingbar ist wie das biblische Ungeheuer. Georg Wilhelm Friedrich Hegel plädierte für diese Staatsgläubigkeit. Für ihn ist der Staat die »Verwirklichung der sittlichen Idee«. Diese Staatstheorie wurde bekanntermaßen zum Vorbild eines Sozialismus, für den der Für- und Vorsorgestaat der Höhepunkt der Geschichte ist.

Sozialismus-Recycling

Vor dem Hintergrund solcher Entwicklungen kann der Sozialismus noch so oft scheitern: Kollektivierung hat ihren Glanz in breiten Schichten der Bevölkerung und der sogenannten Intelligenz anscheinend nicht verloren. Die Aussage »Der Sozialismus ist eine gute Idee, die bislang nur schlecht ausgeführt worden ist«, bestätigten nach wie vor weltweit und in Deutschland rund die Hälfte der Menschen.[498] Dem Markt dagegen kommt in den Augen vieler Leute die Rolle des Bösen, dem ausufernden Sozialstaat die Rolle des Guten zu.

Ein beliebtes Vehikel zur Verbreitung sozialistischer Vorstellungen ist dabei der Neid – verbrämt als Streben nach Gerechtigkeit. Gemeint ist hier freilich nicht der »weiße« Neid, der konstruktiv ist und den Ehrgeiz anstachelt. Gemeint ist vielmehr der »schwarze« Neid, die Missgunst. Helmut Schoeck hat in seinem soziologischen Klassiker »Der Neid und die Gesellschaft« (1977) dargelegt, dass schwarzer Neid zu einer Nivellierung nach unten führt, Trägheit durch soziale Transfers belohnt und der Mensch umso mehr Neid empfindet, je mehr der Staat nach dem Gießkannenprinzip arbeitet und je gleicher am Ende alle sind.

Jedes soziale und politische Gebilde lebt aber von denen, die mehr als ihre Pflicht tun und die ihre Rolle in Gemeinwesen und Staat eben nicht als Verbraucher sehen. Der Staat kann nicht Glückslieferant sein, sondern subsidiär nur Ermöglicher von Glück. Glück kann nicht ein an den Staat gerichteter

Rechtsanspruch sein, sondern nur Angebot, »des eigenen Glückes Schmied zu sein«.

Der sozialstaatliche Eudaimonismus aber instrumentalisiert gezielt eine Armuts- und Sozialstaatsdebatte. Wiewohl die Empfänger von Arbeitslosengeld des Jahres 2020 einen höheren Lebensstandard als Facharbeiter in den 1960er Jahren haben, wiewohl sich das Realeinkommen seit Ende der 1970er Jahre mehr als verdoppelt hat, wird der Eindruck genährt, dieses Land stehe kurz vor der totalen Verelendung. Dass renommierte Studien stets neu attestieren, dass der Abstand zwischen Arm und Reich dort am geringsten ist, wo Marktwirtschaft herrscht, wird verdrängt. Trotzdem scheint viele Menschen nichts mehr zu schrecken als Freiheit und Markt. Die Folgen sind verheerend, sie bleiben allerdings oft lange verborgen, weil ein ausufernder Sozialstaat noch mehr an der Sozialstaats- und auf Kosten nachfolgender Generationen an der Verschuldungsschraube dreht.

Liberalismus ade?

Es gibt in Deutschland keinen wahrnehmbaren Liberalismus und keine echt liberale Partei mehr. Und kaum ein Eintreten für die Eigenverantwortung von Menschen. Die FDP steht nicht mehr so recht dafür, weil sie keine markanten Themen hat und weil sie keine Opposition macht. Dem vollmundigen »Lieber nicht regieren als schlecht regieren« des FDP-Vorsitzenden Christian Lindner anlässlich der ersten Koalitionsverhandlungen nach der Bundestagswahl 2017 folgte keine echte Opposition. Indirekt wollte man doch ein bisschen mitregieren, indem man auf Opposition verzichtete.

Dabei lägen die Themen auf der Straße. Fragen wir rhetorisch: Wenn die freie Meinungsäußerung schwindet? Der einzige namhafte Liberale, der sich ernsthaft Gedanken darum macht, ist Wolfgang Kubicki. 2020 hat er seine Sorge um eine zunehmende »Meinungsunfreiheit« mit deutlichen Worten zu Papier gebracht.[499] Weiter: Wo ist die FDP, wenn es um die Aufhebung der Gewaltenteilung, konkret um die Entmachtung des Parlaments geht? Wenn im Zuge von Corona drastische Einschränkungen der Freizügigkeit exekutiert werden? Was hört man von der FDP zum Desaster der Energiewende? Zur Herrschaft des Unrechts durch die Grenzöffnungen? Wo ist ihre Stimme gegen den »Soli«? Wo ist ihre Stimme gegen Linksextremismus? Wo ist das Eintreten der FDP für Polizei und Bundeswehr? Wo ist ihre Stimme, wenn es um Bildung geht?

Stattdessen verlustiert die FDP sich mit Themen wie »Gender« oder »Wählen dürfen mit 16!« Oder man verabschiedet sich mit einem Antrag vom 13. Januar 2020 im Bundestag von der traditionellen Familie, indem man »Selbstbestimmte Lebensentwürfe stärken – Verantwortungsgemeinschaft einführen« will. Man begrüßt, dass »Sexualität und Fortpflanzung, Liebe und Partnerschaft, Ehe und Elternschaft, biologische und soziale Elternschaft sich immer stärker voneinander entkoppelt« haben.[500] Nein, dafür braucht man die FDP nicht, das können die Grünen besser und cleverer, manchmal noch verrückter.

Obendrein haben es die »Grünen« bei nicht wenigen naiven, zumeist übrigens formal gebildeten Menschen geschafft, als die neuen Liberalen zu gelten. »Alles ist drin« – so heißt das »grüne« Wahlprogramm für die Bundestagswahl 2021. Stimmt, alles ist drin, was eine links-ökodiktatorische De-Industrialisierung Deutschlands ausmacht. Aber dieses Programm ist wohl bewusst ausufernd auf 137 Seiten ausgelegt, weil allein der Umfang von der Lektüre abschreckt. Der deutsche Michel wird es sich kaum zu Gemüte führen.[501] Zudem stellt man sich lebhaft vor, wenn ein*e »grüne*r« Kanzler*_/I:in Baerbock einem Putin, einem Erdogan, einem chinesischen Machthaber, einem Macron oder einer Le Pen, einem US-Präsidenten, der ja nicht ewig Biden heißen wird, gegenübersitzt. Oder in der NATO als Oberbefehlshaber der – im Übrigen aber sowieso nur sehr begrenzt kampffähigen – Bundeswehr im Kriegsfall auftritt. Ja, das infantilisierte Deutschland hat dann endlich die dazu passende Regierung. »Wenn ihr nicht werdet wie die Kinder!«

Die Wählerschaft ficht all das nicht an. Man wählt »grün«, wenn man gut situiert ist, in gentrifizierten Gegenden lebt, einen akademischen Abschluss hat. Seine politischen Bestätigungen holt man sich in der *Süddeutschen*, im *Spiegel*, in der *Zeit*. Man gibt sich humanitär, betreibt aber kerzengerade sein Werk der Zersetzung vor allem an der Nation, an der Familie und an der Zweigeschlechtlichkeit des Menschen. Das ist Camouflage! Denn die ach so bürgerlichen »Grünen« sind nichts anderes als dogmatisch, etatistisch, pseudo-antiautoritär, vor allem aber erfinden sie nahezu wöchentlich neue Verbote.

Stärkung der Eigenverantwortung durch Stärkung der Familien

»Wir wollen die Lufthoheit über den Kinderbetten erobern«, so der damalige SPD-Generalsekretär, spätere Bundesfinanzminister und Kanzlerkandidat Olaf Scholz in einem Interview mit dem Deutschlandfunk am 3. November 2002. Und seine Parteigenossin Renate Schmidt, damals Bundesfamilienministerin, erklärte am 4. November 2002 in der *Bildwoche*: »Wir müssen lernen, was Liebe ist. Da kann der Staat helfen.«

Diese Sprüche haben längst ihre Wirkung entfaltet, weil dahinter eine langfristig angelegte Ideologie steckt. Ihren vorläufigen Höhepunkt findet diese Entwicklung in der geplanten Aufnahme eigener Kinderrechte ins Grundgesetz. Und fast niemand merkt an, dass das bestehende Grundgesetz ja schließlich auch für Kinder gilt und dass mit eigenen Kinderrechten eine weitere Entmündigung der Eltern stattfindet.

Aber dem besitzergreifenden Staat gebieten zugleich immer weniger Eltern Einhalt, denn viele von ihnen fahren aus Karrieregründen, Bequemlichkeit oder Scheu vor der erzieherischen Eigenverantwortung auf diese »Angebote« ab. Man will selbst keine erzieherische Autorität mehr sein, man überantwortet die Kinder der vermeintlichen Autorität von staatlich examinierten »Experten«. Weil es einfach praktisch ist, wenn man sein Kind frühmorgens in Kita, Kindergarten oder Ganztagsschule abliefert, um es am frühen Abend konfliktgelöst, abgefüttert und für später abiturtauglich zum Kuscheln nach Hause abholt.

Die Folge ist eine (Selbst-)Entmündigung der Eltern und eine Aneignung der Kinder durch »Vater Staat«. Nicht umsonst setzten und setzen alle totalitär verfassten Staatengebilde (von Sparta über das Frankreich der Jakobiner bis hin zu Nationalsozialismus, DDR-Sozialismus, Stalinismus und Maoismus) auf eine kollektivierte Erziehung. Familien als möglicher Hort des Widerstandes gegen staatliche Verführungen sollen entmachtet werden. Schon Karl Marx wollte es so. Mit Bedacht haben deshalb die Väter und Mütter des Grundgesetzes in Artikel 6 festgehalten: »Pflege und Erziehung der Kinder sind das natürliche Recht der Eltern und die zuvörderst ihnen obliegende Pflicht.«

Die andere Seite ist, dass die öffentlichen Ausgaben in immer noch mehr kollektive Kita-Erziehung und Kita-Betreuung falsch kanalisierte Investitionen sind. Rund 25 Milliarden werden dafür in Deutschland pro Jahr ausgegeben – für rund 3,7 Millionen Kinder. Pro Kind je nach Bundesland und pro Jahr sind es zwischen 5000 und 9500 Euro öffentlicher Gelder. Das sind Beträge, die als Erziehungsgeld für Eltern oft viel sinnvoller angelegt wären. Wenn denn nicht ein Erziehungsgeld als »Herdprämie« diskreditiert würde und Kita eher im Interesse doppelt berufstätiger Eltern als im Interesse der Kinder wäre.

Nachdenken über die Grenzen des Staates

Wilhelm von Humboldt ist, wenn es um Bildungsdebatten geht, stets in aller Munde. Wenige allerdings werden sein Schrifttum auch nur in Ansätzen gelesen haben. Etwa seine Jugendschrift, die 1792 entstand und den umständlichen Titel trägt: »Ideen zu einem Versuch, die Gränzen der Wirksamkeit des Staates zu bestimmen«. Humboldt hat sie als 25-Jähriger verfasst. Nur Teile davon wurden ad hoc in Schillers Zeitschrift *Neue Thalia* und in der *Berlinischen Monatsschrift* veröffentlicht. Humboldt hat die »Ideen« dann beiseitegelegt, um sie später zu überarbeiten. Dazu kam es nicht, sodass die »Ideen« erst 1851 posthum zum Vorschein kamen.

Und doch hat es diese Schrift in sich, ja sie ist moderner denn je. Humboldt wünscht sich in den »Ideen« einen Staat, in dem der Einzelne ein selbstbestimmtes Leben führen soll. Das ist für Humboldt eine Frage der Menschenwürde. Eine Einmischung des Staates in Privatangelegenheit der Bürger hält Humboldt für »verwerflich«. Allein für die innere und äußere Sicherheit solle der Staat zuständig sein. Humboldt setzt auf Eigenverantwortung statt Entmündigung.

Basis ist für Humboldt Bildung, Bildung, Bildung. Kapitel 2 der »Ideen« beginnt denn auch wie folgt: »Der wahre Zweck des Menschen, nicht der, welchen die wechselnde Neigung, sondern welchen die ewig unveränderliche Vernunft ihm vorschreibt – ist die höchste und proportionierlichste Bildung seiner Kräfte zu einem Ganzen. Zu dieser Bildung ist Freiheit die erste und unerlässliche Bedingung.« Das mag antiquiert klingen, ist aber sehr zeitgemäß. »Proportionierlich« heißt nämlich: Alle Anlagen müssen gleichermaßen gefördert werden, hinsichtlich der verschiedenen Bildungsbereiche müssen die Proportionen stimmen.

So weit Humboldt schon 1792. Die christliche, vor allem die katholische Soziallehre hat ihn fast exakt hundert Jahre später unbewusst aufgegriffen und für ein Gleichgewicht von Subsidiarität, Solidarität, Personalität und Gemeinwohl geworben. Maßgeblich hierfür war die Enzyklika »Rerum Novarum« des »Arbeiterpapstes« Leo XIII. vom 15. Mai 1891. Eine Kernaussage darin ist: Die Hilfe des intervenierenden Staates ist angezeigt, wenn die Eigenverantwortung überfordert ist. Ein Ludwig von Mises, ein Wilhelm Röpke, ein Friedrich August von Hayek und ein – offenbar auch in der CDU längst vergessener – Ludwig Erhard könnten weitere Wegweiser sein: für heute und für die Zukunft – vielleicht auch für eine (neue?) Partei, die sich wirklich dem Liberalismus widmet.

Andernfalls mutiert der Staat Schritt für Schritt zum Vormund seiner – einen neuen Untertanengeist pflegenden – Bürger.

27. Rationalität statt Haltung und Hypertoleranz!

»Vom Denken entwöhnt« heißt der Untertitel dieses Buches. Warum aber obsiegen im deutschen Volk immer wieder *emotio* über *ratio*, der Bauch über den Kopf, Romantik über Aufklärung, Gefühle über Besonnenheit, Gesinnung über Urteilskraft? Die Antwort ist einfach: Denken ist anstrengend, wühlt auf, hinterlässt Zweifel, Ambiguitäten, Komplexität, Kontingenzen. Gesinnung dagegen entlastet von all dem. Vor allem aber: »Denken schadet der Illusion.« So heißt es in einem Songvers von Hildegard Knef aus dem Jahr 1963.

Um Illusionen, Visionen, Fantastereien, Hyperrealitäten, Parataktisches, politisch und historisch »Korrektes« aber scheint es den Deutschen und ihren Leithammeln zu gehen. Deshalb sind gerade Linke die Hauptfeinde von Realität, Ratio, Vernunft, Aufklärung. Ideologien sind nun einmal leichter nachvollziehbar als Wirklichkeit, weil die Theorie – sofern es eine Steigerung von »logisch« gibt – logischer ist als die sperrige Wirklichkeit. Deshalb greifen Ideologen gerne zur Methode »Keuner«, wie sie Bertolt Brecht in einer der »Geschichten vom Herrn Keuner« zum Ausdruck bringt. Dort wird Keuner gefragt, was er tue, wenn er einen Menschen liebe. Keuner antwortet: »Ich mache einen Entwurf von ihm und sorge, dass er ihm ähnlich wird.« »Wer? Der Entwurf?« wird bei Keuner nachgefragt, und Keuner antwortet: »Nein, der Mensch.«

Der große Künder der Irrationalität war der heute noch vor allem in »grünen« Kreisen verehrte Jean-Jacques Rousseau (1712 – 1778). Die Wurzeln allen Übels sieht Rousseau in den Künsten und Wissenschaften, die von der Natur, von der »glücklichen Unwissenheit« wegführen. Nicht um Verstandesbildung gehe es deshalb, sondern um die Bildung des Instinkts. Mit

Rousseau wird damit das Irrationale hoffähig. Rousseau hatte – damals wenigstens – namhafte Gegenspieler. »Habe Muth, dich deines Verstandes zu bedienen!« heißt es 1784 bei Immanuel Kant. »Sire, geben Sie Gedankenfreiheit!« lässt Friedrich Schiller 1787 den Malteser-Ritter Marquis von Posa im »Don Carlos« vom spanischen König Philipp II. fordern. Später war es ein Sigmund Freud, der – bei aller Arbeit, die er zur Aufklärung des Unbewussten, des Irrationalen und des Triebhaften geleistet hat – alles andere als ein Rousseauist war. Für ihn bedeutete Entwicklung hin zu Erwachsenwerden: Wo Es ist, muss Ich werden! Das heißt: Wo das Irrationale, das Triebhafte, das Lustprinzip herrschen, müssen das Rationale und das Realitätsprinzip die Herrschaft übernehmen.

Der Deutsche will es anders, er soll es anders wollen. Für ihn gilt die spätlateinische Sentenz: *Mundus vult decipi, ergo decipiatur* – Die Welt will getäuscht werden, also möge sie getäuscht werden. Der Deutsche in seiner Schafsgeduld will auch gar nicht dahinterschauen, gar nicht nach-denken, was ihm vorgesetzt wird.

»Die deutsche Bevölkerung«, so formuliert es Peter J. Brenner, »wurde mit einer Kette von Entscheidungen konfrontiert, deren jede die vorhergehende an Irrationalität noch einmal überbot. Eurokrise, Grenzöffnung und Energiewende sind politische Fehlentscheidungen epochalen Ausmaßes gewesen … Niemand hat den Regierenden rationale Begründungen für ihre Entscheidung abverlangt.«[502] Corona-Lockdowns seien angefügt. All dies innerhalb eines Jahrzehnts. Und keimt gelegentlich doch Kritik an gewissen, angeblich »alternativlosen« Entscheidungen auf, dann wird diese Kritik diskreditiert als populistisch, verschwörungstheoretisch, faschistisch, AfD-nah. Pawlow'sche Geiferreflexe könnte man das nennen.

»Toleranz«: Trojanisches Pferd des Irrationalismus

Kaum ein Wort hat in den vergangenen Jahren eine solche Karriere hingelegt wie »Toleranz«. Aber wie es nun einmal bei einer Inflation ist: Das Objekt verliert seinen Wert. Toleranz, wohin man schaut, dabei kommt Toleranz nicht ein einziges Mal im Grundgesetz vor. Toleranz bleibt allüberall angesagt. Es gilt, »Zeichen zu setzen für Toleranz und Vielfalt«, dazu gibt es Gratiskonzerte diverser Linksrock-Gröler »Gegen Intoleranz«. Toleranz ist angesagt gegenüber allem – außer es ist nicht-links: Toleranz gegenüber allen anderen Menschen und Hautfarben dieser Welt, gegenüber Religionen oder Konfessionen, gegenüber allen sexuellen Orientierungen. »Bündnisse für Toleranz« werden gegründet, die Evangelische Akademie Tutzing vergibt einen »Toleranz-Preis«. Dazu kommt Fehlertoleranz in der Pädagogik: Auf dass ja kein Heranwachsender durch einen Hinweis auf einen Fehler, zum Beispiel einen Rechenfehler, eine traumatisierende »Mikroaggression« erfahren könnte.

Aber all diese Toleranzen laufen hinaus auf die Toleranz eines »Nihilismus des Geltenlassens von schlechthin Allem«. So hat es Arnold Gehlen 1969 in seinem monumentalen Werk »Moral und Hypermoral« beschrieben. Heute haben wir »kultursensible« und »interkulturell kompetente« Hypertoleranz allenthalben, vor allem wenn bestimmte Glaubenssätze und Praktiken islamischen bzw. muslimischen, oder kurz: nicht-deutscher bzw. nichteuropäischer, Herkunft sind. Niemand möge sich doch bitte »islamophob« aufregen über Kernbestände islamischer Kultur: Mehrfachehen, Kinderehen, Scharia-Gerichte, Ehrenmorde, die Ideologie der Inferiorität von Frauen, drastische Strafen für Ehebruch, Homophobie, Antisemitismus, die Todesstrafe für eine Konversion zum Christentum, die Verklärung von Massenmördern als Märtyrer, die Einheit von Moschee und Staat

Alles geduldet im Namen von Toleranz! Hypertoleranz – gepaart mit grenzenloser Empathie – scheint zudem gegenüber bestimmten Tätern Pflicht zu sein. Aber muss ich respektieren und akzeptieren, was man toleriert? Nein, ich muss nicht alles respektieren und akzeptieren, was ich toleriere. Warum Hypertoleranz, zumal der oder das zu Tolerierende sich nicht reziprok verhält, die entgegengebrachte Toleranz vielmehr als eine Toleranz der Gleichgültigkeit, Schwäche, der Unterwerfung, der Ohnmacht oder des Selbsthasses auslegt? Ja, Hypertoleranz ist ein Zeichen von Schwäche, ein Symptom von Ich-Schwäche sowie verkorkster Wir-Identität. Oder einfacher: Hypertoleranz ist ein Zeichen von Orientierungsverlust, ein Zeichen von Indifferentismus. Wenn nämlich alles »gleich gültig« und gleichermaßen zu tolerieren ist, dann wird es über kurz oder lang »gleichgültig«.

Derjenige, der tolerant zu sein hat oder es reflektiert sein will, kann und darf sich nicht immer nur zurücknehmen. Er kann es höflich, aber bestimmt ablehnen, die Last (lateinisch *tolus*) anderer Überzeugungen aktiv mitzutragen. Und zwar ohne jede Anbiederung. Jedenfalls ist es nichts als Anbiederung, wenn Kanzlerin Merkel in einem Anflug von Courage im Juli 2016 Muslime um Toleranz für den Schweinefleischkonsum der Deutschen bat.[503]

Toleranz gedeiht nur auf eindeutig eingeforderter Gegenseitigkeit, nicht auf der Basis eines Kotaus vor einer Programmatik, die mit dem Grundgesetz und dem abendländischen Wertekosmos als Basis aller Bürger- und Menschenrechte nichts zu tun hat.

Nein, wir brauchen einen Begriff von Toleranz, wie ihn die Medizin und die Technik kennen: als Toleranz innerhalb einer Bandbreite, weil etwa ein Patient Schaden nimmt, wenn seine Widerstandskraft erschöpft ist oder er ein Zuviel an Dosis bekommt; oder innerhalb eines technischen Systems, wenn die

Überschreitung eines Spielraums zu Unfällen führt. Oder allgemein gewendet: Hypertoleranz wird schnell zum Trojanischen Pferd, das »Feinde« im Sinne Poppers importiert. Karl Popper (1902 – 1994) hat auf diese Gefahr im Zusammenhang mit Totalitarismen hingewiesen. In seinem großen Werk »Die offene Gesellschaft und ihre Feinde« schrieb er: Uneingeschränkte Toleranz führe zum Verschwinden der Toleranz.

Für EU-Kommissionspräsidentin von der Leyen scheinen Freiheitsfeinde ohne Bedeutung zu sein. Als der Vorsitzende der Afrikanischen Union (AU), Moussa Faki Mahamat, Anfang 2020 Toleranz für die strafrechtliche Verfolgung von Homosexuellen in 34 von 54 afrikanischen Länder verlangte (in Mauretanien, im Sudan sowie Teilen Nigerias und Somalias droht sogar die Todesstrafe, in arabischen Ländern ohnehin), meinte Frau von der Leyen, die EU werde die Unterschiede deutlich machen, aber auch akzeptieren (sic!): »Wir versuchen zu überzeugen, aber wir erkennen an, dass es unterschiedliche Positionen gibt.« Und: Die EU dürfe von der AU nicht erwarten, dass sie sich anpasse.[504]

Nein, diese Frau versteht nicht, dass bei einer Begegnung von Toleranz und Intoleranz immer die Intoleranz obsiegt. Hier wird Toleranz zur Farce. Denn Duldung von Intoleranz kann es nicht geben. Deshalb muss Schluss sein mit der Illusion, Freiheitsfeinde besänftigen und integrieren zu können. Das macht der *NZZ*-Mann Alexander Kissler mehr als deutlich.[505] Thomas Mann schreibt es im »Zauberberg« sehr heftig: »Toleranz wird zum Verbrechen, wenn sie dem Bösen gilt.« Hypertoleranz kann auch zum Verbrechen an unseren Kindern werden, weil damit Umstände geschaffen werden, die unsere Kinder zu bewältigen haben.

28. Wir brauchen gebildete Eliten!

Während Franzosen, US-Amerikaner, Japaner und Chinesen mit dem Begriff Elite sowie mit der Förderung von Eliten keinerlei Probleme haben, ist Elite in Deutschland ein Reizwort – ganz in der Nähe von Privileg, Arroganz, gerne assoziiert mit »kryptofaschistischer« Haltung. Kaum macht sich hier jemand für Elite stark, schon funktionieren die Anti-Elite-Reflexe. Dahinter lauert eine para-religiöse Heilserwartung einer klassenlosen Gesellschaft, in der als angeblich wahrer Demokratie jede Elite überflüssig sei.

Und die Folge dieses Anti-Elitismus? Was nicht alle sind, darf keiner sein. Was nicht alle haben, darf keiner haben. Was nicht alle können, darf keiner können. Also soll es – außer im Sport und in der Musik – keine Elite geben. Dass übrigens alle *egalitären* Visionen von *elitären* Denkern stammen, sei am Rande erwähnt. Selbst marxistische Kader verstanden bzw. verstehen sich als eine Art Über-Elite, die meint, sogar die historischen Gesetzmäßigkeiten zu kennen und in sie eingreifen zu können.

Natürlich gibt es Problem-Eliten, Abzocker und Nieten in Nadelstreifen. Und es gibt die undurchsichtigen Karriere-Netzwerke zur Beförderung von mittelprächtigen Parteigängern. Gewiss gibt es den Dünkel von Steuerflüchtigen und Yellow-Press-»Celebrities«. Dass wir manchmal nicht nur ein Unterschichten-, sondern auch ein Oberschichtenproblem haben, wissen wir. Aber das dringt zumeist nicht einmal in die »Yellow Press« durch.

Eliten und Demokratie

Demokratie und Elite – das ist kein Gegensatz, sondern wechselseitige Bedingung. Aus Demokratie darf keine Versammlung gleich Mittelmäßiger oder gar ein »Konvent von ungefähr gleich Unwissenden« werden.[506] Eine zum Durchschnitt und zur Gleichheit verurteilte Gesellschaft wäre zur Stagnation verurteilt.

Ohne Eliten sein zu wollen und permanent Kursbestimmungen nach den Ergebnissen der Meinungsforschung vorzunehmen, wäre eine Vulgarisierung des Politischen; das Zählen von Meinungen ersetzt nun einmal nicht deren intellektuelle Reflexion durch Eliten. In diesem Sinne hat Karl Mannheim auch heute recht: Der politische Kurs darf kein arithmetisches Mittel, sondern er muss die Frucht eines theoretischen Ringens um die richtige Richtung sein. Das vermögen nur Spitzenleute zu leisten.[507] Wie Karl Mannheim allerdings feststellte, ist es zu einer »Proletarisierung der Intelligenz« gekommen.[508]

Eine Demokratie braucht jedenfalls Spitzenkräfte in allen Bereichen. Heike Schmoll hat skizziert, welche Ansprüche an diese Spitzenleute zu stellen sind. Sie stellt sich unter Elite Leistungs- und Verantwortungsträger vor, die Ausnahmezustände schnell begreifen und die aus ihrer historisch-kulturellen Unterkellerung heraus die Legitimität vorhandener oder zukünftiger Umstände reflektieren.[509] Deshalb muss jede Gesellschaft – zumal eine demokratische – offen sein für Eliten – wenn die Allokation von Eliten transparent ist und die Eliten auswechselbar bleiben. Joseph Alois Schumpeter nennt gerade die Auswechselbarkeit in seinem 1942 erschienenen Klassiker »Kapitalismus, Sozialismus und Demokratie«[510] die »lebenswichtige Tatsache der Führung«.

Weder mediokrer Pragmatismus noch pseudoelitäres Gehabe noch der Missbrauch von Elite durch Faschismus und Kommunismus machen Elite überflüssig. Vielmehr gilt: Der Dualismus Masse versus Minderheit besteht seit Urzeiten. Schon in der Bibel (Matthäus 20,16 und 22,14) heißt es: *Multi vocati, pauci electi* – Viele sind gerufen, wenige aber auserwählt. Die Geschichte der Völker und Staaten ist deshalb vor allem eine Geschichte ihrer Eliten. Heute gilt zudem: Je komplexer und differenzierter

Gesellschaft, Wirtschaft und Wissenschaft, umso mehr sind wir auf Eliten (Plural!) angewiesen: auf wissenschaftliche, technologische, wirtschaftliche, künstlerische, intellektuelle, religiöse, pädagogische. Gerade den Deutschen fehlt es hier auch am Vertrauen in Eliten. Das ist ein nicht ungefährliches Misstrauen, denn der »Mann von der Straße« kann die Chancen und Risiken verschiedener Entwicklungen nicht annähernd einschätzen, weil ihm die Grundkenntnisse fehlen. Das heißt nicht, dass Spitzen-Experten immer richtigliegen. Aber sie irren sich seltener als der Laie.

Es können nicht alle Chefs sein – das funktioniert nirgends. Deshalb geht es nicht ohne Auswahl der Fähigsten, ohne eine Auswahl, wie sie ja im lateinischen Wort *eligere* (lateinisch = auswählen) zum Ausdruck gebracht wird. Vor diesem Hintergrund haben wir denn doch lieber demokratisch legitimierte Eliten, dann ist noch am ehesten garantiert, dass es sich hier um eine Elite der zumindest näherungsweise Besten handelt.

Eliten als Treuhänder der Allgemeinheit

Wer legitimerweise die herrschende Minderheit ist, darüber gilt es zu streiten. Bloße Macht-Elite kann es nicht sein. Bloße Funktionselite oder Informationselite darf es auch nicht sein. Leistungsträger sollten in Personalunion zugleich hoch qualifizierte und hochgebildete Autoritäten sein, die aus einer Gesamtschau heraus Orientierungen vorleben. Das heißt, bei denen neben dem legitimen Karrieregedanken der Gedanke des Dienens eine maßgebliche Rolle spielt. Das gilt zumal für Macht-Eliten, deren Spitzen nicht umsonst »Minister« (lateinisch *ministrare* = dienen) heißen. Plakativ könnte man sagen: Elite heißt Sich-verdient-Machen durch »öffentlichen Dienst« und durch ein »Ethos des Dienstes am Gemeinwohl« (Max Weber), heißt, »Treuhänder« der Allgemeinheit (Gerd-Klaus Kaltenbrunner) zu sein, heißt auch, taktvoll umzugehen mit denen, die bestimmte Leistungen nicht erbringen können. Leider aber fehlt es der real existierenden Funktionselite zum Teil an kulturellen, ethischen oder intellektuellen Ansprüchen. Deshalb kommt es immer wieder zu einer Entfremdung zwischen Funktions-Eliten und Reflexions-Eliten.

Elite muss mit charakterlicher Integrität einhergehen. Solche Elite fordert – an Selbstdisziplin und Askese durchaus ein Vorbild – im Sinne Ortega y Gassets von sich selbst mehr als von den anderen. Solchen Leuten wäre das Volk bereit zu folgen. Gefragt sind somit Führungspersönlichkeiten, die im Sinne Max Webers nicht Gesinnungsethiker, sondern Verantwortungsethiker sind.

Vor dem Hintergrund einer Verpflichtung von Eliten auf eine Ethik der Verantwortung kann selbst Ungleichheit gerecht sein – nämlich dann, wenn Elite auch den Schwächeren nützt und wenn das Handeln von Eliten zu einem »inequality surplus«, zu einem Mehrwert führt. Denn Elite zu sein bedeutet Sozialpflichtigkeit des eigenen Handelns. Nicht umsonst steht in Artikel 14 des Grundgesetzes: »Eigentum verpflichtet. Sein Gebrauch soll zugleich dem Wohle der Allgemeinheit dienen.« Das sind hohe Ansprüche, die nur erfüllbar sind, wenn Politik und Wirtschaft wieder mehr geprägt werden von der Macht des Geistes statt vom Ungeist der Macht. Ein diffuser Anti-Intellektualismus hilft keiner Demokratie weiter.

Eliten gewinnen!

Der Weg der Elite-Rekrutierung über Seilschaften und Protektion wäre der falsche Weg, denn eine Elite, die quasi unter sich bliebe, bringt nichts. Und abwegig wäre es auch, bei der Gewinnung von Führungskräften der uralten Praxis zu folgen: Spitzenleute holen sich, um ein Zitat des US-Autors Leo Rosten (1908 – 1997) zu verwenden, Spitzenleute, zweitklassige Leute holen sich drittklassige, und drittklassige feuern Spitzenleute (»First class men hire first class men, second class men hire third class men, third class men fire first class men«). Das kann es nicht sein.

Elite zu werden bzw. zu finden kann man auch nicht bis ins Letzte planen, man kann es freilich fördern. Das wache Auge von Lehrern an Schulen und Hochschulen ist hier ebenso gefordert wie das wache Auge von Wirtschaftskapitänen, Personalchefs, Spitzen der Staatsverwaltung, Publizisten und Parteiführern. Wenn diese Leute in vielerlei Hinsicht auch selbst Vorbilder sind, wird es ihnen sogar gelingen, angehende Spitzentalente an sich zu binden. Die Förderung besonders Leistungsfähiger stellt auch keinen Ersatz, wie häufig geargwöhnt wird, sondern eine Ergänzung einer breiten Bildung aller sowie einer besonderen Förderung Lernschwacher und Benachteiligter dar.

Wir brauchen Talente, wir müssen sie suchen und fördern. Dies gelingt am besten auf der Basis einer zunächst breiten und anspruchsvollen Förderung möglichst vieler. Jeder halbwegs vernünftig geführte Sportverein weiß das. Wer Spitzenleistungen haben will, braucht einen breiten und stabilen Pyramidensockel. Anders hat der Westen keine Perspektive!

29. Wir brauchen konservative Intellektuelle!

Keine Gesellschaft konnte über so viel Wissen verfügen wie die heutige, und noch nie gab es in Deutschland so viele Professoren (derzeit über 40 000) wie heute. Allerdings war das Land auch schon lange nicht mehr in so hohem Maße antiintellektuell. Von einer »Intellektuellendämmerung« ist die Rede. Daran ändert die Tatsache nichts, dass sich immer mehr »Kulturschaffende« als Linksintellektuelle geben, und das ziemlich konform. Dies wiederum hängt damit zusammen, dass sich Nicht-Linksintellektuelle gegen diese Konformität kaum auflehnen.

So haben wir heute eine langweilige Intellektuellenszene. Es trat ein, was über Jahrhunderte hinweg immer wieder zu beobachten war: Dissidente Intellektuelle wurden nach Sokrates' Verurteilung Mangelware. Noam Chomsky hat es in einem Interview für den *Tagesspiegel* 2007 auf den Punkt gebracht: »Der normale Intellektuelle ist einer, der den Mächtigen schmeichelt.«[511] Dabei gab es seit Menschengedenken keine Staatsform, die das freie Denken in so hohem Maße förderte wie das westliche, europäische Staatsverständnis. Aber gerade dieses haben sich Linksintellektuelle zum Objekt ihrer »intellektuellen« Aggressionen erkoren. Sie weiden sich an Krisen und sind nach wie vor »reihum damit beschäftigt, dieser Republik den Bund aufzusagen, mit Zorn, ach, mit blankem Hass … Man lebt ja nicht schlecht dabei, in München-Schwabing zum Beispiel.«[512] Das hat Horst Krüger 1974 geschrieben, und es gilt immer noch. Heute müsste man gentrifizierte Wohnbezirke wie Prenzlauer Berg hinzufügen.

Linksintellektuell verbrämte Konformität?

Bezeichnenderweise erscheinen heute vor allem Linksintellektuelle als die Konformen. Aber was heißt es überhaupt, intellektuell zu sein? Ist man »Mundwerksbursche« (Arnold Gehlen), eine »neue Priesterkaste« (Helmut Schelsky) oder »second hand dealer(s) in ideas« (Friedrich A. von Hayek)?[513] Es trifft alles ein wenig zu, leider aber geht es (linken) Intellektuellen nach Max Weber konformistisch vor allem darum, sich »gesinnungsethisch« wie »chiastische Propheten« zu empören.[514] Sie sind auch, um mit Kurt Sontheimer zu sprechen, »in aller Regel nur für eine Praxis am Schreibtisch geeignet«.[515] Von dort aus – oder am Rednerpult vor einem gläubigen Publikum, regelmäßig vor einer ARD/ZDF-Kamera – verkünden sie in empathischer Pose vermeintliche Gewissheiten über alle Unterdrückten der Welt.

Dabei sind die Intellektuellen laut Schumpeter stets geneigt, »den Groll zu steigern und zu organisieren, ihn zu hegen und zu pflegen, ihm Stimme zu verleihen und ihn zu lenken … Lanzen zu brechen für Klasseninteressen, die nicht ihre eigenen sind.«[516] Zugleich kennzeichnet diese Intellektuellen »das Fehlen einer direkten Verantwortlichkeit für praktische Dinge … das Fehlen jeder Kenntnisse aus erster Hand, wie sie nur die tatsächliche Erfahrung geben kann.« Sie sind einfach nur bloße Zuschauer.[517]

Was produzieren linke Intellektuelle? Sie produzieren Ethiken, die mit Empirie oft wenig zu tun haben, und sie produzieren Elendspropaganda. Letztere ahmen freilich heute in angemaßter Pseudointellektualität sogar Heranwachsende nach. Siehe »Fridays für Future«! Sie fühlen sich animiert, über Dinge zu reden, von denen sie nur sehr schwach eine Ahnung, aber eine starke Meinung haben.

Hans Ulrich Gumbrecht diagnostizierte 2020 in zwei Essays, dass die Masse der Intellektuellen sich darauf beschränke, als Verstärker eines vermeintlichen moralischen Konsenses zu wirken. Gumbrecht sieht dabei nicht nur »aktivistische« Fächer wie »Postcolonial Studies« als Dekadenzsymptom, sondern die Geisteswissenschaften insgesamt »von Dekadenz« bedroht.«[518]

Linke Intellektuelle sind nach Karl Mannheim Adepten, sie »verdingen ihre Feder an die jeweilige Regierung« und sind die »typischen Rechtfertigungsdenker, ›Ideologen‹, die jedes politische Wollen, in dessen Dienst sie sich stellen, zu unter- und zu hintergründen verstehen«.[519] Auf diesen Verrat der Intellektuellen und auf die »unzweifelhafte Anziehungskraft« totaler Herrschaft auf die geistige und künstlerische Elite hatte schon Hannah Arendt in »Elemente und Ursprünge totaler Herrschaft« hingewiesen. Vom »Typus des tyrannophilen Intellektuellen« gar sprach Mark Lilla 2001.[520]

Eine Demokratie ist jedenfalls in Gefahr, wenn ihr die intellektuelle Elite die Loyalität entzieht. Dann fehlt die notwendige Synthese von Intellekt und Politik. Nehmen wir die Weimarer Republik: Dort hatte es der Demokratie an der Loyalität der Intellektuellen gefehlt – vonseiten der Konservativen wie auch vonseiten der Linksintellektuellen. Und damals wie heute hat man den Eindruck, gerade Intellektuelle weiden sich an Krisen mit Genugtuung. Nein, Demokratie braucht die – durchaus kritische – Sympathie Intellektueller, aber nicht deren klammheimliche Genugtuung ob gesellschaftlicher Missstände. Mit ihrer intellektuellen Autorität sollten Intellektuelle eben auch Hüter der Demokratie und vor allem des freien Austausches von Meinungen sein.

Und wo sind die konservativen Intellektuellen?

Sind sie abgetaucht, weil durch konservative Kreise ein Anti-Intellektualismus wabert und dort – verkleidet hinter Pragmatismus – das Denken hinter dem Handeln rangiert? Oder weil sie als »neurechts« etikettiert werden? Das hat konservativen Denkern den Mut geraubt, zumal sich kein Bundespräsident, kein

Bundestagspräsident, keine Kanzlerin vor sie und das Recht auf freie Meinungsäußerung stellt.

Die Zahl zeitgenössischer Intellektueller, die sich als konservative Denker verstehen, ist deshalb gerade in Deutschland überschaubar. Der Nachbar Frankreich hat es da besser – mit zum Teil vormals »Linken«: Alain Finkielkraut, Pascal Bruckner, Michel Onfray, zuvor schon Jean Raspail, Bernard-Henri Lévy, André Glucksmann. Es ging ihnen zuletzt um Kulturpessimismus, Islamkritik, Linksschelte, ein Plädoyer für den »weißen Mann« und das Volk »von unten«.

Konservative müssen nicht um die Pole-Position des Ewig-Morgigen ringen. Sie müssen dem Konformitätsdruck standhalten. Dafür brauchen wir einen durchaus auch zur Polemik bereiten Konservatismus, der Widerstand gegen Oktrois praktiziert, der in Opposition gegen die Political Correctness, gegen linke Identitätspolitik, gegen »Gender« und Sprachdiktate steht, der vergessene Einsichten und originelle Begriffe einbringt und sich in diesem Sinne als intellektuelle Gegenmacht darstellt. Egal, ob er nun liberaler Konservatismus (Andreas Rödder) oder progressiver Konservatismus (Klaus-Rüdiger Mai) heißt.

Dazu gehört der Mut, im Sinne des Wortes »populistisch« (lateinisch *populus* = Volk) zu sein. Ralf Schuler hat dafür eine schöne Vorlage geliefert, er möchte einen konservativen Populismus salon- und diskursfähig machen.[521] Schulers Buch ist eine Abrechnung mit einer Politik, die sich vom Volk entfernt und – so Schuler – zu einer Hetzjagd gegen das Gespenst des Populismus verbündet hat. Für Schuler ist diese Hetzjagd linker Populismus, dem ein »rechter« Populismus nicht in den Kram passt, weil er beim Regieren stören könnte.

Es gibt keinen Grund für Konservative, in Depression zu verfallen. Die Themen liegen vor der Haustür. Oft sind es Leerbegriffe, die es zu zerpflücken gilt: Innovation, Inklusion, Deregulierung, Diversität. Zudem sind Konservative als Skeptiker gefordert, wenn es um Reproduktionsmedizin, Hirnforschung, Genetik, Globalisierung und das Digitalzeitalter geht. Die Gesellschaft braucht dieses Nachdenken. Solche »Revolutionen« – siehe Edmund Burkes Reaktion auf die Französische Revolution[522] – könnten Sternstunden konservativen Denkens sein. Wenn sie denn nicht verschlafen werden, wie bei der Auflösung der Ost-West-Blockbildung, der Wiedervereinigung, der Energie- und Klimafrage, der Grenzöffnung oder der CoVid19-Pandemie.

Es geht um eine skeptische Anthropologie

Linke Intellektuelle sind auf das Gute geeicht, die – zu wenigen – rechten Intellektuellen auf das Wahre. Konservative schauen sich die Realitäten an, nicht als Kulturpessimisten oder Spielverderber, sondern als Skeptiker. Sie lösen keine Welträtsel, aber stellen Uneindeutiges infrage. Ohne dies gäbe es die moderne Welt nicht. Das aber wird ihnen in einer Gesellschaft, die nur noch von Innovation, Konstruktion und Dekonstruktion schwärmt, übel genommen.

Dennoch sollten Konservative deutlich machen, wo die Unterschiede zwischen »links« und »rechts« bestehen, auch wenn gemeinhin gilt, links und rechts ließen sich vor lauter Mitte gar nicht mehr unterscheiden. Wenn man die Ausrichtung der Mehrzahl der Parteien anschaut, ist eine Unterscheidung wirklich schwer. Das hat aber vor allem damit zu tun, dass sich die CDU freiwillig sozialdemokratisierte und ergrünte.

Dennoch ist es eindeutig. Links heißt: Gleichheit, Nähe, Wärme, Formlosigkeit im Umgang, Anrede »Du«, Spontaneität, Sicherheit als Verantwortung des Staates, Planung, Verantwortung der Gesellschaft für das Befinden des Einzelnen, Internationalismus, Kosmopolitismus. Links will als fortschrittlich (im Sozialen, aber nicht mehr im Technischen) gelten. Links glaubt an die Perfektibilität des Menschen und liefert Glücksversprechen. Links führt Schwächen des Menschen auf das Milieu zurück. Links fragt: »Freiheit wovon?« Linke Anthropologie heißt: Der Mensch muss von den »verkrüppelnden« (Adorno) Umständen befreit werden. Absolute (diesseitige) Gerechtigkeit ist möglich, wenn die Umstände entsprechend gestaltet werden. Der Mensch ist von Haus aus gut und zu allen Leistungen fähig.

Rechts heißt: Unterschiede individueller, sozialer und nationaler Art anerkennen; förmliche Umgangsformen, Anrede »Sie«, Disziplin, Freiheit vor staatlichem Zugriff, Risikobereitschaft, Anstrengung, Schutz der Privatsphäre, Wettbewerb, Privateigentum, Eigenverantwortung, Nation. Für Rechts hat das Gewachsene, Bewährte, Normale Priorität. Rechts will Reform als behutsame Anpassung. Rechts versteht sich nicht als struktur-, sondern als wertkonservativ. Rechts sieht die *conditio humana*, dementsprechend den Menschen als unvollkommen und – im christlichen Sinne – als gefährdet. Rechts hat keinen »Traum« und kein Glücksversprechen. Rechts sieht die Verantwortung für Fehlentwicklungen bei jedem Einzelnen. Rechts fragt: »Freiheit wozu?« Rechte Anthropologie besagt: Der Mensch ist ein »Mängelwesen« (Gehlen), deshalb bedarf er – auch zum Schutz vor sich selbst – der Ordnung der überlieferten Institutionen und eines »framework of human life« (Burke). Menschen sind unterschiedlich; absolute Gerechtigkeit im Sinne von Gleichheit ist nicht möglich. Der Mensch ist nur begrenzt erziehbar. Menschen erfahren Freiheit durch individuelle Verantwortung, Anstrengung und Entfaltung der je eigenen Begabung.

Rechte Anthropologie ist damit weniger attraktiv, weil sie anstrengender ist und weil sie keinen »Traum« bereit hat. Aber es geht um Beweislasten. Linke Revolutionäre eilen, ohne sich bei Misslingen in Verantwortung nehmen zu lassen, von einer Abräumlaune zur nächsten. Wer aber ändern will, trägt die Beweislast. Denn nicht das Bewährte muss sich rechtfertigen, sondern das Neue.

Konservatismus weiß um »Behausung« und um Ligaturen

Wir leben in einer Zeit der Entzweiung von Herkunft und Zukunft. Zukunftsvisionen werden zur eigentlichen Wirklichkeit, Herkunft wird zum überflüssigen Ballast oder im Falle des Kolonialismus und der Jahre 1933 bis 1945 zur ewigen Schuld. Geschichte wird als »rassistisch-weiß« kriminalisiert, ambitioniert betreibt man Post-festum-Exorzismus. Damit werden aber zugleich geistige, religiöse und ästhetische Traditionen und Werte, die immer gelten, zerstört.[523]

Der unter Jung und Alt um sich greifende historische Analphabetismus ist eines der Ergebnisse dieser Zerstörung. Was aber noch schlimmer ist: Man spürt ihn nicht einmal mehr: Das ist der Verlust des Verlustes. Das war die zentrale Sorge Scrutons.[524] »Verlust des Verlustes« – ein widersprüchliches Wort. Dennoch ein wichtiges Wort: Wer keinen Verlust mehr empfinden kann, der ist auch unfähig zu trauern. Denn: »Wir studieren die Vergangenheit nicht einfach, wir erben sie. Und eine Erbschaft bringt nicht nur Eigentumsrecht mit sich, sondern auch Pflichten der Treuhänderschaft … als Eigentum jener, die noch nicht geboren sind.«[525]

Es geht nicht um ein anarchisches/anomisches *Anything goes*. Das hält ein Gemeinwesen keineswegs zusammen. Zusammengehalten wird es auch nicht durch einen blutleeren Verfassungspatriotismus oder durch eine nihilistische Hypertoleranz. Die Befriedigung ökonomischer Bedürfnisse reicht als Bindung ebenfalls nicht aus. Der Mensch braucht vielmehr Ligaturen (Bindungen), die er alltäglich erfährt, die er sich aber auch nicht von einem World Wide Web downloaden kann.

Der unbehauste Mensch (Begriff von Goethe) jedenfalls wird die Beliebigkeit und Oberflächlichkeit des »global village« nur dann aushalten, wenn er Geborgenheit in Kultur, Geschichte,

Tradition, Sprache und Nation findet. Und er wird nur dann seine Trendanfälligkeit sowie seine Froschperspektive überwinden, wenn er beherzigt, was der Frühscholastiker Bernhard von Chartres (um 1120) meinte, als er riet: »Mit unserem begrenzten Erkenntnisvermögen sind wir alle Zwerge, aber auf den Schultern von Riesen können auch Zwerge weit schauen.«

Es gibt die konservativen Denker, aber es fehlt ein Netz

Deutschland ist schon lange nicht mehr reich gesegnet mit Intellektuellen, die sich dem Zeitgeist entziehen. Bis kurz vor 1990 war das etwas anders, wenngleich es zwischen »linken« und »rechten« Intellektuellen in Resonanz und Rezeption kein Gleichgewicht gab. Aber Konservative hatten – wegen oder gegen »68« – Konjunktur. Nennen wir Namen: Karl Heinz Bohrer, Joachim Fest, Hermann Glaser, Arnold Gehlen, Johannes Gross, Friedrich August von Hayek, Josef Isensee, Ernst Jünger, Gerd-Klaus Kaltenbrunner, Reinhard Koselleck, Hermann Lübbe, Golo Mann, Odo Marquard, Armin Mohler, Ernst Nolte, Josef Pieper, Josef Ratzinger (Papst Benedikt XVI.), Gerhard Ritter, Günter Rohrmoser, Helmut Schelsky, Erwin K. Scheuch, Carl Schmitt, Hans-Joachim Schoeps, Caspar von Schreck-Notzing, Friedrich Sieburg, Wolf Jobst Siedler, Rolf Peter Sieferle, Robert Spaemann, Botho Strauß, Eric Voegelin … Viele von ihnen sind tot, die »jüngsten« von ihnen über siebzig Jahre alt.

Und heute? Im Oktober 2017 gab es die »Pariser Erklärung« »A Europe We Can Believe in« – ein Manifest mit 36 Punkten. Darin wenden sich die Unterzeichner, als einziger (!) Deutscher ist Robert Spaemann dabei, gegen die dekonstruktivistische Ersatzreligion eines geschichtsvergessenen und fortschrittsbesessenen Universalismus. Die Resonanz in Deutschland war verhalten. Kaum anders erging es dem »Appell für freie Debattenräume«[526] vom September 2020 und dem »Netzwerk Wissenschaftsfreiheit« von siebzig Wissenschaftlern vom Februar 2021.[527] (Siehe dazu auch Kapitel 24!)

Hier fehlt etwas, was linke Intellektuelle immer eine Nasenlänge voraus sein lässt: Plattformen, Symposien, Zitierkartelle, ja vielleicht sogar ein Stück Corpsgeist. Etwa die eine große, gut vernetzte konservative Denkfabrik, wie sie für die Linken die Frankfurter Schule mit all ihren Epigonen im Rahmen der »Suhrkamp Culture«[528] und des ab 1965 anfangs von Suhrkamp herausgegebenen »Kursbuches« darstellt. Die »Rechte« hatte dem publizistisch relativ wenig entgegenzusetzen. Ein gewisser Kontrapunkt gegen das »Kursbuch« war allenfalls die von Gerd-Klaus Kaltenbrunner von 1974 bis 1988 herausgegebene, am Ende 75 Bände umfassende Reihe »Initiative« der Herderbücherei Freiburg.

Während linke Intellektuelle wie selbstverständlich die Talkshows sowie die Podien von Stiftungen und Kirchentagen bevölkern, meiden entsprechende Veranstalter bestimmte Namen, die auch nur im Entferntesten, zum Beispiel weil sie einmal den frühen Gauland zitierten, als »AfD-nah« diskriminiert werden könnten. Sogar CDU und CSU – als wenn sie so reich an Intellektuellen wären – haben damit kluge Köpfe negativ »gelistet« und vergrault.

Die Folge ist, dass sich manch Konservativer im Bemühen um »Mitte« nicht weit aus dem Fenster lehnt, um »anschlussfähig« zu bleiben. Sie schreiben dann eben nicht für *Tichys Einblick*, *Reitschuster.de*, die *Achse des Guten*, die *Junge Freiheit*, *Cato*, *Tumult – Vierteljahresschrift für Konsensstörung*, die *Tagespost*, die *Preußische Allgemeine*. So bleibt in der öffentlichen Wahrnehmung der Eindruck, die Linken hätten die ideologische Hegemonie. Für Konservative war das Auftauchen der AfD zudem ein Rückschlag. Ab da mussten Konservative auf Distanz zu »rechts« gehen, weil sie sonst die Ausgrenzung in Kauf hätten nehmen müssen.

Fehlende Plattformen, fehlende Netzwerke: Dergleichen zu installieren kostet Mut, aber auch Geld. Es wäre über die schönen Appelle und Unterschriftenlisten hinaus aber etwas notwendig, was 1970 möglich war. An den Hochschulen gründete sich damals der »Bund Freiheit der Wissenschaft« (BFW). Zu den Gründern gehörten Leute wie Hans Joachim Geisler, Wilhelm Hennis, Gerhard Löwenthal, Richard Löwenthal, Hermann Lübbe, Hans Maier, Thomas Nipperdey, Ernst Nolte, Erwin Scheuch, Gerhard Schröder (der CDU-Bundesminister der Jahre 1953 bis 1969), Walter Rüegg, Kurt Sontheimer, Friedrich Tenbruck.

Im Gründungsaufruf hieß es: Man wolle »die Öffentlichkeit darüber aufklären, was an den Universitäten wirklich geschieht und inwiefern es dabei nicht nur um die Freiheit der Wissenschaft, sondern auch um den freiheitlichen Staat geht«. In seiner Hoch-Zeit hatte der BFW über 5000 Mitglieder. Seinen politischen Einfluss sollte man nicht über-, aber auch nicht unterschätzen. Wenn die *Frankfurter Rundschau* damals schrieb, der BFW sei die »erfolgreichste Lobbyvereinigung nächst dem Bauernverband«, so war das vielleicht etwas hochgegriffen.

Tempi passati? Nein, was einmal möglich war, ist heute wieder möglich, weil es nötig ist. Darin liegt die Chance der Konservativen, vor allem wenn sie nüchtern auf Maß und Mitte, auf einen Gleichklang von Programmatik und Pragmatik achten. In den Jahren 2011 (Energiewende), 2015 (Grenzöffnung) und 2020/2021 (Corona) haben wir das Gegenteil von nüchterner Abgeklärtheit erlebt. Wir harren dennoch der Jahre, in denen konservative Intellektualität wieder Regierungsverantwortung prägt. Das heißt nicht, dass Intellektuelle regieren sollen. Platon hat sich ja bereits mit dieser Frage befasst: Philosophen als Könige oder Könige als Philosophen? Am besten beides in Personalunion! Das klingt hochtrabend. Aber ein wenig mehr Intellektualität sowie Unterkellerung an Bildung sollte doch in Legislative und Exekutive hineinreichen.

30. Bildung! Bildung! Geschichte! Geschichte!

Deutschland war einmal eine beneidete Bildungsnation. Heute dümpelt die Bildung in diesem Lande vor sich hin. Dafür tragen alle (!) Regierungen und alle arrivierten Parteien (auch CDU und CSU) Verantwortung. Anstelle ehrlicher Bilanzen liefert man planwirtschaftlich immer höhere Abiturienten-, Studenten- und Akademikerquoten sowie immer bessere Noten. Zugleich lässt man im Namen von »Modernisierung« Gymnasium und Berufsbildung verkommen. Statt deutscher Universität ist »Bologna« angesagt. Da muss man sich nicht wundern, wenn die neugierigen, fleißigen, »hungrigen«, wenngleich entsprechend gedrillten jungen Ostasiaten die Deutschen in die Tasche stecken.

Wir brauchen wieder Schulen, die Schulen, und Universitäten, die Universitäten sind. Denn Schieflagen kennzeichnen diese vormalige Bildungsnation.[529] Die Zahl der Studierberechtigten steigt ungebremst. Im Jahr 1996 gab es in Deutschland 267 000 Studienanfänger, ab 2016 waren es doppelt so viele und mehr. Seit 2014 haben wir insgesamt mehr Studienanfänger als junge Leute, die eine berufliche Bildung anfangen. Und ebenso bezeichnend: Es gibt 330 Berufsbildungsordnungen und 17 000 Studienordnungen.

Zugleich werden die Noten immer besser: In allen deutschen Ländern hat sich die Zahl der Einser-Zeugnisse mindestens verdoppelt. An den Universitäten setzt sich die Noteninflation vor allem in den Geistes-, Sozial- und Kulturwissenschaften fort. Die Zahl der Promotionen, auch mit *summa* oder *magna cum laude,* nimmt zu. Aber was sagt das schon in einer Zeit, in der solche Zertifikate wie ungedeckte Schecks ausgegeben werden? Große Teile der Elternschaft wollen es dennoch so.[530]

Zugleich wird mit euphemistischer Kosmetik gearbeitet: Aus Schulschwänzern wurden Schuldistanzierte, aus faulen Schülern demotivierte, aus verhaltensgestörten sozial herausfordernde oder verhaltensoriginelle, aus dummen wurden einseitig begabte oder praktisch bildbare. Realitäten werden für nicht existent erklärt.

Folge: Den Betrieben mangelt es an Bewerbern für eine Ausbildungsstelle. Zugleich halten immer mehr Ausbildungsbetriebe Azubis für nicht ausbildungsreif (zum Teil für nicht ausbildungswillig). Hochschulen richten Liftkurse für Studienanfänger ein, weil ihre Studierberechtigten keine Studierfähigen sind und ihnen die Hochschulen erst einmal Grundlagen, zum Beispiel in Mathematik, vermitteln müssen, die frühere Studentengenerationen aus der Schule mitbrachten. Corona wird all dies noch verstärken, zumal den jungen Leuten bereits mit zwei Lockdowns rund ein halbes Jahr Präsenzunterricht, also rund 500 Unterrichtsstunden, fehlt.

Wir brauchen »kanonisches Wissen«: Lehrpläne statt Leerpläne!

Vermeintlich progressive Pädagogik verzichtet seit zwei Schülergenerationen immer mehr darauf, von jungen Leuten konkretes Wissen einzufordern. Es gibt aber keine Bildung ohne Inhalte. Die blanke Forderung nach einer bloßen, inhaltsleeren Vermittlung von Kompetenzen wäre wie der Vorschlag, ohne Zutaten zu kochen.

Es ist eine Renaissance des konkreten Wissens angesagt. Wir brauchen einen Grundbestand an Literaturkenntnis, ein sicheres Zahlenverständnis, ein breites Grundwissen in den Naturwissenschaften, in den weltanschaulich bedeutsamen Fächern Geschichte, Geografie, Religion, Kunst und Musik. Nur »kanonisches« Wissen bietet Verlässlichkeit, nur solches Wissen ist eine solide Kommunikationsgrundlage. Währenddessen greift – um eine Volksetymologie[531] zu bemühen – »Wissen unter aller Kanone« um sich.

»Wer nichts weiß, muss alles glauben« (Marie von Ebner-Eschenbach). Ein solcher Mensch ist kein mündiger Staatsbürger, er wäre das Lieblingsobjekt eines Diktators oder Demagogen. Denn er wäre anfällig für Lügen und Halbwahrheiten, für Angstmachen und für jedes Propagieren von Vorurteilen. Orwells Big Brother mit seinem Leitspruch »Unwissenheit ist Stärke« könnte sich nichts mehr wünschen als Menschen ohne konkretes Wissen. Denn dann triumphiert die Gesinnung über die Urteilskraft. Also gilt: Wissen, auch präsentes Wissen, hat mit staatsbürgerlicher Mündigkeit zu tun, sonst ist alles blanke Meinung und bloßes Bauchgefühl.

Wir hören ständig von »Wissensgesellschaft«, aber es ist eine beschönigende Protzvokabel. Für Theodor Adorno ist der Feind des Wissens auch nicht das Nicht-Wissen, sondern das eingebildete Wissen, das Halbwissen. Adorno weiter: »Das Halbverstandene ist nicht die Vorstufe der Bildung, sondern ihr Todfeind.« Folgen seien dann Aberglaube, Obskurantismus, Narzissmus, Angeberei, Besserwisserei.

Deshalb brauchen wir keine bloß informierten Menschen, sondern wissende.

Wir lassen uns zudem leicht erschrecken von immer kürzeren sogenannten Halbwertszeiten des Wissens. Es mag beeindrucken, dass wir in der Computertechnik Halbwertszeiten von drei Jahren haben, das heißt, dass das Wissen des Jahres 2021 im Jahr 2024 zur Hälfte überholt ist. Aber: Es gibt unendlich viel Wissen, das sich nicht überholt. Das Einmaleins hat eine unendliche Halbwertszeit. Das Gleiche gilt für historische Fakten, für naturwissenschaftliche Grundgesetze, für die große Literatur, für anthropologische Grundtatsachen.

Breites Wissen ist die unerlässliche Voraussetzung für die Fähigkeit zur Zusammenschau und damit für Kreativität. Edison sagte einmal: Zehn Prozent von Kreativität sind Inspiration, neunzig Prozent sind Transpiration. Wer also innovativ sein möchte, der möge erst einmal viel, viel wissen. Im Übrigen: Je mehr ich dann weiß, desto mehr ergibt das eine Struktur, in die Neues mit immer weniger Lernaufwand eingefügt werden kann.

Es reicht auch nicht aus zu wissen, wo man etwas »downloaden« kann. Man stelle sich eine politische, naturwissenschaftliche oder ökonomische Live-Debatte vor, in der die Debattenpartner zwar wissen, wo man was findet, in der diese aber ständig sich ins Internet einklinken, um Fakten und Argumente zu suchen. Eine solche Download-Gesellschaft mit ihrem Häppchen- und Just-in-time-Wissen wäre eine Gesellschaft ohne Vorrat und der Mini-Kommunikation. Hier gilt nämlich: Wer nichts weiß, muss alles googeln. Ein »Outsourcing« von Grundwissen funktioniert aber nicht.

Was fehlt? Für die Debatte, die wir für die Bildungsnation bräuchten, nämlich die Debatte um konkrete Inhalte, haben Bildungspolitik und »Bildungswissenschaften« wenig übrig. Debatten um Inhalte erfordern nämlich geistige Unterkellerung. Aber diese gibt es nicht, wenn die jungen Leute großspurig auf »elaborierter, intermediärer oder basaler« Ebene »Vertikal-, Horizontal- oder Meta-Kompetenzen« erwerben sollen: Methoden-Kompetenz, Medien-Kompetenz, Kern-Kompetenz, Orientierungs-Kompetenz, Begriffs-Kompetenz, Strukturierungs-Kompetenz, Analyse-Kompetenz, Wahrnehmungs-Kompetenz, Urteils-Kompetenz, De-Konstruktions-Kompetenz, Re-Konstruktions-Kompetenz, narrative Kompetenz (die hieß einmal Geschwätzigkeit). Das sind Begriffe aus realen Lehrplänen, die zu Leerplänen verkommen sind.

Karl Kraus hätte zu solch hyperventilierter Kompetenzen-Verbalakrobatik gesagt: »Es genügt nicht, keine Gedanken zu haben; man muss auch unfähig sein, sie auszudrücken.« Kabarettisten brauchen denn auch gar keine eigenen Texte mehr zu texten. Es reicht, wenn sie pädagogische Schriften vorlesen. Der bayerische Kabarettist Gerhard Polt soll einmal gesagt haben: »Ich brauche mir keine Texte mehr auszudenken. Ich zitiere einfach aus Lehrplänen.«

Bildung geht nicht ohne Anstrengung

Die um sich greifende Wohlfühl-, Gute-Laune-, Spaßgesellschaft hat eine Spaßpädagogik nach sich gezogen.[532] Diese schadet unseren Kindern. Wir müssen Kindern vielmehr wieder mehr zutrauen und auch mehr zumuten. Progressive Pädagogen und Bildungspolitiker tun indes so, als gingen Bildung und Lernen ohne Anstrengung. In der Folge werden die Ansprüche heruntergefahren: Der mutter- und der fremdsprachliche Wortschatz wird drastisch gekürzt, ein Auswendiglernen von Gedichten findet fast nicht mehr statt, das Einprägen von historischen oder geografischen Namen und Daten gilt als vorgestrig, Grundschüler dürfen gegen jede Orthografie-Regel »phonetisch« schreiben. (Motto: »Wenn Falsches richtig ist.«) Dass diese Erleichterungsattitüde falsch ist, wussten Generationen von Eltern und Lehrern seit der Antike. Sie wussten: Leistung und Erfolg, ja das Erleben von Glück, setzen Bedürfnis- und Triebaufschub voraus.

Wer indes das Prinzip Leistung bereits in der Schule untergräbt, setzt eines der revolutionärsten demokratischen Prinzipien außer Kraft. In unfreien Gesellschaften sind Geldbeutel, Geburtsadel, Gesinnung, Geschlecht oder dergleichen Allokationskriterien – Kriterien zur Positionierung eines Menschen in der Gesellschaft. Freie Gesellschaften haben an deren Stelle das Kriterium Leistung vor den Erfolg und vor den Aufstieg gesetzt. Ein revolutionärer Fortschritt und zudem die große Chance zur Emanzipation für jeden Einzelnen!

Trotzdem wurden Leistung und Anstrengung von einer durch die 68er geprägten Pädagogik zu Missgunst-Vokabeln. Da ist im Zusammenhang mit Schule immer noch und in übler Weise die Rede von Leistungsstress, Leistungsdruck, Leistungsterror. Wer

Leistung und Anstrengung aber zu Missgunst-Vokabeln macht, versündigt sich an der Zukunft unserer Kinder und unserer Gesellschaft. Ganz zu schweigen davon, dass der Sozialstaat nur dann funktioniert, wenn er von der Leistung von Millionen von Menschen getragen wird.

Wir brauchen schulische Vielfalt statt integrierter Einfalt

Die Einheitsschule in Deutschland ist gescheitert. Die Gesamtschule hat in Deutschland Jahrzehnte durchschlagender Erfolglosigkeit hinter sich. Seit den 1970/80 Jahren hat sie in allen Studien schlecht abgeschnitten.[533] Die Erfolglosigkeit deutscher Gesamtschulen ist den Steuerzahler übrigens teuer zu stehen gekommen. Man weiß, dass Gesamtschulen um rund 25 bis 30 Prozent teurer sind als Schulen des gegliederten Schulwesens. Deshalb gibt es keinen Grund, Gesamtschule im Gewande der Gemeinschaftsschule neu aufzulegen.

Die Behauptung, durch die Gesamtschule könne ein sozialer Ausgleich stattfinden, ist ebenfalls falsch. Langzeitstudien – zuletzt vom März 2021[534] – haben nachgewiesen: Der Besuch einer Gesamtschule schafft keineswegs bessere soziale Aufstiegsmöglichkeiten. Außerdem erzielt eine von Gleichmacherei geprägte Schulpolitik vermeintliche Gleichheit allenfalls durch Absenkung des Anspruchsniveaus.

Absolute Gerechtigkeit bleibt ein irrationales (metaphysisches) Ideal. »Jedem das Gleiche« (in Wahlkämpfen plakatiert als »Abitur für alle!« und »Gymnasium für alle!«) geht nicht auf, weil damit Individualität blockiert würde. Quote (zum Beispiel Abiturquote) und Qualität verhalten sich dann reziprok. Wer solchermaßen die Ansprüche senkt, der bindet gerade junge Menschen aus schwierigen Milieus in ihren »restringierten Codes« fest.

Das gilt auch für die seit etwa 2010 unter Berufung auf eine UN-Konvention angesagte »inklusive« Beschulung Behinderter. Natürlich haben Benachteiligte einen besonderen Anspruch auf individuelle Förderung. Man sollte aber Inklusion als Ziel und Inklusion als Mittel unterscheiden. Die Inklusion Behinderter als Ziel sollte unumstritten sein. Die Wege dorthin aber können in vielen Fällen verschiedene sein. Man sollte auch nicht übersehen, dass es kaum ein Land auf der Welt gibt, das für Benachteiligte ein so hoch differenziertes und individualisierendes Förderschulwesen unterhält wie Deutschland. Es wäre für viele benachteiligte junge Menschen ein schwerer Verlust, wenn es dieses Förderschulwesen im Zuge der Umsetzung der UN-Konvention nicht mehr gäbe.

Der Mensch beginnt nicht erst mit dem Abitur!

In den letzten Jahrzehnten hat uns ein Abiturwahn ergriffen. Georg Pichts Diktum aus dem Jahr 1963 scheint immer noch zu gelten: »Wir brauchen mehr Abiturienten, auch wenn wir sie nicht brauchen.«[535] Wenn der Mensch aber erst mit dem Abitur beginnt, verspielen wir die Vorzüge unseres beruflichen Bildungswesens. Damit gefährden wir den Mittelstand und in der Folge das Rückgrat unserer Volkswirtschaft.

Die immer wieder bemühten Quoten von Studierberechtigten und Akademikern sind international nicht vergleichbar. Vielmehr sollte zu denken geben, dass Länder mit höchsten Abiturienten-Quoten oft zugleich höchste Quoten arbeitsloser Jugendlicher haben.[536] Deshalb sollten wir uns vor lauter Schielen auf die Abiturientenquote hüten, die Vorzüge unserer beruflichen Bildung zu verspielen. Dieses Bildungswesen ist für Millionen junger Menschen Basis für Aufstieg und Beschäftigung. International ist dieses System unumstritten, ja sogar hoch angesehen.

Auch die Akademiker-Quoten sind international nicht vergleichbar: In Finnland und in den USA sind auch Krankenschwestern und Kindergartenerzieherinnen »Akademikerinnen«. Im Übrigen gilt: Bei der Abiturientenquote verhalten sich Quantität und Qualität reziprok. Ein Abitur »light« ist kein Attest für Studierfähigkeit. Man könnte auch sagen: Wenn alle Abitur haben, dann hat keiner mehr Abitur. Eine »Verhochschulung« unserer Gesellschaft wird der Forderung nach Höherqualifizierung jedenfalls nicht gerecht.

Bildung heißt: Geschichte, Geschichte, Geschichte!

Der ideale Untertan ist ein historischer Analphabet. Denn Geschichte steht im Weg, wenn Herrschende sie nicht brauchen können oder anders haben wollen. Das ist der Grund, warum totalitäre Systeme über bestimmte Epochen der Geschichte gerne den Mantel des Vergessens ausbreiten und zur Proklamation einer ewigen Gegenwart neigen. Denn ein Er-Innern ist die Chance des Widerstands gegen Indoktrination. Deshalb ist Geschichts- und Erinnerungs-»Politik« gerade in totalitären Systemen Dienerin der Herrschenden. Die Beispiele reichen von der Antike (Platon spricht gar von erlaubten »edlen Lügen«) über Stalin und Hitler bis in die neueste Zeit.

Geschichte wird hier als Fessel empfunden. Das ist ein maßgeblicher Grund, warum Ideologen mittels Geschichtspolitik gerne kollektive Gedächtnisse auslöschen möchten. Milan Kundera hat es in seinem »Buch vom Lachen und Vergessen« so beschrieben: »Der erste Schritt, ein Volk zu liquidieren, besteht darin, seine Geschichte auszulöschen. Zerstöre seine Bücher, seine Kultur, seine Geschichte … Binnen Kurzem wird die Nation anfangen zu vergessen, was sie ist und was sie war.«[537] Über Stalin ist ja der bittere Satz verbürgt. »Keiner weiß, woraus das Gestern gemacht werden wird.«[538]

Nun könnte man meinen, in Demokratien gebe es solche Manipulationen nicht. Doch, in Anlehnung an »politische Korrektheit« könnte man von einem Bemühen um »historische Korrektheit« sprechen. Denn hier gilt: Für eine gewisse Staatsräson und Politik braucht man eine gewisse »Vergangenheit«. Siehe den Historikerstreit von 1986/87, den mit Jürgen Habermas ein Nicht-Historiker anzettelte.

Bis hinein in den Geschichtsunterricht und die universitäre Lehre wird historisch gerne einseitig akzentuiert, selektiert, verschwiegen. Ereignisse und Ideen, von denen man nie etwas erfahren hat, vermisst man schließlich nicht. Im Verein mit Kahlschlag-Sprache und Kahlschlag-Kultur (Cancel Culture) etabliert sich dann eine Kahlschlag-Geschichte, die auf Kurzzeitgedächtnis setzt und sich weniger dem Verstehen von historischen Fakten und Zusammenhängen widmet, sondern wie eine Art Ethik- bzw. Religionsunterricht moralische Erziehung veranstaltet. Dabei wird gerne »tribunalisiert«, es wird der Vergangenheit der Prozess gemacht. Einen retrograden Exorzismus könnte man es auch nennen. Wie arrogant und einfach!

Seit den 1970er Jahren gibt es denn auch den Versuch, das Fach Geschichte schulisch zu eliminieren und unter »Gesellschaftslehre« zu subsumieren. Dann tut man sich eben leichter, Geschichte zu verfremden, zu instrumentalisieren sowie auf Konflikt- und Klassenkampf-Geschichte zu reduzieren. Zudem grassiert die Vokabel von der angeblich notwendigen Entrümpelung der Lehrpläne. Epochenbegriffe, Jahreszahlen, Namen kommen dann immer seltener vor.

Die akademische Geschichtsschreibung ist kaum anders gestrickt. Sie »gibt sich selbstvergessen ihren akademischen Lüsten und Glasperlenspielen hin.«[539] Als Joachim Fest diesen Satz 1981 schrieb, wusste er noch nicht, wie sich das Fach

Geschichte eines Tages dadurch zu retten versuchen würde, dass es auf Dekolonialisierung und Genderisierung macht. Als Beispiel für die Politisierung der Geschichtswissenschaften mag der Historikertag 2018 stehen. Merkels Grenzöffnung von 2015 wurde dort mit großer Mehrheit als »Pflicht zur Hilfeleistung in humanitären Krisensituationen« gutgeheißen. Es wurde behauptet, Migration habe »die beteiligten Gesellschaften insgesamt bereichert«. Im gleichen Aufwasch wurde »gegen Rechts« zu Felde gezogen. Begründet wurde eine Resolution des Historikertages mit der Gefahr, die unserer Demokratie »von rechts« drohe.[540]

Widerspruch gab es nur von wenigen. »Gegen Gruppendruck und Bekenntniszwang« schrieben Dominik Geppert (Universität Potsdam) und Peter Hoeres (Universität Würzburg) an.[541] Sie kritisierten »die intellektuelle Sackgasse, in die man gerät, wenn man Fachkompetenz für politische Zwecke funktionalisieren möchte«. Und weiter: »Politisch töricht war die Aktion, weil sie nach unserer Auffassung genau die Tendenzen befördert, die zu bekämpfen sie vorgibt. Pegida und AfD leben davon, dass in Deutschland das Justemilieu die Diskursgrenzen immer enger ziehen und vieles, was gesellschaftlich umstritten ist, aus dem Kreis des legitimerweise Diskutierbaren ausgeschlossen sehen möchte.«

Michael Wolffsohn schrieb in einem Brief an den Historikerverband, die Organisation verhalte sich, als besitze sie ein allgemeinpolitisches Mandat. Damit maße sich der Verband die »Verkörperung der Volontée Générale an«. Mit einer »letztlich so antidemokratischen Haltung (im Namen der Demokratie)« könne und wolle er sich bei aller Wertschätzung der AfD-Ablehnung nicht anfreunden, schrieb Wolffsohn in dem zugleich in der *FAZ* abgedruckten Brief.[542]

Warum und wie Geschichte?

Wer mündige Bürger möchte, der muss ihnen eine Menge historischen Wissens abverlangen. Oder will man den wissensmäßig entrümpelten Bürger, weil George Orwells Big Brother als einen seiner Leitsprüche hatte: »Unwissenheit ist Stärke.« Stärke für die Machthaber? Geschichte ist jedenfalls ein unbequemes Fach, weil sie – ohne Klitterung betrieben – Skepsis gegen Utopien zu vermitteln vermag. Deshalb muss das Fach Geschichte aufgewertet werden: als Pflichtfach in allen Jahrgangsstufen der weiterführenden Schule, als Pflichtprüfungsfach bei der Abiturprüfung und als Pflichtfach eines Studium Generale an den Hochschulen.

Geschichte vermittelt einerseits Skepsis gegenüber Zukunftsprognosen, Großideologien, Utopien, »ewigem Fortschritt«, Machbarkeitswahn, Geschichtsmythen, Manipulation und Missbrauch von Geschichte, und sie ermuntert andererseits, Chancen für Veränderung abzuwägen. Das Fach Geschichte leistet einen wichtigen Beitrag zur kulturellen Identität der Menschen. Historisch reflektiertes Wissen und Urteilen schaffen ideelle Zugehörigkeit und Wir-Gefühl. Denn Identität ist Partizipation am kulturellen Gedächtnis. Identität, eine individuelle ebenso wie eine kulturelle oder kollektive, speist sich nicht aus modisch definierten *Skills*, sondern nur aus der »Er-Innerung« des historisch-kulturellen Erbes.

Deutsche Geschichte ist auch nie nur nationale Geschichte, sie ist europäisch eingebettet in das klassische Erbe (Philosophie, Rationalität, Recht), in das Christentum und das Judentum, in das Leitbild von der Würde des Menschen als Individuum und als Person; in einen Dualismus von Freiheit und Verantwortung, von Rechten und Pflichten sowie in eine überindividuelle Rechtsordnung und vielfältige Formen der Machtkontrolle.

Das ist ein Deutschland, in dem wir gut und gerne leben möchten. Vor allem im Interesse unserer Kinder und Enkel.

Nachwort: Vom Untertan zum Drachenbezwinger – Bürger, holt Euch Eure Souveränität zurück!

Ein paar sehr persönliche Worte zum Schluss: Ich mache mir Sorgen um die Zukunft unseres Landes. Erstens ökonomisch-technologisch, weil wir in eine gewaltige De-Industrialisierung hineinzuschlittern drohen, die auch den Sozialstaat zu belasten beginnt und erhebliche soziale Spannung heraufbeschwören wird. Zweitens um ein zunehmend stickiges Klima öffentlicher Diskurse, bei denen jedes Wort und jeder Satz erst gesinnungsethisch »geröntgt« werden müssen.

Drittens und vor allem mache ich mir Sorgen um den Fortbestand der Demokratie, die unter Preisgabe der horizontalen Gewaltenteilung (Exekutive, Legislative, Judikative) und der vertikalen Gewaltenteilung (Bund versus Länder) immer weniger eine Herrschaft durch den Souverän ist, sondern zu einer Beherrschung des Souveräns durch einen Überbau aus Politik, Medien, Stiftungen, NGOs, Kirchen usw. wurde.

Das Volk verschleudert dabei seine Macht. Der Überbau lässt sich vom Volk alimentieren, als Gegenleistung lässt sich das Volk bis hin zu seinen Essgewohnheiten herumdirigieren. Den Wunsch nach »komfortabler Stallfütterung« hat Wilhelm Röpke das einmal genannt. Ich denke in diesem Zusammenhang auch an eine These des britischen Politologen Colin Crouch. Er sieht eine »Postdemokratie«[513] heraufziehen, die (noch) keine Nicht-Demokratie ist, sich aber im Stadium des Verfalls der Demokratie befindet. Crouch sieht die Demokratie in einem Zustand, in dem sie institutionell zwar noch funktioniere, aber ihre Vitalität eingebüßt habe, weil die Mehrheit der Bürger eine apathische Rolle spiele. Mit anderen Worten: Weil die Mehrheit einem bequemen obrigkeitsstaatlichen Denken frönt.

Ich möchte nicht, dass wir wieder ein Volk von braven Untertanen, ängstlichen Flüsterern und üblen Denunzianten werden, die sich alten oder neuen Autoritarismen und Gesinnungsschablonen unterwerfen. Ich möchte aufwecken, sensibilisieren, möchte, dass meine Leser Antennen ausfahren, um Missstände zu orten, wo es notwendig ist. Ich möchte meine Leser immunisieren gegen eine bequeme Konformität im Denken, Reden und Handeln.

Und ich möchte meinen Lesern ein Vorbild darin sein, Probleme und Ärgernisse anzusprechen, auch wenn dies nicht *en vogue* ist und es Gegenreflexe geben wird. Dabei leitet mich seit Jahrzehnten der Grundsatz: Wir sind nicht nur für das verantwortlich, was wir tun, sondern auch für das, was wir nicht tun. Und wir sind nicht nur verantwortlich für das, was wir sagen, sondern auch für das, was wir nicht sagen, wiewohl es gesagt werden muss und in einem freiheitlichen Rechtsstaat auch gesagt werden darf.

Sich anpassen, den Buckel krumm machen, ins Private emigrieren und wählen, was selbst ernannte Vormünder wählen – das ist nicht bürgerlich, das ist nicht erwachsen, das ist nicht aufgeklärt im Sinne Kants. Deshalb dieses Buch, an dessen Ende wir nun angelangt sind und das – wie Sie gemerkt haben – da und dort einen Schuss Polemik brauchte.

Ich will schließlich an etwas erinnern, was ein früherer Bundespräsident gesagt hat, der kein »konservativer Knochen« war, nämlich Gustav Heinemann (1899 – 1976; anfangs CDU, dann SPD, Bundespräsident 1969 – 1974): »Die Grundlage der Demokratie ist die Volkssouveränität und nicht die Herrschaftsgewalt eines obrigkeitlichen Staates. Nicht der Bürger steht im Gehorsamverhältnis zur Regierung, sondern die Regierung ist dem Bürger im Rahmen der Gesetze verantwortlich für ihr Handeln.

Der Bürger hat das Recht und die Pflicht, die Regierung zur Ordnung zu rufen, wenn er glaubt, dass sie demokratische Rechte missachtet.«[544]

Darauf setze ich. Auf dass sich der Souverän seine Rechte zurückholt. Und ich setze darauf, dass sich der deutsche Michel auf seinen Namenspatron, den Erzengel Michael, den Drachenbezwinger, besinnt. Auf dass ich mich wieder als deutscher und europäischer Patriot fühlen kann.

Danksagung

Während der Arbeiten an diesem Buch durfte ich auf die Geduld, den Rat, die Fehlersuche, den Zuspruch meiner Frau Erika Kraus und deren kritische Anmerkungen zählen. Vielen Dank dafür! Danken möchte ich ganz herzlich ferner für so manchen Rat den versierten Historikern bzw. Geschichts- und Deutschlehrern Michael Feldkamp, Martin Hobmeier, Bernd Ostermeyer, Hans Kraus und Hans Härtl sowie meinem Lektor Achim Gralke.

Anmerkungen

1 Peter Sloterdijk am 22. Oktober 2009 in *Cicero*. Siehe https://www.cicero.de/wirtschaft/aufbruch-der-leistungsträger/40259
2 Heinrich Mann: Der Untertan. Ausgabe Frankfurt/M. 1997, S. 63f.
3 Der Boiled-Frog-Effekt geht auf Experimente der Physiologen Friedrich Leopold Goltz (1869) und William Thompson Sedgwick (1882) zurück. Sie setzten Frösche, die Wechselblüter sind, in kaltes Wasser und erhitzten das Wasser langsam um etwa 0,002 Grad pro Minute. Die Frösche bekamen es nicht mit und waren nach einigen Tagen gegart – und tot.
4 Norbert Bolz: Weder Maß noch Mitte. In: *Cato* Heft 6/2020, S. 32 – 37
5 Schwätzern das Mikro leiser drehen. Interview von Alexander Wendt mit Norbert Bolz. In: *Tichys Einblick*, Heft 07/2020, S. 26/27
6 Johannes Gross: Phönix in Asche. Stuttgart 1989, S. 175
7 Gordon A. Craig: Über die Deutschen. München 1982, S. 14
8 Zitiert nach Eugen Rosenstock-Huessy: Die europäischen Revolutionen und der Charakter der Nationen. Moers 1987, erstmals 1931, S. 435
9 Siehe Michael Wolffsohn, Thomas Brechenmacher: Die Deutschen und ihre Vornamen. 200 Jahre Politik und öffentliche Meinung. München/Zürich 1999. Empirische Grundlage für diese Studie war die Erforschung von 1,5 Millionen Geburtseinträgen zwischen 1789 und 1990 in Berlin, München, dem Münsterland und dem Altmühltal.
10 Diese These vertritt Gerhard Masur. In: Der nationale Charakter als Problem der deutschen Geschichte. Vortrag gehalten auf der Schlusssitzung des Verbandes der Historiker Deutschlands in Braunschweig am 5. Oktober 1974. Abgedruckt in: *Historische Zeitschrift*. Jahrgang 1975, Band 221, S. 603 – 622, hier S. 610
11 Siehe dazu Jochen Lober: Beschränkt Souverän. Die Gründung der Bundesrepublik als »Weststaat« – alliierter Auftrag und deutsche Ausführung. Lüdinghausen/Berlin 2020
12 http://www.jf-archiv.de/archiv08/200821051609.htm

13 Dieter Borchmeyer: Was ist deutsch? Die Suche einer Nation nach sich selbst. Berlin 2017, S. 409

14 Herfried Münkler: Die Deutschen und ihre Mythen. Berlin 2009, S. 9

15 Alexander Demandt: Über die Deutschen. Eine kleine Kulturgeschichte. Berlin 2007, S. 30

16 Nach Gerd-Klaus Kaltenbrunner (Hg.): Was ist deutsch? Die Unvermeidlichkeit, eine Nation zu sein. Freiburg 1988, S. 13f.

17 Egon Friedell: Kulturgeschichte der Neuzeit. Die Krisis der europäischen Seele. Von der Schwarzen Pest bis zum Ersten Weltkrieg. Erstausgabe in fünf Bänden, hier Ausgabe München 1954, S. 289ff.

18 Siehe Max Weber: Die protestantische Ethik und der Geist des Kapitalismus. Erstmals 1904/1905 in zwei Teilen bzw. 1920 als Gesamtausgabe

19 Gordon A. Craig: Über die Deutschen. München 1991, S. 98

20 Gordon A. Craig: Über die Deutschen. München 1991, S. 25

21 Jürgen Mirow: Geschichte des deutschen Volkes. 2 Bände. Gernsbach 1996, S. 1168

22 Friedrich Sieburg, Abmarsch in die Barbarei. Gedanken über Deutschland. Journalistische Arbeiten 1931 – 1960, hrsg. von Klaus Harpprecht, Frankfurt 1986, S. 229ff.

23 Gerd-Klaus Kaltenbrunner: Was ist deutsch? Die Unvermeidlichkeit, eine Nation zu sein. Asendorf 1988, S. 16

24 Richard Müller-Freienfels: Psychologie des deutschen Menschen und seiner Kultur. München 1922, S. 155 – 159

25 Hellmut Plessner: Die verspätete Nation. Über die politische Verführbarkeit bürgerlichen Geistes (1959). Ursprünglich 1935: Das Schicksal deutschen Geistes im Ausgang seiner bürgerlichen Epoche.

26 Erich (von) Kahler: Der deutsche Charakter in der Geschichte Europas. Zürich 1937, S. 6

27 Gerhard Masur: Der nationale Charakter als Problem der deutschen Geschichte. Vortrag, gehalten auf der Schlusssitzung des Verbandes der Historiker Deutschlands in Braunschweig am 5. Oktober 1974. Abgedruckt in *Historische Zeitschrift*. Jahrgang 1975, Band 221, S. 603 – 622, hier S. 619

28 Rolf Peter Sieferle: Epochenwechsel. Die Deutschen an der Schwelle zum 21. Jahrhundert. Berlin 1994, hier Berlin 2017, S. 109 – 111

29 Dieter Borchmeyer: Was ist deutsch? Die Suche seiner Nation nach sich selbst. Berlin 2017, S. 13

30 Renate Köcher (Hg.): Allensbacher Jahrbuch der Demoskopie. Band 12, 2003 – 2009. Band 12. Berlin 2009, S. 83f

31 https://de.statista.com/infografik/11732/lebenszufriedenheit-in-europa-im-vergleich/

32 https://worldhappiness.report/ed/2020/#read

33 https://iiacss.org/global-happiness-and-hope-index/

34 https://de.statista.com/statistik/daten/studie/153748/umfrage/allgemeine-zufriedenheit-mit-dem-eigenen-leben/

35 Pascal Bruckner: Der Schuldkomplex – Vom Nutzen und Nachteil der Geschichte für Europa, Pantheon 2008 (französische Originalausgabe 2006: La tyrannie de la pénitence). Die wörtliche Übersetzung des französischen Titels wäre eigentlich zutreffender: Die Tyrannei der Buße

36 Hermann Lübbe: Ich entschuldige mich. Das neue politische Bußritual. Berlin 2001, S. 22

37 Zitiert nach Peter Furth: Troja hört nicht auf zu brennen. Aufsätze aus den Jahren 1981 bis 2007. Berlin 2008, S. 440. Hier Aufsatz: Schuld und Zivilreligion in Deutschland (2004)

38 Gerd Koenen: Das rote Jahrzehnt. Unsere kleine deutsche Kulturrevolution. Frankfurt 2002, S. 95 – 122

39 Siehe Rolf Peter Sieferle: Finis Germania. Schnellroda 2017 (posthum erschienen), S. 95

40 Michael Wolffsohn: Keine Angst vor Deutschland. Erlangen 1992, S. 31

41 https://jungefreiheit.de/debatte/kommentar/2020/die-twitterer-des-auswaertigen-amtes-blamieren-sich/

42 https://www.welt.de/politik/article156147946/Gruene-wollen-keine-Deutschland-Flaggen-zur-EM-sehen.html

43 https://www.spiegel.de/politik/deutschland/peinliche-pinkel-posen-pulleralarm-bei-den-gruenen-a-557943.html

44 https://www.youtube.com/watch?v=q8PNgxbTE0o

45 https://www.faz.net/aktuell/sport/fussball-wm-2006/nachrichten/streit-ueber-die-deutsche-nationalhymne-ungeheuerlicher-vorgang-1329691.html

46 Wolfgang Herles: Die neurotische Nation. Die Bundesrepublik vom Wirtschaftswunder bis zur Willkommenskultur. München 2018, S. 25: »Die Deutschen kommen erst zur Ruhe, wenn die Realität sich ihren Vorstellungen beugen will. Das ist der Kern ihrer Neurose.«

47 Siehe Anna Freud: Das Ich und die Abwehrmechanismen, erstmals 1936

48 Fritz Riemann: Grundformen der Angst. Eine tiefenpsychologische Studie. Erstmals 1961, hier München 1981

49 Maaz, Hans-Joachim: Das falsche Leben. Ursachen und Folgen unserer normopathischen Gesellschaft. München 2017; und Maaz, Hans-Joachim: Das gespaltene Land. Ein Psychogramm. München 2020

50 Gustave Le Bon: Psychologie der Massen 1895. Hier Stuttgart 1950

51 Sigmund Freud: Massenpsychologie und Ich-Analyse. 1921. Hier Frankfurt/M. 1973

52 José Ortega y Gasset: Der Aufstand der Massen, 1929. Hier: Stuttgart 1993

53 Alexander Meschnig: Deutscher Herbst 2015 – Essays zur politischen Entgrenzung. Lüdinghausen/Berlin 2018

54 Frank Furedi: Die Elternparanoia. Warum Kinder mutige Eltern brauchen. Frankfurt/M. 2002

55 Alexander Kissler: Die infantile Gesellschaft. Wege aus der selbstverschuldeten Unreife. Hamburg 2020

56 Caspar Schrenck-Notzing: Zukunftsmacher. Die neue Linke in Deutschland und ihre Herkunft. Stuttgart 1973, S. 168

57 Egon Flaig: Was nottut. Plädoyer für einen aufgeklärten Konservatismus. Lüdingshausen/Berlin 2019, S. 24

58 Peter Furth: Troja hört nicht auf zu brennen. Aufsätze aus den Jahren 1981 bis 2007. Berlin 2008, S. 409 – 422: Tiraden (2002), S. 411

59 Siehe vor Corona zahlreiche Beispiele bei Schroeder, Klaus / Deutz-Schroeder Monika: Der Kampf ist nicht zu Ende. Geschichte und Aktualität linker Gewalt. Freiburg 2018, S. 206 – 227

60 https://www.tichyseinblick.de/daili-es-sentials/von-der-solidarischen-ddr-dem-ende-des-kapitalismus-und-anderen-systemfehlern/

61 Schroeder, Klaus / Deutz-Schroeder Monika: Der Kampf ist nicht zu Ende. Geschichte und Aktualität linker Gewalt. Freiburg 2018, S. 8 – 19

62 Karsten D. Hoffmann: Gegenmacht. Die militante Linke und der kommende Aufstand. Bad Schussenried 2020

63 https://reitschuster.de/post/der-linke-aufstand-ist-schon-laengst-da/

64 http://dip21.bundestag.de/dip21/btd/19/265/1926585.pdf

65 Schroeder, Klaus / Deutz-Schroeder Monika: Der Kampf ist nicht zu Ende. Geschichte und Aktualität linker Gewalt. Freiburg 2018, S. 80 – 93

66 Ausführlich in Josef Kraus: 50 Jahre Umerziehung. Die 68er und ihre Hinterlassenschaften. Lüdinghausen/Berlin 2018

67 www.rosalux.de/fileadmin/rls_uploads/pdfs/ABC/ABC_der_Alternativen_Zivile_Gesellschaft_Blank.pdf

68 https://www.juedische-allgemeine.de/kultur/liberal-war-einmal/

69 Sandra Kostner (Hg.): Identitätslinke Läuterungsagenda. Eine Debatte zu ihren Folgen für Migrationsgesellschaften. Stuttgart 2019, S. 11

70 Sandra Kostner: Vorwort zu Arthur M. Schlesinger: Die Spaltung Amerikas. Überlegungen zu einer multikulturellen Gesellschaft. Stuttgart 2020, S. 7. Siehe auch Sandra Kostner (Hrsg.): Identitätslinke Läuterungsagenda. Eine Debatte zu ihren Folgen für Migrationsgesellschaften. Stuttgart 2019. Und Sandra Kostner: Seid umschlungen, Millionen!? Deutsche Migrations- und Integrationspolitik von den 1950er Jahren bis heute. Stuttgart 2021

71 Grau Alexander: Der autoritäre Charakter ist zurück: Warum es ein neues (und anderes) 68 braucht. *NZZ* 05.10.2020. https://www.nzz.ch/feuilleton/der-autoritaere-charakter-ist-zurueck-es-braucht-ein-neues-196868-ld.1577832?mktcid=nl-ed&mktcval=124&kid=nma_2020-10-5&ga=&trco

72 Siehe Ralf Dahrendorf: Versuchungen der Unfreiheit. Die Intellektuellen in Zeiten der Prüfung. München 2008

73 Eckhard Jesse: 50 Jahre Bundesrepublik Deutschland. Haben wir eine Verschiebung des politischen Koordinatensystems? In: *Mut*, Heft 5/1999, S. 28 – 41

74 Hans-Helmuth Knütter: Die Faschismus-Keule. Das letzte Aufgebot der deutschen Linken. Berlin 1993, S. 21 und S. 88

75 Botho Strauß: Anschwellender Bocksgesang, zuerst im *Spiegel*, Nr. 6/1993, S. 202 – 207; hier in: Heimo Schwilk und Ulrich Schacht (Hg.): Die selbstbewusste Nation. Anschwellender Bocksgesang und weitere Beiträge zu einer deutschen Debatte. Berlin 1995, 3. Auflage, S. 36f

76 Siehe www.marxist.org

77 J. W. Stalin Werke 13. Juli 1930 – Januar 1934. Berlin 1955. Siehe https://kommunistische geschichte.de/StalinWerke/stalin-band13.pdf,S. 169

78 Till Kinzel: Dem Denken die Bahn vorgeben. Georg Lukács' »Zerstörung der Vernunft« als Blaupause der Politischen Korrektheit. In: Dieter Stein (Hg.): Festschrift für Karlheinz Weißmann zum sechzigsten Geburtstag. Berlin 2019, S. 146

79 www.welt.de/politik/deutschland/article208750999/Disput-auf-Twitter-Esken-zaehlt-sich-zur-Antifa.html

80 Armin Mohler: Der Nasenring. Die Vergangenheitsbewältigung vor und nach dem Fall der Mauer, München 1991 (erstmals 1989 mit dem Untertitel: Im Dickicht der Vergangenheitsbewältigung).

81 Zitiert nach Oriana Fallaci: Die Wut und der Stolz. Berlin 2004, S. 158

82 Arno Plack: Wie oft wird Hitler noch besiegt? Heidelberg 1982, S. 64

83 https://www.welt.de/politik/deutschland/article108498895/Die-verlorene-Privatsphaere-der-Nadja-Drygalla.html

84 https://www.welt.de/politik/deutschland/article181689624/Bundespraesident-Steinmeier-verteidigt-Empfehlung-fuer-Konzert-gegen-rechts-in-Chemnitz.html

85 Arno Plack: Wie oft wird Hitler noch besiegt? Heidelberg 1982, S. 81ff.

86 Karl Dietrich Bracher: Zeit der Ideologien. Eine Geschichte politischen Denkens im 20. Jahrhundert. Stuttgart 1982, S. 128

87 https://www.zeit.de/news/2020-02/09/historiker-faschismus-begriff-wird-inflationaer-verwendet

88 Christian Jung: Staats-Antifa. Die heimliche Machtergreifung der Linksextremisten. Rottenburg 2020

89 https://www.tagesspiegel.de/politik/duesseldorfer-synagoge-der-brandanschlag-ist-aufgeklaert/184750.html

90 https://www.focus.de/politik/deutschland/sebnitz-absolut-banaler-befund_aid_187434.html

91 https://www.welt.de/politik/deutschland/article129635099/Linksextremismus-ist-ein-aufgebauschtes-Problem.html

92 https://www.boersenblatt.net

93 https://www.bild.de/regional/berlin/linksextremismus/92-prozent-der-berliner-linksradikalen-wohnen-noch-bei-mutti-44249918.bild.html

94 https://dip21.bundestag.de/dip21/btd/19/157/1915778.pdf

95 Roland Baader: Totgedacht. Warum Intellektuelle unsere Welt zerstören. Gräfelfing 2002, S. 234

96 Peter Sichrovsky: Der Antifa-Komplex. Das korrekte Weltbild. München 1999, S. 62
97 https://www.bmjv.de/SharedDocs/Gesetzgebungsverfahren/Dokumente/DiskE_Ersetzung_Begriff_Rasse.pdf?__blob=publicationFile&v=3
98 https://www.bbaw.de/mediathek/archiv-2020/kant-ein-rassist-interdisziplinaere-diskussionsreihe
99 www.facebook.com/watch/?v=273492847286814
100 www.sueddeutsche.de/medien/wdr-blackfacing-karneval-1.5206978
101 https://www.faz.net/aktuell/karriere-hochschule/umbenennung-neue-debatte-um-den-begriff-mohr-16872089.html
102 https://www.br.de/radio/bayern2/sendungen/zuendfunk/rassismus-debatte-petition-gegen-das-coburger-stadtwappen-100.html
103 www.bundesregierung.de/resource/blob/997532/1819984/4f1f9683cf3faddf90e27f09c692abed/2020-11-25-massnahmen-rechtsextremi-data.pdf
104 http://www.europarl.europa.eu/doceo/document/TA-8-2019-0239_DE.html bzw. http://www.europarl.europa.eu/doceo/document/TA-8-2019-0239_DE.pdf?redirect
105 https://ec.europa.eu/commission/presscorner/detail/de/IP_20_1654
106 Sandra Kostner (Hg.): Identitätslinke Läuterungsagenda. Eine Debatte zu ihren Folgen für Migrationsgesellschaften. Stuttgart 2019, S. 7
107 Siehe Thomas Sowell: A Personal Odyssey, 2000; Affirmative Action Around the World: An Empirical Study, 2004; Intellectuals and Race, 2013; Discrimination and Disparities, 2018; und in Zusammenfassung https://pplickert.de/2020/08/ein-schwarzer-kritiker-des-rassismus-schlagworts/
108 Sowell, Thomas: Inside American Education – The Decline, The Deception, The Dogmas. New York 1993. ZusammengeNfasst in Josef Kraus: Spaßpädagogik. München 1998/2000, S. 191f.
109 Egon Flaig: Weltgeschichte der Sklaverei. München 2009 und 2018, 3. Auflage, S 83, 148ff. und 212
110 Michael Zeuske: Handbuch Geschichte der Sklaverei. Eine Globalgeschichte von den Anfängen bis zur Gegenwart. New York/Berlin 2019, 2. Auflage

111 Robert C. Davis: Christian Slaves, Muslim Masters: White Slavery in the Mediterranean, The Barbary Coast, and Italy, 1500 – 1800. Davis' Buch ist nicht in deutscher Sprache erschienen. Rezensionen dazu finden sich in der *FAZ* und in der *NZZ*. Siehe https://faz.net/aktuell/feuilleton/buecher/rezensionen/sachbuch/die-armen-europaeer-in-den-haenden-von-muslimen-1197388.html und https://www.nzz.ch/feuilleton/christliche-sklaven-muslimische-herren-ld.1581245?reduced=true

112 Volker Seitz: Afrika wird armregiert oder Wie man Afrika wirklich helfen kann. München 2009, erweiterte Neuausgabe 2021

113 Robert Kardinal Sarah, Nicla Diat: Herr, bleibe bei uns! Kisslegg 2019, S. 298

114 Lessing in: Die Erziehung des Menschengeschlechts (1780)

115 Alexander Demandt: Grenzen. Geschichte und Gegenwart. Berlin 2020, S. 532

116 Alexander Demandt: Grenzen. Geschichte und Gegenwart. Berlin 2020, S. 533

117 Zitiert nach Heinrich August Winkler in »Wie Merkels Flüchtlingspolitik gegen ein fundamentales Demokratiegebot verstieß«. In: *Cicero* vom 24. Dezember 2019, siehe www.cicero.de/kultur/heinrich-august-winkler-westen-usa-europa-fluechtlingspolitik

118 https://www.novo-argumente.com/artikel/der_verrat_an_europas_demokratischem_erbe

119 David Engels: Auf dem Weg ins Imperium. Die Krise der Europäischen Union und der Untergang der römischen Republik. Historische Parallelen. Erstausgabe französisch 2013, deutsch München 2014, S. 29

120 https://thetrueeurope.eu/die-pariser-erklarung/

121 http://www.europarl.europa.eu/doceo/document/TA-8-2019-0239_DE.html bzw. http://www.europarl.europa.eu/doceo/document/TA-8-2019-0239_DE.pdf?redirect

122 http://bogner-verlag.de/geldfluesse-in-der-entwicklungszusammenarbeit-seit-1960

123 Der Gedanke ist recht ausführlich dargestellt bei Lothar Fritze: Angriff auf den freiheitlichen Staat: Über Macht und ideologische Vorherrschaft. Marburg 2020

124 Rolf Peter Sieferle: Epochenwechsel. Die Deutschen an der Schwelle zum 21. Jahrhundert. Berlin 1994, hier Berlin 2017, S. 424 und S. 429

125 Alexander Dietz, Jan Dochhorn, Axel Bernd Kunze, Ludger Schwienhorst-Schönberger (Hgg.): Wiederentdeckung des Staates in der Theologie. Leipzig 2020, Seiten 197, 199 und 210

126 Josef Schmid: Die Moralgesellschaft. München 1999, S. 17

127 Konrad Paul Liessmann: Lob der Grenze. Kritik der politischen Unterscheidungskraft. Wien 2012. S. 29

128 Egon Flaig: Die Niederlage der politischen Vernunft. Wie wir die Errungenschaften der Aufklärung verspielen. Springe 2017

129 Frank Böckelmann: Jargon der Weltoffenheit. Waltrop/Leipzig 2014

130 Frank Böckelmann: Die Gelben, die Schwarzen, die Weißen. Lüdingshausen/Berlin 1998/2018

131 https://www.bundesregierung.de/breg-de/service/bulletin/rede-von-bundeskanzlerin-dr-angela-merkel-797406

132 https://www.rnz.de/nachrichten/heidelberg_artikel,-Heidelberg-Was-die-Fluechtlinge-uns-bringen-ist-wertvoller-als-Gold-_arid,198565.html

133 https://www.n-tv.de/wirtschaft/Daimler-Chef-will-Fluechtlinge-anwerben-article15874076.html

134 https://de.wikiquote.org/wiki/Katrin_Göring-Eckardt

135 https://www.tagesspiegel.de/politik/wolfgang-schaeuble-abschottung-wuerde-uns-in-inzucht-degenerieren-lassen/13706442.html

136 Herfried Münkler, Marina Münkler: Die neuen Deutschen. Ein Land vor seiner Zukunft. Reinbek 2017

137 https://www.destatis.de/DE/Presse/Pressemitteilungen/2020/07/PD20_274_12521.html#:~:text=1%2C360%20Millionen%20Schutzsuchende%20verfügten%20Ende,im%20Vorjahr%20(%2B6%20%25)

138 https://de.statista.com/statistik/daten/studie/665598/umfrage/kosten-des-bundes-in-deutschland-durch-die-fluechtlingskrise/

139 Rolf Peter Sieferle: Das Migrationsproblem. Über die Unvereinbarkeit von Sozialstaat und Masseneinwanderung. Waltrop/Berlin 2017, S. 22, 29 und 51

140 Thilo Sarrazin: Der Staat an seinen Grenzen. Über Wirkung von Einwanderung in Geschichte und Gegenwart. München 2020

141 https://bild.news.blog/2020/05/12/9040-29-63/

142 https://dip21.bundestag.de/dip21/btd/19/210/1921055.pdf

143 Ingrid König: Schule vor dem Kollaps. München 2019. Katha
Strofe: Leaks aus dem Lehrerzimmer. Mein Jahr als Lehrerin an
der Grundschule des Grauens. Berlin 2020

144 Joachim Wagner: Die Macht der Moschee. Freiburg 2018 und
Wagners Interview vom 24. Januar 2020 in der Berliner
Morgenpost https://www.morgenpost.de/berlin/artic-
le228185245/Islam-Integration-Zuwanderung-Macht-Mo-
schee-Wagner-Buch-Berlin.html

145 https://www.oecd.org/pisa/Combined_Executive_Summaries_
PISA_2018.pdf

146 www.tichyseinblick.de/kolumnen/josef-kraus-lernen-und-bil-
dung/protest-veroeffentlichte-studie-ruecktritte/

147 https://www.destatis.de/DE/Presse/Pressemitteilun-
gen/2020/06/PD20_237_12411.html

148 https://www.focus.de/finanzen/news/wir-verteidigen-europas-
werte-ingenieure-auf-realschulniveau_id_5016680.html

149 https://www.bmi.bund.de/SharedDocs/gesetzgebungsverfah-
ren/DE/Downloads/kabinettsfassung/fachraefteeinwande-
rungsgesetz-kabinettsfassung.pdf?__blob=publicationFi-
le&v=7 –

150 Gunnar Heinsohn: Wettkampf der Klugen. Kompetenz,
Bildung und die Wohlfahrt der Nationen. Zürich 2019, S. 15ff.
Die Kategorie »advanced« bezieht Heinsohn auf das Niveau,
das im TIMSS (Third International Mathematics an Science
Study) sowie im PCT (im internationalen Patentsystem Patent
Cooperation Treaty) erreicht wurde.

151 Vgl. auch Josef Kraus: Willkommenskultur oder Kolonialismus
2.0? In: Herbert Stettberger (Hg.): »Frau Merkel hat mich
eingeladen«!? Berlin 2017, S. 253 – 263

152 Thilo Sarrazin: Der Staat an seinen Grenzen – Über Wirkung
von Einwanderung in Geschichte und Gegenwart. München
2020

153 Carl Schmitt: Der Begriff des Politischen. Hamburg 1933, S. 59

154 www.welt.de/politik/deutschland/plus205309075/Klimaschutz-
Moral-ist-keine-eigene-Rechtsquelle.html – Ähnlich auch die
vormaligen Verfassungsrichter Udo di Fabio und Hans-Jürgen
Papier. Der Verfassungsrechtler Ulrich Vosgerau hat in diesem
Zusammenhang mit einem Buchtitel den Begriff einer »Herr-
schaft des Unrechts« geprägt. Siehe Ulrich Vosgerau: Die
Herrschaft des Unrechts. Die Asylkrise, die Krise des Verfas-
sungsstaates und die Rolle der Massenmedien. Norderstedt 2017

155 Sebastian Haffner: Im Schatten der Geschichte. Historisch-politische Variationen. München 1985, S. 180

156 Willy Hellpach: Politische Prognosen für Deutschland, Frankfurt/M. 1928, S. 56

157 Arnold Gehlen: Moral und Hypermoral, Frankfurt/Main 1969, S. 83f.

158 https://www.faz.net/aktuell/politik/von-trump-zu-biden/krise-in-amerika-maas-will-mit-vereinigten-staaten-marshall-plan-fuer-demokratie-erarbeiten-17137508.html

159 Markus Vahlefeld: Mal eben kurz die Welt retten. Die Deutschen zwischen Größenwahn und Selbstverleugnung. Köln 2017, S. 161, S. 29 und S. 179

160 Siehe Kölner Stadt-Anzeiger vom 11. September 2020

161 So hart urteilt Peter Furth in seiner Abschiedsvorlesung von 1995. Siehe Peter Furth: Troja hört nicht auf zu brennen. Aufsätze aus den Jahren 1981 bis 2007. Berlin 2008. Hier: Heuchelei und moralische Weltanschauung, S. 347 – 388

162 https://de.statista.com/statistik/daten/studie/1716/umfrage/entwicklung-der-weltbevoelkerung/

163 Siehe Gunnar Heinsohn: Söhne und Weltmacht. München 2006

164 Cora Stephan: Der Betroffenheitskult. Reinbek 1993, S. 17

165 Siehe dazu Hermann Lübbe: Politischer Moralismus. Der Triumph der Gesinnung über die Urteilskraft. Berlin 1987

166 Lothar Fritze: Kulturkampf. Moralischer Universalismus statt Selbstbehauptung? Dresden 2021, S. 8 und 11

167 So der Titel einer Aufsatzsammlung bzw. eines Reclam-Bändchens von Ulrich Beck aus dem Jahr 1995

168 Erich Vad: Nur mit Deutschland und den USA, in: Rotary Magazin, Heft Januar 2020, S. 42

169 Sönke Neitzel: Deutsche Krieger. Vom Kaiserreich zur Berliner Republik – eine Militärgeschichte. Berlin 2020, S. 611.

170 Siehe dazu Josef Kraus/Richard Drexl: Nicht einmal bedingt abwehrbereit. Die Bundeswehr in der Krise. München 2021, 2. Auflage

171 https://www.deutschlandfunk.de/zynische-aktion.862.de.html?dram:article_id=123515

172 https://www.dw.com/de/aachener-friedenspreis-geht-an-schulen-ohne-bundeswehr/a-17059058

173 Burkhard Voß: Wenn der Kapitän als Erster von Bord geht. Wie Postheroismus unsere Gesellschaft schwächt. Münster 2019, Seite 10/11: Vorwort von Josef Kraus

174 Parviz Amoghli / Alexander Meschnig: Siegen – oder vom Verlust der Selbstbehauptung. Lüdinghausen/Berlin 2018, S. 8
175 Siehe dazu Michael Klonovsky: Der Held. Ein Nachruf. München 2011, S. 18 – 20
176 Siehe Arnold Toynbee: Krieg und Kultur – Der Militarismus im Leben der Völker, Stuttgart 1950
177 Siehe dazu im Detail auch Josef Kraus/Richard Drexl: Nicht einmal bedingt abwehrbereit. Die Bundeswehr in der Krise. München 2021, 2. Auflage
178 Egon Flaig, Die Niederlage der politischen Vernunft. Wie wir die Errungenschaften der Aufklärung verspielen. Springe 2017, S. 295
179 Rüdiger Proske: Wider den liederlichen Umgang mit der Wahrheit. Anmerkungen zu einer umstrittenen Ausstellung. Mainz 1999
180 Die Welt vom 14.05.2017: Was Helmut Schmidt über die Schuld der Wehrmacht dachte. https:// www.welt.de/politik/deutschland/plus164542555/Was-Helmut-Schmidt-ueber-die-Schuld-derWehrmacht-dachte.html
181 Christian Hardinghaus: Die verdammte Generation – Gespräche mit den letzten Soldaten des Zweiten Weltkrieges, Berlin 2020, S. 15
182 Eine fundierte Auseinandersetzung mit Gender findet sich bei Hanna-Barbara Gerl-Falkoviotz: Frau – Männin – Menschin, Zwischen Feminismus und Gender. Kevelar 2016. Kritisch publizistisch aufbereitet ist Gender von Birgit Kelle: Gendergaga. Wie eine absurde Ideologie unseren Alltag erobern will. München 2015
183 Siehe dazu auch Harald Schulze Eisentraut, Alexander Ulfig (Hg.): Gender Studies. Wissenschaft oder Ideologie. Baden-Baden 2019, vor allem S. 4f. und 9
184 www.bundesverfassungsgericht.de/SharedDocs/Pressemitteilungen/DE/2017/bvg17-095.html
185 Siehe https://www.epd.de/regional/ost/schwerpunkt/soziales/umfrage-nur-wenige-geschlechtseintraege-divers
186 Details zur Statistik finden sich hier: www.tichyseinblick.de/daili-es-sentials/geburtsregister-gesetz-m-w-d/
187 https://www.deutschlandfunk.de/elter-1-und-elter-2.691.de.html?dram:article_id=54614

188 https://www.focus.de/familie/eltern/england-muttermilch-kann-auch-milch-des-stillenden-elternteils-genannt-werden_id_13219302.html

189 Zitat aus Andreas Lombard: Das Kind als Produkt. Über das antifamiliäre Projekt der Moderne. In: Die Neue Ordnung, April 2017, 71. Jag. Heft 2, S. 98 – 111

190 https://reitschuster.de/post/frauen-heissen-in-taz-jetzt-menschen-mit-gebaermutter/

191 http://home.unicode.org/news/

192 https://ec.europa.eu/info/sites/info/files/lgbtiq_factsheet_2020-2025_de.pdf

193 https://www.dissens.de/ueber-uns/selbstdarstellung

194 https://www.berlin.de/bibliotheken-mh/lesen-lernen/medienkoffer/

195 www.faz.net/aktuell/gesellschaft/menschen/gastbeitrag-das-thema-gender-identitaet-ueberfordert-kinder-16934895.html

196 https://www.antidiskriminierungsstelle.de/SharedDocs/Downloads/DE/Literatur_Bildung/Fruehkindliche_Inklusionspaedagogik.html

197 www.spiegel.de/lebenundlernen/schule/intersexualitaet-bayerische-grundschulen-planen-toiletten-fuer-drittes-geschlecht-a-1250719.html

198 Ryszard Legutko: Der Dämon der Demokratie. Totalitäre Strömungen in liberalen Gesellschaften. Wien 2017, S. 143 (in deutscher Übersetzung). 2012 im polnischen Original.

199 »Es ist die Aufgabe des historischen Materialismus, zu zeigen, wie alles kommen muß – und wenn es nicht so kommt, zu zeigen, warum es nicht so kommen konnte.« https://www.aphorismen.de/suche?f_thema=Materialismus&f_autor=4254_Kurt+Tucholsky

200 In: Friedrich A. v. Hayek: Der Weg zur Knechtschaft, englische Erstausgabe 1944

201 Lauterbach ist hinsichtlich Qualifikation übrigens alles andere als ein Virologe oder Epidemiologe. www.tichyseinblick.de/kolumnen/josef-kraus-lernen-und-bildung/portrait-eines-medialen-guru-artefakts-karl-lauterbach/

202 www.welt.de/politik/deutschland/article223275012/Kampf-gegen-Klimawandel-Lauterbach-wegen-Coronazeit-pessimistisch.html

203 www.bundesverfassungsgericht.de/SharedDocs/Pressemitteilungen/DE/2021/bvg21-031.html

204 www.n-tv.de/ticker/Altmaier-begruesst-epochales-Urteil-zum-Klimaschutz-article22522030.html

205 www.n-tv.de/ticker/Soeder-fordert-Generalrenovierung-der-Klimaschutzgesetze-article22522536.html

206 Das Interview ist zu finden unter www.wolfgang-schaeuble.de/die-pandemie-ist-eine-grosse-chance/

207 www.tichyseinblick.de/daili-es-sentials/cdu-bundestagsabgeordnete-klagen-in-karlsruhe-gegen-eu-eigenmittelbeschluss/

208 Siehe dazu Fritz Vahrenholt / Sebastian Lüning: Unerwünschte Wahrheiten. Was Sie über den Klimawandel wissen sollten. München 2020

209 www.sueddeutsche.de/wissen/umweltpolitik-hannover-fridays-for-future-parallelen-bei-corona-und-klimakrise-dpa.urn-newsml-dpa-com-20090101-210111-99-975622

210 www.zeit.de/wissen/gesundheit/2020-03/corona-auswirkungen-klima-umwelt-emissionen-muell

211 www.tichyseinblick.de/daili-es-sentials/von-der-solidarischen-ddr-dem-ende-des-kapitalismus-und-anderen-systemfehlern/

212 https://www.welt.de/vermischtes/article204618322/Oma-ist-ne-Umweltsau-Tom-Buhrow-entschuldigt-sich-fuer-WDR-Song.html

213 https://www.faz.net/aktuell/wirtschaft/klima-energie-und-umwelt/umwelt-juengere-nehmen-weniger-ruecksicht-aufs-klima-17055238.html

214 https://de.wikiquote.org/wiki/Jürgen_Trittin: »Es bleibt dabei, dass die Förderung erneuerbarer Energien einen durchschnittlichen Haushalt nur rund 1 Euro im Monat kostet – so viel wie eine Kugel Eis.«

215 https://de.statista.com/statistik/daten/studie/234370/umfrage/entwicklung-der-haushaltsstrompreise-in-deutschland/

216 https://crisis-prevention.de/kommunikation-it/schwerwiegender-zwischenfall-im-europaeischen-stromversorgungssystem-am-8-jaenner-2021.html

217 www.bbk.bund.de/DE/Service/Publikationen/Broschuerenfaltblaetter/Ratgeber_einstieg.html

218 https://www.wsj.com/articles/worlds-dumbest-energy-policy-11548807424

219 Pascal Bruckner: Der Schuldkomplex – Vom Nutzen und Nachteil der Geschichte für Europa. München 2008, S. 48; französische Originalausgabe 2006: La tyrannie de la pénitence
220 Fritz Vahrenholt / Sebastian Lüning: Unerwünschte Wahrheiten. Was Sie über den Klimawandel wissen sollten. München 2020
221 https://www.cicero.de/wirtschaft/klimawandel-11000-wissenschaftler-ethos
222 Siehe https://de.wikipedia.org/wiki/Kohlenstoffdioxid_in_der_Erdatmosphäre#:~:text=Die%20Analysen%20von%20Eisbohrkernen%20führten,letzten%2011.700%20Jahre)%20weitgehend%20stabil. Ferner https://de.statista.com/infografik/22731/laender-mit-den-hoechsten-co2-emissionen/ Auf dieser Basis eigene Berechnungen.
223 https://sdgs.un.org/goals
224 Nachzurechnen hier: www.swr.de/wissen/co2-fussabruck-oekobilanz-von-hunden-100.html
225 dipbt.bundestag.de/dip21/btd/17/120/1712051.pdf
226 https://www.bundesregierung.de/resource/blob/975232/1732182/d4af29ba76f62f61f1320c32d39a7383/fernsehansprache-von-bundeskanzlerin-angela-merkel-data.pdf
227 Das berichtet der *Focus* zu Beginn des zweiten Corona-Lockdowns am 11. November 2020 https://www.focus.de/gesundheit/news/welte-zu-google-koop-mit-spahn-ministerium-mechanismen-der-freien-information-ausser-kraft-gesetzt_id_12648364.html
228 https://www.aerzteblatt.de/nachrichten/115057/RKI-Praesident-Wieler-Entwicklung-in-Deutschland-macht-mir-grosse-Sorgen
229 Siehe *FAZ* vom 4. Dezember 2020: Wen die ›Querdenker‹ wählen – und wer sie sind. https://www.faz.net/aktuell/politik/inland/studie-zu-corona-protesten-von-links-nach-rechts-bewegt-17085343.html?premium
230 https://www.tichyseinblick.de/daili-es-sentials/rupert-scholz-kanzlerin-und-ministerpraesidenten-handeln-verfassungswidrig/
231 https://www.achgut.com/artikel/der_geist_der_diktatur
232 www.faz.net/aktuell/feuilleton/debatten/welche-folgen-das-coronavirus-fuer-unsere-gesellschaft-hat-16686351.html

233 www.focus.de/politik/deutschland/schwarzer-kanal/die-focus-kolumne-von-jan-fleischhauer-das-covid-kommando-corona-bringt-ans-licht-wie-autoritaer-deutschlands-linke-ist_id_12900536.html?utm_source=newsletter&utm_medium=email&utm_campaign=newsletter_SCHWARZER_KANAL

234 Für den Sozialphilosophen Peter Furth ist der Begriff Zivilreligion übrigens ein »semantischer Kentaur«. In: Peter Furth: Troja hört nicht auf zu brennen. Aufsätze aus den Jahren 1981 bis 2007. Berlin 2008, S. 427. Hier Rede aus dem Jahr 2004: Schuld und Zivilreligion in Deutschland

235 Norbert Bolz: Das Wissen der Religion. Betrachtungen eines religiös Unmusikalischen. München 2008, S.38

236 Richard Müller-Freienfels: Psychologie des deutschen Menschen und seiner Kultur. München 1922, S. 194 – 203

237 Der Begriff »Erngläubigkeit« stammt aus Willy Hellpachs Buch »Übersicht über die Religionspsychologie«, Leipzig 1939, S. 104ff. Folge dieser Gerngläubigkeit ist für Hellpach die Kirchwerdung der Religion.

238 Fest, Joachim: Der zerstörte Traum. Vom Ende des utopischen Zeitalters. Berlin 1991, S. 21f.

239 Karl Dietrich Bracher: Zeit der Ideologien. Eine Geschichte politischen Denkens im 20. Jahrhundert. Stuttgart 1982, S. 15

240 https://de.wikipedia.org/wiki/Ende_der_Geschichte

241 Fest, Joachim: Die schwierige Freiheit. Über die offene Flanke der offenen Gesellschaft. Berlin 1993, S. 23

242 Karl Popper 1971 in einem ARD-Streitgespräch mit Herbert Marcuse

243 Helmut Schelsky: Die Arbeit tun die anderen. Klassenkampf und Priesterherrschaft der Intellektuellen. Berlin 1975

244 Max Scheler: Die Wissensformen und die Gesellschaft. Erstmals Leipzig 1926

245 Carl Schmitt, Politische Theologie. Vier Kapitel zur Lehre von der Souveränität, Berlin 1996, 7. Auflage, S. 43

246 Eric Voegelin: Die politischen Religionen, Erstausgabe 1938, hier Ausgabe 2007. Seiten 13 und 31

247 Diese Säkularisierungsthese vertritt Karl Löwith in: Weltgeschichte und Heilsgeschehen. Stuttgart 1953

248 Norbert Bolz: Weder Maß noch Mitte. Wiederkehrende religiöse Hysterie: Wie die geistige Pandemie unserer Zeit den Weg in die Gnosisrepublik ebnet. In: *Cato*, Heft 6/2020, S. 32 – 37

249 Carl Christian Bry: Verkappte Religionen. Kritik des kollektiven Wahns«. 1924, hier München 1979, siehe vor allem S. 252 und S. 134. Karl-Heinz Bohrer schrieb im Klappentext zur Neuauflage des Buches 1979: »Eines der bedeutendsten Dokumente der zwanziger Jahre, dessen Hellsichtigkeit epochalen Rang besitzt.«

250 https://jungefreiheit.de/politik/deutschland/2019/goering-eckardt-greta-thunberg-ist-eine-prophetin1/

251 https://www.domradio.de/themen/schöpfung/2019-04-18/hellwach-wie-jesus-christus-bischof-wilmer-lobt-junge-klima-schuetzer

252 https://www.domradio.de/themen/schöpfung/2019-04-18/hellwach-wie-jesus-christus-bischof-wilmer-lobt-junge-klima-schuetzer

253 In der *FAZ* vom 1. Juli 2016: https://www.faz.net/aktuell/feuilleton/debatten/hass-im-islam-terror-hat-mit-der-religion-zu-tun-14317475.html

254 https://www.humanrights.ch/cms/upload/pdf/140327_Kairoer_Erklaerung_der_OIC.pdf

255 Jacob Burckhardt: Fragmente. Schriften und Aufzeichnungen aus der Zeit nach 1860. Nördlingen 1988, S. 64 – 67

256 Thilo Sarrazin stellt dies in seinem Buch »Feindliche Übernahme. Wie der Islam den Fortschritt behindert und die Gesellschaft bedroht« (München 2018) auf 500 Seiten und mit rund 800 Quellenangaben ausführlich dar.

257 Konrad Adam: Robespierre baut eine Kirche. In: *Tumult – Vierteljahresschrift für Konsensstörung*, Heft Herbst 2020, S. 95

258 Zitiert nach Siegfried Kohlhammer: Islam und Toleranz. Von angenehmen Märchen und unangenehmen Tatsachen. Springe 2011, S. 181

259 Erdogan zitierte damit ein Gedicht des nationalistischen Dichter Ziya Gökalp, der dafür wegen Volksverhetzung im Jahr 1998 zu zehn Monaten Haft verurteilt worden war. https://www.deutschlandfunkkultur.de/staatsbesuch-des-tuerkischen-praesidenten-erdogans.1005.de.html?dram:article_id=429001

260 https://www.sueddeutsche.de/politik/erdogan-rede-in-koeln-im-wortlaut-assimilation-ist-ein-verbrechen-gegen-die-menschlichkeit-1.293718

261 https://www.spiegel.de/politik/ausland/recep-tayyip-erdogan-raet-tuerken-in-deutschland-zu-fuenf-kindern-nicht-drei-a-1139336.html

262 So Oriana Fallaci: Die Wut und der Stolz. Berlin 2004. Die renommierte Kriegsberichterstatterin Oriana Fallaci (1929 – 2006) veröffentlichte diese in zwanzig Sprachen übersetzte Schrift bewusst acht Tage nach dem 11. September 2001 als »J'accuse« gegen die Verharmlosung des Islamismus. Auf Seite S. 83 fragte sie rhetorisch: »Welchen Sinn hat es, Leute zu respektieren, die uns nicht respektieren?«

263 Siehe Susanne Schröter: Politischer Islam. Stresstest für Deutschland. Gütersloh 2019. Und Susanne Schröter: Der Nährboden des Terrors, *FAZ* vom 23. Oktober 2020, www.faz.net/aktuell/feuilleton/debatten/islamismus-in-frankreich-die-ursachen-des-terrors-17013221.html

264 https://www.spiegel.de/politik/deutschland/integrationsdebatte-merkel-hat-sarrazins-buch-nicht-gelesen-a-718236.html

265 https://www.handelsblatt.com/politik/deutschland/umstrittene-thesen-merkel-knoepft-sich-sarrazin-vor/3523278.html?ticket=ST-178752-QJ6Jtlf3uL6MxMVgE0Jk-ap4

266 Konrad Adam: Robespierre baut eine Kirche. In: *Tumult – Vierteljahresschrift für Konsensstörung*, Heft Herbst 2020, S. 94

267 www.opendoors.de/christenverfolgung/weltverfolgungsindex/weltverfolgungsindex-detailansicht

268 https://fazarchiv.faz.net/document?id=FAZ__FD1202010106080854#start

269 Aus Hitlers »Monologen im Führerhauptquartier« sind die Sätze überliefert: »Auch das Regime der Araber in Spanien war etwas unendlich Vornehmes: die größten Wissenschaftler, Denker, Astronomen, Mathematiker, einer der menschlichsten Zeiträume, eine kolossale Ritterlichkeit zugleich. Als dann später das Christentum dahin kam, da kann man nur sagen: die Barbaren. Die Ritterlichkeit, welche die Kastilier haben, ist in Wirklichkeit arabisches Erbe. Hätte bei Poitiers nicht Karl Martell gesiegt: Haben wir schon die jüdische Welt auf uns genommen – das Christentum ist so etwas Fades –, so hätten wir viel eher noch den Mohammedanismus übernommen, diese Lehre der Belohnung des Heldentums … Die Germanen hätten die Welt damit erobert, nur durch das Christentum sind wir davon abgehalten worden.«

270 https://www.nzz.ch/meinung/der-andere-blick/zusammenhang-von-terrorismus-und-migration-wird-heruntergespielt-ld.1588829?reduced=true

271 https://www.welt.de/vermischtes/article170568286/Karl-Lagerfeld-sorgt-mit-Aussage-zu-Fluechtlingen-fuer-Aufregung.html

272 Bassam Tibi in *Cicero* am 13. Oktober 2017; https://cicero.de/innenpolitik/islamismus-zuwanderung-kriminalitaet-bassam-tibi

273 Marco Stahlhut: Die Illusion eines moderaten Islam – Indonesien debattiert die Todesstrafe für Homosexuelle: Der einstige politische Hoffnungsträger wird zum Menetekel. *FAZ* vom 17. Februar 2017, S. 9

274 https://renovatio.org/2018/03/ruud-koopmans-der-real-existierende-islam-gehoert-nicht-zu-europa/

275 Samuel Huntington: The clash of civilizations; deutsch: Der Kampf der Kulturen. München 1996

276 Siehe https://www.compass-infodienst.de/Chaim-Noll-Aura-der-Angst-Kommunismus-Islam-und-ihre-Wirkung-auf-Europa.3617.0.html)

277 Zitiert nach James V. Schall, SJ: Der Islam – Friedensreligion oder Gefahr für die Welt? Originaltitel: On Islam, 2018, in deutscher Übersetzung Illertissen 2019, S. 63

278 Egon Flaig: Was nottut. Plädoyer für einen aufgeklärten Konservatismus. Lüdingshausen/Berlin 2019. S. 112

279 www.bpb.de/politik/extremismus/radikalisierungspraevention/302514/was-ist-antimuslimischer-rassismus

280 Siehe Pascal Bruckner: Der eingebildete Rassismus. Französische Erstausgabe 2017 »Un racisme imaginaire«, deutsch 2020

281 Die richtige Antwort darauf findet man bei Michael Wolffsohn: So wird dämonisiert. *FAZ* vom 21. Februar 2018. www.faz.net/aktuell/feuilleton/debatten/antisemitismus-hat-rechts-und-links-wieder-konjunktur-15457867.html

282 Henryk M. Broder: Hurra, wir kapitulieren. Von der Lust am Einknicken. Berlin, 2006, 8. Auflage

283 Siehe Stefan Luft: Abschied von Multikulti. München 2007, S. 372

284 https://www.waz.de/staedte/duisburg/hitzige-debatte-um-gesonderte-baederzeiten-fuer-muslime-id10339583.html

285 https://www.welt.de/vermischtes/article148542872/Die-Angst-vor-der-Diskriminierung-durch-Sankt-Martin.html

286 http://www.archivioradiovaticana.va/storico/2012/08/11/d_zugspitze_für_muslime_ohne_gipfelkreuz_/ted-612261

287 https://www.welt.de/regionales/hamburg/article161419157/Der-Boden-darf-nicht-durch-Unglaeubige-verunreinigt-sein.html

288 https://www.cicero.de/aussenpolitik/rede-macron-samuel-paty-beerdigung-islamismus-anschlag-frankreich-meinungsfreiheit

289 https://de.wikipedia.org/wiki/Liste_von_Fatih-Moscheen#Fatih-Moscheen_in_Deutschland_(52), aufgerufen am 13.01.2021

290 Siehe Joachim Wagner: Die Macht der Moschee. Scheitert die Integration am Islam? Freiburg 2018

291 https://www.nzz.ch/international/seehofer-der-islam-gehoert-nicht-zu-deutschland-ld.1366607?reduced=true

292 https://www.youtube.com/watch?v=5RlG3k9_mtw

293 Der 1972 als Sohn eines ägyptischen Imams geborene Hamed Abdel-Samad spricht von einer »richtigen Gewaltseuche im Herzen des Islam«: https://www.derstandard.at/story/2000046415855/hamed-abdel-samad-wir-haben-eine-gewaltseuche-im-herzen-des – Regelmäßig deckt er die anti-aufklärerischen Strukturen des Islam auf, zum Beispiel in seinem Buch »Der islamische Faschismus. Eine Analyse« (München 2014). Zugleich bekennt er sich zu einem Deutschland des Grundgesetzes: »Aus Liebe zu Deutschland: Ein Warnruf (München 2020). Im November 2020 ist er nach zehnjähriger Zugehörigkeit aus der Deutschen Islamkonferenz ausgetreten. Er gibt der Konferenz eine nicht unerhebliche Mitschuld am Erdogan-Kult. https://www.bild.de/politik/inland/politik-inland/kritiker-tritt-aus-islamkonferenz-aus-wegen-erdogan-kult-in-deutschland-73869432.bild.html?fbclid=IwAR17fU-VUdv75RUwN9WtKtSlV0P1HWFTcBcvbfbvBPJ7M7eG7lSqbJjRDt2A – Nach der Veröffentlichung seines Buches »Mohamed – Eine Abrechnung« von 2015 riefen deutsche Dschihadisten aus Syrien zu seiner Ermordung auf.

294 Die 1963 in Istanbul geborene Anwältin begründete in Berlin als Imamin eine liberale Moscheegemeinde. Ihre kritische Auseinandersetzung mit dem Islam findet sich in ihren Büchern »Der Multikulti-Irrtum. Wie wir in Deutschland besser zusammenleben können« (Berlin 2007), »Der Islam braucht eine sexuelle Revolution. Eine Streitschrift« (Berlin 2009), »Wahlheimat – Warum ich Deutschland lieben möchte« (Berlin 2013)

295 Die 1957 in Istanbul geborene Soziologin hat sich einen Namen unter anderem mit folgenden Büchern gemacht: »Die fremde Braut. Ein Bericht aus dem Inneren des türkischen Lebens in Deutschland« (Köln 2005), »Die unheilige Familie. Wie die islamische Tradition Frauen und Kinder entrechtet« (München 2019).

296 Ruud Koopmans: Das verfallene Haus des Islam. München 2020

297 Friedrich A. Hayek: Der Weg zur Knechtschaft. Ausgabe München/Landsberg 2014 zum 70-jährigen Erscheinen der englischen Originalausgabe, S. 143

298 Hannah Arendt: Elemente und Ursprünge totaler Herrschaft. Zuerst 1951 als »The Origins of Totalitarianism«, deutsch erstmals 1955, hier München 23013, S. 748

299 https://www.wiwo.de/politik/deutschland/digitale-aufklaerung-ein-mausklick-fuer-mehr-muendigkeit/26193786.html

300 Hans Buchheim: Totalitäre Herrschaft. Wesen und Merkmale. München 1962, S. 14

301 Daniel Ullrich und Sarah Diefenbach haben diesen ersatzreligiösen Charakter von »PC« genauer ausgeführt. Siehe ihr Buch: Es war doch gut gemeint. Wie Political Correctness unsere freiheitliche Gesellschaft zerstört. München 2017

302 »Nur die Dethematisierung könnte dem Rechtspopulismus das Wasser abgraben.« In: Für eine demokratische Polarisierung. Wie man dem Rechtspopulismus den Boden entzieht. Jürgen Habermas im Interview. In: Blätter für deutsche und internationale Politik, 61. Jahrgang, Heft 11/2016, Blätter Verlagsgesellschaft Berlin. https://www.blaetter.de/ausgabe/2016/november/fuer-eine-demokratische-polarisierung

303 https://www.spiegel.de/panorama/stuttgart-randale-pluenderungen-und-gewalt-gegen-polizisten-a-483cdf00-4084-4cba-8fcd-72c54f5ea5e2

304 https://de.wikipedia.org/wiki/Ausschreitungen_und_Plünderungen_in_Stuttgart_2020

305 https://www.facebook.com/JakobAugstein/posts/1072466122798315/

306 Ingo von Münch: Meinungsfreiheit gegen Political Correctness. Berlin 2017, S. 31 und 43

307 Ryszard Legutko: Der Dämon der Demokratie. Totalitäre Strömungen in liberalen Gesellschaften. Wien 2017, S. 127 (in deutscher Übersetzung). 2012 im polnischen Original.

308 Siehe dazu Peter Sloterdijk: 35 Jahre nach der »Kritik der zynischen Vernunft«: https://rundschau-hd.de/2018/12/35-jahre-nach-der-kritik-der-zynischen-vernunft-peter-sloterdijk-seziert-das-zynische-bewusstsein-zu-beginn-des-21-jahrhunderts/

309 Robert Hughes: Nachrichten aus dem Jammertal. Wie sich die Amerikaner in political correctness verstrickt haben. München 1994

310 Michael Bonder: Ein Gespenst geht um die Welt: Political Correctness. Frankfurt/M. 1995

311 Michael Esders: Sprachregime. Die Macht der politischen Wahrheitssysteme. Lüdinghausen/Berlin 2020

312 https://de.wikipedia.org/wiki/Sprachgebrauch_in_der_DDR

313 Dieter E. Zimmer: RedensArten. Über Trends und Tollheiten im neudeutschen Sprachgebrauch. Zürich 1988

314 https://www.1000dokumente.de/index.html?c=dokument_de&dokument=0080_nol&object=facsimile&l=de

315 https://is.muni.cz/el/1421/jaro2017/PV2B84/um/Habermass_Schadensabwicklung.pdf

316 Imanuel Geiss: Der Hysterikerstreit. Bonn 1992

317 Stéphane Courtois (Hg.), Andrzej Paczkowski, Jean-Louis Panné, Karel Bartošek, Nicolas Werth u. a.: Das Schwarzbuch des Kommunismus. Unterdrückung, Verbrechen und Terror. Cambridge 1997

318 https://hdms.bsz-bw.de/frontdoor/deliver/index/docId/440/file/walserRede.pdf

319 Wiedergegeben in Ingo von Münch: Meinungsfreiheit gegen Political Correctness. Berlin 2017, S. 67

320 Achim Elfers (Hg.): Der Anglizismen-Index 2020. Paderborn 2020

321 https://de.wikipedia.org/wiki/Unterwürfigkeit

322 Wolf Schneider/Cornelius Sommer/Josef Kraus/Walter Krämer: Deutsch lebt! Paderborn 2010

323 https://www.deutschlandfunkkultur.de/klassiker-in-einfacher-sprache-buecher-fuer-analphabeten.1270.de.html?dram:article_id=375992

324 https://www.bild.de/politik/inland/politik-inland/gender-sprache-im-ersten-anne-will-talkt-jetzt-mit-gaestinnen-70857778.bild.html. https://www.youtube.com/watch?v=IRQPuzbIhos

325 www.diepresse.com/5948067/ich-will-in-keinem-stillen-sprachloch-verschwinden?from=rss

326 https://www.ksj.de/i/gott-kampagne

327 https://www.bild.de/regional/hamburg/katrin-goering-eckardt/gruenen-parteitag-in-hamburg-52304422.bild.html

328 https://twitter.com/goeringeckardt/status/126853912024419943 2?lang=de. https://twitter.com/goeringeckardt/status/1268838622897360896?lang=de

329 Siehe dazu Peter Eisenberg: Gendergerechte Sprache – Wenn das Genus mit dem Sexus. Eine Verständnishilfe. *FAZ* vom 28. Februar 2018

330 www.tichyseinblick.de/kolumnen/josef-kraus-lernen-und-bildung/neues-duden-machwerk-richtig-gendern/

331 www.rechtschreibrat.com/DOX/rfdr_PM_2021-03-26_Anlage1_Geschlechtergerechte_Schreibung_seit_2018.pdf

332 https://www.bayernkurier.de/inland/31932-die-gegenderte-nationalhymne/

333 https://www.welt.de/kultur/article170857223/Frankreichs-Premier-verbietet-Gender-Schreibweisen.html

334 http://feministisch-sprachhandeln.org/wp-content/uploads/2015/04/sprachleitfaden_zweite_auflage.pdf

335 https://de.wikipedia.org/wiki/Lann_Hornscheidt

336 Wichtige Information für Bartträger und Bartträgerinnen vom 13. Jänner 2021: www.derstandard.de/jetzt/livebericht/2000123251491/redcontent/1000215024/wirtschaft?responsive=false

337 Zitiert nach Alexander Demandt: Über die Deutschen. Eine kleine Kulturgeschichte. Berlin 2007, S. 38

338 Begriff nach Caspar von Schrenck-Notzing: Charakterwäsche. Die Re-education der Deutschen und ihre bleibenden Auswirkungen. Graz, erstmals 1965

339 Kunkel, Thor: Das Wörterbuch der Lügenpresse. Rottenburg 2020, S. 57: Nudging und Framing: Die neuen Trampelpfade ins Unterbewusstsein der Bürger

340 Richard Thaler, Cass Sunstein: Nudge. Improving Decisions About Health, Wealth, and Happiness. 2008; deutsch: Nudge: Wie man kluge Entscheidungen anstößt. Berlin 2008

341 https://welt.de/wirtschaft/article138326984/Merkel will die Deutschen-durch-Nudging-erziehen.html

342 Friedbert Rüb, Karen Alnor und Florian Spohn: Die Kunst des Reformierens: konzeptionelle Überlegungen zu einer erfolgreichen Regierungsstrategie. Heft 3/2009, Gütersloh. Im Internet nicht mehr auffindbar. Kann von mir bezogen werden.

343 Siehe als Beispiel https://alexander-training.de

344 https://twitter.com/janboehm/status/1385328145864314884
345 Die Website der Aktion ist https://allesdichtmachen.de. Die Beteiligten und wieder Abgesprungenen sind hier aufgelistet: https://de.wikipedia.org/wiki/Allesdichtmachen Der ZDF-»Oma/Corona«-Kinderchor findet sich hier: www.zdf.de/nachrichten/panorama/boehmermann-kinderchor-100.html Der Brief von Vera Lengsfeld an Jan Josef Liefers ist hier veröffentlicht: https://vera-lengsfeld.de/2021/04/25/willkommen-in-der-rechten-ecke-ein-offener-brief-an-jan-josef-liefers/
346 https://www.spiegel.de/kultur/literatur/finis-germania-und-die-spiegel-bestsellerliste-in-eigener-sache-a-1159667.html
347 https://www.faz.net/aktuell/politik/inland/worueber-werner-patzelt-mit-der-tu-dresden-streitet-16000519.html
348 https://www.deutschlandfunkkultur.de/streit-um-gomringer-gedicht-auf-uni-fassade-die-alleen.2165.de.html?dram:article_id=409035
349 https://www.bstu.de/assets/bstu/content_migration/DE/Wissen/MfS-Dokumente/Downloads/Grundsatzdokumente/richtlinie-1-76_ov.pdf, S. 42 – 44
350 https://www.sueddeutsche.de/muenchen/muenchen-strassennamen-pruefung-historiker-1.4673937
351 Siehe https://www.ruv.de/presse/aengste-der-deutschen/grafiken-die-aengste-der-deutschen
352 Erich Wiedemann: Die deutschen Ängste. Ein Volk in Moll. Berlin 1988
353 Walter Krämer: Die Angst der Woche. Warum wir uns vor den falschen Dingen fürchten. München/Zürich 2011
354 https://rp-online.de/panorama/coronavirus/corona-regeln-nrw-laschet-der-november-wird-der-monat-der-entscheidung_aid-54275971
355 Siehe www.tichyseinblick.de/kolumnen/josef-kraus-lernen-und-bildung/portrait-eines-medialen-guru-artefakts-karl-lauterbach/
356 www.welt.de/politik/deutschland/article223275012/Kampf-gegen-Klimawandel-Lauterbach-wegen-Coronazeit-pessimistisch.html
357 Norbert Bolz: Avantgarde der Angst. Berlin 2020
358 https://www.verfassungsschutz.de/DE/service/buerger-und-betroffene/Hinweistelefon/hinweis-geben.html

359 www.amadeu-antonio-stiftung.de/w/files/pdfs/kita_internet_2018.pdf

360 https://www.achgut.com/artikel/frau_kaessmann_verschlimmbessert_sich

361 Konrad Adam auf dem Essener AfD-Parteitag 2015

362 https://www.berlin.de/sen/lads/recht/ladg/materialien/

363 https://vielfalt.uni-koeln.de/antidiskriminierung/unboxingdiscrimination

364 www.bild.de/politik/inland/politik-inland/online-formular-fuer-regel-verstoesse-in-essen-corona-suender-via-mausklick-meld-73402514.bild.html

365 https://twitter.com/RonenSteinke/status/1287493843387121665

366 www.deutschlandfunk.de/corona-pandemie-wissenschaftler-die-corona-leugnen.680.de.html?dram:article_id=493048

367 Siehe Günter Scholdt: Anatomie einer Denunzianten-Republik. Grevenbroich 2018

368 Lothar Fritze: Angriff auf den freiheitlichen Staat. Rangsdorf 2020

369 Bernd Stegemann: Keine Macht den Denunzianten und Reinheitsfanatikern der Kulturszene! In: *Schweizer Monat*, Heft Juni 2020, S. 68 – 71

370 Heinrich August Winkler: Wie wir wurden, was wir sind. Eine kurze Geschichte der Deutschen. München 2020, S. 17 und 18

371 Walter Laqueur: Was ist los mit den Deutschen? Frankfurt/M. 1985, S. 161

372 Hans-Ulrich Wehler: Deutsche Gesellschaftsgeschichte. Erster Band. Vom Feudalismus des Alten Reiches bis zur Defensiven Modernisierung der Reformära 1700 – 1815. München 1987, S. 269 – 279

373 Hans-Ulrich Wehler: Deutsche Gesellschaftsgeschichte. Zweiter Band. Von der Reformära bis zur industriellen und politischen »Deutschen Doppelrevolution« 1815 – 1845/49. München 1987, S. 460 – 472

374 Gordon A. Craig: Über die Deutschen. München 1982, S. 98

375 Hans-Ulrich Wehler: Deutsche Gesellschaftsgeschichte. Dritter Band. Von der »Deutschen Doppelrevolution« bis zum Beginn des Ersten Weltkrieges. München 1995, S. 377 – 383

376 Hans-Ulrich Wehler: Deutsche Gesellschaftsgeschichte. Vierter Band. Vom Beginn des Ersten Weltkrieges bis zur Gründung

der beiden deutschen Staaten 1914 – 1949. München 2003, S. 435- 438 und 798 – 808

377 Helmut Witetschek (Bearbeitung): Die kirchliche Lage in Bayern nach den Regierungspräsidentenberichten 1933 – 1943; Band I: Oberbayern; S. XLff.

378 Dietrich Bonhoeffer: Widerstand und Ergebung. Briefe und Aufzeichnungen aus der Haft, hrsg. von E. Bethge. Gütersloh 1985. S. 12

379 Hans-Ulrich Wehler: Deutsche Gesellschaftsgeschichte. Vierter Band. Vom Beginn des Ersten Weltkrieges bis zur Gründung der beiden deutschen Staaten 1914 – 1949. München 2003, S. 448

380 Helmut Witetschek (Bearbeitung): Die kirchliche Lage in Bayern nach den Regierungspräsidentenberichten 1933 – 1943; Band I: Oberbayern; Seite XXXVIII – XXXIX

381 Hans-Ulrich Wehler: Deutsche Gesellschaftsgeschichte. Vierter Band. Vom Beginn des Ersten Weltkrieges bis zur Gründung der beiden deutschen Staaten 1914 – 1949. München 2003, S. 449 und 817. Zu ähnlichen Ergebnissen und Bewertungen kommt Georg May in http://www.kath-info.de/nationalsoz.html und Georg May: Kirchenkampf oder Katholikenverfolgung. Ein Beitrag zu dem gegenseitigen Verhältnis von Nationalsozialismus und christlichen Bekenntnissen. Stein am Rhein; ferner Karl Kupisch: Zwischen Idealismus und Massendemokratie. Eine Geschichte der evangelischen Kirche in Deutschland von 1815 – 1945, Berlin 1955

382 Hans-Ulrich Wehler: Deutsche Gesellschaftsgeschichte. Vierter Band. Vom Beginn des Ersten Weltkrieges bis zur Gründung der beiden deutschen Staaten 1914 – 1949, München 2003, S. 442

383 Jürgen Falter: Hitlers Wähler. München 1991

384 Jürgen Falter: Hitlers Wähler. München 1991, S. 278

385 Jürgen Falter: Die Wahlen des Jahres 1932/33 und der Aufstieg totalitärer Parteien. https://web.archive.org/web/20141021121904/http://www.blz.bayern.de/blz/web/100083/100083kapitel7.pdf

386 Jürgen Falter: Hitlers Wähler. München 1991, S. 35ff.

387 Jürgen Falter: Hitlers Wähler. München 1991, S. 177, 186 und 191

388 Hans-Ulrich Wehler: Deutsche Gesellschaftsgeschichte. Fünfter Band. Bundesrepublik und DDR. 1949 – 1990. München 2008, S. 363f.

389 https://www.ksta.de/kultur/-die-sa-jesu-christi--31605554
390 https://de.wikipedia.org/wiki/Stuttgarter_Schuldbekenntnis
391 Feldkamp hat dazu zwei Bücher geschrieben und dabei alle relevanten Dokumente und aktuellen Forschungsergebnisse der Kirchengeschichte berücksichtigt. Michael F. Feldkamp: Pius XII. Ein Papst für Deutschland, Europa und die Welt. Mainz 2018. Michael F. Feldkamp: Mitläufer, Feiglinge, Antisemiten? Katholische Kirche und Nationalsozialismus. Augsburg 2009
392 https://www.die-tagespost.de/politik/aktuell/pius-forscher-feldkamp-ein-durchschaubares-manoever;art315,211901
393 Quelle: https://www.theresianum.ac.at/typo3/uploads/media/zweiterweltkrieg.pdf
394 Die nachfolgenden Ausführungen folgen zwei Werken. Bastian Scholz: Die Kirchen und der deutsche Nationalstaat. Konfessionelle Beiträge zum Systembestand und Systemwechsel. Heidelberg 2016. Hier S. 491 – 591: Die Kirchen und die Deutsche Demokratische Republik. Und Ulrich von Hehl/Wolfgang Tischner: Die katholische Kirche in der SBZ/DDR 1945–1989, siehe https://enquete-online.de/pdf?pdf=wp12b6_2_10-80
395 Zitiert nach Hans Maier: Gesammelte Schriften, Band V, Die Deutschen und ihre Geschichte. München 2010. Hier S. 11 – 33 Aufsatz/Vortrag von 1964: Der Bürger im Obrigkeitsstaat, S. 11
396 Freya Klier: Oskar Brüsewitz – Leben und Tod eines mutigen DDR-Pfarrers. Berlin 2006
397 Klaus-Rüdiger Mai: Geht der Kirche der Glaube aus? Eine Streitschrift. Leipzig 2018
398 https://www.tichyseinblick.de/meinungen/die-ekd-funktionaere-haben-sich-vom-christentum-verabschiedet/
399 https://www.katholisch.de/aktuelles/aktuelle-artikel/kardinal-marx-kritisiert-begriff-christliches-abendland
400 Siehe dazu die kurz gefasste jüdische Geschichte von Michael Wolffsohn: 1700 Jahre Juden in Deutschland – Existenz auf Widerruf. www.welt.de/debatte/kommentare/article223615518/1700-Jahre-Juden-in-Deutschland-Existenz-auf-Widerruf.html
401 Helmut Pillau: Die deutsch-jüdische Symbiose: Historische Realität oder bloße Einbildung. Vortrag vom 9. November 2010 vor der Evangelischen Kirchengemeinde Heidesheim/

Rhein. Siehe www.helmutpillau.com oder https://docplayer.org/23031843-Die-deutsch-juedische-symbiose-historische-realitaet-oder-blosse-einbildung-zum-9-november-2010.html

402 Siegfried Kohlhammer: Islam und Toleranz. Von angenehmen Märchen und unangenehmen Tatsachen. Springe 2011, S. 148

403 Götz Aly: Warum die Deutschen? Warum die Juden? Gleichheit, Neid und Rassenhass 1800 bis 1933, Frankfurt/M. 2011

404 Die nachfolgende Darstellung folgt, soweit nicht anders vermerkt, vor allem Dieter Borchmeyer: Was ist deutsch? Die Suche seiner Nation nach sich selbst. Berlin 2017, vor allem das Kapitel »Deutschtum und Judentum – Eine tragische Illusion?«, S. 537 bis 673

405 Martin Buber: »Das Ende der deutsch-jüdischen Symbiose.« (Januar 1939) In: Martin Buber: Politische Schriften. Mit einer Einleitung von Robert Weltsch und einem Nachwort von Rupert Neudeck. Hg. von Abraham Melzer. Frankfurt a. M.: Zweitausendeins 2010, S. 735-737. (Dieser Artikel wurde zuerst am 10. März 1939 in der »Jüdischen Rundschau« veröffentlicht.

406 Michael Wolffsohn, Thomas Brechenmacher: Deutschland, jüdisch Heimatland. Die Geschichte der deutschen Juden vom Kaiserreich bis heute. München/Zürich 2008, S. 257

407 Richard Müller-Freienfels: Psychologie des deutschen Menschen und seiner Kultur. München 1922, Kapitel: Der jüdische Volkscharakter und die deutsche Eigenart, S. 215 – 217

408 Gordon Craig: Über die Deutschen. München 1985, S. 143

409 Michael Wolffsohn, Thomas Brechenmacher: Deutschland, jüdisch Heimatland. Die Geschichte der deutschen Juden vom Kaiserreich bis heute. München/Zürich 2008, S. 258 – 261

410 Ebenda, S. 60 – 64. Wolffsohn und Brechenbacher werteten dazu vor allem die Volkszählung vom 17. Mai 1939 und Listen der jüdischen Gemeinden aus.

411 Michael Wolffsohn, Thomas Brechenmacher: Deutschland, jüdisch Heimatland. Die Geschichte der deutschen Juden vom Kaiserreich bis heute. München/Zürich 2008, S. 20.

412 Dieter Borchmeyer: Was ist deutsch? Die Suche seiner Nation nach sich selbst, Berlin 2017, S. 567

413 Hans-Joachim Schoeps: Der Patriotismus deutscher Juden und der Nationalsozialismus. Berlin 1970. S. 21

414 Martin Liepach: Das Wahlverhalten der jüdischen Bevölkerung in der Weimarer Republik. Schriftenreihe wissenschaftlicher

Abhandlungen des Leo Baeck Instituts 53. Tübingen 1996. Eine Rezension dazu findet sich hier: https://www.faz.net/aktuell/feuilleton/politik/rezension-sachbuch-liberalismus-als-politische-heimat-11308293.html

415 Hans-Joachim Schoeps: Der Patriotismus deutscher Juden und der Nationalsozialismus. Berlin 1970. Es handelt sich hier neben einem ausführlichen Vorwort von 1970 um eine Dokumentation der vom damals jungen Schoeps verfassten Schriften der Jahre 1933 bis 1935. Schoeps hatte 1933 den »Deutschen Vortrupp« gegründet, der dem Nationalsozialismus zunächst positiv gegenüberstand und 1935 aufgelöst wurde.

416 Hans-Joachim Schoeps: Der Patriotismus deutscher Juden und der Nationalsozialismus. Berlin 1970. S. 12, 17 und 22

417 Michael Klonovsky: Reaktionäres vom Tage. Acta Diurna. Lüdingshausen/Berlin, Eintrag vom 30. August 2019

418 www.medienpolitik.net/2020/10/pressemedien-in-der-subventionsfalle/

419 https://dip21.bundestag.de/dip21/btd/19/212/1921280.pdf

420 Ingo von Münch: Die Krise der Medien. Berlin 2020, S. 14

421 https://www.tumult-magazine.net/post/peter-j-brenner-k%C3%BCndigung-der-faz?fbclid=IwAR1Jyf16LHC-zmxfybntZ9QyO6dIsJsVwsTHUo76WZ3gizFVa02vTC7AN-W2E

422 http://print.wdr.de/2018-07_08/44-45/

423 Norbert Bolz: Götterdämmerung der Achtundsechziger. *Hamburger Abendblatt* vom 15. September 2010

424 Siehe dazu sein Interview in der *NZZ*: www.nzz.ch/international/deutschland/medien-leipziger-professor-spricht-von-linksverschiebung-ld.1602069?reduced=true

425 www.nzz.ch/meinung/der-andere-blick-gibt-es-eine-moral-fuer-journalisten-und-eine-fuer-normalsterbliche-ld.1448972

426 Siehe Hans Mathias Kepplinger in der »Jungen Freiheit« vom 12. Februar 2021 und www.kepplinger.de

427 https://www.ard.de/download/538848/Staatsvertrag_fuer_Rundfunk_und_Telemedien_in_der_Fassung_des_20__Aenderungsstaatsvertrags__vom_8__bis_16__12__2016.pdf

428 https://netzpolitik.org/2019/wir-veroeffentlichen-das-framing-gutachten-der-ard/

429 Siehe Auswertung der »Jungen Freiheit« vom 12. Februar 2021

430 https://www.cicero.de/innenpolitik/spiegel-magazin-foerderung-bill-gates-duenger-verschwoerungstheorien-corona-proteste

431 Birk Meinhardt: Wie ich meine Zeitung verlor. Ein Jahrebuch (sic!). Berlin 2020, vor allem Seiten 51 und 68
432 www.heise.de/newsticker/meldung/Verdi-kritisiert-prekaere-Arbeitsbedingungen-in-Facebooks-Loesch-Team-4625096.html
433 Den Text von Orbán findet man hier: https://www.tichyseinblick.de/meinungen/eine-meinung-die-nicht-gedruckt-wurde/
434 https://www.ifd-allensbach.de/fileadmin/user_upload/FAZ_Mai2019_Meinungsfreiheit.pdf
435 https://www.shell.de/ueber-uns/shell-jugendstudie/_jcr_content/par/toptasks.stream/1570708341213/4a002dff58a7a9540cb9e83ee0a37a0ed8a0fd55/shell-youth-study-summary-2019-de.pdf
436 Elisabeth Noelle-Neumann: Die Schweigespirale. München 1980
437 Maaz, Hans-Joachim: Das gespaltene Land. Ein Psychogramm. München 2020, S. 129
438 Gordon A. Craig: Über die Deutschen. München 1982, S. 200f.
439 Egon Flaig: Was nottut. Plädoyer für einen aufgeklärten Konservatismus. Lüdingshausen/Berlin 2019, S. 90
440 https://www.faz.net/aktuell/karriere-hochschule/hoersaal/lage-der-geisteswissenschaften-orientierungslos-im-meer-der-ideologien-16872082.html
441 https://journalofcontroversialideas.org
442 https://www.welt.de/politik/deutschland/article205768557/Universitaeten-Hochschullehrer-sehen-Meinungsfreiheit-in-Gefahr.html
443 Kölner Zeitschrift für Soziologie und Sozialpsychologie (Band 72, Ausgabe3, September 2020: https://link.springer.com/article/10.1007/s11577-020-00713-z
444 https://www.faz.net/aktuell/feuilleton/debatten/toleranz-studie-ueber-meinungsfreiheit-an-hochschulen-17044294.html
445 https://www.welt.de/print/die_welt/kultur/article13693097/Persona-non-grata-Martin-van-Creveld.html
446 https://www.butenunbinnen.de/nachrichten/gesellschaft/netzwerk-wissenschafsfreiheit-bremer-vorgeschichte-100.html
447 https://www.welt.de/regionales/hamburg/article205371563/Hamburg-Bernd-Lucke-plaediert-fuer-Ende-der-Uni-Sicherheitsmassnahmen.html
448 https://www.faz.net/aktuell/karriere-hochschule/und-wer-macht-die-gartenarbeit-die-siegener-debatte-um-wissenschaftsfreiheit-geht-weiter-16053903.html

449 https://www.hhu.de/fileadmin/redaktion/Oeffentliche_Medien/Presse/Pressemeldungen/Dokumente/2020_0122_NJE_Rede_Rektorin.pdf

450 https://www.hochschulverband.de/aktuelles-termine/kempen-freie-debattenkultur-muss-verteidigt-werden

451 https://www.youtube.com/watch?v=ZYU7qxPKW7w

452 http://dfg2020.de

453 www.netzwerk-wissenschaftsfreiheit.de/ueber-uns/manifest/

454 https://www.br.de/nachrichten/kultur/england-diskutiert-brauchen-unis-aufpasser-fuer-redefreiheit,SPGaHrZ

455 https://www.welt.de/vermischtes/article226250827/Wissenschaftler-Christoph-Luetge-fliegt-aus-Soeders-Ethikrat.html

456 Brian Ford: Der Experten-Kult. Vom maximalen Minimum. Wien 1985, S. 8 und 19

457 Michael Klonovsky: Aphorismen und Ähnliches. Wien/Leipzig 2014, S. 22

458 Die Bundesregierung hat allein im Jahr 2020 insgesamt 433 Millionen Euro für »externe Expertise« ausgegeben. Siehe https://www.sueddeutsche.de/politik/bundesregierung-regierungsausgaben-fuer-externe-berater-2020-stark-gestiegen-dpa.urn-newsml-dpa-com-20090101-210312-99-788530

459 Peter Sloterdijk: Kritik der zynischen Vernunft, 2. Band. Berlin 1983, S. 859

460 Hier eine unvollständige Auswahl: Gerd Langguth: Angela Merkel. Aufstieg zur Macht, München 2007. Cora Stephan: Angela Merkel. Ein Irrtum. München 2012. Gertrud Höhler: Die Patin: Wie Angela Merkel Deutschland umbaut, Zürich 2012. Ralf Georg Reuth/Günther Lachmann (Hg.): Das erste Leben der Angela M., München 2013. Philip Plickert: Merkel. Eine kritische Bilanz. München 2017. Hinrich Rohbohm: Merkels Maske. Kanzlerin einer anderen Republik, Berlin 2017. Ferdinand Knauß: Merkel am Ende. München 2018. Gertrud Höhler: Angela Merkel. Das Requiem. Düsseldorf/Berlin 2020

461 Siehe Ralf Georg Reuth/Günther Lachmann: Das erste Leben der Angela M. München 2013

462 Ferdinand Knauß: Merkel am Ende. München 2018

463 Wolfgang Herles: Die neurotische Nation. Die Bundesrepublik vom Wirtschaftswunder bis zur Willkommenskultur. München 2018, S. 23

464 So zum Beispiel die ZDF heute show am 2.11.2018. https://twitter.com/heuteshow/status/1058471177591685120?lang=de

465 Begriff von Peter Sloterdijk in: Aufbruch der Leistungsträger. In: *Cicero* vom 22. Oktober 2009 https://www.cicero.de/wirtschaft/aufbruch-der-leistungsträger/40259
466 Ralf Schuler, Lasst uns Populisten sein. Zehn Thesen für eine neue Streitkultur. Freiburg 2019
467 Gertrud Höhler: Die Patin. Wie Angela Merkel Deutschland umbaut. Zürich 2012
468 https://www.zdf.de/nachrichten/politik/grundgesatz-rasse-100.html
469 https://www.welt.de/politik/deutschland/article205641483/Merkel-Thueringen-Wahl-unverzeihlich.html
470 Siehe https://www.bild.de/politik/inland/politik-inland/dramatischer-appell-der-kanzlerin-merkel-warnt-vor-letztem-fest-mit-oma-und-opa-74394276.bild.html
471 So Gertrud Höhler in: Passiver Imperialismus als »Willkommenskultur«. In: Herbert Stettberger (Hg.): Frau Merkel hat mich eingeladen!? Berlin 2017, S.169 – 180
472 https://www.handelsblatt.com/politik/deutschland/holocaust-streit-merkel-erwartet-klarheit-vom-papst/3103178.html?ticket=ST-2555385-yVjOWNRyVNfzv5VF5CX3-ap4
473 https://www.augsburger-allgemeine.de/politik/Dokumentation-Die-Rede-von-Papst-Benedikt-XVI-in-Auschwitz-id2716211.html
474 https://twitter.com/HugoMuellerVogg/status/646335297173737472
475 https://rp-online.de/politik/fluechtlinge-angela-merkel-geht-mit-kritikern-ins-gericht_aid-9537891
476 www.sueddeutsche.de/politik/parteien-merkel-fuer-mehr-christliche-weihnachtslieder-bei-der-cdu-dpa.urn-newsml-dpa-com-20090101-161022-99-901277
477 www.tichyseinblick.de/kolumnen/alexander-wallasch-heute/angela-merkel-psychologen-kritiker/
478 www.faz.net/aktuell/politik/inland/katholikentag-merkel-atomausstieg-ist-laecherlich-1544968.html
479 https://www.bundeskanzlerin.de/bkin-de/aktuelles/pressekonferenz-von-bundeskanzlerin-merkel-buergermeister-mueller-und-ministerpraesident-soeder-nach-der-besprechung-der-bundeskanzlerin-mit-den-regierungschefinnen-und-regierungschefs-der-laender-1841090

480 https://www.bundesregierung.de/breg-de/service/bulletin/rede-von-bundeskanzlerin-dr-angela-merkel-797406
481 Egon Flaig: Die Niederlage der politischen Vernunft. Wie wir die Errungenschaften der Aufklärung verspielen. Springe 2017, S. 14
482 www.bundeskanzlerin.de/bkin-de/aktuelles/rede-von-bundeskanzlerin-merkel-beim-50-jahrestreffen-des-weltwirtschaftsforums-am-23-januar-2020-in-davos-1715534
483 www.bundeskanzlerin.de/bkin-de/aktuelles/rede-von-bundeskanzlerin-merkel-bei-der-internationalen-konferenz-zur-annahme-des-globalen-pakts-fuer-sichere-geordnete-und-regulaere-migration-am-10-dezember-2018-in-marrakesch-1559050
484 Siehe Alexander Kissler (Bearbeitung): Schluss mit dem Ausverkauf! Berlin 2011
485 https://www.welt.de/politik/deutschland/article158467201/Wer-nicht-fuer-Merkel-ist-ist-ein-Arschloch.html
486 Siehe dazu Wolfgang Herles: Die Gefallsüchtigen. Gegen Konformismus in den Medien und Populismus in der Politik. München 2015
487 Laut Wikipedia in: Jahrbuch für Berlin-Brandenburgische Kirchengeschichte 70, 2015, S. 262–290, hier S. 276f
488 www.welt.de/politik/deutschland/article13582803/Merkels-Vater-hatte-ein-Nicht-Verhaeltnis-zur-CDU.html
489 www.welt.de/print/wams/politik/article116089754/Die-Tochter-des-roten-Pfarrers.html
490 Hubertus Knabe: Was ist dran an »IM Erika«? *FAZ* vom 11. Juni 2019.
https://www.faz.net/2.2574/im-erika-was-ist-dran-an-den-stasi-geruechten-um-angela-merkel-16230110.html?premium
491 Gerd Langguth: Angela Merkel. München 2005, aktualisiert 2010. Der 2013 verstorbene Langguth war übrigens von 1976 bis 1980 CDU-Bundestagsabgeordneter und Mitglied des CDU-Bundesvorstandes.
492 Ortega y Gasset: Der Aufstand der Massen, erstmals spanisch 1930, deutsch 1931, hier Ausgabe Stuttgart 1993, S. 82
493 Ackermann, Ulrike: Das Schweigen der Mitte. Wege aus der Polarisierungsfalle. Darmstadt 2020, S. 125
494 Begriff nach Bernard Willms: Die Deutsche Nation. Theorie – Lage – Zukunft. Köln-Lövenich 1982, S. 21

495 Siehe dazu Gerd Habermann: Der Wohlfahrtsstaat. Ende einer Illusion. München 2017, 2. Auflage, S. 211f.

496 Gerd Habermann, siehe Endnote 496, S. 125f., meint damit zum Beispiel Damenstifte, die wie ein kompletter Kleinstaat von einer Äbtissin als Staatschefin geführt wurden. Etwa das Stift Gernrode im Harz mit 24 Dörfern, 21 Kirchen und 1000 Hufen Streubesitz.

497 Siehe dazu Gerd Habermann: Freiheit in Deutschland. Geschichte und Gegenwart. München 2020

498 www.ipsos.com/de-de/jeder-zweite-weltweit-halt-sozialistische-ideale-fur-wertvoll

499 Wolfgang Kubicki: Meinungs(un)freiheit. Das gefährliche Spiel mit der Demokratie. Frankfurt/M., 2020

500 https://dip21.bundestag.de/dip21/btd/19/164/1916454.pdf

501 https://cms.gruene.de/uploads/documents/2021_Wahlprogrammentwurf.pdf

502 Peter J. Brenner: Warum Dummheit funktioniert. Politik, Sprache und Wirklichkeit in der postdemokratischen Gesellschaft. In: *Tumult – Vierteljahresschrift für Konsensstörung*, Heft Herbst 2020, S. 33 – 37

503 https://www.welt.de/politik/deutschland/article156923740/Merkel-bittet-Migranten-um-Toleranz-fuer-Schweinebraten.html

504 https://www.queer.de/detail.php?article_id=35616

505 Alexander Kissler: Keine Toleranz den Intoleranten. Warum der Westen seine Werte verteidigen muss. Gütersloh 2015

506 In seiner Schrift »Die Verachtung der Massen« (Berlin 1999) hat Peter Sloterdijk vor dieser Gefahr gewarnt.

507 Karl Mannheim: Mensch und Gesellschaft im Zeitalter des Umbaus. Erweiterte Ausgabe. Bad Homburg v.d.H. 1967, S. 120ff.

508 Zitiert nach Heike Schmoll: Lob der Elite. Warum wir sie brauchen. München 2008, S. 21

509 Heike Schmoll. Lob der Elite. Warum wir sie brauchen. München 2008

510 Joseph Alois Schumpeter: Kapitalismus, Sozialismus und Demokratie. Erstmals 1942; hier: Stuttgart 2005

511 www.tagesspiegel.de/zeitung/ich-bin-fast-erfroren-das-war-lustig/806908.html

512 Horst Krüger: Zeitgelächter. Ein deutsches Panorama. München 1976 als Taschenbuch, erstmals 1974, Kapitel »Das verhasste System«, S. 70 – 75, hier S. 71

513 Zitiert nach Roland Baader: Totgedacht. Warum Intellektuelle unsere Welt zerstören. Gräfelfing 2002, S. 21

514 Weber, Max: Politik als Beruf. In: Reden die die Welt bewegten. Stuttgart 1986, 5. Auflage, S. 255 – 267

515 Sontheimer, Kurt: Das Elend unserer Intellektuellen. Linke Theorie in der Bundesrepublik Deutschland. Hamburg 1976, S. 156

516 Joseph A. Schumpeter. Kapitalismus, Sozialismus und Demokratie. Erstausgabe 1942, hier 8. Auflage Tübingen 2005, S. 235f.

517 Joseph A. Schumpeter. Kapitalismus, Sozialismus und Demokratie. Erstausgabe 1942, hier 8. Auflage Tübingen 2005, S.237

518 Siehe Hans Ulrich Gumbrecht: »Die Debatte läuft sich tot«, *NZZ*, 08.08.2020. Und Hans Ulrich Gumbrecht: »Das Ende der Postkolonialisten«, welt.de, 29.05.2020.

519 Karl Mannheim. Konservatismus: Ein Beitrag zur Soziologie des Wissens. Frankfurt/Main 1984 (1929), S. 145f.

520 Siegfried Kohlhammer: Islam und Toleranz. Von angenehmen Märchen und unangenehmen Tatsachen. Springe 2011, S. 19f.

521 Ralf Schuler: Lasst uns Populisten sein. Zehn Thesen für eine neue Streitkultur. Freiburg 2019

522 In seinem Hauptwerk, den »Reflexionen« von 1790, formulierte Burke eine scharfe Kritik an den damals in Frankreich nach der Revolution von 1789 herrschenden Zuständen und Entwicklungen, die schließlich in der Terrorherrschaft der Jakobiner 1793/1794 mündeten. https://de.wikipedia.org/wiki/Edmund_Burke

523 Siehe dazu die Festrede, die der Historiker Peter Hoeres (Universität Würzburg) über »Progressiven Konservatismus« anlässlich der Verleihung des Deutschen Schulbuchpreises an Klaus-Rüdiger Mai am 2. November 2019 in Würzburg gehalten hat: www.die-tagespost.de/gesellschaft/feuilleton/Programmatik-erwuenscht;art310,202833

524 Siehe Roger Scruton (1944 – 2020): How to be a conservative (2014; deutsch 2019 »Von der Idee, konservativ zu sein«) und Confessions of a Heretic (2016; deutsch 2019: »Bekenntnisse eines Häretikers«)

525 Roger Scruton: Von der Idee, konservativ zu sein. Eine Anleitung für Gegenwart und Zukunft. München 2019, S. 280
526 https://idw-europe.org
527 www.netzwerk-wissenschaftsfreiheit.de
528 Axel Schildt: Medien-Intellektuelle in der Bundesrepublik, Göttingen 2021, 3. Auflage. Siehe dort vor allem das Kapitel »Von der Suche nach Internationalität zur Suhrkamp Culture«, S. 687 – 719
529 Siehe dazu auch Josef Kraus: Ist die Bildung noch zu retten? München 2009 und Josef Kraus: Wie man eine Bildungsnation an die Wand fährt. München 2017
530 Siehe Josef Kraus: Helikoptereltern. Reinbek 2013
531 Die Formulierung kommt aus der Schülersprache. Es st eine scherzhafte Umdeutung des lateinischen *sub omni canone*, »unter aller Richtschnur«. Damit war etwas gemeint, was so schlecht war, dass es dafür keinen Beurteilungsmaßstab mehr gab.
532 Siehe Josef Kraus: Spaßpädagogik. Sackgassen deutscher Schulpolitik. München 1998
533 Siehe dazu Josef Kraus: Ist die Bildung noch zu retten? München 2009. Und Josef Kraus: Wie man eine Bildungsnation an die Wand fährt. München 2017
534 www.news4teachers.de/2021/03/studie-gegliedertes-schulsystem-staerkt-die-bildungsgerechtigkeit/
535 Siehe Georg Picht: Die deutsche Bildungskatastrophe. Analyse und Dokumentation. Olten 1964
536 Das belegen die regelmäßig erscheinenden OECD-Veröffentlichungen. Deutsche Titel: Bildung auf einen Blick. OECD-Indikatoren. Zum Beispiel haben Frankreich und die südeuropäischen Länder die höchsten Quoten an Absolventen der Sekundarstufe II bzw. an Studierberechtigten, aber zugleich die europaweit höchsten Quoten an arbeitslosen Jugendlichen. Selbst das hoch gerühmte Finnland hat eine dreifach höhere Quote an arbeitslosen Jugendlichen als Deutschland – bei fast doppelter Quote an Studierberechtigten.
537 Diesen Satz aus Milan Kunderas Roman »Das Buch vom Lachen und Vergessen« zitiert Arthur M. Schlesinger in seinem Buch »The Dismitting of America« von 1998, das erst 2020 unter dem Titel »Die Spaltung Amerikas« in deutscher Sprache erschien. Hier Stuttgart 2020, S. 63

538 Pascal Bruckner: Der Schuldkomplex – Vom Nutzen und Nachteil der Geschichte für Europa, München 2008, S. 102; französisches Original 2006: La tyrannie de la pénitence

539 Joachim C. Fest: Aufgehobene Vergangenheit. Portrait und Betrachtungen, Stuttgart 1981. S. 239 – 261: »Noch einmal: Abschied von der Geschichte. Polemische Überlegungen zur Entfremdung von Geschichtswissenschaft und Öffentlichkeit«, Vortrag vom 18. November 1977, S. 243

540 Text der Resolution hier: www.historikerverband.de/verband/stellungnahmen/resolution-zu-gegenwaertigen-gefaehrdungen-der-demokratie.html

541 https://www.faz.net/aktuell/karriere-hochschule/zwei-historiker-wenden-sich-gegen-die-resolution-aus-muenster-15828216.html

542 https://zeitung.faz.net/faz/geisteswissenschaften/2018-10-10/2a11c58d5e3c4178c7d74dad15fe4742/?GEPC=s2

543 Colin Crouch: Postdemokratie. Berlin 2008, englische Erstausgabe 2004

544 https://de.wikipedia.org/wiki/Gustav_Heinemann